Saving Time

Discovering a Life Beyond Productivity Culture

解放時間

打破金錢主宰的時間觀，走向內在幸福的智慧思考

Jenny Odell

珍妮・奧德爾 著　呂玉嬋 譯

|導讀|

時間賣給公司，被偷走的靈魂還我

作家／盧郁佳

車廂內每一個滑手機的通勤族，都如一座火山般安靜，克制著體內的岩漿翻騰。藝術家珍妮·奧德爾寫《如何「無所事事」：一種對注意力經濟的抵抗》是想幫助別人（包括減輕網癮），最後卻拯救了自己。新作《解放時間》也是為了給跟她一樣心碎的人提供庇護所。她在找尋一種不痛苦的時間觀念時，發現「時間就是金錢」的觀念令你覺得自己已經死了，而另一種概念卻令你感覺自己活著，可以追尋、表達，能超越過去、蛻變成長，讓明天跟今天不一樣，就像是森林大火、土石流，那股侵蝕火山、貫穿萬物的躁動力量。

她發現「時間就是金錢」的觀念，來自帝國殖民的奴隸制。亞里斯多德說，奴隸天生奴性，所以適合工作；貴族階級則適合思考。《聖經·創世紀》神對亞當說「你必汗流滿面才得餬口，直到你歸了土」，對夏娃說「你丈夫必管轄你」，都在灌輸弱者要服從。六世紀時，聖本篤修院白天祈禱七次，半夜第八次，「懶惰是靈魂的敵人」。普及到各修會，五百年後，熙篤會僱工經營農場、礦場、作坊，修院蓋起鐘樓、各角落都有小鐘，強調守時、效率、獲利，遲到要罰站、減餐。時鐘就是中產階級向工人買勞動力的一日上限。

一天隨公轉而忽長忽短，時鐘卻平均為二十四小時。殖民把歐洲特有的四季普及全球，其實墨爾本的庫林人有七季：一到二月是乾季，三月鰻魚季，四到八月土撥鼠季，九月蘭花季，十月蝌蚪季，十一草花季，十二月袋鼠蘋果季，每七年一次火災季，二十八年一次洪水季。

殖民創造了經緯度和葛林威治標準時間；美國為協調廣闊大陸上的鐵道網，統一了時區；新疆的日出比北京晚兩小時，卻被迫遵守北京時間，有人把手錶調成新疆時間，就被當成維獨抓走。時鐘統一工人，每天特定時段工作，把人看成人格化的工作時間。像貨櫃一樣標準化，消除脈絡差異，可抽象測量，一個小時無異於另一個小時，可無限均分、計價、填滿。

讀這本書，帶著我不願碰觸的疼痛。自己的時間是何時開始變成金錢，是少年時我們被告知，時間就是升學資本，從自己體內挖礦才有籌碼。課本印著胡適書法「要怎麼收穫先那麼栽」，天下沒有不勞而獲，想得到就先付出同等的努力。表面上天經地義，美化了殘酷內捲，你念四小時，人家念五小時就考贏你。你念到半夜三點才睡，別人念到四點，你就考不上。你 K 書的時候別人在 K 書，你玩的時候別人還是在 K 書。所以進場搏殺的本錢就是變賣吃睡的時間，休息玩樂社交的時間早就不屬於我，全班我都很不熟。「一日之計在於晨」，清晨 K 書的績效好。「少壯不努力，老大徒傷悲」，若不上繳時間，以後想賣也賣不掉。做時間礦工令人失去個性，失去遊戲胡鬧的餘裕，把原本作白日夢的才華用來勾心鬥角。一輩子沒空認識自己，誤以為每個人都如複製人般均質一致，鑑價全看頭銜、財力、成就、獎項，目光追逐賽道上的領先集團，而對自己失敗的部分棄如敝屣。每一寸土都被翻遍、精耕細作的時間，造就了這個「想做的事喊著沒空，卻賴在馬桶上滑手機」的我。

時鐘是監控科技。

美國亞馬遜的撿貨員追著目標跑，GPS 掃描器追蹤不停倒數警告。菜鳥累垮癱倒時，老鳥替她去販賣機買止痛藥，要她小心劑量，「現在我得吃四顆才有兩顆的效果」。臉書內容審查員每支短片至少看十五到三十秒，內容常極度恐怖，所以每天給九分鐘撫平創傷，沒有病假。上廁所受系統監控催促，女員工嘔吐，主管就拿垃圾桶給她吐，沒時間給她去廁所吐。

UPS 卡車感應到司機開門、倒車、踩剎車、空轉、繫安全帶時，資料都回傳 UPS，教司機做事。規定右撇子司機必須把筆插在左口袋，鑰匙怎麼插、下車動線都有規定。總監說：每個駕駛多花一分鐘，一年就浪費一千四百五十萬美元。

省下的時間沒有變成閒暇，卻變成更多工作。增加的生產力沒有變成薪資，錢進了別人的口袋。人變成齒輪。

上班族也受遠端監控：鍵盤紀錄、螢幕截圖、連續錄影、光學字元識別，以「優化生產力」、「檢測內部威脅」。就像設立警隊不是為了抓小偷強盜，波士頓、紐約的工人開始組工會後，市政府才成立警察。

自媒體一樣得像奴工挖礦般暗無天日。演算法給流量不只看追蹤數、讚數、轉發數，還要你頻繁更新、回留言互動、下廣告、經營多平臺，每週要交三篇貼文、八十一個限動、四到七支短片、一到三支 IG video。網紅再紅，沒幾年也被操廢。

在「時間就是金錢」的觀念下，要反抗就像在向下的電扶梯裡往上跑。要改革政策、法律、演算法等結構，公司才肯改。

佩雷克說，「這甚至不再是制約，而是麻醉。我們在一場無夢的睡眠中過日子，但我們的生活在哪裡？我們的身體在哪裡？我們的空間在哪裡？」

疫情封城時，人們困在家中，對窗外鳥影的視而不見停止了。二〇二〇年四月，認鳥 APP 下載量創新高；六月，雙筒望遠鏡的月銷量漲了22%；八月，鳥飼料銷量成長一半。

長期緊繃後要放鬆好一陣子才會回魂，世界變得迷人眩目，發現樹上新葉燦綠。作者引領讀者穿越地球上的多元宇宙：森林大火的時間，懸崖侵蝕的地質時間，馬來西亞用「煮一頓飯」來計算時間單位，從這裡到那裡要花煮三頓飯的時間。我不禁懷念說「一盞茶的光景」那麼慢的世界。

朋友忙到剩半口氣弔命，請半天假出來玩，當街放聲唱「現在是星期五晚上」，眾友慘笑懂。壓力令人無故躁怒、無力，但最可怕是變得對什麼都麻木無感。時間從我們頭上輾過，磨出了硬皮。各種無法量化的時間，邊緣、前現代，大自然、博物館與藝術展覽，眺望來訪陽臺盆栽的八哥、綠繡眼。就像「去動物園才是正經事」，所有剎那靈光，都在替時間開鎖卸枷去角質。磨掉靈魂上的老繭，柔軟的新肉底下血色流動，迎接一飲一啄的震顫感動。

謹以此書獻給我廣義的家人

願時間概念能從我的細胞中排出，
讓我即使在此岸亦能保持安靜。
——艾格尼絲・馬丁[1]／《書寫》（*Writings*）

contents

｜序言｜
獻給這段時間的一封信

二〇一九年的某個春日，我驚覺公寓來了不速之客，它顯然沒走大門，而是直接從窗戶登堂入室。我渾然不覺好些時日，直到偶然瞥見窗邊小豬造型陶瓷花盆冒出苔蘚葉片，才知道我們被入侵了。

苔蘚孢子在一株小小的兔耳仙人掌四周安家落戶。仙人掌是幾年前友人送的生日禮物，我素來討厭廚房窗邊那塊地方，又濕又冷，從來照不到太陽，仙人掌八成也不大喜歡。不料苔蘚卻覺得那是個生長的好地方，開始分裂，形成不同的特徵，毛狀假根抓住盆中土壤，長出綠色小葉，又長出細長的孢子體，準備效法它在公寓外的祖先。一個微型森林轉眼就從豬頭長了出來。

與維管束植物[2]相比，苔蘚與水和空氣的關係相對簡單。在《三千分之一的森林》（*Gathering Moss*）中，羅賓・沃爾・基默爾[3]指出，因為需要水分以及與空氣直接接觸，苔蘚的「葉子」與人類肺泡相似，只有一個細胞厚。[4]在無樹無木的南極洲，苔蘚對於科學家而言有著類似於樹木年輪的用處，因為苔蘚會從環境吸收化學物質，自尖端開始生長，每年夏天都能「留下紀錄」。[5]坐在廚房中，我顯然是看不懂這株迷途苔蘚寫下的紀錄，但起碼它告訴了我一件事：**我還活著**。第二天：**仍然活著**。

在 Covid-19 疫情封城初期，我重讀了《三千分之一的森林》。當時時間彷彿凍結，苔蘚卻在公寓內外持續生長。疫情縮小了我的關注範圍，我像一個平庸的陰謀論者，在奧克蘭四處走動，自各種奇怪角度觀察事物。苔蘚喜好縫隙，常常出現在我意想不到的地方，像是公寓外人行道裂隙之間、柏油路和人孔蓋之間、雜貨店牆壁和人行道之間、磚塊之間。我逐漸發現到一件事，苔蘚的位置和苔蘚的蹤影都像是水的簽名，舉凡是積過水的地方都能長出苔蘚，但苔蘚也會及時回應雨水，一場小雨過後，它能在幾分鐘內擴大領土，變得更加翠綠。

苔蘚讓我開始思考非常短暫的時間尺度，譬如每分每秒的濕氣變化，花盆中孢子生長的瞬間。苔蘚也讓我思索起悠長的演化時間表，因為它是最早在陸地上生長的植物之一。然而，時間光譜的兩端也提醒著我們，想精確定位一個時刻（一個十分人性的願望），那是比登天還難的事情。舉個例來說吧，在光譜的一端，我發現苔蘚孢子何時正式萌芽存在著不同的意見，是遇水膨脹到一定程度時，還是胚芽管形成，細胞壁破裂之際呢？[6]在光譜的另一端，最初的苔蘚[7]是幾億年前某個時刻從水生藻類演化而來，[8]但想確定這個新發展的確切「時刻」，甚至是我窗臺這位客人的物種形成，都是荒謬可笑的。

這種模稜含糊很容易延伸到其他問題上。苔蘚是否會刻意與周圍環境分開？苔蘚孢子是否被視為具有生命？如果是冰凍的苔蘚呢？像南極洲的苔蘚在一千五百年後又復活了呢？[9]即使不談極端的條件情況，苔蘚也讓「統一時間」（uniform time）[10]的概念變得很複雜，因為有些苔蘚物種能夠在無水的情況下休眠長達十多年，等到適當的環境條件再復甦。[11]二〇二〇年，基默爾接受《信徒》雜誌（*The Believer*）採訪時表示，正是這種特質讓苔蘚在 Covid-19 疫情期間特別值得關注。[12]基默爾說，她的學生從苔蘚扎根和休眠的本能中獲得了靈感，認為這些植物可以指導人類如何活在歷史的這一刻。

苔蘚進入我的公寓之際，約莫正是我開始構思這本書的時候，當我完稿時，它仍然繼續成長。誠然，我的這一株不可能像南極洲象島海岸的苔蘚在同一個位置活上五千年，[13]但在這段慢悠悠的時光，它吸收了三年的陽光，呼吸了三年的空氣，見證了我在餐桌旁度過的三年，如同來自時鐘時間之外的使者，讓我的腦海充斥著各種問題——滲透與回應、內與外、潛力與迫近。最重要的是，它始終在提醒著我們時間的存在，這裡所指的時間不是想像中獨自沖刷我們每個人的那種虛無物質，而是時啟時停、汩汩湧出、聚集於縫、堆疊成山的那種物質。是等待適合的條件，總是能開啟新事物的那一種時間。

----——

想像你在一家書店，其中一區擺著時間管理的書籍，這類書籍幫助我們應付「時間普遍不夠用」的問題，以及關於「一個總是在加速的世界」的建議：你不是必須更有效地計算和衡量自己的零碎時間，就是得從別人那裡購買時間。在另一區，你會找到人類理解時間的文化史，以及對時間本質探討的哲學書籍。如果你分秒必爭、身心俱疲，你會選擇哪一區的書籍呢？選擇第一區似乎更有道理，因為它更直接關注日常生活和實際現實。說來諷刺，我們似乎永遠都沒有足夠的時間從事「思考時間本質」這種閒事，但是我想提醒你們，我們在第一區中尋找的若干答案就存在於第二區中，因為不去探索「時間即金錢」這個觀念的社會和物質根源，我們很可能會強化一種關於時間的語言，而這種語言本身就是問題的一部分。

讓我們先來想一想「生活與工作平衡」與「休閒概念」之間的不同。在一九四八年出版的《休閒：文化的基礎》（*Leisure, the Basis of Culture*）一書中，德國天主教哲學家喬瑟夫·皮珀（Josef Pieper）提出休閒概念，他寫道，在工作中，時間是水平的，屬於一種積極行動的勞動時間模式，中間穿插短暫的休息間隙，這些間隙只是為了讓我們恢復精神，以便投入更多的工作之中。[14] 皮珀認為，這種短暫的間隙不能稱作休閒，真正的休閒存在於「垂直」的時間軸上，徹底切斷或否定日常工作時間的次元，「與工作呈直角」。如果這樣的時刻碰巧讓我們恢復工作精力，那也只是附帶的。皮珀說：「無論休閒能讓人恢復多少的工作精力，都不是為了工作而存在的；休閒的意義不在於恢復元氣、提振精神，無論是精神上的還是身體上的；休閒確實能在心理、身體和精神上帶來新的力量，但這不是重點。」出於直覺，我非常認同皮珀的區分，任何懷疑生產力不是時間意義或價值終極衡量標準的人，或許也會產生共鳴。想像一個不同的「重點」，也就是想像一種超越工作和利益世界的生活、身分和意義來源。

我認為，大多數人之所以將時間視為金錢，並不是出於所願，而是出於無奈。這種現代的時間觀離不開薪資關係，雖然「必須出售一己時間」

這件事現在看來很普遍，也無可置辯，但與任何一種評估工作和生存的價值方法一樣，都具有特定的歷史背景。反過來，薪資關係也反映出同樣影響我們生活中一切賦權和削權的模式：誰買了誰的時間？誰的時間值多少錢？誰的時間安排要配合誰的時間安排？誰的時間可以隨意支配？這都不是個人問題，而是文化和歷史問題，想要釋放自己或他人的時間，這些問題都必須好好思索。

二〇〇四年的暢銷書《慢活》（*In Praise of Slowness*）提供了許多寶貴經驗，包括雇主和員工雙方都能從工作與生活的平衡中獲益，因為「研究顯示，感覺能掌控自己時間的人，更放鬆，有創造力，也更有效率」。[15] 我相信每個人都希望每天能多出一些時間，但這本書提出了一個關鍵論點：如果「慢」只是為了讓資本主義機器運轉得更快，那麼它就只會變成一種表面文章，不過是工作時間水平面上又一個短暫的間隙。這讓我想起某集的《辛普森家庭》（*The Simpsons*）。[16] 美枝 [17] 在核電站找到工作，發現那裡的員工士氣低落，她指著一名啜泣的員工，一名斜眼倒酒的員工，還有一名正在擦槍的員工，對郭董 [18] 說：「我是死亡天使，淨化的時刻到來了。」為了幫上忙，美枝斗膽建議舉辦「滑稽帽子日」，播放幾首湯姆・瓊斯 [19] 的歌曲。接著我們再次看到上述的三名員工：一個啜泣（戴著墨西哥帽）、一個喝酒（戴著麋鹿帽），最後一個邊扣動扳機邊走出畫面（戴著螺旋槳帽），而背景播放著湯姆・瓊斯演唱的〈風流紳士〉（What's New Pussycat?）。「有用耶！」郭董說（戴著維京海盜牛角帽）。

我懷疑每個人渴望的並非只是一頂滑稽的帽子，同樣我也猜測，人們會身心俱疲根本不只是因為一天時間不夠用。乍看像是想要更多時間的願望，可能只是一個簡單卻龐大的心願的一部分（渴望自主、意義和目標，即使外在環境或內在壓力迫使你完完全全活在皮珀的水平軸上）工作，為了做更多工作而休息——你仍然對垂直領域（我們的自我和生活中屬於非賣品的部分）懷抱著渴望。

即使時鐘支配我們的每一天、我們的一生，它也從未完全征服過我們的心靈。在時間表的限制下，我們每個人都體驗過許多時間的變體：

因等待與渴望而延展的時間、瞬間充斥兒時記憶的當下、緩慢而篤定的孕期，或是受創的身心所需要的癒合期。身為地球上的生物，我們活在不斷縮短和延長的日子裡，活在天氣中，某些花和芳芬回來拜訪年長了一歲的自己——至少現在仍是如此。有時，時間不是金錢，而是這些事物。

甚至正是這種多重時態的意識，讓我們深深懷疑自己按著錯誤的時鐘過日子。在水平領域中，沒有什麼能夠回應偏向精神層面的身心俱疲：既要承受時間壓力，又要意識到氣候日益異常。即使是一個不受氣候變化影響的特權人士，在 Slack 即時通訊軟體[20]和地球即將不宜人居的頭條新聞之間來回切換時，起碼也能感受到某種不和諧，最糟糕的時候還會引發精神上的噁心和虛無主義。在時間的盡頭與時間賽跑，這個想法有種寂寥的荒謬感，Reductress 惡搞網站[21]有一條標題即可為證：「等到證明二〇五〇年世界仍將存在，女性才要開始朝目標努力邁進。」[22]

至少在某種程度上，這種荒謬感來自於看似毫無關聯的兩種時間尺度。從我們的立場來看，地球上的各種過程似乎都繞著時鐘和日曆，發生在人類社會、文化和經濟時間之外，研究員米歇爾·巴斯蒂安（Michelle Bastian）博士說得沒錯，「時鐘可以告訴我上班是否遲到，（但）它無法告訴我減緩失控的氣候變化是否為時已晚。」[23]然而，個人時間壓力和氣候恐懼，這兩個看似不可逾越的經驗領域，有著深厚的根源，它們的共同點不只是恐懼而已。歐洲的商業活動和殖民主義催生了我們現行的時間測量和記錄系統，隨後又將時間視為可以互換的「玩意兒」，能夠堆積、交易和移動。時鐘、日曆和試算表的起源與搾取的歷史密不可分，無論是從地球開採資源，還是自人類身上提取勞動時間，這一點我將在第一章中深入闡述。

換句話說，今日那些努力安於時間壓力和氣候恐懼的人，在兩頭處理一種獨特世界觀所造成的結果，這種世界觀催生了對工作時間的衡量，也導致了為牟利而對生態環境的破壞。身體慢性疼痛的起因可能是不同部位失衡，按摩疼痛的地方可以讓疼痛舒緩幾天，[24]但如果原因是重複性的壓力，真正的解決辦法通常是改變你正在做的事。同樣的道理，時間的壓力和對氣候的恐懼雖然是不同形式的痛苦體驗，都是源於一個更大的「身體」中的同樣一套關係，在幾個世紀的搾取心態之後，這個身體被扭曲成一個無法持續的姿勢。因此，將個人的時間體驗連結到崩潰的氣候時鐘的體驗，不只是一種腦力鍛鍊，更是每個相關人士的當務之急。想解決這種痛苦只有一種方法，那就是徹底改變我們正在做的事，地球需要的也不只有滑稽的帽子。

這種根本的改變有部分與我們談論時間、思考時間的方式有關。的確，時鐘不能決定我們全部的心理經驗，但隨著工業化和殖民主義興起而出現的量化時間觀，在世界大部分地區仍是時間的通用語言，給嘗試說不同語言的努力帶來了挑戰，但也顯示這種努力多麼有意義。在一個名為「氣候緊急情況下有時間好好關心自己嗎？」的線上活動中（這個標題暗示了很多的困惑和羞愧），我見證這種挑戰的一個實例。敏娜．薩拉米（Minna Salami）是《感性知識：適用於所有人的黑人女性主義方法》（*Sensuous Knowledge: A Black Feminist Approach for Everyone*）一書的作者，她最終只能透過拒絕問題的前提來回答這個標題題目：好好照顧自己當然是必要的，但是提出這個問題的方式就是問題的一部分，因為它堅持認為「日常文化時間」和「生態時間」之間沒有關係。[25]如果我們只是把好好照顧自己視為「偷一點時間，讓我們可以優先考慮自己的事」，認為好好照顧自己和氣候正義會在一場零和遊戲[26]中爭奪我們的時間和日子，我們就會說出歷史悠久的那個通用語言[27]，使問題進一步惡化。對薩拉米來說，這不是一個非此即彼的問題，學會用一種不同的語言來描述時間，反而可以將氣候正義和自我照顧結合起來，一起努力。

古希臘語有兩個表示時間的單字，分別是 chronos 和 kairos。Chronos 是 **chronology**（年表）一類單字的一部分，代表線性時間領域，事件穩步緩慢走向未來；**Kairos** 的意思更偏向「危機」，但也與我們許多人可能認為的時機或「把握良機」有關。討論極端氣候事件時，薩拉米認為 **kairos** 是質性時間（qualitative time），而非量性時間（quantitative time），因為 **kairos** 的每一個時刻都是不同的，「正確的事情發生在正確的時間點。」

kairos 讓人聯想到行動和可能，所以我認為在思考未來時也必須分清楚 **chronos** 和 **kairos** 之間的不同。

從表面上看，穩定的 **chronos** 是舒適的領域，而不穩定的 **kairos** 則是焦慮的範疇。但是，借用一九九〇年代反工作雜誌《加工世界》（*Processed World*）的話，當我們「齊步走向深淵」時，[28][1] **chronos** 又能給我們帶來什麼安慰呢？在 **chronos** 中，我覓得的不是舒適，而是恐懼和虛無主義，那是一種無情壓迫我和他人的時間形式，現在我的行為不重要，世界正在惡化，就像我開始長白髮一樣確鑿無疑，而未來則是需要去面對克服的一件事。相較之下，我在 kairos 中找到的是一條生命線，一絲大膽想像不同事物的勇氣，畢竟希望和願望只能存在於今天和未知明天之間的差異中。能承認行動的不可預測性是 **kairos**，而不是 **chronos**，漢娜・鄂蘭[29] 的描述非常貼切：「在最有限的情況下，最小的行動也孕育著同樣無限的種子，因為一個行動，有時只是一句話，就足以改變每一個星座。」[30] 從這個意義來講，時間問題也與自由意志的問題息息相關。

這本書的靈感出自於我的一個領悟：氣候虛無主義和其他痛苦的時間體驗，很大一部分來自於我們無法認識或接觸，潛藏於每一個核心時刻的那種根本的不確定性。以氣候來說，這並不是說我們可以消弭已經確定的破壞，但有一件事注定成真，那就是在任何情況下只要我們認為戰鬥結束了，那麼它就是結束了。察覺 chronos 和察覺 kairos 之間的差異，可能開始於概念層面，但影響不止於此，它會直接影響你生命中每個時刻看似可能發生的事。

它也影響我們如何看待世界和世界上的居民——是充滿活力？還是死氣沉沉？這或許是「自然世界是按照可預測的機械法則運行，而（歐洲）人是自然世界中唯一的推手和支配者」這個觀念所帶來的最深影響。當這個區分出現時，它將殖民地人民流放到 **chronos** 中永久停滯的狀態，與他們的土地以及土地上所有其他的生命一樣，都屬於沒有主觀能動性

[1] 我會在第六章對《加工世界》做深入詳談。

（agency）的類別。[31] 這種觀念不單為殖民者剝削這些「資源」提供了理由，也為當今氣候危機和種族不公正架設了舞臺。要（重新）學習在如此狹隘的範疇之外理解行動和決斷力（承認之前被排除在外的每件事物和每個人，都同樣真實存在於 kairos），就要把時間看成世界的行動者的**共同創作**，而不是世界上的物體的**遭遇**。對我來說，這既是一個正義問題，也是一個現實問題，因為我認為氣候危機是生物（人類和非人類）的表述，他們不需要被「拯救」，而是需要被傾聽。

起初，我試圖尋找一種不痛苦的時間概念，一種除了時間即金錢、氣候恐懼或死亡恐懼的概念。與其說這是一個學術問題，不如說是一個個人問題。在尋尋覓覓的過程中，我發現了意想不到的東西：一種時間感會讓你感覺自己已經死了，而另一種時間感卻會讓你感覺自己無可否認地活著。在 Covid-19 疫情期間，我親眼見證了幾個蛻變的過程：從架設在我家附近的一個網路攝影鏡頭，我看到了幾隻獵鷹寶寶，雖然全身幾乎只有灰色絨毛，翅膀尖端卻長出一根根像手指的羽毛；在奧克蘭的山坡上，我發現一張蛇皮，它的主人已經消失在荊棘之中；在公寓的書桌上，有一株植物的莖尖表皮自行剝落，讓新生的莖有空間朝窗戶生長。我想，這些蛻變的過程中，有困難，也有自我反抗，而我也擁有這些特質，因為我也有想要追尋的渴望，想要表達的意志，想要超越的界線。明天正從今天的外殼中茁壯成長，到了明天，我將變得不一樣。我們都會不一樣。

二〇二一年，總部位於巴塞隆納的製鞋公司 Tropicfeel 邀請英國旅遊網紅傑克・莫里斯（Jack Morris）「接受挑戰」，臨時前往印尼某地探險。這段探險最後的成品是一段八分鐘的影片，標題為〈接受挑戰，攀爬活火山！〉（Say Yes to Climbing an Active Volcano!）。[32] 莫里斯選擇前往東爪哇的伊真火山[33]觀賞日出，記錄下這次的冒險，同時為製鞋公司打廣告（這間公司曾於二〇一八年在 Kickstarter 募資平臺 [34] 推出「史上募資第一多的鞋子」）。

透過懷舊色彩濾鏡和模擬超8毫米底片的黃色閃光，我們看到莫里斯離開峇里島，乘船搭車前往東爪哇的某度假勝地。夕陽西下，他在慢鏡頭中自信地闊步走過梯田。翌日，為了上伊真火山觀賞日出，他早早起床，來到伊真火山登山隊大本營，進入一家擁擠簡陋的咖啡店，當時才凌晨兩點。一位包著頭巾的婦女，用蹩腳的英語向他展示氣炸鍋麵包，接著攝影機轉向一個躺在軟墊長椅上的男子——他裹著圍巾，穿著連帽運動衫，雙眼閉著。

「你的朋友呢？他在睡覺嗎？」莫里斯問。

「對啊，睡覺。」女人說。

莫里斯在黑暗中健走，等待了一個半小時後，在火山頂上又拍了一些慢鏡頭畫面。一架空拍機開始捕捉整個場景，拍下廣袤的岩石景觀，但多半避開了莫里斯的助理和大群的遊客，鏡頭中只有莫里斯與群山，他的亮白色運動鞋底在古老岩石的層層環繞下格外引人注目（Monsoon，清新黑，售價一百二十一塊美元）。為了凸顯日出的壯闊場面，影片的這一段使用了一支我只能形容為磅礴且略帶非西方色彩的歌曲。

太陽完全升起之後，莫里斯開始下山，途中巧遇一群爪哇硫磺礦工。他們從插入火山地層的管道中採收黃色岩石，以鎚子敲碎，裝滿柳條籃，最後用扁擔挑走。莫里斯與礦工閒聊，得知他們每天從火山口運走高達數百磅的硫磺——按磅計酬，所以越多越好。在又一個模擬超8毫米畫面中，一位挑著柳條籃的男子閃過，莫里斯說：「好誇張，這些傢伙超壯的。」他的助理在背景中拿著攝影機徘徊，莫里斯觀察到礦工似乎為自己的工作感到自豪，最後他帶著「滿滿的敬意」離開。

莫里斯所見到的，是世上僅存幾處仍以人工開採硫磺的礦區之一，這樣的礦區之所以所剩無幾，部分是因為這種地方所排放的硫磺氣體毒性極大，聞久了，牙齒會溶解。這些礦工肩膀變形，呼吸疾病纏身，但心裡打的是一個非常殘酷的算盤：醫院路途遙遠，就醫不切實際，因此他們選擇不處理這些持續存在的傷害，而是工作到再也不能工作為止。

一個礦工告訴 BBC：「他們說在這裡工作會縮短壽命。」他說得沒錯，據一名記者的描述，硫磺礦工的預期壽命只有五十歲。許多人願意在那裡工作，希望相對較高的工資能供子女上學，打破貧困的惡性循環，但是縮短的預期壽命也意味著他們的兒子有時必須接替他們的工作。另一方面，這份工作讓他們的臉龐「既年輕又蒼老，疲憊到完全看不出年齡的程度」。[35]

在這一場奇妙的邂逅中，有旅遊網紅、咖啡館、山脈、礦工和陽光，不同的時間視角密集交會。有幾樣東西在伊真被搾取出來：一幅有賣點的大自然畫面、一種休閒體驗、一堆硫磺岩石，此外，還有勞動時間。無論礦工是按件計酬還是按時計酬，對他們而言，時間是薪資、是生存的手段，也是他們必須出售的最有價值的物品。在咖啡館裡想小睡一下的那個男子，可能是一位礦工，因為如同旺季每個週末爬上火山的數百名遊客一樣，礦工也必須在破曉以前從山腳攀爬上山。[36] 趕在日出前上山是無奈的選擇，如此一來才能避開高溫以及可能帶有毒煙的風。對於購買他人勞動時間的人來說，勞動時間脫離肉體，向誰買都一樣，而且總是可以買更多。但對於勞動者來說則不然，他們只有一個人生，他們只有一個身體。

經濟歷史學家凱特琳．羅森塔爾（Caitlin Rosenthal）指出，我們現在稱之為「試算表」的工具，曾在美洲和西印度群島的殖民地種植園被用來測量和優化生產力，種植園的工作通常與開採硫磺一樣——不用動腦、極費力氣，而且重複乏味。[37] 帳簿中所記錄的勞動時數，如同運走的菸草或甘蔗的磅數，可以互相替換。說來很巧，硫磺和糖在伊真火山是有關係的，礦工挑運出去的大部分硫磺，經過加工，直接送往當地工廠，用於漂白和提煉甘蔗汁，最後製成潔白的糖——一項與殖民主義和歐洲財富歷史有著盤根錯節關係的商品。[38] 你最終怎麼描述成為商品的岩石或糖，也就會怎麼描述成為商品的勞動時間。在某種意義上，它們都經過標準化，自由流通，可以無限分割；從另一個意義來說，它們與人類和生態的枯竭有著不可分割的關聯。

而在另一方面，咖啡館女老闆迎合遊客需求，三更半夜不睡醒著做生意，她調整自己的時間感，滿足前來消費日出美景之遊客的時間需求。一個人調整自己的時間節奏，以適應某物或某人的時間節奏，這種現象稱為「同步化」（entrainment），通常發生在反映性別、種族、階級和能力等層次結構的不平等關係場域。[39] 衡量一個人的時間價值，不能只看薪資，還要看誰從事何種工作，誰的時間性必須配合誰的時間性，無論這代表匆忙、等待，還是兩者兼而有之。在「慢下來」的各種勸戒聲中，牢記這一點格外重要，因為一個人放慢腳步，另一個人就得加快速度。

「慢」是一種理想，常常與休閒密切銜接，雖然嚴格來說莫里斯是在工作，但他在影片中表演的卻是休閒時光。旅遊網紅在「體驗經濟」中扮演著重要的角色，而體驗經濟本身只是休閒時間和消費主義之間複雜關係的一部分。一九九〇年代，B・約瑟夫・派恩二世和詹姆斯・H・吉爾摩（James H. Gilmore）提出了**體驗經濟**（experience economy）一詞[40]，當時他們想到的是「雨林咖啡廳」（一家以叢林為主題的連鎖餐廳，內有電子鱷魚、造霧機和模擬雷雨的設施）一類俗套的例子。[41] 從那時起，Instagram 將世界每個角落都變成了背景和體驗的功能選單，現在你可以在虛擬購物中心購買「生活」本身，而關於自我照顧和靜修放鬆的 IG 貼文，讀起來就像是自我照顧和靜修放鬆的廣告。**立刻點擊，把這樣東西添加到你的生活中**。在 Tropicfeel 網站上，你可以找到類似莫里斯在影片中穿的鞋子、揹的背包和穿的運動衫，[42] 以這個例子來說，「購買這個造型」和「購買這個體驗」比平常更加接近。

在體驗經濟中，自然（以及一切其他事物）似乎毫無主觀能動性，只是一個可以被消費的背景。但伊真火山並不符合這樣的框架，因為它有生命，它是一座活火山。它的故事始於莫里斯到訪的大約五千萬年前，當時印度－澳洲海洋板塊與歐亞板塊相撞，隱沒到歐亞板塊之下，接著海洋板塊逐漸融化，熔岩湧升到歐亞板塊的表面，形成一系列後來稱為「巽他島弧」的火山，爪哇島就位於這個島弧中。一座巨大的層狀火山（現在被稱為老伊真火山）誕生，於噴發之後崩塌，形成一個巨大的火山口（窪地），你可以從 Google Earth 上看到它的輪廓。[43] 在那個古老的火山口內，又有一些較小的層狀火山形成，包括現代的伊真火山。這座火山也曾經爆發、崩塌，形成一個窪地，積滿了大氣水。一八一七年，伊真火山爆發，火山口深度加深了一倍，日後成為IG拍照打卡點的湖泊變得更大，枯死的森林矗立在二十英尺厚的火山灰中。同時，曾經隱沒海底的硫磺經由火山口的裂縫逸出（至今仍然持續逸出），進入了礦工設置的管道，入夜後，飄出的硫磺氣體與空氣發生反應，燃燒出藍色的火焰。

一九八九年，比爾．麥奇本[44]寫道：「我相信，我們已經走到了大自然的末日。」後來又補充說：「我不是指世界末日，雨還是會下，太陽依舊照耀。我說的『大自然』，指的是一套人類對世界及我們在其中的位置的特定觀念。」[45]一座活火山提供了絕佳的機會，讓我們可以思考「我們的位置」，把「大自然」視為主體，而非客體，是一個在時間中發揮作用的某事（某人）。岩漿持續流動，那並不是因為我們。

在Covid-19疫情初期，我的生活結構保持不變，但是我開始注意到以前自己所忽略的變化：山丘慢慢轉黃，流水把石頭帶到山下，七葉樹抽出嫩芽，接著開花，然後凋零；一隻紅腹啄木鳥每天在同一棵樹上用密集的孔洞記錄時間，樹枝變得像日曆。莫哈維族詩人娜塔莉．迪亞茲（Natalie Diaz）問道：「我怎麼才能翻譯（不是用語言，而是用信仰）河流就如同你我，是一個有生命的身體，沒有它，就沒有生命？」[46]如果這些行為不是宇宙發條無意識的滴答聲，而是某個**什麼人**的行為呢？當時，我逐漸明白一個道理，無論你看到的是一個無主觀能動性的世界，還是一個有主觀能動性的世界（無論像伊真這樣的存在究竟是一堆物質，還是一個值得尊敬的主體），都是根據一個古老的劃分：誰有權占據時間，誰（以及什麼）沒有。

第二次觀看那段Tropicfeel影片時，我利用Shazam音樂辨識程式[47]，查出日出時那首隱約帶有非西方色彩的歌曲，原來是丹尼爾．迪烏斯勒（Daniel Deuschle）演奏的曲子，名為〈成年禮〉（Rite of Passage），在Musicbed音樂授權網站[48]的旅遊類推薦中排名第五。[49]迪烏斯勒的個人簡介是這麼寫的：「丹尼爾．迪烏斯勒在辛巴威成長，是一位歌手、詞曲作家和製作人……他將非洲音樂融入高亢的旋律和撼動人心的節奏中，將世界連結在一起。」我不認為莫里斯（或剪輯影片的人）刻意為了「非洲聲音」選擇了這首曲子，那人說不定根本沒有好好聆聽過，他們只是使用主流語言，採用易於理解的陳詞濫調，為 Tropicfeel 做好他們該做的工作。儘管如此，〈成年禮〉暗示了對這個與現實存在著張力之地的異國化態度，在莫里斯讚揚礦工之後，他一度感到不自在，似乎不確定如何從他們的困境中更換話題，鏡頭於是從礦工慢慢過渡到山坡景色，礦工融入景觀中，像硫磺本身一樣，永恆而費解。

但莫里斯也必須要有市場。他剛開始經營 Instagram 時，除了在曼徹斯特清潔地毯賺取最低工資之外，還透過大量帳戶轉發小眾品牌的內容，才得以賺到當背包客的旅費。他發表旅遊照片的私人帳戶，曾經是他「有趣的副業」，到了二〇一九年，這個擁有兩百七十萬粉絲的 Instagram 帳戶，成了他的正職。當時，他和另一位旅遊網紅交往，他們之所以廣受喜愛，主要是因為他們無憂無慮四處搭機飛行的情侶形象。但在二〇二一年，前一年才在峇里島自地自建一幢房子的兩人分手了。[50] 如果你知道這一件事，你會覺得莫里斯在演出火山之旅時似乎很悲傷，至少缺乏了活力。他獨自到埃及旅行時，在 Instagram 上寫道：「一年多來，我一直有創作障礙，沒有真正的動力去拿起相機。創作已經無法像以前那樣讓我感到充實，可能是因為我總是四處奔波，為了得到完美的鏡頭而備感壓力，從未真正體驗過眼前的美景。」[51] 品牌形象可能導致品牌對象化，他希望到了埃及情況會有所不同：「我真心想要放慢腳步，細細品味我所見所做的一切，體驗新事物、學習、欣賞，然後再拍照。」蘇珊．桑塔格[52]曾說過，旅遊攝影帶有一種「占有心境」（acquisitive mood）[53]，如此聽來，莫里斯希望稍微走出這樣的心境，尋求真實的邂逅。

莫里斯盡職的影片拍攝讓我想起自己在火山看日出的經驗，以及我當時一開始並不想去的原因。二〇一四年，我的家族（起源於另一個火山群島：菲律賓）去了夏威夷，表面上是為了參加一場婚禮，事實上也是為了完成一連串的旅遊活動。在茂宜島[54]，早起在火山頂看日出是很受歡迎的活動，我知道一定很美，但是我覺得這個行程的意義就像是收集一張明信片而已。三更半夜準備起程時，我還低聲問母親：「一定要去嗎？」車窗外一片漆黑，我完全不知道我們身處何處。當我們抵達哈萊阿卡拉火山（Haleakalā，「太陽之家」）山頂的停車場時，那裡已經聚集了一群躁動的人，他們或包毛巾或裹毯子，但不足以禦寒的毛巾毯子，被刺骨的冷風吹得劈啪作響。

大約在清晨六點左右，太陽開始從火山四周泡沫般的均勻雲層上方升起，而我的面前也演出另一幅模糊的「日出」畫面：閃著橘光的矩形相機螢幕一一升起，遊客爭先恐後擠在一起，用自拍棒從其他人頭頂上拍照。我和母親共用一條毯子，我們死命拉緊毯子抵擋強風，當母親有點不好意思地舉起手拍照時，我感到一陣冰冷的風灌了進來。

未來總是在地平線的彼端，而活著就是在途中。在幾分鐘的時間，日出將所有難以言喻的苦澀集結成一個燃燒的焦點，人們（包括我母親）想用一張照片記錄下這一刻，這個行徑可以理解。然而，日出在相機之外逃脫了，告訴我們，時間在流逝，地球在轉動，在大多數緯度，一天有兩個時段，光線變化快得足以讓我們察覺到光線的變化。看著日出能讓人領悟到一件事：儘管太陽天天升起，但每一次的日出都是獨一無二，不會再現。每一次的日出都給我們一個更新、回歸、創造和「嶄新的一日」的形象，瞬間修復了時空之間的西方裂痕——尤其是在哈萊阿卡拉火山，因為有人聲稱從那裡可以看到地球的曲線。

但當時我若是設法拍攝日出，就捕捉不到最令我印象深刻的東西。比起這顆耀眼光球的出現，我更強烈感受到的是母親在毯子中那嬌小而溫暖的身軀，我覺得我們是多麼奇異、多麼脆弱——彷彿隨時都可能被吹走。整座茂宜島由兩座火山構成，哈萊阿卡拉火山是其中一座，這個數千年前所發生的一連串恰逢其時事件的結果，讓我們今日有了矗立於浩瀚大海中央的若干 **chronos**。在我們的西南方一百四十英里處，海神之子海底山（Kamaʻehuakanaloa）仍在形成當中，它是夏威夷火山熱點的最新產物，

我母親拍攝的照片

太平洋板塊正從火山煙流上方通過。[2] 我不是夏威夷人，對那個地方（事實上是任何地方）都沒有歸屬感。但是當時的兩種親近關係（我與我的母親、我與另一個更龐大的主體）讓我明白一些事情：不是我把自己拋入時間長河，也不是我最終會接納自己。日出「結束」後，所有人都驅車下山，地球繼續運轉，哈萊阿卡拉火山繼續侵蝕，海神之子海底山繼續上升。在本書我將描述的所有時間感中，我最想「拯救」的就是這種貫穿萬物的躁

[2] 海神之子海底山舊名為羅希海底山（the Lōʻihi Seamount），這個名字於一九五〇年代根據其形狀而來，因為在夏威夷語中，羅希（Lōʻihi）的意思是「長」。[55] 後來文化工作者和學者重新挖掘出 Kamaʻehu 的傳統夏威夷故事，Kama ʻehu 是海神卡納羅亞一個紅色孩子，指的可能就是一座海底火山。舉例來說，其中一段故事（O ka manu ai aku laahia / Keiki ehu, kama ehu a Kanaloa / Loa ka imina a ke aloha）可以翻譯為「（火山的）元素的刺鼻香氣／是卡納羅亞的紅色孩子的預言者／迎接這座新島的等待是漫長的。」在二〇二一年，夏威夷地名委員會正式將這座山重新命名。

動和變化，它讓一切重新煥發生機，如同熔岩淌流的熾熱邊緣衝破當下的硬殼。

這本書並非一本幫助讀者立竿見影、增加時間的實用指南——不是因為我認為這不是一個值得探討的主題，而是因為我的背景是藝術、語言和理解角度，在這裡，你會找到思考「你的時間」與你所處時代之間關係的概念工具。時鐘之間、個人和看似抽象的事物之間、日常和末日之間的不和諧感日益增加，與其絕望，我倒願意短暫沉浸在這種不和諧中片刻。在疫情爆發之前，我已經開始思考這本書，沒想到竟然見證到這幾年的時光，如何顛覆了慣常的社會和經濟輪廓，讓許多人對時間感到陌生。如果說這種經歷能帶來什麼收穫的話，也許是擴大了懷疑，懷疑是已知中的一個開口，可能成為通往他處的緊急出口。

這本書提供了各種理解時間的角度，但它們不能單獨發揮效力。我們畢竟活在現實世界中，所以思考時間除了金錢之外的價值時會遇到一個挑戰，那就是這種思考必須處在當下的現實世界中。反過來，當你主要活在 chronos 中，尋找的卻是 kairos，這會使你處於個人主觀能動性和結構限制之間的艱困灰色地帶，這是社會理論家長期探索的領域，也是任何在社會世界中生活的人都經歷過的領域。[56] 在潔西卡．諾黛兒[57] 的著作《隱性偏見》（*The End of Bias: A Beginning*）中，我讀到了對這種關係最有幫助的陳述。諾黛兒指出，個人偏見和機構偏見是不可分割的，因為塑造「過程、結構和組織文化」的就是人，而我們正是在這些「過程、結構和組織文化」中作出決定，同時每個人又受到我們所生活之文化的影響。因此，如果想在不重塑諸如政策、法律和演算法等結構的情況下解決偏見問題，諾黛兒認為這就如同是「在向下的電扶梯中向上奔跑」。[58] 在種族和性別偏見等問題上，實現公正的潛力和責任，既存在於個人內部，也存在於個人外部。

同樣地，不管是從個人層面還是集體層面，要以不同方式思考時間，就必須與結構變革同步進行，才能撬開目前僅有裂縫的空間和時間問題。因此，我認為這本書只是對話的一部分，我最深切的希望是，它能與活動家，以及專門用文字討論政策者的努力相結合。比如安妮・洛瑞（Annie Lowrey），她寫過關於全民基本收入（universal basic income）[59]和對窮人強加的「時間稅」等主題的文章；比如羅伯特・E・古丁（Robert E. Goodin）、莉娜・埃里克松（Lina Eriksson）、詹姆斯・馬哈茂德・萊斯（James Mahmud Rice）和安蒂・帕波（Antti Parpo）等人，他們在《自由支配的時間：自由的新尺度》（*Discretionary Time: A New Measure of Freedom*）中詳盡分析不同國家的政策，並以此為依據，在結論提出了建言。[3] 在第五章中，我也會討論氣候虛無主義，明確定位化石燃料行業的責任，因為氣候時鐘已經走到了盡頭，而我很難想像，我對本地生態系統花期的關心，能絲毫動搖埃克森美孚石油[61]等公司繼續存在的願望。基於這個理由，我認為這本書也是與氣候活動家以及氣候政策作家進行的一場對話，像是娜歐蜜・克萊恩（Naomi Klein）和凱特・阿倫奧夫（Kate Aronoff）。

除此之外，從更基本的意義來說，這本書還需要其他人的參與。要用另一種語言談論時間，開拓出與主流不同的空間，起碼還需要一個人，這種對話可以召喚出一個世界，一個也許不那麼被殘酷的零和遊戲主導的世界。像米婭・伯德桑[62]一類的作家，教會了我文化變遷的作用，這種作用存在於日常的人際互動，以及小寫 p 的政治層面。[63] 在《我們如何出現》（*How We Show Up*）一書中，伯德桑寫道，美國夢利用我們的恐懼，創造真實和想像中的短缺，她呼籲為「幸福、目標、聯繫和愛建立通俗易懂、廣為人知的模範」[64]，這些模範與我們通常所受的教育不同。

這本書可以解讀為一種解放和烏托邦式的討論，也可以視為填補新自由主義[65]侵蝕服務所留下的空白。[66] 事實上，兩者可能都是正確的。二

---

[3] 在他們的著作的最後一節中，古丁等人強調彈性工時、公平離婚規則、平等文化以及公共現金轉移和補助的重要性。[60] 我將會在第二章繼續談他們所提出的自由支配時間概念。

〇二〇年 Covid-19 疫情爆發初期興起的互助風潮就是一例，不可勝數的 Google 檔案和電子表單，一方面是回應社會安全網的嚴重漏洞，另一方面也是一個活生生的具體實驗，實踐非主流的價值觀、責任觀、親情關係和應得權利等理念。沒錯，如果不需要這種互相幫助，那就太好了，但我們其實需要，除了為人提供的實質幫助之外，它也在更普遍的文化中保持著這些理念的生命力，甚至推動著它們的發展。這種看似可能的轉變，正是我希望這本書能夠做到的貢獻。我提供這些畫面、概念和地方作為挑釁，希望把陳舊的時間語言變得陌生，同時指出另一個方向。因此，我希望這些內容能與讀者產生對話，就像讀者可能會與他人討論這些內容一樣。

有時，最好的繆思，就是你怕得幾乎說不出口的那樣東西。對我來說，虛無主義就是我的繆思。在《如何「無所事事」》（*How to Do Nothing*）[67] 中，我提到了畫家大衛・霍克尼[68] 所說過的一段話：在許多非正交[69]、受立體主義[70] 啟發的拼貼作品中，他想要達到的效果之一是「對文藝復興單點透視法[71] 的全景式襲擊」。[72] 借用他的說法，這本書就是我對虛無主義的全景式襲擊。我寫這本書的初衷是為了提供他人幫助，但到了最後，我感覺寫這本書是為了拯救我的生命。以下是我所能表達的最大希望，希望能給和我一樣心碎的讀者，提供一個未來的庇護所。

在《天翻地覆：資本主義 vs. 氣候危機》（*This Changes Everything: Capitalism vs. the Climate*）的結尾中，娜歐蜜・克萊恩坦承她對未來的恐懼，也提到了 kairos 與行動之間的關係。她發現到「轉型變革的需求吞噬了社會」的「湧升流」和「冒泡時刻」，[73] 即使對長期從事組織工作的人來說，這樣的時刻往往也在意料之外——驚訝於「我們比別人告訴我們的要強大許多，我們有更多的渴望，在這種渴望中，有比我們想像中更多的同道中人。」她也說：「沒有人知道下一個類似的冒泡時刻將何時展開。」

二〇二〇年，在喬治・佛洛伊德[74] 遇害後的幾週，我重新閱讀這幾段文字，當時社會就充斥著這樣的湧升流。對我而言，那段時間闡釋了

「kairos」、「行動」和「驚訝」之間的關係，令人難以忘懷。時間呈現出新的地勢，作家赫爾・格雷（Herman Gray）對比了「Covid-19 的緩慢時間和街頭的繁忙時刻」。[75] 在二〇二一年七月的播客中，伯德桑表示，這場疫情暴露了人與他們從未考慮過的人之間的關係，如農場工人和護理師，從而促使了某種文化轉變，[76] 改變了世界的面貌，也改變了活在這個世界中的人。佛洛伊德的死亡和暴動正是在這個開端中發生的。伯德桑認為，在這個特定時刻，「過去與黑人遇害無關的人……有了更強的聯繫感。」這讓人想起蕾貝嘉・索尼特[77] 於《地獄中建造的天堂：災難中興起的非凡社區》（*A Paradise Built in Hell: The Extraordinary Communities that Arise in Disaster*）一書多次重申的提醒：「信念最重要。」

在呼籲「回歸正常」的浪潮中，這本書是在 kairos 中為 kairos 而寫——為了一個即將消失的成熟時機。在任何時刻，我們可以選擇我們認為存在於時間中的人和事，正如我們可以選擇相信，時間不是必然和無助的場合，而是不可預測、充滿潛力的所在。就這個意義來說，改變我們對時間的看法，不只是災難期間面對個人絕望的手段，也可以是一個行動的號召——在這個世界中，當前狀態不能被視為理所當然，在其中的行動者不能再寂寂無聞、被剝削或被拋棄。我相信，擺脫時間的日常資本主義的化身之束縛，對時間本質進行真正的思考，一定會發現我們的生活以及地球的生命，並非只能走上既定的結局。以這個角度來看，我們能夠「拯救」時間的想法——藉由恢復時間其本質上不可還原且富有創造性的特質，可能也意味著時間將拯救我們。

CHAPTER

1

誰的時間，誰的金錢？

奧克蘭港口

對我來說，
時間是在我們世界、宇宙、永恆的背景下
個人的壽命與老化。

多明尼克（DOMINIQUE）
芭芭拉．亞當[78]在《時間觀察》（*Timewatch*）中採訪的一位教師[79]

每個片刻都是利潤的元素。

馬克思在《資本論》（*Capital*）中
引用一個十九世紀工廠老闆的話[80]

我們從第七街隧道向西行駛，來到奧克蘭港口，坐在一輛我從高中開到現在的車子裡，車內被太陽曬得有如烤箱。車上的時鐘螢幕早就不知道何時變成了全黑，但我的手機顯示現在是上午七點，日出後的八分鐘。

前方是一片寬闊的水泥地，點綴著棕櫚樹和幾樣東西：沒有貨櫃的卡車、沒有卡車的貨櫃、底盤、輪胎、箱子、棧板，通通混在一塊，有時相互堆疊，以我們無法一眼理解的方式分隔開來。一幅工作的風景。灣區捷運 BART 的軌道和鐵絲網圍欄沒入地下，即將穿越舊金山灣下方，另一種列車卻映入了眼簾。雙層貨櫃列車，色彩組合巧妙：白與灰，亮粉紅與海軍藍，鮮紅色與黯沉的土紅色。還有一些跡象顯示對人類身體的掛念：一張漆成紅色的野餐桌、一間流動廁所、一個空的食物攤，以及一面脊骨按摩的塑膠廣告看板。

我們把車停在中港海濱公園，公園與 SSA 海洋碼頭之間有一道透明的圍欄。就在圍欄的另一側，貨櫃堆了六層之高，好像一座是由瓦楞金屬構成的城市，無邊無際。更遠處是恐龍般的輪廓：藍綠色跨載機和白色貨櫃起重機，有的高達十六層樓高。一艘深圳來的巨輪停泊在它們的下方，只是目前這些設備還在停工狀態——工作人員才剛剛打卡上班。

一九九八年七月，義大利國家核子物理研究所（INFN）開始要求研究人員進出實驗室時必須打卡，他們當時不知道，不只在研究所之內，這個決定將在全世界引起強烈的反彈。[81] 數百名科學家投書媒體，支持 INFN 物理學家的抗議，認為此舉是沒有必要的官僚主義，粗魯無禮，與研究人員的實際工作方式脫節。美國物理學會前理事寫道：「優秀的科學無法以時間衡量。」羅徹斯特大學物理學教授推測：「一定是美國服裝業

提供 INFN 提高生產率的建議。」勞倫斯柏克萊國家實驗室的副主任挖苦地說：「也許接下來他們會用鐵鍊把你們綁在辦公桌和長凳上，你們進來後就不能再出去。還有更厲害的一招，就是植入大腦監測器，確保你們在辦公桌前只能想著物理。」

關於這項新規定的投書中，只有少數幾篇對於科學家的抗議表達矛盾的態度。最直接的反對意見來自湯米．安德伯格（Tommy Anderberg），他是少數列出其隸屬單位的投書者之一，自稱是一個納稅人，對這些公務員的抱怨感到憤怒：

> 你的雇主，也就是義大利每一個納稅人（他們所繳納的稅金，來自他們在私營單位實際賺得的收入，而不是你個人由稅收支付之工資的會計虛構項目），有權要求你按照合約規定的時間抵達工作地點。
>
> 如果你不喜歡你的工作條件，那就辭職吧。
>
> 其實我有一個很棒的建議，如果你想要真正的自由，不妨學我，自行創業，你就能自己做主，在你喜歡的時間地點，做你喜歡的事。

上班的科學家、INFN 和湯米．安德伯格之間的爭論，核心不只是工作是什麼、工作應該如何衡量，也關係到雇主在支付你薪水時買到了什麼。安德伯格認為雇主買的是全包式服務，不只買你的工作時間，還買了你生活的每一分鐘、身體的存在感，以及屈辱。

科學家口中有關工廠和「用鐵鍊綁在辦公桌」（這個意象出現在好幾封投書中）的俏皮話，證明了上下班打卡制度的觀念源自工業工作模式，查理．卓別林[82]一九三六年的電影《摩登時代》（*Modern Times*）的開場或許是這種模式最好的例證。電影的第一個畫面是一個時鐘——嚴肅的矩形充滿整個螢幕，出現在片頭字幕的後方。接著一個放羊的鏡頭逐漸變成了工人走出地鐵，前往「電子鋼鐵公司」工作的畫面[83]，這個畫面中同時存在著兩種截然不同的時間。

第一個是優閒的時間：公司總裁獨坐在一個寧靜的辦公室裡，漫不經心玩拼圖，看幾眼報紙。在助理送上飲水和補品後，他打開閉路電視鏡頭，查看工廠各個區域的畫面。我們看到他的臉出現在螢幕上，一個負責工廠節奏的工人跑到螢幕前，總裁大聲說：「第五部門！加快速度，四之一。」

卓別林飾演「流浪漢」則受限於第二種時間性——時間是一種不停加劇的懲罰。在一條生產線上，他瘋狂地將螺母轉進機械零件上，當他需要搔癢，或者一隻在臉前飛來飛去的蜜蜂讓他分心時，他就會進度落後。領班叫他休息一下時，他一顛一簸地走開，無法停止工作時的動作。流浪漢進了洗手間後，狂躁的背景音樂短暫轉為幻想曲，流浪漢稍微冷靜下來，開始享受一支菸。但很快總裁的臉出現在洗手間的牆上：「喂！不准停下！回去工作！」

另一方面，工廠開始試用一個發明家的省時裝置，這個裝置還附帶自己錄製的廣告：「比洛思餵食機，一個實用的裝置，可以在你的工人工作時自動餵食他們。不要停下來吃午餐！超越你的競爭對手，有了比洛思餵食機，你就不需要午休時間了。」在午休時間，流浪漢被選為管理階層的白老鼠，困在一個和身體一樣大的老虎鉗中，面前是一個食物轉盤。後來機器故障了，玉米轉軸開始急速旋轉，情況失控，旋轉的玉米不停地敲打流浪漢的臉龐。

玉米轉軸故障是我看過最好笑的電影橋段。一方面，這個場景拿資本家想節省他所支付的勞動時間開玩笑，企圖在相同的時間內從工人那裡搾取更多的勞動。（問題不是瘋狂旋轉的玉米棒，而是人無法加快吃玉米的速度。）另一方面，這也是一個將人類同化為一種紀律節奏的笑話：他必須跟上生產線，盡量減少上廁所的時間，同樣也必須遵從餵食機器的送餐速度。他必須成為一架進食機器。

在這個世界，時間就像水、電或玉米棒，是一種原料。一九一六年，紐約國際時間記錄公司在《工廠雜誌》（*Factory Magazine*）刊登一則以工廠負責人為對象的廣告，明確闡述了這種關係：「時間要花錢購買，購買時間就像購買原物料一樣。」[84] 為了從這種時間資源中搾取最大價值，

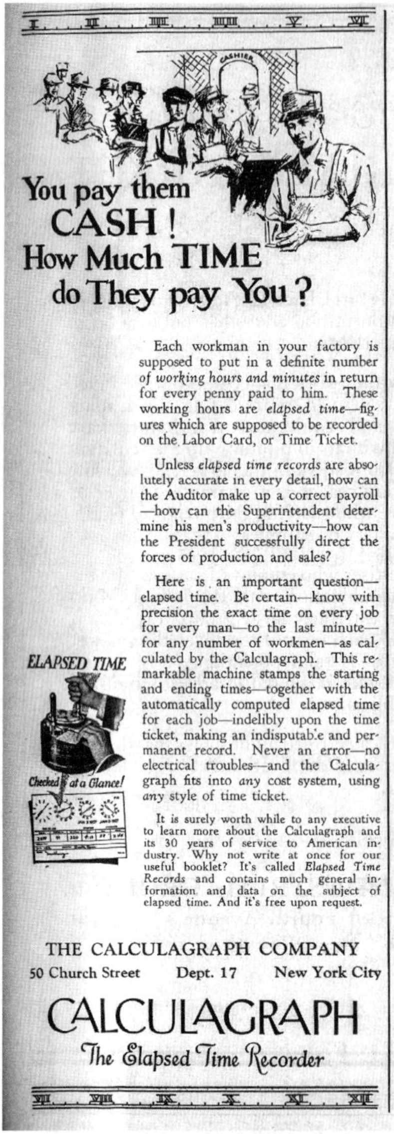

雇主不惜採用監視和控制手段。在一九二七年某期《工業管理》（*Industrial Management*）雜誌上，Calculagraph 打卡鐘公司這樣說道：「你付他們**現金**！他們付你多少**時間**？」[85]

上述的問題只有從工廠老闆的角度來看才有意義，因為他計算的不單是流逝的時間，還包括專門為他創造價值的時間。流浪漢生動說明了其中的差別，他去上廁所前，先老老實實打卡下班，等老闆休息結束後，他再次打卡上班。這個行為其實並不誇張，綜觀工作歷史，雇主對員工的工作時數可能掌控到分秒不差的地步。十八世紀，克勞利鐵廠[86]訂有十萬字長的工作規章中，扣減工時的項目包括「在酒館、啤酒屋、咖啡館，早餐、午餐、娛樂、睡覺、抽菸、唱歌、閱讀新聞歷史、吵架、爭執、打架，或與我方業務無關之任何事物、任何方式的遊蕩（原文如此）。」[87]換句話說，Calculagraph 打卡鐘更精確的廣告詞應該是：「他們付你多少**勞動時間**？」

這種時間體驗聽起來或許有些過時，屬於工業時代的特定工作。但在低薪職場中，時間管理仍舊體現在強度和控制兩方面，現在又加入了演算法排序和更快處理程序的助力。艾蜜莉．根德斯伯格[88]在她二〇一九年的著作《準時打卡》（*On the Clock: What Low-Wage Work Did to Me and How It Drives America Insane*）中描述了這個現實：

在肯塔基州路易士維爾市外的亞馬遜倉庫工作，我每天要走多達十六英里的路，才能跟上應有的檢貨速度。一個具GPS功能的掃描器追蹤我的動向，不斷告訴我，我還有多少秒可以完成任務。

在北卡羅來納州西部一家客服中心工作時，有人告誡我，常跑廁所等於偷竊公司的東西，我如廁的時間會被追蹤，每天彙整成報告傳給我的主管。

在舊金山市中心的麥當勞工作時，我們人手不足，點餐櫃檯永遠大排長龍——整個班次，幾乎所有的班次，每個人都以瘋狂的速度工作，就像我年輕時那些忙得焦頭爛額的女服務生。[89]

Calculagraph打卡鐘公司敦促工廠老闆要「精確知道每個人、每個工作的確切時間——直到最後一分鐘」，一個世紀後，根德斯伯格的亞馬遜掃描槍忠實執行這個功能，直到最後一秒鐘。在描述亞馬遜工作場所分秒計較的壓迫設計時，根德斯伯格提到了弗雷德里克．溫斯洛．泰勒（Frederick Winslow Taylor）。泰勒是一位機械工程師，在二十世紀初掀起一股將工業任務分解成精確時段的熱潮，根德斯伯格說：「我的掃描槍是（泰勒）的理念化身——集我的個人馬錶和無情的機器人經理為一身，泰勒會因為擔憂他的理念遭到濫用，甚至成真而恐懼？還是興奮到高潮？」[90]

另一方面，某種程度上的「機器人經理」已經擴散到了工作場所之外。Covid-19疫情期間，居家工作的人越來越多，安裝在員工電腦上的員工追蹤系統也大幅增加，像是 Time Doctor、Teramind 和 Hubstaff。[91] 雖然有一些系統採用自行報告方式，有的系統藉由鍵盤紀錄、螢幕截圖、連續錄影以及 OCR（光學字元識別）監控員工，允許雇主在員工的聊天紀錄和郵件中搜索單字。開發員工追蹤系統的 Insightful（前身為 Workpuls）的網站寫著：「充分利用您的員工的時間，時間就是金錢，透過全方位的員工監控和完整的行為分析，了解您的員工每一分鐘都在忙什麼。」[92] 在 Vox 新聞評論網站有一篇有關遠距工作的文章，澳洲一間翻譯公司的接案譯者抱怨：「經理知道我所做的每一件事，我幾乎沒有機會站起來伸伸懶腰，這跟我人在辦公室的時候完全不同。」[93] 這種對管理的不安意識，凸顯了職場監督的雙重功能，它既是一種鞭策，也是一種懲戒機制。

二〇二〇年，《個人電腦雜誌》（*PCMag*）刊載一篇關於員工追蹤系統的評論，該文主張這類系統的功能是提高生產力，而非監督管轄。[94] 但同一篇評論也提到，這些系統設置了自動警報，「將員工的違規行為整理成報告，日後可用於對員工進行紀律處分。」之所以出現這種混淆，或許是因為生產力和監督管轄是一體兩面，Insightful 網站寫道：「正是因為員工知道有電腦監控軟體，他們才會更加專心，您可以放心，他們的注意力將放在應該的地方。」[95]StaffCop 軟體（名字很貼切，意思是「員工警察」）可以提供雇主以分鐘為單位的工作時間表格，並將工作時間分為五個類別：卓越、高效、一般、低效和事件。[96] 雖然有些監視是為了防止數據洩漏，整個結構似乎暗含著將更多付費時間變為「高效」的設計，舉例來說，在 StaffCop 網站上，「優化生產力」和「內部威脅檢測」出現在同一段的品牌理念中。

二〇二〇年，微軟替 Office 365 推出個人生產力數據，[4] 評論家兼小說家柯里・多克托羅（Cory Doctorow）隨即發現這是「爛透的技術應用曲線」，在這種曲線中，壓迫性技術沿著「特權坡道」攀升：「尋求庇護

[4] 二〇二〇年秋天，微軟推出「生產力評分」後，引發擔憂用戶隱私的批評者強力反彈。他們之後推出的生產力評分版本不再具備將數據與最終用戶姓名結合的功能。[97]

者、囚犯和海外血汗工廠工人率先獲得第一版，最粗糙的稜角用他們最脆弱的地方磨平，一旦稍微正常，我們就會把它施加在學生、精神病患者和藍領工人身上。」[98] 多克托羅指出，遠端工作監控已經用於居家工作的客服中心員工，這些員工往往是生活貧困的黑人婦女。在疫情期間，這種類型的監控更普遍擴及到參與遠距教學的大學生，最終擴及到居家工作的白領員工。

你的工作場所給予你的信任和時間彈性，絕對可能多過於我上面的描述，即便如此，這類標準化且往往是懲罰性的時間計算方式，也與你脫不了關係，原因如下。首先，它描述了許多工作者當前「上班」的時間經歷，涵蓋了許多行業，包括支持他人日常生活的工作。但從更普遍的意義來說，它體現了標準化、強化和紀律這幾個方面，影響許多人對於生產力，甚至是對於時間本身這個「玩意兒」的看法。

- - - - ———

一隻黑長尾霸鶲停在鐵絲網柵欄上，搖著尾巴回頭望著我們。在牠的背後，貨櫃用不同字體印著名字：Matson、APC、Maersk、CCA CGM、Hamburg Süd、Wan Hai、Cosco、Seaco、Cronos。除了一些恰好是一半大小的貨櫃之外，所有的貨櫃都是相同的大小形狀——為了讓海陸之間的運輸更加便捷，貨櫃的標準尺寸在一九七〇年代確立。[99] 千篇一律的不透明貨櫃容納著不可思議的雜亂——像是冷凍雞柳、蠟、桃子、紗線、超細纖維毛巾、緊身褲、南瓜籽和塑膠叉子等東西——讓它們變得統一而清晰。直到今天，貨櫃仍按照國際標準化組織的規格製造。

「時間即金錢」（最直白的意義）相當於艾倫・C・布魯多恩[100]所提出的「可替代時間」（fungible time）[101]，也就是說，時間像貨幣一樣穩定，可以無限再分割。衡量可替代的時間，如同想像出可以裝滿工作的標準化容器，事實上，人有一種強烈的動機，會盡量以工作來填滿這些時間單位。與生命的歷程、甚至是人體機能不同，一個小時被設計成與另一個小時無異——脫離情境，消除個性，而且可以無限分割。在最否定人性的形式中，這種觀點將個人視為可用時間的獨立容器，可以互相替換，正如馬克思所說的，「不過是人格化了的勞動時間。」[102]

「可替代時間就是金錢」，這個概念司空見慣，以至於很容易被視為天經地義，但它結合了兩件並不像表面看起來那樣自然的事：（1）測量抽象且等量時間，如小時和分鐘；（2）將工作分割為相等間隔的生產力觀念。任何時間計算系統和任何價值衡量方式都反映出其所屬社會的需求，舉個例子來說吧，在我們的標準時間單位、座標和時區系統中，仍然可以看到它在形成過程中所留下的基督教、資本主義和帝國主義熔爐印記。歷史學家大衛．蘭德斯（David Landes）說，要理解現代機械時鐘的發明，首先要問的是誰需要它們。[103]

古代世界有許多測量一天之內時間的裝置：日晷，利用太陽的運動；漏壺，利用水的流動；火鐘，利用焚香的燃燒。然而，在大部分的人類歷史中，沒有必要將一天劃分為相等的數值單位，更不用說在任何特定時刻知道現在幾點了。例如，十六世紀有位義大利耶穌會士將機械時鐘帶到中國，中國有著悠久的水力天文鐘的傳統，但並沒有依照比日曆日期更具體的數值單位來安排生活或工作，因此中國人並未採用這些機械時鐘。甚至在十八世紀，一本中國的參考書還將西方時鐘形容為「錯綜複雜的怪東西，只能獲得感官的愉悅」，無法滿足基本需求。[104]

可測量、可計算的等長小時怎麼出現的？這個故事可不簡單了。蘭德斯認為，隨著基督教時課（Canonical hours）[105] 的發展，尤其是第六世紀的聖本篤準則 [106]，出現了一個關鍵的轉折點。[107] 該準則規定，一天中，本篤會修道士在白天要祈禱七次，半夜還有第八次，這個準則後來傳播到其他修道院。[108] 準則認定「懶惰是靈魂的敵人」，[109] 還規定了對未能及時回應工作或祈禱之信號的修道士的懲罰。[5] 五個世紀後，精神事業與經濟事業並重的熙篤會 [111] 修道士，透過修道院的鐘樓和遍布各個角落的小鐘，進一步強化這種時間紀律。修道士的「時間感受能力」強調了守時、效率，以及「透過組織和利用這寶貴的時間禮物獲益」的能力。[112] 當時修道士經常雇用勞工，經營歐洲效率一流的農場、礦場和類似工廠的企業。

時課的時間並非都一樣長，所以修道士的鐘聲不像時鐘，反而更像是一種鬧鐘系統，不過有些修道院確實使用了類似「擒縱系統」（escapement）[113] 的設計，以擺錘裝置取代漏水計時。[114] 這項在修道院中發

---

[5] 在「參與上帝工作或用餐遲到者」一節中，懲罰包括被迫站在「院長為這種疏失者特地保留的地方，讓院長和所有人都能看到，他們獨自進餐，葡萄酒分量也會減少。[110]

展起來的技術，後來在新的環境下流行起來（蘭德斯形容這是「歪打正著」[115]）：隨著權力和商業活動集中在歐洲城鎮，公共和私人的時鐘也隨之傳播開來。鐘再一次成為協調的工具，但這次需要它們的是中產階級，時鐘不但幫助他們進行貿易，還代表著向只有勞動時間可以出售的工人所購買的勞動力的一日價值上限。與天主教教會的時課不同，新式機械塔鐘所標記的小時是相等的、可數的，很容易計算。資本主義本身沒有創造標準時間單位，但事實證明標準時間單位在統一工人、季節性活動和緯度方面非常有用。

將時間與其物理環境分離的做法，保留在我們日常的語言中。約翰·德勒姆·彼得斯[116]在《奇妙的雲》（*The Marvelous Clouds*）中指出的，「o'clock」（點鐘）的字面是「of the clock」（時鐘的），而非根據沒那麼人為的標準（例如，特定地點的光線）。[117]遵守時鐘時間，標誌著一種對自然世界的假定控制，與其他理性主義的理念相仿（比如將抽象的座標強加於一個千姿百態的景觀之上）。「一個鐘點」（clock hour），無論在哪裡或在什麼季節，都是一個小時，就像我們往往認為「工時」（man-hour）就是一個小時，不論這個人是誰。[118]這個概念對於調節勞動和征服土地同樣有用。水鐘可能會結冰，日晷在陰天可能看不清楚，但具有擒縱系統的時鐘會繼續標記時間間隔——而且還可以縮小間隔。海事天文鐘是一種能夠在海上計時的時鐘，誕生於英國崛起為國際霸主的十八世紀，這絕非只是巧合，[119]我們很快就會看到，這項技術不但可以用於導航，還能將時鐘和時間的觀念輸出到海外。

由於這種時間觀念已經非常普及，一般人很容易誤以為像英國這樣的國家率先掌握了「更準確」或「真實」的時間觀念。我要再次強調，每一項發展都是回應了某種文化特定的「基本需求」，就像以前的人並不需要知道一天當中的具體時間，在英國郵車服務及更晚的英國鐵道問世之前，英國人也都沒有遠距離協調時間的需求。[120]從一八五〇年代起，英國格林威治的「主鐘」（master clocks）透過電脈衝向全英國的「從鐘」傳送格林威治標準時間（GMT），確保所有列車都按照相同的時間表運行。[121]相較之下，在一八八三年之前，美國和加拿大雖然已有鐵路，卻沒有劃分時區，進而影響到兩國的鐵路系統。因此，一本一八六八年出版的鐵路指南中包括了一份「比較時刻表」，比較九十個城市的中午和權力中心華盛頓特區的中午，作者在比較前還先憤慨地承認：

> 美國和加拿大沒有「標準鐵路時間」，但每家鐵路公司都獨立採用其所在地區的時間，或者其主要辦事處所在地的時間。[122]這種系統（如果可以稱之為系統）的不便之處，任何人必然一眼就能看出來，因此造成許多錯誤的計算和錯誤的轉乘，給個人造成嚴重後果的情況屢見不鮮，當然也使得所有提供當地時間的鐵路指南聲譽掃地。

一八七九年提出國際時區劃分的，是一位名叫桑福德·弗萊明（Sandford Fleming）的工程師，他在協助設計加拿大鐵路網時，就已經熱心倡導標準時間制——這一點或許也不教人意外。在一八八六年的專文〈二十世紀的時間計算〉（Time-Reckoning for the Twentieth Century）中，弗萊明想像一個與當地時間完全相反的情境：全球以格林威治為起點分為二十四個時區，地球上的每個人都會在其中一個時區遵循一個「宇宙日」（在這篇文章出現的前幾年，多國代表已經選定經過格林威治的經線為本初子午線[123]）。弗萊明寫道：「宇宙日是一種全新的時間度量，完全不受地方影響。」他認為，「小時的數字與每個地方太陽在天空中位置之間的必要關係」是一個不方便又過時的概念。[124]

弗萊明還主張使用二十四小時制的時鐘，類似於我們現在稱之為「軍用時間」的制度，他非常熱中推廣這種標準化的時間計算方式，希望人人能在手錶貼上一個紙質的「輔助錶盤」，顯示十三點鐘到二十四點鐘。他寫道：「委員會意識到這些看起來都是小事……但重大關鍵往往取決於細節。」[125]雖然一八八四年的國際子午線會議並未採納二十四小時制或弗萊明的具體時區提議，但最終以英國格林威治為中心，確立了二十四個國際時區。[126]在當前的世界協調時間（Coordinated Universal Time，UTC），

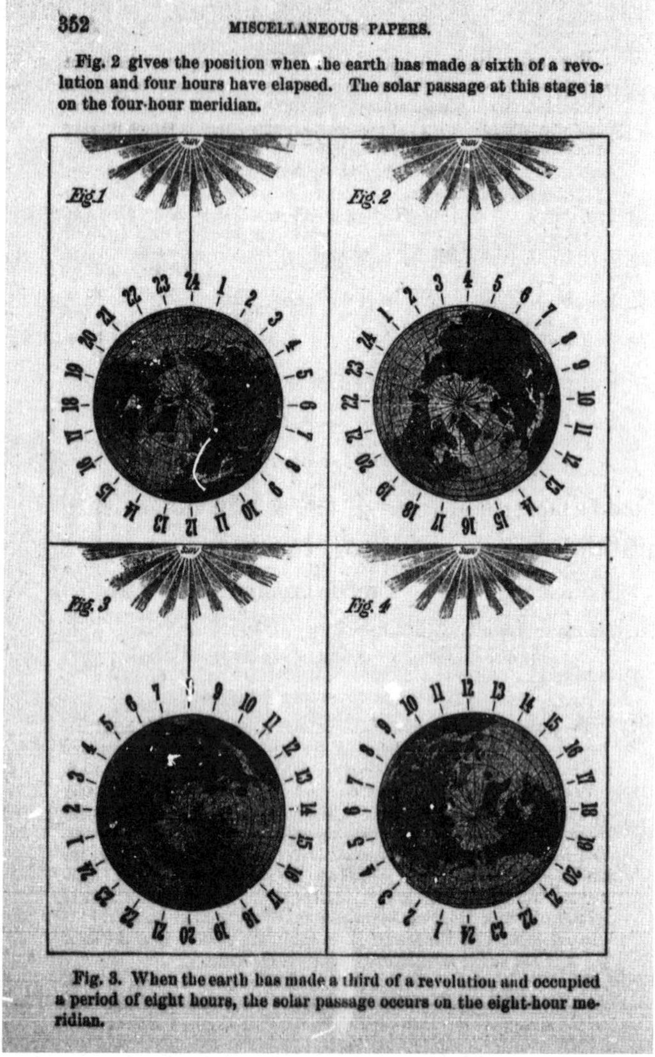
352 MISCELLANEOUS PAPERS.

Fig. 2 gives the position when the earth has made a sixth of a revolution and four hours have elapsed. The solar passage at this stage is on the four-hour meridian.

Fig. 3. When the earth has made a third of a revolution and occupied a period of eight hours, the solar passage occurs on the eight-hour meridian.

〈二十世紀的時間計算〉，出自桑福德・弗萊明一八八六年的報告。

英國格林威治仍然位於中心位置（UTC+0）。

在十九世紀的殖民地，所有條件匯集在一起，殖民者到了哪裡，管理時間和勞動的標準化方法往往就隨後而至，[127] 歷史學家喬爾達諾·南尼（Giordano Nanni）認為：「將全球納入一個由小時、分鐘和秒構成的矩陣的計畫，應該被視為歐洲普世化意志最重要的表現之一。」[128] 因為時鐘成了統治的工具。南尼在書中提到了一個名叫艾蜜莉·莫法特（Emily Moffat）的女士，她的公公是英國傳教士羅伯特·莫法特（Robert Moffat），曾於今日被稱為非洲的地方傳教。莫法特女士在一封信中寫著：「要知道，今天我們從行李拿出了我們的時鐘後，我們顯得文明了一些。幾個月來，我們過著沒有計時器的生活，約翰的天文鐘和我的手錶都壞了，我們遠離了時間，飛向了永恆。但是聽到了『滴答滴答』和『叮噹叮噹』，心中還是非常歡喜。」[129]

「飛向了永恆」一語，表達了大多數殖民者對於原住民的時間計算方式的看法。簡而言之，殖民者根本無法理解，因為當地人的時間感和空間感不像殖民者那樣抽象，獨立於自然線索之外。從更大的範圍來看，他們根據當地人的時間系統與大自然的脫離程度，將當地人分為較為「進步」或較為「原始」——這個主題我會在下一章再談。

不過莫法特的信也暗示了一點，在一個截然不同的世界中，西方時鐘如同一座脆弱的孤島。例如，在某些南非小鎮，包括安息日在內的「一週七日制」，只推廣到可聽見傳教中心鐘樓的範圍。在南非的一座傳教中心，有個牧師仔細統計了「住在傳教中心鐘聲範圍之內」的人數，另一位牧師則非常沮喪，因為他發現，傳教中心影響範圍之外的人口故意假裝不懂安息日的規矩。[130] 同樣地，在菲律賓和墨西哥，西班牙殖民者藉由將當地人置於 **bajo las campanas**（「鐘聲下」），讓他們成為西班牙臣民。[131]

這種可聽聞範圍的界線，不是時間和永恆之間的界線，而是兩種基於對時間、儀式和年齡的完全理解而創造的界限。南尼舉了一個雞同鴨講的例子，這個例子發生在澳洲亞科蘭德克，殖民官與一個不習慣以數字衡量年齡的原住民溝通，最後兩人只好使用生物時間的「通用語言」：

你幾歲到（科蘭德克）？——我不知道。
你知道你現在幾歲嗎？——應該是二十二歲上下。
那麼你來的時候大約十歲吧？——我當時還小，根本不知道自己幾歲。
你那時還沒長鬍子吧？——沒有，那時還沒有鬍子。[132]

這種誤解所蘊含的，不只是一種測量時間的系統，更是一種對於時間本質的整體思考方式。南尼指出，殖民傳教中心試圖「誘使人（不單）去工作……還要以統一的方式工作，每天在特定的時段工作。」[133]對於這種抽象勞動時間的觀點，以任務為導向的社會群體肯定覺得很陌生，因為他們組織活動是根據不同的生態和文化線索，比如某種植物的開花或結果，每件事所需的時間依實際情況而不一。對於這種社會群體來說，工作不是為了追求利潤，而是社會經濟的一部分，他們不會區分所謂的「工作時間」和「非工作時間」。

殖民者認為他們自己的抽象時間計算方式比他們殖民的對象更進步，因此「教化」企圖也包含對殖民地人民灌輸時間即金錢的觀念。E·P·湯普森[134]認為，在十八和十九世紀，清教徒主義與資本主義締結了「政治婚姻」，成為「讓人規範新時間價值觀的媒介」，甚至在幼兒期便教導孩子善用每一個閃耀的時刻，往人的腦袋中灌輸時間等同於金錢的觀念。[135]對於殖民的國家來說，這一點在國內外都一樣。從一八七六年南非傳教中心刊物《洛夫代爾新聞》（*Lovedale News*），南尼引用了一段「顯然不夠隱晦」的話：

你在銀行有多少存款？不是儲蓄在銀行，雖然在那裡存點錢也是好事，但這一家銀行更好。也許你沒錢存入儲蓄銀行，也認為你也沒有什麼可以存入其他銀行。你錯了，你可能其實每天都在存錢。在上帝管理的銀行中，每天善用的時光，一個人所思所言所行的一切美好，都會經過上帝的櫃檯，你可曾計算過自己在這裡存了多少，或是存得不夠多呢？我們都說花時間花時間，花掉的時間和花掉的金錢一樣，不會存入銀行。但你為上帝好好利用的每一刻，都存入了這間銀行。我建議你們都存一些進去——盡量多存，因為這家銀行利息豐厚。[136]

----——

從被圍欄圍起的貨櫃堆放處，我們轉向一條堅硬的沙質小徑，朝著舊金山灣邊走去。一條古老的火車軌道完全嵌入地面，被時光磨得近乎遭人遺忘，加拿大雁也視而不見，牠們對公園草地更感興趣。一個牌匾告訴我們，這裡曾是一條橫貫大陸的鐵道的西端終點。早在建造貨櫃碼頭之前，這個地方已經是時空爭奪戰中的一個曲折點[137]，這條路線最後讓紐約至舊金山的行程從數月縮短到大約一週左右。

在我們身後和貨櫃起重機堆積的遠處可以看到東灣山，晨霧朦朧，山陵看似一抹剪影，桉樹林間點綴著房舍。但是如果我們能登到起重機的高度，也許能看到山延伸到多遠的地方，如果可以再爬得更高，就會看到中央谷地和壯麗的內華達山脈峰巒。在一九六〇年代，中國鐵路工人將我們所在的地方與內布拉斯加州的奧馬哈連接起來，在沒有任何機械工具的幫助下，開挖隧道，砍伐森林，建造圍牆和橋墩，鋪設鐵軌。[138]即使在一八六六至六七年那個酷寒的冬季，他們依舊辛勤工作，經歷了四十四場大大小小的暴風雪。[139]

鐵路大亨利蘭·史丹佛[140]——沒錯，就是我工作了八年的工作場所的鼻祖——一開始想把亞洲人阻攔在加州之外。但是當勞動力短缺時，他改變了態度，高興地發現華工「安靜、和平、耐心、勤奮和節儉」。尤其實惠的是，付給華工的工資，比他雇用的白人工人少 30 ～ 50%，還能另外向他們收取食宿費。[141]一八六七年六月，華工罷工，要求縮短工作時間，改善工作條件，爭取工資平等。這是當時美國歷史上最大規模的工人行動。鐵路公司的回應是切斷他們的食物供應，[142]不過後來也悄悄地提高了一些工人的工資，[143]然而，在那片坡地上，工時和工作條件仍然保持不變。

回顧歷史上生產力的衡量方式時，我們總是不禁要問：是誰在計時誰？回答這個問題的人，往往是一個已經購買了別人的時間或完全擁有時間的人——無論是哪一種情況，他都會希望充分利用時間。不難想像，擁有奴隸或僕人的人，早在雇主購買員工的工作時間之前，已經有理由將人視為「人格化的勞動時間」。資本主義的實踐也植根於古代軍隊的組織，[144] 在《技術與文明》（*Technics and Civilization*）一書中，路易士・曼福德（Lewis Mumford）指出：

> 在發明家創造出取代人類的引擎之前，人類的領導者已經操練、整頓了大量的人類：他們已經發現將人類化簡為機器之道。為金字塔搬運石頭的奴隸和農民，跟著抽鞭的節奏拉動石塊；為羅馬戰艦工作的奴隸，各個都被綁在位置上，不能做其他的動作，只能執行有限的機械動作；馬其頓方陣有一定的行軍次序和進攻順序——這些都是機器現象。[145]

從將人視為工作的化身，到將他們工作的時間單位轉化為金錢，中間只隔著一小步。儘管對他人時間的系統性管理通常讓人聯想到泰勒制度[146]，不過現代管理的基礎很容易在十八世紀和十九世紀的西印度和美國南方的種植園中找到。在《奴隸制會計：主人和管理》（*Accounting for Slavery: Masters and Management*）中，凱特琳・羅森塔爾（Caitlin Rosenthal）調查了這些種植園的記帳方式，發現與當代商業策略存在著令人不安的相似之處：「儘管現代的做法很少與奴隸主的計算相提並論，但許多美國南部和西印度群島的種植園主與我們一樣著迷於數據，想要確認他們的奴隸在一定時間內能完成多少勞動，並迫使他們達到這個最大值。」[147] 在現代的試算表出現前，種植園主已經開始使用類似的表單，預先印製工作日誌，進行類似於讓泰勒數十年後聲名大噪的勞動實驗。

在工作日誌中只看得見被奴役者的名字和勞動量。在《英屬大西洋的奴隸制和啟蒙運動，一七五〇年至一八〇七年》（*Slavery and the Enlightenment in the British Atlantic, 1750–1807*）中，賈斯汀．羅伯茲（Justin Roberts）描述巴貝多種植業者協會如何將一座種植園可以支配的「『勞動天數』總數概念化」。[148] 種植園的勞動天數更容易受到天氣等自然因素影響，但它們被視為與工業工時一樣可以替代，也與工時一樣，它們的標準化掩蓋了殘酷的環境。

一七八九年，喬治．華盛頓將軍[149] 寫信給他的監工之一，強調奴隸應該「在不危及健康且體格允許的情況下，二十四小時內盡其所能，」任何非盡力的行為在商業上都是糟糕的，這就像常識，相當於「浪費……勞力」。[150] 湯瑪斯．傑弗遜[151] 也做了自己的實驗，在一份備忘錄中寫道：「四個能幹的夥計……用八個半小時，在我的地窖中挖出一座黏土山，深三英尺，寬八英尺，長十六英尺……我認為一個普通工人在十二小時內（包括吃他的早餐）可以在同樣的土壤中，把四立方碼的土壤挖出運走。」[152]

如同之後許多不同的環境，記錄工作日的技巧與強化這些工作日的計畫息息相關。種植園會計系統的設計目的有二：一是將日工作量提高到最大，二是增加達到最高限度工作量的日數。[153] 事實上，到了十八世紀末，一些西印度群島的甘蔗種植園主開始要求奴隸在星期天也要工作，但星期天是奴隸唯一的休息日。[154] 時鐘進入種植園後，更是成了這個過程的助力。[155]

種植園之所以能夠做出這樣的計算，是因為絕大部分種植園的工作屬於可替代勞動，只需要計算每一天和每一小時所生產的磅數、蒲式耳數[156] 和碼數。無論是在田地還是在種植園，奴隸一遍又一遍地重複同樣的動作，並且總是被逼得要更快。種植園主不把他們視為人，而是當成勞動力的化身，這種勞動力可以充分利用到極致。羅森塔爾寫道，與領薪員工不同的是，「（奴隸）無法辭職，而種植園主將資訊系統與暴力結合（威脅轉賣他人）來改進勞動流程，建造出由男人、女人和兒童組成的機器。」[157] 在種植園帳簿的字裡行間，可以讀到支撐這個制度「標準」的暴力。

「時間就是金錢」還有一種我們更為熟悉的形式，那就是薪資。然而，就像在永恆中間的「滴答滴答」和「叮噹叮噹」一樣，出售時間的普遍現象具有特定的歷史背景，而且令人驚訝的是，那段歷史離我們並不遠。在十九世紀初的美國，大部分地區仍是農村，自營作業者多於領薪的受雇者。[158] 即使雇傭勞動在南北戰爭後急劇增加，這種勞動也偶爾會被比作賣淫或奴隸制，有時做比較的，是希望與性工作者和黑奴保持距離的白人。[159] 不過黑人自由人也注意到雇工與奴隸之間的相似之處，黑人礦工理查・L・戴維斯（Richard L. Davis）認為，「我們這些為了日常生計而辛勤勞動的人，沒有一個是自由的，過去……我們是動產奴隸（chattel slave），今日，我們所有人，不論白人還是黑人，都是薪資奴隸。」[160] 一八三〇年，《機械師自由報》（*Mechanic's Free Press*）提出一個問題：「奴隸制究竟是什麼？」最後得出的結論是：「被迫為他人工作，讓他人獲得好處。」[161] 如果「自由被定義為對自己的勞動，以及推而廣之對自己本身的完全所有權」，那麼雇傭勞動，或者「自由出售自己的能力」，似乎就不民主了。[162]

雇傭勞動的世界由「工作小時」和「工作分鐘」組成，需要靠紀律維持。為 StaffCop 的信念和警告埋下伏筆的是，支薪的工作場所包含一個由規則和懲罰組成的法律結構，在這個結構中，違反規定可能意味著失去薪資或工作。[163] 處罰往往基於時間：太早來，太晚來，工作太慢，或者做任何為雇主創造價值無關的事情而受罰（如先前所述的「偷竊時間」）。在工人開始形成組織以前，這就是工作條件，這些條件通常沒有商量餘地。當工人真的開始組織起來時（其中許多是移民）[164]，波士頓和紐約等城市效仿倫敦，成立正規的警察部隊來鎮壓騷亂，商業領袖敦促北方城市在罷工一觸即發的城市工業區建立軍械庫。勞動歷史學家菲力浦・德雷（Philip Dray）寫道，「美國人開始將這些冷峻的堅固建築，視為軍隊在外國威脅美國領土時的歷史性集會場所……但它們最初的目的其實是為了迅速調動民兵，控制工人。」[165]

理論上，如果你不喜歡雇主的手段，不論是時間上還是其他方面，你都應該可以另謀高就。（「如果你不喜歡你的工作條件，那就辭職吧。」我聽到湯米・安德伯格說。）」但即使在美國開始成立工會之前，北方的工業家已經開始集體行動，同意制定特定方針[166]或將員工列入黑名單。[167]這種行為引發美國境內最早有記錄的工廠罷工事件之一。一八二四年，羅德島波塔克一家紡織廠的廠主宣布，每天增加一小時工作時間，但不支付薪資，並從工人的用餐時間中扣除。由於多家工廠老闆串通一氣，這項做法影響了該市的每一家工廠，最後有一百零二位年輕女性罷工。在為期一週的罷工結束時，有家工廠遭人縱火，促使老闆開始在夜間巡邏。[168]據報紙報導，當工廠老闆和工人達成「妥協」後，工廠重新開始運轉。

當時的工業工作場所類似於許多其他機構，在監管的範圍內，秉持著把時間存入上帝銀行的理念。無論是在工廠、學校、監獄還是孤兒院，這不單是生產力的問題，更是一種培訓的問題，就像學會從旋轉的玉米棒上吃玉米粒。在這個情境下，時鐘如同一個無情的工頭。一八四〇年代，麻州洛厄爾一家紡織廠的女工創辦了刊物《洛厄爾之作》（*The Lowell Offering*），有個工人投稿寫道：「我反對一切總是匆匆忙忙……天還未亮，鐘一響就起床，進入工廠，跟著叮噹叮噹的鐘聲幹活，鐘一響，又離開了工廠，好像我們是活的機器一樣。」[169]

一八三二年，英國記者約翰・布朗（John Brown）在記錄一名前童工的故事時，描述曼徹斯特一家棉紡織廠工人的定時動作：「如果（工人）在鐘聲敲響兩、三分鐘後才到，他們會被鎖在外面，而已經在裡面的人也全都被鎖在裡面，直到午餐時間；不僅是下面的外門被鎖上了，樓上每一個房間也鎖上了，而樓上的每一個房間還有一名看門人，負責在工人離開的前幾分鐘打開門，而工人一到，門就立刻又被他鎖上！」[170]

即使到了這個地步，時間紀律也還可以再進一步力求精細。湯普森說，約克衛理公會主日學校在一八一九年頒發一本規矩手冊，把「開始上課」這樣一個簡單的動作細分為若干部分，不單呼應了軍國主義，也預告工廠泰勒制度的到來：「校長應該再次敲鐘——校長一敲鐘，全體學生就立即從座位起立——第二次敲鐘，學生轉身——第三次敲鐘，緩慢無聲地移動到指定的地方，複習他們的功課——然後他宣布『開始上課』。」[171]

這不是為了細節而細節，時間紀律在過去和現在都是工廠內的工具，用來培訓出更聽話、更有生產力的員工，無論是經由指導和強化工作，還是在潛在的工人中普遍灌輸一種虔誠的「勤奮習慣」。（然而，這是否完全內化，我將在第六章再談。）舉個反映真實情況的例子吧，麻州洛厄爾的工廠老闆試圖辯稱，延長工作時間其實對婦女有利，如果沒有「工廠生活的良好紀律」，這些婦女將放任自己胡思亂想，「無法保證可以充分利用這段時間。」[172] 就像英國殖民者試圖「拯救」當地人一樣，工廠老闆開辦主日學校，向孩童傳授勤奮和不懈工作的美德。一八四〇年代的費城東州監獄有一條規則：「第五條：無論分配給你什麼工作，你都必須勤奮；當你的任務完成時，建議你把時間用於正確提升自己的思想，或者閱讀為此提供的書籍，如果你不識字，那就學習識字。」[173] 當時的學校、救濟院或精神療養院可能也有類似的規定。

十八世紀英國哲學家和社會改革家傑瑞米・邊沁（Jeremy Bentham）構想出一種新的紀律建築，將生活中平均充滿「充分利用」時間的概念發揮到悲喜交加的極致。他想像出一座圓形監獄，中央矗立著一座高塔，如此一來，獄中的每個人都會覺得自己時時刻刻受到監視，他們的每一分每一秒也會被記錄下來，所以都必須投入工作之中——這不是單純的懲罰，更是監獄的「感化」功能，所以邊沁希望囚犯每日工作十四小時。但還不光如此，邊沁認為運動對囚犯的健康非常重要，所以想像出一個巨大的轉輪，囚犯在轉輪上行走，同時將水運送到建築物的屋頂，[174] 絲毫不浪費囚犯的休息時間。

我特地講述被購買和被計時的勞動的背景故事，目的是希望讀者能

暫時跳脫對薪資概念的慣性思考。當時間與實際「金錢」的關係被陳述為自然法則時，會掩蓋了時間賣方與時間買方之間的政治關係。這似乎很明顯，但如果時間就是金錢，它對員工和雇主來說是截然不同的意義。對於員工而言，時間就是一定數量的金錢——薪資。但時間買方或雇主雇用一個員工，是為了創造剩餘價值，「超出的部分」正是資本主義下生產力的定義。從雇主的角度來看，購買的時間一定能夠產生更多的金錢。

在《資本論》（*Capital*）的第一卷中，馬克思解釋了勞動時間這種商品在工業環境下的特殊性質。在第二部分結束時，他描述員工和雇主之間以金錢換取時間，在這個交換中，雙方都是平等的，然後以一個令人毛骨悚然的懸念作結：

> 當我們離開這個簡單的流通或商品交換的領域時……就會發生某種變化，或者看似發生了變化。原先擁有金錢的人現在大步走在前面，成為了資本家，而擁有勞動力的人跟隨在其後，成為他的工人。一個自視甚高，得意冷笑，一心只想著生意；另一個則膽怯怕事，猶豫不前，就像要把自己的皮拿到市場出售，現在除了被製成一張皮革以外，別無所求。[175]

第三部分的背景是工廠，買方和賣方的地位差距甚大，雇主忙於從員工身上搾取更多的勞動，員工則設法活活將自己累死。在追求讓時間等同於更多金錢的過程中，雇主有兩種策略可以選擇：延長（增加金錢所購買的時間量）和強化（在相同的時間內要求更多工作）。

在「工作日」這一章中，馬克思描寫十九世紀英國工廠老闆和工人之間對於工作日長度的激烈鬥爭，舉例說明延長工作時間的方式。唯有靠著工人和英國立法者的長期努力，工作日才終於得到了限制。[176]即便如此，管理階層還是迅速找到了規避限制之道，尤其是侵占休息時間，或者，正如工廠督察員所說的，「『偷幾分鐘』，『搶幾分鐘』，或者套用工人的黑話來說，『蠶食午休時間』。」[177]有時雇主會乾脆欺騙員工，早上將時鐘調快，晚上調慢。[178]

工業家遇到工時的自然限制或法規約束時，會選擇另一條增加利潤的途徑：強化他們所擁有的工時，「更緊密填充工作日的孔隙」[179]，讓工時更有價值。在十九世紀美國的紡織廠中，這類創新可能包括「延伸」（一個工人負責更多具機器）、「加速」（讓工頭加快流程，導致《摩登時代》中流浪漢的悲慘遭遇），以及「獎勵制度」（給最具生產力的工人的主管提供現金獎勵）。

乍看之下，這似乎沒有道理，工業資本主義催生出許許多多省時省力的機器，但似乎反而占用工人越來越多的時間。古希臘人曾幻想，有朝一日機器能夠取代奴隸勞動，使每個人都能享受一些空閒時間，資本主義則不同，它是「為了占有時間，而非釋放時間。」[180] 換句話說，資本主義的目標不是自由時間，而是經濟成長，任何釋放出來的時間都要立即重新投入機器，增加利潤。因此就產生了這樣的悖論：工廠效率高，但也產生了「將個人的時間消耗至物理極限」的趨勢。或者，如同職場格言所言，「加快工作速度的唯一回報，就是更多的工作。」

SSA Marine 裝卸服務公司的網站上提到「加速商業的節奏」，它的碼頭現在發出震耳欲聾的聲響：引擎聲、喇叭聲、嘟嘟聲，以及工人呼喊的回聲。巨大的起重機將貨櫃從船上吊起，快速向內移動，貨櫃在半空中微微擺動。眼前，海灣充滿貨櫃船在薄霧中的朦朧輪廓，貨櫃船是這個無邊無際碎形網絡中的一員，最近有關供應鏈的頭條新聞讓民眾更加關注它們的運作方式。[181]

在公園旁復原的濕地，一群群遷徙的岸鳥正在按照自己的時間表活動。離漲潮還有三個小時，在不斷縮小的島嶼上，小小的沙鷸密密麻麻聚在一起，像是一個鑲嵌圖案。在牠們四周徘徊的是各式各樣細長的鳥，包括長嘴杓鷸，牠們擁有超現實的彎曲喙，長度超過半個身體。[182] 牠們去了東北方繁殖（可能遠至愛達荷州），暫時返回這裡，根據潮汐調整自己的活動。[183]

一方面，你確實可以在這裡看到多種形式的時間。貨櫃堆疊；岸鳥在泥濘中搜尋；霸鶲追逐著蒼蠅；一朵小小的褐色蘑菇從草地中探出頭來；潮水持續上漲。你的肚子咕咕叫了。但有一個時鐘和其他的不一樣，為了保持平衡，它必須越走越快。

有一點值得注意，那就是嚴謹的時間計算並非資本主義獨有。如前所述，不論是過去還是現在，我們會想像工業化前或殖民前的社會天生就是優閒的，甚至是「沒有時間」，部分原因是它們是以任務為導向，這種工作方式遵循不同的任務輪廓，而非死板抽象的時間表。但社會學家麥克．奧馬利（Michael O'Malley）指出很重要的一點，這樣的社會展現了他們自己對「節省時間的強烈關注」，[184] 除了農耕時機需要精確之外，每個社會都會決定什麼值得花時間、花多少時間。

有時候，我們也很容易將資本主義的「時間性」視為與「時鐘」格外相關，儘管時鐘確實在時間紀律中發揮至關重要的作用，但時鐘只是眾多計時工具中的一種而已，唯有與特定目標或宇宙觀相結合，才能顯現它的完整意義。奧馬利注意到了十九世紀美國時鐘的「模糊定位」：「它們可以代表工業和商業，代表機械的完善，代表線性的時間和未來的進展。但它們也可以代表停滯，代表季節的循環，畢竟，指針在錶盤上不斷轉動，而不是走向未來。」[185]

機械效率也不是工業資本家的專利。首先，這取決於你如何定義**機械**，因為人類在數千年來一直研究環境，設計省力系統，世世代代將環境系統化。即使你在尋找非常傳統的機械裝置，在凱瑟琳．比徹[186]於一八四一年編寫的《家政論》（*A Treatise on Domestic Economy*）中，也能找到節省時間的作業方法，[187]這本家政權威著作問世的時間比弗雷德里克．溫斯洛．泰勒的《科學管理原則》（*Principles of Scientific Management*）要早得許多。比徹設想一種生活空間和工作模式，能夠減少婦女在家務上的時間和精力（設備齊全的廚房的興起就是拜比徹這本書所賜）。然而，這種效率的目標很明確：比徹追求的不是利潤，而是「節省勞動、

Fig. 34.

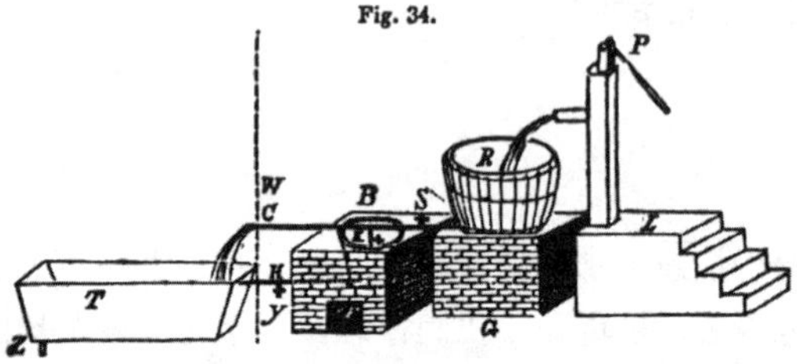

P, Pump. *L*, Steps to use when pumping. *R*, Reservoir. *G*, Brickwork to raise the Reservoir. *B*, A large Boiler. *F*, Furnace, beneath the Boiler. *C*, Conductor of cold water. *H*, Conductor of hot water. *K*, Cock for letting cold water into the Boiler. *S*, Pipe to conduct cold water to a cock over the kitchen sink. *T*, Bathing-tub, which receives cold water from the Conductor, *C*, and hot water from the Conductor, *H*. *W*, Partition separating the Bathing-room from the Wash-room. *Y*, Cock to draw off hot water. *Z*, Plug to let off the water from the Bathing-tub into a drain.

凱瑟琳．比徹《家政論》中的洗衣系統。

節省金錢、維持健康、維持舒適和良好品味」。

相比之下，資本主義版本的時間是由「強度」和「標準化」的最終目標來定義，這個目標就是——為公司增加資本。畢竟，在《摩登時代》中，直接襲擊卓別林所飾演角色的，不是生產線，也不是餵食機器，加快生產線速度的是總裁，把流浪漢綁在機器上的是管理階層。正如今日人類設計了客服中心和外送 APP 一樣，是人類作出這些決定。（反之，馬克思可能也會指出，這些人只是聽從資本的命令。[188]）在《勞動與壟斷資本》（*Labor and Monopoly Capital*）中，哈利．布拉弗曼（Harry Braverman）以一九六〇年代一家保險公司的副總裁為例子說明這種區別。這位副總裁對於他的打孔機操作員的瘋狂節奏佯裝冷漠，「（他）評論說：『他們所缺的只是一條鍊子。』又說機器讓『姑娘』一直待在辦公桌前，不停地做打孔的單調動作。」在註腳中，布拉弗曼揭穿了這位副總裁的謊言：「這位副總裁向我們清楚展示了一種拜物教觀念，將問題歸於『機器』，而非運用它們的社會關係。說這番話時，他清楚知道，把員工拴在辦公桌前的，不是『機器』，而是他自己，因為他在下一句話中指出，在該機房中，員工的產量都有紀錄。」[189]

這正是思考泰勒制度最有幫助的角度。泰勒制度源於弗雷德里克．溫斯洛．泰勒精簡工業工作流程的一套做法，在一九一一年出版的《科學管理原則》中，泰勒概述幾種方法，能夠將動作分解為最小可測量組成部分，然後再以最機械化的有效方式重新配置。科學管理的支持者制定鉅細靡遺的時間表，進行「動作研究」，並使用長時間曝光的照片，把燈光固定在員工的手上，以分解他們的動作，進一步了解可以如何調整。《工廠雜誌》有一篇文章詳細介紹其中幾個方法，清清楚楚提出了一個等式：「節約的方法就是縮短時間……提高每單位時間產出的人就是時效分析師。」[190]

身為時效分析師，泰勒以追求效率的狂熱而聞名。布拉弗曼提到，泰勒在年輕時曾對自己進行「泰勒化」：他計算自己的步數，計時自己的活動，分析自己的動作。[191] 一九七〇年代，他在一家技術先進的鋼鐵廠當上班長時，把提高效率的動力引入他所領導的機械師團隊。他觀察到工人

弗蘭克·吉爾布雷斯（Frank Gilbreth）的馬錶和動作研究。吉爾布雷斯及妻子莉莉安（Lilian）在一九一〇年代為工業管理者研究工人動作。

之間存在著「系統性偷懶」的現象，彼此之間就合理的產出速度和數量達成共識，而這個產量恰好遠低於泰勒認為他們的能力。

在美國眾議院特別委員會作證時，泰勒說自己數年來孜孜不倦，設法打破工人的團結，讓他們採用他更加認真的方法。他不斷地向工人示範，但他們一轉身又用老方法。當他聘用不熟練的工人接受新方法的培訓，這些工人也和其他人一樣，拒絕加快工作速度。有一次他告訴他們：「明天我會把你們的工資減半，從現在開始你們以半薪工作，但你們只需好好工作一天，就能賺到比現在更高的工資。」類似於喬治·華盛頓的「二十四小時」，泰勒對好好工作一天的定義是最大化，即布拉弗曼所謂的「粗略的生理解釋：工人在不損害健康的情況下所能完成的所有工作」。

我們不妨再問一次：誰在計時誰？科學管理不只是一個衡量工作和提高生產力的問題，更是一種紀律和控制的手段。泰勒與工人多年的交鋒顯示，只要工人掌握了工作流程的知識，就能在一定程度上控制工作的節奏。泰勒制度在強化的同時，也分解和規範了這個過程，把知識集中在雇主手中，而非員工手中。泰勒寫道：「在我們的系統下，工人會被詳細告知他該做什麼、該如何做，他對命令的任何改進都有礙成功。」如此一來，泰勒制度讓勞動變得更加抽象、更加可替代，加速了一個一般被稱為「去技能化」（de-skilling）的過程，除此之外，也深化不同類型的時間價值之間的鴻溝。布拉弗曼解釋得很好：「在勞動過程中，每一步都盡可能脫離專門的知識訓練，淪為簡單的勞動。另一方面，那些專門的知識和訓練保留給相對較少的人，這些人也盡可能地擺脫了簡單勞動的義務。於是所有勞動過程都被賦予一種結構，時間無窮寶貴者與時間幾乎一文不值者之間產生了極端的分化。」[192]

時效分析師是「高級思想家」、顧問和創意人的前身，他們之中有許多人能夠說出自己的時薪，因為他們工作的某些內容東西似乎是無法言喻的，且尚未與他們身為「人」的身分疏離。商業大師大衛．辛（David Shing，又名「Shingy」）可能是擁有自己「生產手段」（思想手段）的一個荒謬極端。INFN 的物理學家對於製造業的工作表達鄙夷，因為他們的工作從未如此與他們本身疏離，而是介於某種中間地帶。相比之下，對於那些被時效分析師計時的人來說，工作變得更像是《摩登時代》中流浪漢在生產線上的工作：統一一致，非常容易計算時間，工人的自由支配權越來越小，也因此變得更容易被取代。阮丹圖[193]發現，這種發展只是標準時間和控制之間舊有關係的延伸，他說：「公制時間首先給了我們對海洋的統治，然後是對陸地的殖民；它教導我們如何在工作中組織我們的身體和動作，以及如何在工作完成後休息。」[194]

泰勒制度中對於「被計時者」和「計時者」之間的劃分，只是長期以來沿著性別和種族路線分工的一個步驟。首先是有薪工作和無薪工作之間的界線——誰的時間、誰的勞動才是金錢的問題（我將在第六章討論女性主義思想家就這個議題的意見）。在美國，當家務勞動成為有報酬的工作時，往往是由黑人婦女來做，與直接產生利潤的工作相比，家務勞動的價值當時被貶低了（現在亦然）。[195][6]

---

[6] 在《婦女、種族與階級》（*Women, Race & Class*）一書中，安琪拉．Y．戴維斯（Angela

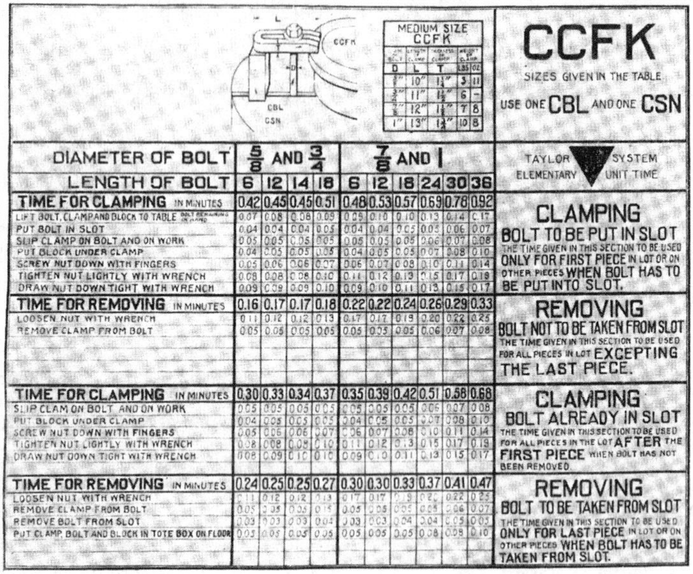

DIAMETER OF BOLT	5/8 AND 3/4				7/8 AND 1						
LENGTH OF BOLT	6	12	14	18	6	12	18	24	30	36	
TIME FOR CLAMPING IN MINUTES	0.42	0.45	0.45	0.51	0.48	0.53	0.57	0.69	0.78	0.92	**CLAMPING** BOLT TO BE PUT IN SLOT. THE TIME GIVEN IN THIS SECTION TO BE USED ONLY FOR FIRST PIECE IN LOT OR ON OTHER PIECES WHEN BOLT HAS TO BE PUT INTO SLOT.
LIFT BOLT, CLAMP AND BLOCK TO TABLE BOLT REMAINING IN HAND	0.07	0.08	0.08	0.09	0.09	0.10	0.10	0.13	0.14	0.17	
PUT BOLT IN SLOT	0.04	0.04	0.04	0.05	0.04	0.04	0.05	0.05	0.06	0.07	
SLIP CLAMP ON BOLT AND ON WORK	0.05	0.05	0.05	0.05	0.05	0.05	0.05	0.06	0.07	0.08	
PUT BLOCK UNDER CLAMP	0.04	0.05	0.05	0.05	0.04	0.05	0.05	0.07	0.08	0.10	
SCREW NUT DOWN WITH FINGERS	0.05	0.06	0.06	0.07	0.06	0.07	0.08	0.10	0.11	0.14	
TIGHTEN NUT LIGHTLY WITH WRENCH	0.08	0.08	0.08	0.10	0.11	0.12	0.13	0.15	0.17	0.19	
DRAW NUT DOWN TIGHT WITH WRENCH	0.09	0.09	0.09	0.10	0.09	0.10	0.11	0.13	0.15	0.17	
TIME FOR REMOVING IN MINUTES	0.16	0.17	0.17	0.18	0.22	0.22	0.24	0.26	0.29	0.33	**REMOVING** BOLT NOT TO BE TAKEN FROM SLOT. THE TIME GIVEN IN THIS SECTION TO BE USED FOR ALL PIECES IN LOT EXCEPTING THE LAST PIECE.
LOOSEN NUT WITH WRENCH	0.11	0.12	0.12	0.13	0.17	0.17	0.19	0.20	0.22	0.25	
REMOVE CLAMP FROM BOLT	0.05	0.05	0.05	0.05	0.05	0.05	0.05	0.06	0.07	0.08	
TIME FOR CLAMPING IN MINUTES	0.30	0.33	0.34	0.37	0.35	0.39	0.42	0.51	0.58	0.68	**CLAMPING** BOLT ALREADY IN SLOT. THE TIME GIVEN IN THIS SECTION TO BE USED FOR ALL PIECES IN THE LOT AFTER THE FIRST PIECE WHEN BOLT HAS NOT BEEN REMOVED.
SLIP CLAM ON BOLT AND ON WORK	0.05	0.05	0.05	0.05	0.05	0.05	0.05	0.06	0.07	0.08	
PUT BLOCK UNDER CLAMP	0.04	0.05	0.05	0.05	0.04	0.05	0.05	0.07	0.08	0.10	
SCREW NUT DOWN WITH FINGERS	0.05	0.06	0.06	0.07	0.06	0.07	0.08	0.10	0.11	0.14	
TIGHTEN NUT LIGHTLY WITH WRENCH	0.08	0.08	0.08	0.10	0.11	0.12	0.13	0.15	0.17	0.19	
DRAW NUT DOWN TIGHT WITH WRENCH	0.08	0.09	0.10	0.10	0.09	0.10	0.11	0.13	0.15	0.17	
TIME FOR REMOVING IN MINUTES	0.24	0.25	0.25	0.27	0.30	0.30	0.33	0.37	0.41	0.47	**REMOVING** BOLT TO BE TAKEN FROM SLOT. THE TIME GIVEN IN THIS SECTION TO BE USED ONLY FOR LAST PIECE IN LOT OR ON OTHER PIECES WHEN BOLT HAS TO BE TAKEN FROM SLOT.
LOOSEN NUT WITH WRENCH	0.11	0.12	0.12	0.13	0.17	0.17	0.19	0.20	0.22	0.25	
REMOVE CLAMP FROM BOLT	0.05	0.05	0.05	0.05	0.05	0.05	0.05	0.05	0.06	0.07	
REMOVE BOLT FROM SLOT	0.03	0.03	0.03	0.04	0.03	0.03	0.04	0.04	0.05	0.05	
PUT CLAMP, BOLT AND BLOCK IN TOTE BOX ON FLOOR	0.05	0.05	0.05	0.05	0.05	0.05	0.05	0.08	0.08	0.10	

FIGURE II: THE DETAILED TIMING OF SETTING AND REMOVING WORK WHEN PERFORMED UNDER VARIOUS CONDITIONS IS TAKEN UP BY OPERATIONS ON THIS FORM

泰勒制度圖表，收錄於《工廠：管理雜誌》（*Factory: The Magazine of Management*）一九一六年二月號〈發明家馬錶〉（The Stop Watch as Inventor）一文。

泰勒制度帶來了去技能化，代表「有生產力的」有薪勞動內部出現了分裂。直到二十世紀晚期，美國工廠的黑人工人仍舊不許從事機械工作，只能從事體力勞動。[197] 在第二次世界大戰期間，從事軍事情報工作的

Y. Davis）指出：「由於家務工作不產生利潤，家庭勞動自然被定義為一種次於資本主義有薪勞動的工作形式。」[196] 社會學家芭芭拉・亞當（Barbara Adam）在《時間觀察》（*Timewatch*）中提出類似的觀點：「有關女性關懷和情感工作的研究顯示，無法轉換為貨幣的時間必須留在魔法圈之外。也就是說，產生時間和給予時間的活動，在數量、度量、日期和最後期限的意義集群（meaning cluster）中沒有一席之地，無法計算，沒有抽象的交換價值、效率和利潤可言。」

女性負責繁瑣且重複的計算，因而產生了「千女孩」（kilogirl）一詞。（一位千女孩「大約是一千小時的機器計算勞動」[198]。）似乎工作所涉及的時間監視越多，就越不可能由白人或男性來完成。二〇一四年，亞馬遜公司發布一項數據，顯示他們員工結構出奇地多元化，接著卻有進一步的消息指稱，大部分的「多元」來自亞馬遜物流中心的黑人和拉丁裔員工。到了二〇二一年，情況仍然非常不理想。[199]

工作越零碎、越需要精確計時，就越是無意義，這與馬克思對「自動機」的描述不謀而合，「工人本身只是（自動機）有意識的連動裝置。」[200] 二〇二〇年，某服裝製造商的前員工抱怨說：「你的動作受到控制，就像他媽的一切都受到控制一樣。」[201] 潔西卡・布魯德[202] 在一篇描寫 UPS 司機工作的報導中，描述一輛卡車設有幾乎可以驅動司機的感應器：「（感應器）會在他打開車門、倒車、踩剎車、空轉、繫上安全帶時回報。」[203] 把資料傳回 UPS 的系統叫「遙測」（telematics），名字取得很巧妙，因為「遙測」一詞起源於軍事背景。甚至還有追求效率的時間和動作研究（類似於泰勒的研究），告訴 UPS 司機「如何使用汽車鑰匙，筆該放在哪個衣袋裡（慣用右手的人應該使用左側口袋，反之亦然），下貨車後如何選擇一條『步行路徑』，搭乘電梯時如何打發時間。」

在這個例子中，這種效率的直接原因相對簡單。布魯德寫道：「時間就是金錢，管理階層非常清楚時間的價值。」接著引用該公司流程管理部門高級總監的話：「一年下來，每位駕駛員只要多投入一分鐘，累積起來就是一千四百五十萬美元。」不過，這些時間也以另一種方式變成了金錢，透過遙測系統（如 UPS 使用的系統）收集的資料，也被用來為無人駕駛汽車做準備。[204]

二〇一九年，英國廣播電視頻道 Channel 4 的《超級工廠的秘密》（*Secrets of the Superfactories*）節目介紹亞馬遜公司的倉庫，大部分產品分檢工作已經轉移到自動貨架上，貨架能像掃地機器人一樣平穩移動，看了令人不寒而慄。倉庫中仍然有人類員工，但比之前少得多。[205] 在所謂「熄燈工廠」的全自動製造中，人類的數量幾乎為零。日本公司 FANUC（富士自動數控）有二十二家工廠，機器人每週七天全天候在工廠中自我複製，它們不只工作出色，甚至還不需要暖氣或空調。Autodesk 軟體設計公司有一篇文章以特斯拉和蘋果等客戶為例，指出「FANUC 自我複製機器人的工作穩定性創下歷史新高」。[206]

然而，在一個沒那麼搶眼的永恆中間狀態中，有些人類非但不會被機器人所取代，反而還必須表現得更像機器人。在《準時打卡》一書中，根德斯伯格描述了自己的身體對這個現實的感受，哀嘆人類「越來越必須與不會疲倦、生病、沮喪或需要請假的電腦、演算法和機器人競爭」。[207] 當她最後因為身體痠痛和疲倦在亞馬遜倒下時，一位老員工幫她從公司設置在倉庫一樓的自動販賣機買了布洛芬止痛藥[208]，還提醒她：「小心不要吃過頭，我現在得吃四顆才能達到兩顆的效果。」鑒於自身的經歷，根德斯伯格非常理解泰勒，因為泰勒期許工人也能分享到生產力成長所創造的價值。然而，根德斯伯格隨後指出，在美國的經濟成長與工資的關係圖中，自一九七〇年代後，工資線急劇下降，偏離了生產力線，[209] 增加的生產力非但沒有帶來自由時間，也沒有替美國工人帶來更多的金錢，反而使他們的時間變成了更多的金錢，而這些錢卻進了別人的口袋中。

有鑒於此，想要留在勞動分工的上層，設計出一個泰勒化的介面，讓自己不必在其中工作（或者一些人所謂的「超越 API」[7]），這種動機不難理解。在二〇一九年一段有關客服中心工作自動化的影片中，勞工記者伊藤亞紀（Aki Ito，音譯）採訪多明尼加共和國聖多明哥 OutPLEX 客服中心的員工蘿拉．莫拉萊斯（Laura Morales）。[211] 莫拉萊斯原本也

---

[7] 彼得．萊因哈特（Peter Reinhardt）是一家碳捕集公司的 CEO，「超越 API」（above the API）一詞可能首創於他二〇一五年一篇名為〈用 API 替代中層管理〉（Replacing Middle Management with APIs）的網誌文章。在描述 Uber（自由職業司機）和 99designs（自由職業設計師）的自動化流程時，他舉了由人類執行的程式碼為例子：「Uber API 派遣一位人類從 A 點開車到 B 點，而 99designs Tasks API 派遣一位人類將圖像轉換為向量標誌（黑色、白色和彩色）。人類即將真的成為機器上的齒輪，匿名隱身在 API 的背後。」萊因哈特擔心，「隨著軟體層越來越厚，不及 API 和超越 API 的工作之間的差距會越來越大。」[210]

The gap between productivity and a typical worker's compensation has increased dramatically since 1979

Productivity growth and hourly compensation growth, 1948–2020

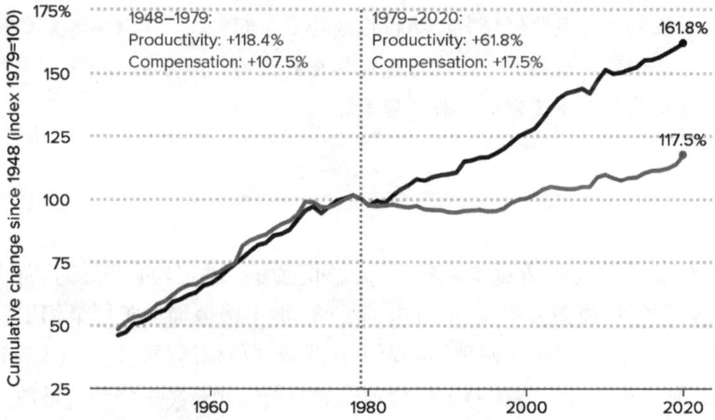

Notes: Data are for compensation (wages and benefits) of production/nonsupervisory workers in the private sector and net productivity of the total economy. "Net productivity" is the growth of output of goods and services less depreciation per hour worked.

Source: EPI analysis of unpublished Total Economy Productivity data from Bureau of Labor Statistics (BLS) Labor Productivity and Costs program, wage data from the BLS Current Employment Statistics, BLS Employment Cost Trends, BLS Consumer Price Index, and Bureau of Economic Analysis National Income and Product Accounts.

Economic Policy Institute

是客服人員，由於工作認真，所以脫穎而出，加入公司進軍自動化領域的計畫，她的新職稱是聊天機器人設計師。伊藤記者參觀客服中心，造訪莫拉萊斯的家，之後兩人還一塊喝酒，只是對話有些尷尬：

伊藤：這個工作是你職業生涯的起點，也是很多同事現在的工作，你會因為把這個工作自動化而感到些許的內疚嗎？

莫拉萊斯：不會，完全不覺得內疚。

伊藤：完全沒有遲疑？

莫拉萊斯（啜飲飲料）：事情已經發生了啊。

伊藤（頹然）：你也可能變為自動化的一部分。

莫拉萊斯：謝天謝地，我已經是了。

在《勞動與壟斷資本》中，布拉弗曼用一段超現實的文字描述了一九六〇年代將辦公室泰勒化的熱情，他從事過金屬加工行業和出版印刷業，非常適合思考這個轉型問題。在閱讀《科學辦公管理》（*Scientific Office Management*）等書時，他發現時效分析師測量將紙張整齊堆放、走到飲水機或者在轉椅上轉個身需要幾毫秒，但最讓人拍案叫絕的還是他們計算打卡所需的時間：[212]

打卡

辨識出勤卡	0.0156
取下出勤卡	0.0246
插入打卡鐘	0.0222
抽出出勤卡	0.0138
辨識位置	0.0126
插回出勤卡	0.0270
	0.1158

即使是打卡過程中的心理部分，比如「辨識出勤卡」和「辨識位置」，也以某種方式被計時（分別為 0.0156 秒和 0.0126 秒），暗示了勞動分工的另一個應用：知識工作的去技能化。布拉弗曼寫道：「工作仍然在大腦中進行，但在生產過程中，大腦相當於細工工人的手，一次又一次地抓住一個『數據』再釋放。」[213] 這段寫於一九七〇年代的文字，現在聽起來竟像是在描述內容審查或其他認知方面的繁瑣工作。

為這本書做研究時，我想到了社交媒體用戶的時間對平臺和廣告商來說也是金錢，[8] 於是上網搜尋「Instagram 如何計算觀看貼文的秒數？」最熱門的搜索結果之一，是一篇登於 Wonder 網站的文章，標題為〈一個人平均花多少時間看一則 IG 貼文？〉[214] 撰文者是署名為愛雪麗．N.（Ashley N.）和凱莉．S.（Carrie S.）的兩位自由研究人員，看起來是回應一位付費客戶的詢問。Wonder 網站的服務有點像是美國 Quora 問答網站，也有些類似 Fiverr 外包網的迷你任務，自由工作者承接簡單的工作，每一起最低酬勞為五美元。在網站主頁上，一則推薦寫道：「我愛 Wonder，有了它，我就像是擁有一個具常春藤盟校研究生程度的私人研究助理，隨傳隨到，從不睡覺（或抱怨）。」[215] 在我自己進行研究的過程中，我感覺像在看著我自己的工作的迷你任務版本。

二〇一八年，在 Glassdoor 企業匿名評價網站上，一個 Wonder Research 員工提到他們工作採用一個標準的四小時計時器，據稱可以根據需要延長三十分鐘。然而與其他平臺一樣，Wonder Research 也有「不透明」的問題：「他們肯定剛更新系統，因為根本沒有延長的選項。」[217] 當四個小時到了，無論研究人員完成什麼工作，都會自動交上去審閱。（另一位員工在隔年的評論中表示，每起任務的報酬落於十六到三十二美元之間。）如果工作成果沒有獲得特定的評級，就會被送回給接案者修訂，如果接案者沒有醒著或者在線上進行修訂，工作成果就會棄之不用，他也得

---

[8] 在這個主題上，社會學家理查．西摩（Richard Seymour）稱社交媒體為「chronophage」，一種「吞噬時間」的東西。[216]

不到報酬。「真是浪費了我寶貴的時間。」評論者如此寫道。

個人與匿名、演算法，以及難以捉摸的介面一起工作的真實經驗，證明了自動化並沒有完全取代工作，而是重新配置工作的內容、條件和地理位置。加文・穆勒[218]在談論盧德主義[219]的歷史時，對這些重新配置提出實用的概述，包括賈森・薩多斯基[220]首創的「波坦金 AI」（Potemkin AI）[221]一詞，也就是「號稱由先進軟體提供支援的服務，但實際上依賴於在其他地方像機器人一樣行動的人類」。組成「人類雲」（human cloud）的人，可以從世界各地招募，以極低的報酬換取他們的時間。穆勒提到了 Sama（前身為 Samasource）[222]的案例，該公司從肯亞基貝拉（據說是非洲最大的非正式聚落[223]）招聘低薪員工，讓他們負責將數據輸入到機器學習系統中的單調無聊工作。[224]儘管泰勒制度發展至今變得更加精進，工作卻益發單調、廉價、快速，而勞動力則是更加分散。

內容審查這一類的作業是泰勒化的腦力工作，除了毫無意義之外，還存在其他危害。二〇一九年，在 Verge 科技新聞網站上，凱西・牛頓[225]發表一篇文章，主題是臉書（Facebook）所使用的內容審查公司 Cognizant。牛頓描述了一個非常具體的工作時間表：審查員被要求每個影片至少觀看十五到三十秒，其中很可能包含一些難以言喻的恐怖內容，他們每天有九分鐘的「健康」時間來撫平這種精神創傷。[226]工作場所也有現代版的「蠶食時間」（nibbling and cribbling），員工每次使用洗手間，都必須使用一個瀏覽器擴展程式讓公司監控自己。Cognizant 總部位於佛羅里達州，所以公司不需依法提供病假，此外，他們還有一個邪惡版的「比洛思餵食機」（Billows Feeding Machine），一個女員工告訴牛頓，她工作中感到不適，但如廁時間都用完了，一名經理拿來一個垃圾桶，要她吐在裡面。

內容審查的工作存在於人類和機器之間一個令人不舒服的地帶。一方面，身為人類被視為工作的障礙（有著身體需求，同樣重要的是，還有情感極限），因為出售勞動力代表員工需要將身心全都投入工作，無法騰出其他類型的時間，例如生理時間或社交時間。但內容審查還需要像同理心、道德和文化判斷等人類特質，一個缺乏同理心或道德感的人，根本無法勝任內容審查工作。馬克・祖克柏[227]等人曾經想像，有朝一日 AI 會替我們審查內容，但是法學教授詹姆斯・格林梅爾曼（James Grimmelmann）一針見血地指出：「即使是人類，也很難區分仇恨言論和反串的仇恨言論，因此 AI 的能力遠遠不及人類。」[228]

在某種程度上，內容審查可以被視為一種「人機結合的工作」，然而它要求工作者既要像機器人一樣，又要擁有不可替代的人性特質，不禁讓我們懷疑許多其他看似無法泰勒化的工作形式也存在類似問題。如果你有理由（許多人確實有理由），你可以用一種追求最大化某種數字結果的方式衡量任何事情，例如，每日產出的內容字數，每學期考試成績的進步分數和「學習成果」，每小時服務的業主、顧客或患者人數。社會工作講求高度專注背景、細微差異和人格特性，但它與任何其他形式的服務性工作一樣，受到官僚主義體制影響，變得支離破碎。穆勒引述一位社會工作者的話：「如果我想要在工廠工作，我早已經是在工廠工作了。」[229]在人類仍然（或永遠）必須從事的工作中，試圖對工作進行規範化和強化的做法，繼續讓人士氣低落，就像最早被泰勒化任務分配的人一樣。在 Cognizant 內容審查公司，儘管工作條件不佳，員工還是堅持上班，一位員工告訴牛頓，他們不過是「坐在椅子上的人體」。

對於這樣的人體來說，讓時間變成更多金錢的誘因仍然很大，所以必須「更緊密填充工作日的孔隙」。許多公司向客服中心推銷遊戲化系統和排行榜（例如 StaffCop 和 Teramind 開發的系統），排行榜會直接顯示在螢幕和移動設備上。二〇二一年，我進入一家這類公司 Spinify 的網站時，螢幕彈出了一個視窗，上面寫著：「歡迎來到 Spinify！競賽讓您獲得知名度和員工認可。」接著是三張隨機的圖片，圓圈中的人彷彿要向我保證有人類參與。[230]視窗沒有關閉按鈕，只有「與我們聊聊」、「請求示範」和「我只是看看」幾個選項。為了關閉視窗，我點擊了「我只是看看」，反而打開了一個聊天框，聊天機器人回答說：「慢慢看，有什麼需要，我就在這裡（原文如此）。」接著立即提供「終極銷售策略手冊」，我的文字框被改成只能輸入我的電子郵件地址。

我婉言拒絕輸入我的電子郵件地址，然後瀏覽 Spinify 的產品，最後停在一個名為「團隊遊戲化」的分類，裡面提供了比賽和倒數計時器等方式來激發員工的士氣。其中一個比賽例子是「淘汰賽」，「集中在最低階，隨機淘汰最後一名。」至於在任何特定公司「淘汰」的具體內容是什麼，則沒有清楚說明。在附帶的插圖中，有三個帶著進度條的可愛人物，其中兩個是綠色的，分別是五十五分和六十三分，但第三個是紅色，沒有數字，只有一個垃圾桶圖標。在頁面底部，一位名叫傑洛米・約翰史敦（Graeme Johnston）的人——（某家不知名公司的共同創辦人兼董事）——提供了一個聽起來有點不妙的推薦評論：「Spinify 增加團隊的競爭，讓人更有負責感。無處可躲！」

樂觀的措辭、友好的卡通人物和彈出視窗背後暗示著一種不協調的情況：不斷加快的工作節奏、不太友好的競爭、自動化懲罰。這讓我立即聯想到二〇一九年松田 K[231] 的科幻短片《合併》（*Merger*）中的職場美學。一位無名女子坐在一張旋轉椅上，被各式各樣的全像螢幕包圍，正在執行某種誇張不現實的客服工作。[232]Clippy（微軟 Word 的迴紋針小幫手的另一個版本）從桌子上看著她，在叮叮噹噹聲中，越來越多的螢幕、消息和提示出現，她緊張地打字、滑螢幕，在這個毫不留情、無孔不入的個人化生產線上，顯然竭力想要保持冷靜，跟上節奏。

在短片開始時，我們聽到一連串的建議，後來才知道這是員工重複一個聽起來像是螢幕外的治療師的話：「以運動開始您的一天，這樣可以提供專注力，有利於整體健康，營造一個效率一級棒的工作環境。無論醒來遇到什麼，都努力保持積極的心態。」邊沁和泰勒聽了，應該都很開心吧。這個員工不用餵食機器，而是喝下一種類似 Soylent[233] 的代餐飲料和一份藥丸，接著又說：「目標是達到精確的專注，找到繞過人體極限的方法。雖然不一定有時間吃飯，但有很多新穎的方式可以為您的身體和精神提供能量。」說來非常諷刺，她的時間如此有效利用，難以想像她有空閱讀另一篇如何在忙亂中提高工作效率的表格式文章。

松田 K，《合併》（Merger，2019）。

《合併》是一部三百六十度電影，但觀眾感受不到自由，在球狀螢幕中轉動觀看反而造成一種幽閉恐懼感：沒有社會或生理時間、沒有物理環境、沒有個人身分、沒有幽默、沒有同事，也沒有人類老闆，只有一個由演算法支配的宇宙日，二十四小時任意變化的背景，以及無法區分辨識的工作時間。在影片結尾，我們發現這名員工的對話對象原來是即將要把她送到「另一邊」的某人（或某物），從十開始倒數，她如釋重負閉上雙眼，成了一個脫離肉體的演算法。她逃到了數據領域，時間終於得以控制，而她也成了工作。

可替代勞動時間的悲劇，首先在於它與高壓脅迫、剝削以及將人類想像成機器的歷史關係。時間是一種懲罰性的次元，在這個次元中，領薪工作者既受到衡量，也受到擠壓。但除此之外，過分強調可替代時間，首先會讓人對時間和勞動抱持貧乏的觀點。將時間視為金錢的工業觀點，只能將時間視為工作，一種帶有開關按鈕的、機器的男性化工作。就像一個從泰勒化的工作場所向外擴散的座標一樣，無論是在倉庫地板上，還是在兼職平臺的移動介面上，這個框架有助於形成將時間視為私人財產的個人觀點——我有我的時間，你有你的時間，我們在市場上出售這些時間。現在不只是雇主將你視為二十四小時人格化的勞動時間，當你照鏡子時，你也這麼看自己。

CHAPTER

2

自我計時器

州際八八〇號公路和州道八四號

給自己做一份年度報告比任何新年新希望都來得重要，
你的「財務期」可以是任何一天
——只要你終於決定要採用這種自我核算做法，
平衡你在這個世界上的存在狀態。[234]

P. K. 托馬楊（P. K. THOMAJAN），
〈給自己的年度報告〉（Annual Report to Yourself），
載於《好生意》（*Good Business*），一九六六年

你前進不代表我倒退。[235]

比利・布瑞（BILLY BRAGG）的歌曲〈To Have and to Have Not〉

我們從南邊出口離開港口，駛上八八〇號州際公路，這是灣區一條風景不怎麼優美的公路，也是所有人都喜歡抱怨的一條。另一列雙層貨櫃列車與我們並行，裝滿石油的黑色圓柱形油罐車從貨櫃之間的縫隙露出。有一陣子，我們的車宛如一隻夾在貨櫃卡車中的孤獨甲蟲，但當這條路向上延伸經過奧克蘭市中心時，通勤者、聯邦快遞、沃爾瑪和亞馬遜的卡車紛紛加入我們的行列，偶爾還有矽谷園區的專車（疫情之前，數量更多）。在平坦的工業建築和六層樓高的郡監獄之間，來自九八〇號州際公路的車輛加入，形成一個鬆散匿名的晨間車流。在相反的方向，一輛白色卡車駛過，車身寫著：「白晝貨運公司——自一九七七年起節約時間。」

Q102 灣區懷舊電臺主持人說：「讓我們繼續努力撐過星期四吧！」然後切入廣告。Upstart.com 提供整合債務的貸款；Sakara Life 想提供有機即食調理包提高我們的精力；Shopify 建議各地的媽媽利用其平臺，實現「從首次銷售到全面銷售」。一個播客提供了迷因股、加密貨幣和 AI 的

資訊，「不管您是像我這種老馬識途的投資客，還是投資小白。」Zoom向我們推銷一款名為「統一搭售」的產品，適用於大型企業、小型企業和個人。前方一個廣告牌宣布一家科技公司正在招聘「自動駕駛人才」。

在〈為何時間管理正在毀掉我們的生活〉（Why Time Management Is Ruining Our Lives）一文中，奧利佛．柏克曼[236]指出，當工作不穩定時，「我們必須透過瘋狂行為來持續展現自己的用處。」[237]但是，即使將時間視為金錢並非絕對必要，這種必要性依然存在，而且往往具有道德意義。例如，試圖想像「瘋狂行為」的極端反面時，我會想到《飛出個未來》（*Futurama*）中我最喜歡的角色：享樂機器人（Hedonismbot）。他的外型就像一個胖嘟嘟的羅馬參議員，經常斜倚在躺椅上，偶爾登場時，會叫人在他的身上塗抹巧克力糖霜，詢問狂歡池是否已經「抹上奶油」，還會把葡萄掛在嘴邊，喊著：「我什麼都不道歉！」他非但沒有「善用每一個閃耀的時刻」，審慎展望未來，反而立即消耗時間（和許多其他東西），彷彿一個窮奢極侈、虛度光陰的象徵。[238]

特別是在美國，忙碌不只被認為是好的，更是一種特定的勤勉形象，是道德、自我提升和資本主義商業原則之間漫長浪漫史的結果，而且主要得歸功於新教。新教是一種極其嚴謹且個人化的基督教形式，尊崇辛勤工作，隨著歐洲資產階級興起，而歐洲資產階級的社會主導地位，要歸功於他們個人的勤奮和商業活動。[239]如前一章所述，這種論調日後也被輸出到殖民地。根據新教工作倫理，你追求財富不該是為了花錢，工作和財富積累本身是好的，也是侍奉上帝的一種方式。如果你確實發大財了，那也不是你能花的財富，而是上帝的財富，象徵你的永恆救贖。富足（但禁慾）才是正確的選擇，人生的「事業」是攸關道德。

十七世紀的清教主義也是一種新教形式，鼓勵信徒自省，不斷以高道德標準評估自我，包括使用日記進行自我觀察和自我衡量。[240]例如，瑪戈・陶德[241]細讀清教徒牧師山繆・沃德（Samuel Ward）在一五九二年至一六〇一年間書寫的日記，發現沃德「將自己塑造成布道者和聽眾、勸勉者和懺悔者的雙重形象。」陶德寫道，這種緊張關係解釋了沃德為何即使在同一句子中也會使用前後矛盾的代名詞——例如，「你午餐時暴飲暴食，有害身體；我祈禱不夠用心。」[242]在這些文字中，沃德既「代表上帝訓誡，也為自己這個罪人說話」，一面懺悔，一面斥責。（他肯定非常厭惡享樂機器人。）

在美國工業化過程中，新教的工作倫理受到威脅，尤其是生產線的工作，幾乎沒有晉升空間，更遑論找到工作的意義。[243]然而，人們仍舊覺得某種節約和效率模式本身是好事，個人記帳也是一樣。這使得強調「個人發展」概念的言論成為泰勒制度在美國文化中傳播的一塊潛在沃土，畢竟泰勒制度是一種為了管理時間和增加利潤而存在的系統，從來不僅局限於工作場所，正如泰勒在《科學管理原則》所言，在那個時代，「每個人的生產力越高，**整個國家**就愈加繁榮。」[244]泰勒制度怎麼可能不發展到工作場所之外？這只是貫穿美國進步時代[245]文化中的一種對合理化、效率和衡量的癡迷的一部分。

如果你試圖將泰勒制度應用於自己身上，會發生什麼？一九二五年出版的《提高個人效率》（*Increasing Personal Efficiency*）中出現了一個可能的答案，那是「一本實用而詳盡的手冊，幫助讀者一步步提高自我控制力。」[246]作者唐納德・萊爾德（Donald Laird）是一位心理學家，他的研究成果是現代人體工程學、人格測試和自我追蹤的先驅，他對泰勒毫不吝嗇讚美之詞，哀嘆生活中還有許多事物沒有適當地泰勒化：「工程師在上個世紀大幅度改善了這個世界；但我找不到任何權威說法證明人類本身在過去二十幾個世紀中有所長進。事實上，如果我們相信優生學家的論點，我們可能不得不推斷人類其實已經退化了。」[247]萊爾德提到「優生學家」，呼應了他在該書開篇就提出的一個擔憂：目前因精神疾病而被收容的人數激增。萊爾德從系統化的角度出發，將心理崩潰解釋為生產力下降的可悲跡象，而這個問題可以藉由更好的工作方式來解決。

《提高個人效率》一書想將泰勒制度的原則從工廠搬到頭腦中，向讀者保證，只要成為自己的「時效分析師」，就能大幅提高工作效率。在談論提升辦公室、住宅和汽車的效率後，萊爾德冒昧提出一個「私人問題」：**「你是否同樣重視個人精神效率？你是用十八個動作還是五個動作來擺放你的精神磚塊呢？」**[248] 這本書充斥著當時文化對於速度、精通和單一目標的執著，一心要剔除無用事物。在測試速讀能力的章節之後，萊爾德敦促讀者在閱讀時「避免過多的眼球運動」，並提供了一個相當令人費解的建議：「不要在火車、汽車或公共汽車上閱讀，也不應該往窗外看。看看其他乘客，放鬆一下。乘車時完全放鬆的每一分鐘都能抵銷你的睡眠時間。」[249]

INCREASING PERSONAL EFFICIENCY

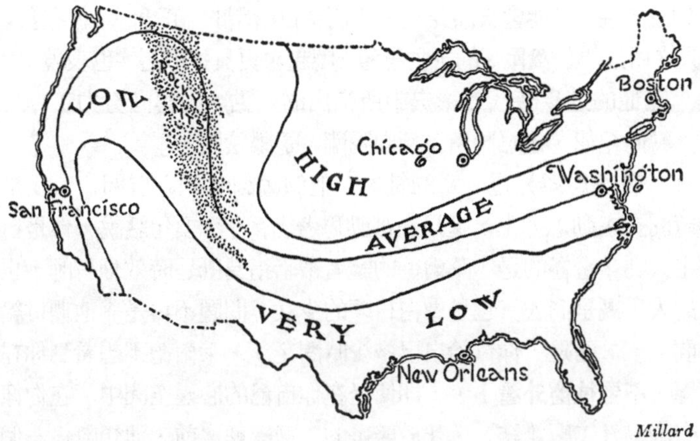

HOW MENTAL EFFICIENCY IS HELPED BY THE WEATHER. (MOST OF OUR GREAT UNIVERSITIES ARE IN THE "HIGH" BELT.)

《提高個人效率》最病態但又非常有趣的地方是，它將勞動分工導入思想本身。在標題為〈有效思考〉的篇章中，萊爾德以一個很有畫面的比較開場。[250] 首先是一位高階主管，他獨自坐著，靜靜看著打字紙和一張小地圖老半天，然後打電話給速記員。在整個過程中，「他顯然一動不動，如同一尊雕像，但他是在做什麼呢？他可能在做一整週中最困難的工作。我們剛才觀察到的這個人正在進行主動的思考。」接下來，是一位「少女」坐在舒適的椅子上，沉浸在一本書中，窗簾隨著微風搖曳。她也一動不動——最後抬起頭來做白日夢，想著騎士和美麗的淑女。

萊爾德承認，就像那位商人一樣，這位少女不算是全然無所事事。他寫道：「她也在思考，只是並非如同我們在前一個場景中觀察到的那種，有建設性的積極思考。」兩者不同之處在於思考取得的成就，而且主要是在商業方面：「她只是滿足了自己對浪漫的渴望，我們的商人可能因為積極思考一小時，為他的工業領域帶來了革命性的革新。」萊爾德的主動思考強調意向性，可能會被誤認為是我們今日所謂的「正念」，但在我看來，讓「人之所以異於禽獸」的主動思考，聽起來更具進取心，也表現出山繆·哈伯[251] 在他的進步時代效率史中所指出的一點：「轉向努力工作，遠離情感；轉向紀律，遠離同情；轉向陽剛，遠離陰柔。」[252]

在〈有效思考〉這一章的結尾，他勉勵讀者捫心自問，「我是花較多的時間在主動思考上，還是在被動思考上？」[253] 換句話說，你是自己思想的主人嗎？奇怪的是，萊爾德的讀者被暗指為既是時效分析師，也是被計時的人，既是商人，也是做白日夢的少女。問題不再是「他們付給你多少時間？」，而是「你付給自己多少時間？」，萊爾德不想看到你在工作中偷懶（**不要往窗外看！**），即使是在你自己的心靈空間中。在你像是一個沒有讀過《工廠雜誌》、死於競爭的工廠經理之前，他想幫你一個忙，幫你把自己塑造得更完美。

雖然個人發展的形式和風格在整個二十世紀都在改變，但在許多時間管理的書籍中，個人泰勒制度的影響顯而易見，它們的建議大致可以概括如下：

一、更加詳細記錄時間安排，以便找出不足之處，衡量你的工作效率是否有所提高（這部分通常需要填寫工作時間記錄表，時段可短至十五分鐘）。
二、確定你一天中效率最高的時間，據此安排工作。
三、積極消除干擾，杜絕任何與工作無關的事物（過去從老闆那裡偷時間的行為，現在成了從當老闆的自己那裡偷時間）。

在一定範圍內，對於某些類型的工作，這是不錯的建議。但是將它置於歷史背景下時，我們在時間表中應該記錄什麼樣的時間，那可有趣了。這就是我們在上一章談過的「可替代時間」，而每個人都有相等的可替代時間「供應量」的概念，仍然是主流時間管理的基石。儘管這明顯誤解了我們實際經歷時間的方式，許多人仍然信奉一句格言：「每個人每天的時間都一樣多」——從根本上來說，每個人出生時在上帝的銀行裡擁有一樣多的時間。因此，羅伊．亞歷山大（Roy Alexander）和麥克．S．多伯森（Michael S. Dobson）在他們二〇〇八年的《現實世界時間管理》（*Real-World Time Management*）中寫道：

你自己的時間並不像許多人抱怨的那樣少。假設你每週工作四十小時，一年工作近四十九週（五十二週減去兩週假期和六個節日），一年工作時數為一千九百五十二小時。從你一年的時間總庫存——八千七百六十小時（365×24）——扣除這部分時間，再減去四百八十八小時的通勤時間、一千零九十五小時的用餐時間（全年每天三小時）、三百六十五小時的更衣服時間（每天一小時）以及每晚八小時的睡眠時間（共兩千九百二十小時），總扣除時間為六千八百二十小時。從八千七百六十小時減去六千八百二十小時，你還有一千九百四十個小時可以自由支配，差不多是八十一天，每天有二十四小時，占全年的22%！[254]

這本書顯然不是為了任何負責照顧或家務的人所寫的，不過我們很快就會談到這一方面。現在假設你確實有一千九百四十個小時可以自由支配，如同科學管理，你隨時可以將勞動小時細分為勞動分鐘。在《高效十五法則》（*15 Secrets Successful People Know about Time Management: The Productivity Habits of 7 Billionaires, 13 Olympic Athletes, 29 Straight-A Students, and 239 Entrepreneurs*）中，凱文・克魯斯（Kevin Kruse）提到他在辦公室貼了一張巨幅海報，上面寫著數字「1440」：「我鼓勵你也試一試，只需在一張紙上畫一個大大的『1440』，然後黏在辦公室門上、電視底下、電腦螢幕旁——哪裡都好，只要是能時時刻刻提醒你，你每天擁有的時間非常有限，而且非常非常寶貴。」[255] 再說一次，據說你擁有的分鐘數和其他人一樣多，唯一剩下的任務就是以越來越高的效率運用這些分鐘，彷彿你即將用盡特別乾淨的綠色能源一樣。這一點很重要，因為克魯斯說：「你不能創造更多時間，但你可以提高你的工作效率。增加你的精力和專注力，是在相同時間內獲得十倍生產效率的最重要秘訣。」[256] 片刻——你的片刻——是利潤的元素。

堵車通常無法激發我們的愛人之心，當我們的車子穿過高速公路褪色紅色隔音牆之間的空隙時，一個駕駛的每一個動作，不是被另一個駕駛搶先，就是被不情不願地通融。在車內，別人聽我們聽不到的聲音、打電話、吃東西、化妝，或者用卡在儀表板上的手機看節目來打發時間。雖然有些人似乎對交通狀況逆來順受，有的人則在能找到的任何丁點空間中不安穿梭。接近海沃德郊區時，我們緩緩通過「八八〇小小兵」的無情目光，那是一座上漆的金屬雕塑，形狀像細菌，全套《神偷奶爸》（*Despicable Me*）的小小兵打扮，不知是誰把它固定在屋頂上，高高聳立在隔音牆之上。

這種對時間的看法，據稱具有平等主義的特質，因此似乎在財務不求人的自力創業（bootstrapper）文化中很受歡迎。說來很巧，就在萊爾德這樣的書問世的同一時間，**bootstrap** 一字有了新的一層現代涵義——「透過嚴格獨立的努力提升自己。」[9]今日，在新自由主義價值觀影響下，由於政府服務的撤回、工作的分散化和社會安全網日益弱化，自力創業文化越演越烈，要求每個人要對自己的命運負責，確保自己的安全不受他人影響。為此，人必須投入自己的時間和努力，提供自己培訓，計算自己的風險。[258]

---

[9]「靠著自己的靴帶拉自己起來」（pulling oneself up by one's bootstraps）原本是比喻嘗試根本不可能的事。例如，在一本一八八八年的物理書中，「為什麼一個人無法靠著拉靴帶把自己拉起來？」的問題，緊接在「一個站在臺秤上的人，能靠著舉起自己讓自己變輕嗎？」之後。[257]

在美國，將個人視為企業家的觀念，不只存在於勞動力統計數據，也存在於文化蒼穹中。二〇一二年，美國皮尤研究中心一項民調發現，62%的美國受訪者不認同「生活中的成功由無法控制的力量決定」這一說法，[259] 在西班牙、英國、法國和德國抱持這種觀點的人較多（僅有27%的人不同意）。被要求在「沒有政府干預的情況下追求生活目標的自由」和「政府保證沒有人需要幫助」之間作出選擇時，在美國，前者以58%對35%的優勢勝出，而在其他四個國家，這兩個數字基本上是倒過來的。[10] 根據二〇一七年的一項研究，與美國民主黨人相比，美國共和黨人通常將一個人的財富歸因於他們「更努力工作」，而非「生活中擁有優勢」，而將貧困歸因於「不努力」，而非「無法控制的環境因素」。[261]

當然，「努力 vs. 環境」是一個爭論已久的問題。正如我序言中提到的，一個人在「我們無法控制的力量」中有多大的自由，這個問題不單是社會學的永恆問題，也是哲學的永恆問題，最終會牽涉到自由意志的問題。[262][11] 但是，就本章的目的來說，我們可以用一個紙牌遊戲來探討這個主題。這個遊戲的名稱，我學的是「混蛋」，但也有人叫它「總統」、「無賴」或「資本主義」。遊戲可能是從中國傳入西方，因為在中國類似的遊戲（如「爭上游」[263]）很早就很流行。

在大多數情況下，「混蛋」是一種標準的出牌遊戲，只能在特定的時間出特定的牌。不過，這個遊戲具有世代記憶的形式，第一輪的贏家成為「總統」，第二名成為「副總統」，而輸掉的人成為「混蛋」，第二輪

---

[10] 這些結果與二〇一九年皮尤較晚的一項研究一致，該研究發現，在西歐，有53%的受訪者贊同「生活中的成功在很大程度上取決於我們無法控制的力量」，在中歐和東歐，有58%的受訪者贊同這一觀點，而在美國這個比率只有31%。[260]

[11] 關於「我們無法控制的力量」的一些探索，請參閱社會學家皮埃爾．布迪厄（Pierre Bourdieu）在《實踐理性：論行動理論》（*Practical Reason: On the Theory of Action*）一書中提出的「場域」、「習慣」和「文化資本」等概念，以及哈利．法蘭克福（Harry Frankfurt）在〈意志的自由和一個人的概念〉（Freedom of the Will and the Concept of a Person）中對一階欲望（你想要的）和二階意志（你想要你要的）的區分。

的成為「副混蛋」。[264] 在下一輪之前，每個人都必須站起來，以總統為中心，按照地位重新排列位置。混蛋的任務是洗牌和發牌。

發牌後，混蛋必須拿出自己最好的兩張牌，與總統想要換掉的任意兩張牌交換；副混蛋則與副總統交換一張牌。瞧！這不就是一個結構性不平等的縮影。[12] 這個遊戲真正讓人苦惱的地方在於，當你是混蛋的時候，沒人看到你不得不放棄的好牌或者你打不出去的爛牌，因此沒人知道你打得不好究竟是因為一開始的換牌，還是因為你出牌技巧欠佳。在這個遊戲中，由於規則沒得商量，身為混蛋，你唯一的選擇就是拚命使出計謀，掌握好自己的牌。

如果把這個遊戲視為一個比喻，我們就能夠體會到，在一個系統性阻礙規則改變的文化中，教導人如何打好自己的一手牌有多麼重要。在YouTube和Instagram時代，由此而生的自我駕馭論調重新演繹，在一群我稱之為「生產力兄弟」（productivity bros）的人身上達到頂峰，尤其是約翰·李·杜馬斯（John Lee Dumas）設計銷售的兩種產品。杜馬斯最主要的工作是經營一個名為《當紅創業家》（*Entrepreneurs on Fire*）的播客，他天天更新內容，採訪成功企業家，旨在激勵聽眾走上自己的創業之路。「如果你厭倦了每天用90%的時間做不喜歡的事情，只有10%的時間做喜歡的事情，那麼你來對地方了。」播客網站上這麼寫著。[266]

二〇一六年，杜馬斯在網路平臺為一個名為「自由日誌」的產品發起募資活動，該產品承諾幫助你「在一百天內**實現**你的頭號目標。」[267] 日誌以皮面裝訂，反覆出現同樣的兩頁內容，要求使用者具體指出自己的目標，評估自己的進展，其中還穿插著「十日衝刺回顧」和季度評估。杜馬

[12] 當然，在現實生活中，規則和實踐之間的關係比「混蛋」這類紙牌遊戲中更加複雜，而且反覆不停。但這個極端的例子闡明在優勢和劣勢構成的網路中占據不同位置的感受。事實上，一項關於不平等感知的研究就使用了類似的紙牌遊戲。二〇一九年，康乃爾大學研究人員教導研究參與者玩「交換遊戲」時發現，贏家認為遊戲公平的可能性是輸家的兩倍。[265] 雖然研究人員告誡不要將紙牌遊戲的結果概括為實際的社會經濟不平等，仍然指出這些結果與「現實生活中的階層化過程相似，機會分配對結果分配至關重要。」

斯接下來又推出「駕馭日誌」，將一天分為四個工作時段，配合自己記錄的「生產力」和「紀律」分數，進一步量化任務。「自由日誌」和「駕馭日誌」後來跟其他產品包裝成「二〇一七年成功套組」一塊出售。[268]自由和駕馭的結合可能是偶然的，但認為一個人既可以獲得自由，又可以是被駕馭著，這個觀點反映出「賦權」（empowerment）一詞的雙面涵義。

在眾多「生產力兄弟」之中，泰勒主義對於例行公事的著迷，已經演變成對晨間例行公事的不健康著迷。克雷格．巴蘭坦（Craig Ballantyne）自封為「世上頭號自律的人」，至少拍了十支相關主題的影片。在「提高效率和收入的晨間習慣」影片中，他示範如何「主宰」自己的早晨，從而過著夢想中的生活，每年到五個沒去過的國家旅行。[269]我們看到他在凌晨三點五十七分醒來，「比馬克．華伯格（Mark Wahlberg）晚十二分鐘，比巨石強森（The Rock）早三分鐘。」巴蘭坦不像其他企業家在早上浪費時間做瑜伽寫日記，而是給自己十五分鐘，坐在電腦前寫他的書：《完美一天的公式》（*The Perfect Day Formula: How to Own the Day and Control Your Life*），當然，這樣的影片少不了得調製一杯能量飲料。

巴蘭坦的其他影片和演講提出「征服」或「掌控」以下事物的建議：你的目標、競爭對手、銷售、社交媒體、混亂和生活本身。[270]然而，生產力兄弟所提供的自由，不只有在現狀中維持工作與生活的平衡，巴蘭坦和杜馬斯都是提摩西．費里斯（Timothy Ferriss）的信徒，費里斯的《一週工作四小時》（*The 4-Hour Workweek*）保證讓你不再受制於他人，而且完全不必出賣自己的時間，以建立被動收入為目標，在自己的身上重現資本主義，從而擺脫資本主義的束縛。艾瑞．梅塞爾（Ari Meisel）的《聰明人都在用的策略性偷懶法》（*The Art of Less Doing*）等書則承諾，「80/20法則、3D原則和多平臺再利用等現代方法，讓你可以建立一個只需一個員工就能高效運作的傳統風格式『成功工廠』。」[271]這個文類的另一個例子是「去他的朝九晚五」網站（Screw the Nine to Five），網站創始人分享他們如何「在海外生活，同時從我們的三十多個電子商務網站中賺錢」。[272]

相較於其他形式的「去他的朝九晚五」，如工人組織、立法和互助，生產力福音的吸引力在於，你不需要任何人，只靠自己就能實現自由。問題是，根據這個計畫，更多的自由需要更多的（自我）駕馭，更高段的打牌技巧。這種心理勵志書的消費者，在越來越無法控制周遭環境的情況下，可能會因無法控制的激烈情緒而自暴自棄，在「懺悔和斥責」的世俗化空間裡，用試算表和平均數對自己進行監控、扣分和懲罰。這種做法完全符合新自由主義全面競爭的世界觀，你非但找不到他人的幫助，還讓每個人都成了你的對手，你必須小心翼翼地保護，並「提升」你所擁有的時間。你是否能充分利用這段時間，那就要看你自己了。

舊金山灣不算遠，但相信我，在我們的路線上根本看不見它，它被XPO物流公司的配送中心擋住了，這家公司遭工會指控偷竊工資，試圖「Uber化」貨運。[273] 偶爾，一隻幾乎全白的白鷺飛向海灣，身影打破了單調的堵車畫面；一隻健壯的紅尾鷹停在限速標誌上等待齧齒動物；一隻紅頭美洲鷲在天空中繞著歪歪斜斜的大圈子。我最近才得知，這些鷹鷲的嗅覺系統是鳥類中最靈敏的，能聞到一英里以外的東西。在車裡，我們只能聞到老舊的塑膠和內裝，還有一縷剎車灰塵的味道。

前方有一個電子告示牌，顯示目前前往米爾皮塔斯、聖荷西國際機場和門洛派克所需的行車時間，時間隨著交通狀況異動。這些數字代表生活中隨著交通波動的時間成本，是一種不同於我們即將支付的過橋費的通行費。但對於活在這幾分鐘中的人來說，這些數字代表不同的東西。我們再次看看其他司機，他們正在穿越自己的時間地形，急於滿足某種看不見的需求。為了尋找負擔得起的住宅和適合養育孩子的地方，民眾已開始從距離舊金山灣一百多英里以南和以東的地方通勤上班，單程就要兩、三個小時。[274] 就某種意義來說，這裡的大多數人都在努力工作。

「早上醒來，噢！你的錢包神奇地裝滿了二十四小時，這是你生命中未經加工的宇宙組織！……沒人能從你那裡拿走，它是偷不走的。」[275]這段話出自阿諾德．班奈特（Arnold Bennett）一九〇八年出版的《活出精采的二十四小時》（*How to Live on 24 Hours a Day*），福特汽車創辦人亨利．福特（Henry Ford）買了五百本，分送給他底下的經理。[276]迄今這本書仍然大受歡迎，麥克米倫出版社於二〇二〇年重新出版，歸類為心靈勵志書。

在認為一天有二十四個小時偷不走的時間的人之中，在職父母必定排在第一位。梅．安德森（May Anderson）是一個在職媽媽臉書群組的管理員，她告訴我，她不再閱讀主流的時間管理書，還以一句耳熟的財務建議來形容這類書：「別買拿鐵浪費錢。」[277]與凱文．克魯斯的1440海報恰好相反，並不是每一分鐘都是相同的。梅住在猶他州農村，是一名工程師，育有兩個孩子，「工作」既包括有薪工作，也包括無償的育兒和家務。在列出她典型的一天所需完成的任務後，梅說她一直想著自己需要做的事，這種壓力在腦海中累積，加劇了時間不夠用的感受，她說：「坐下來放鬆十分鐘時，也無法感覺自己放鬆下來。」

「每一個鐘頭都相等」——這個觀點禁不起考驗，一戳就破，義務的壓力和時間的心理變化只是其中的兩個弱點。哲學、社會和政治理論教授羅伯特·E·古丁說，這種所謂的相等是一個「殘酷的玩笑」。首先，也是最基本的，有的人控制著別人的時間。雖然奴隸制（據傳）已經廢除，但大多數人仍然「只是為了生存而把自己的時間租給雇主」。除非解決這種必要的問題（例如全民基本收入），否則時間自主權上將持續存在著「嚴重的不平等」。此外，除非你是什麼名流或高級顧問，否則你出售時間的價格可能會反映出你無法控制的因素，如性別、種族和當前的經濟形勢。

我們在前一章中也討論過，時間和節奏的因素通常也不在工作者的控制範圍。鑒於時間管理書籍是針對個人市場推出的，這種控制一般不被承認，但有時你可以感受到它的存在。跟聲稱「機器讓『姑娘』一直待在辦公桌前」的經理一樣，一本一九九〇年代的時間管理書籍哀嘆：「電腦晶片沒有讓我們自由，反而強迫我們以**它的**速度生產。」[278] 在《現實世界時間管理》中，亞歷山大和多伯森想像出一個自由提問的時間，假想中的讀者提出抗議說：「你叫我做事要分輕重緩急，但**他們**不讓我這麼做！」作者的回答讓人感覺有些可怕：「你不只必須控制事情的輕重緩急，還要控制他們（無論他們是誰）。」[279]

關於**他們**的問題引出時間政治，時間政治不光牽涉到銀行中的小時數（即使是不相等的小時數）。時間管理往往是為了應付「一天時間不夠用」這種想像出來的感覺，但時間壓力未必一定或者只是時間不夠用的結果，經常必須切換任務，或與外在因素進行協調，也可能讓人感受到時間壓力。德語的 **zeitgeber**（大致可譯為「給予時間的人事物」）在這裡可派上用場了。弗雷德里克·溫斯洛·泰勒鉅細靡遺的時間表對產業工人（或杜馬斯的「自由日誌」的讀者）來說，可能是一種 **zeitgeber**；對於全職媽媽來說，孩子的情緒、健康需求和學校活動表，可能是一種 **zeitgeber**；有很長一段時間，為期十週的大學學期制度和不斷延長的舊金山灣區尖峰時間，是我的 **zeitgeber**；對於慢性患病，發病週期可能是一種 **zeitgeber**；對於一名在 Instacart 生鮮代購配送平臺接單的人來說，顧客的心情和應用程式介面都是 **zeitgeber**。

模式是這樣的：當一個 **zeitgeber** 出現，就代表有某人或某事給予另一個人時間——不是指送他們幾分鐘、幾小時，而是決定他們的時間體驗。跟隨 **zeitgeber** 就是被同步化，你的活動與你的外在模式同步，否則就是別人必須跟隨著你的步調。但是有慢性疾病的朝九晚五族都知道，不同的 **zeitgeber** 會產生衝突，也不是所有的 **zeitgeber** 都是相同的。就像不同人的時間有不同的「租金」一樣，有人迫於外部結構，不得不跟隨其他人的生活節奏。

在〈速度陷阱和時間性〉（Speed Traps and the Temporal）一文中，莎拉・夏爾馬（Sarah Sharm）以朋友碰上火車誤點的經驗來說明這種妥協。[280] 夏爾馬的朋友要去探視她早產十二週的嬰兒，嬰兒正在醫院等著她和她裝在保冷袋中的母乳——時間來不及了。她的朋友掃視人群，注意到一位黑西裝商務人士似乎要叫一輛 Uber，根據他的外表和舉止，她推測他要前往市區，於是加快腳步跟上他。該男子同意和她共乘，但「從未停下腳步」，健步如飛，在車子抵達之前不停地打字。夏爾馬寫道，她的朋友仰賴生存模式的直覺來利用權力動態，發現「在一種以世界正在加速發展的論調為主導的文化中，快節奏生活的偶像級特權主角的所有標誌」：

> 他穿著西裝，（邁著）敏捷的步伐，瘋狂敲打智慧型手機。他善於利用電子設備，一刻也不得閒，利用上網時間穿梭於流動空間，繞過暫時停運的公共交通系統。他控制自己的時間，使用 Uber 應用程式叫車上班，一分鐘也不耽擱。他不只掌控自己的行動力和時間，還能掌控他人的時間和行動力。

這種妥協與「每小時都相等」的迷思形成鮮明對比。對個人來說，時間不是對某種真實事物的度量，而是一種「權力的結構性關係」，就像玩混蛋紙牌遊戲的經驗，取決於前一輪以及你目前所處的位置，「個人對時間的體驗，取決於他們在更大時間價值經濟中的位置。」[281] 這句闡述非常重要，讓我想起 Goodreads 書評平臺上對凱特・諾瑟拉普（Kate Northrup）的《少做點：渴望成功之女性的時間和能量管理的革命方法》（*Do Less: A Revolutionary Approach to Time and Energy Management for Ambitious Women*）的評論。這本書建議女性將工作時間表與月經週期（又是一個 **zeitgeber**）同步，善加利用一個月當中不同的活力程度。讀者莎拉・K 指出，這條建議只對有錢或可以控制自己時間的人有用，她寫道：「比如說，我請了一個管家來簡化工作，可是當她處於新月階段，我怎麼辦？新月期應該是休息和內省的階段，不能打掃你的房子。最好祈禱它與你越來越圓的新月／『投入工作』階段同步！」

一位奔波的職業女性，透過他人的服務，為自己購買時間——在這個例子中，很明顯誰的時間具有特權。但在工作場所，權力的陰影依然存在，撇開「第二輪班」（second shift）[282] 現象和女性經常扮演「預設家長」（default parent）角色不談，多項研究顯示，職場女性被期望拒絕工作的頻率低於男性。例如，一項研究顯示，**無論是男性還是女性**，都期望女性提供幫助，回應他人求助；在這項研究中，當小組中有女性時，男性會等一等才主動幫忙，但如果群體之中只有男性，他們會更早舉手。[283]

在《*Elle*》雜誌一篇關於女性拒絕的報導中，受訪女性莎莉・克勞切克（Sallie Krawcheck）說：「社會化讓我們以為媽媽樂於助人，爸爸在看足球。」[284] 對於 BIPOC 女性來說，[285] 這種差距更為嚴重。在《哈佛商業評論》（*Harvard Business Review*）的一篇文章中，有位科技公司的經理描述了這種雙重窘境：「如果我不肯做辦公室的雜務，我就被認為是一個『暴躁的非裔』女人。」[286] 其他有色人種的專業女性表示，當她們試圖在工作場所控制自己的時間時，會被視為「藉故生端、反常，或過於情緒化」。

我和在職媽媽臉書群組管理員梅（May）聊過一件事，就是從辦公室到汽車，所有的設計都是為男性而設計（車禍假人的原型是所謂的普通男性）。[287] 她接著告訴我，在一個女工程師的群組裡，有人批評那些獲得升遷的女性表現得像男人，她說：「所以現在這些為了出人頭地而這麼做的女性受到批評了，我能理解這種情況嗎？不知道，因為我兩邊都經歷過。」我點點頭，恍然大悟。「跟汽車座椅差不多，打個比喻來說，就是妳為了不要死在車裡，所以努力讓自己更像男人的模樣。」

在無意之中，我用了「為了不死在車裡而變得更像男人的模樣」來描述積極爭取升遷和領導職位的女性主義，以及專門為女性而設計的時間管理。蘿拉．范德康（Laura Vanderkam）於二〇一〇年出版的《一百六十八個小時：你擁有的時間多於你的想像》（*168 Hours: You Have More Time Than You Think*）就是一個直接的例子，它蒙著一層柔和的基督教色彩，討論身兼母職的職業女性該如何「全力以赴」。范德康的建議包括找到你的理想工作 [288]，外包你不喜歡的任務 [289]，確定你的「核心競爭力」[290]，不要浪費時間在不擅長的事情上。范德康還提供自己方便好用的時間表，以半小時為單位，讓讀者把一週一百六十八個小時看成一塊「空白的石板」，不管是居家還是工作，都要保持像一家公司那樣的靈活有彈性。《出版人週刊》（*Publishers Weekly*）的書評提供了一個妥貼的總結：它提供了很好的職業建議，同時也有可能「磨滅生活的生氣」。[291]

《一百六十八個小時》保證讀者（暗示是與作者處於同一社會經濟階層的在職母親）一定可以「擁有一切」。儘管這本書迴避了女性仍然承擔超出比例的有薪和無薪工作的問題，並建議女性更適當地分配資源來面對這個現實，但它並不是一本徹頭徹尾殘酷的書，也不像那些「生產力兄弟」，只是空洞無物、金字塔形的可疑供品，製作影片這件事似乎是為了「替製作影片的人」而製作的。《一百六十八個小時》提供的是一種緩解的方法，讓與作者擁有同樣特權的人在一個不舒服的情況中感到更加舒服。就這個意義來說，《一百六十八個小時》與許多心靈勵志書籍的銷售對象一致：一個想要把手上的牌打得更好的人。

心靈勵志書籍通常保證會徹底改變的是你的生活，而不是社會或經濟階級制度——你不能責怪任何人沒有履行他們從未作出的承諾。另一方面，即使是看似實用的心靈勵志書籍，讀起來也像是鼓勵你在一個殘酷的世界中找到一個自己的適當位置，等待風暴過去。人類學家凱文·K·比爾斯（Kevin K. Birth）形容時鐘和日曆這些看似行動力的技術是「替使用者思考的認知工具」，複製「時間的文化觀念」和「權力的結構安排」。[292] 格式的時間表，複製了時間是可替換單位的概念，而「為了不死在車裡而變得更像男人的模樣」的建議，則是複製了形狀不對的汽車的人生。尋找理想工作是一個很好的建議，但在許多此類書籍中，對「誰來做低薪工作？」這個問題的隱諱答案是：只要不是你，那就無所謂。這個答案讓人不大舒服。

時間管理闡明「意志 vs. 環境」辯論中的假設，因為它以個人為絕對單位，以不久的將來為時間範圍，以犧牲集體利益為代價。就連夏爾馬也明白時間管理的魅力，而這也恰好是它的危險所在。她寫道：「如何與時間控制和技術建立更好的關係？這是一個令人陶醉的問題，但這種文化偏執（控制時間、調節個人時間、更有效管理時間、放慢時間和加快時間的能力）與政治理解所需的集體時間感背道而馳。」[293] 正是這種對時間的政治理解讓人能夠向外看，想像不同的「權力結構安排」，這無法獨力完成，通常也不能在短期內完成。在漫長的此際，我想起某個西班牙記者與我分享的一句話，聊到關於身心倦怠現象時，他說：「你是需要治療師，還是需要工會呢？」

你早晚會達到個人能力極限，商業時間管理知道這一點，所以建議你「外包」部分的生活，這是根據古老直覺而產生的市場化版本的支持網絡。梅告訴我，她曾考慮過跟幾個母親組成一個七人小組，每人每週替其他人做一天的晚餐，我聽了並不感到驚訝。她說：「我認為支持系統絕對是幫助我們管理時間的首要途徑。」她也提到了由親友組成的非正式網絡，更進一步說，我們可以想像「托兒服務應該社會化，備餐應該社會化，家務應該產業化——應該提供工薪階級所有這些服務。」早在一九八一年，安琪拉·Y·戴維斯就提出了這樣的建議，但疫情反而向我們展示了相反的情況：每一個家庭（通常是女性）必須自己照顧孩子，做飯燒菜，承擔其他家務的成本。

我們可以從這個角度來想一想紙牌遊戲的規則。如果時間管理不是簡單的數字化時間的問題，而是有人比其他人更能控制自己的時間，那麼最現實、最普及的時間管理必須是集體管理，而且必得涉及不同的權力與安全分配。在政策方面，這代表著一些與時間明顯相關的事項——例如，托兒服務補助、帶薪休假、更好的加班法和「公平工作週法」（目的是讓兼職員工的工作時間表更穩定，並在他們工作時間不穩定時給予補償）[294]。提高最低工資、聯邦就業保障或全民基本收入的運動與時間關係不那麼明顯，但卻絕對相關。[13]

還有許多耗費時間的事情，那是從未經歷過貧困或殘疾者可能根本想不到的。在一篇討論與政府服務打交道者所面臨的「時間稅」的文章中，安妮．洛瑞指出，管理不善的官僚制度加深了富與窮、白人與黑人、病人與健康人之間的鴻溝，形容這是「一個削弱我們所有進步政策的退步過濾器」。[296] 洛瑞建議消除資產審查和面談等障礙，使用更好的工具，像是設計良好的表格，讓民眾能以自己的語言閱讀。但她也指出，時間稅的歷史有著深遠而恆長的根源，包括種族主義、對官僚制度的懷疑，以及「值得救助」的窮人和「不值得救助」的窮人之間存在已久的劃分。

同樣地，要真正以政治的角度理解時間，便不能懼怕處理最普遍、最根深柢固的權力結構。例如，在一場名為「時間的種族政治」的講座中，

---

[13] 斯托克頓進行過一次全民基本收入試驗計畫，在兩年內每月給隨機入選的居民五百美元，無任何附加條件，結果發現能夠減輕收款人的焦慮、憂鬱和財務壓力，特別是讓「多年來把他人的需求置於自己福祉之上的女性……關心自己的健康，填補家庭醫療保健的缺口。」[295]「木蘭媽媽信託」（Magnolia Mother's Trust）也是保障收入的一例（類似全民基本收入，但針對特定社區），在密西西比州傑克遜市，他們向一百戶住在社會住宅並以黑人婦女為戶長的家庭每月發放一千美元，為期一年。《*Ms.*》雜誌刊登一系列報導，描述每一個參與者的故事，一位名叫蒂亞（Tia）的參與者描述她個人感覺到時間壓力減輕的心情：「只要知道，就算孩子病了，也不會有事，需要的話，我可以請假照顧孩子，而且不必擔心收入減少。」

作家、活動家和文化評論家布蘭妮·庫珀（Brittney Cooper）以「白人才擁有時間」的挑釁開場，[297]這不光因為殖民地人民被視為存在於歷史之外，也因為白人以絕對優勢設定工作日節奏、決定他人時間的價值。此外，在許多情況下，你不必購買某人的時間就能浪費它。庫珀彷彿在直接反駁班奈特的「偷不走的二十四小時」，引用了塔－內西·科茨[298]的話：「被徵召加入黑人種族，最明顯特徵就是無法逃避的時間搶劫。」庫珀提出一個取代「每個小時都相等」神話的建議：

> 不，我們得到的時間並不是相同的，但我們可以決定我們所獲得的時間是公平和自由的。我們可以停止讓你的郵遞區號成為你壽命的主要決定因素，我們可以停止過度利用停學和開除學籍竊取黑人孩童的時間，我們可以停止透過長期監禁非暴力犯罪者竊取黑人的時間。警察可以停止透過過度使用武力竊取時間和黑人的生命。

如果時間就是生命，那麼庫珀明確指出了重點，「時間管理」的問題歸根究柢就是誰控制誰的生命的問題，這正是夏爾馬所強調的對比——一邊是政治層面的時間理解，另一邊是掌握我們個人時間單位的夢想。時間究竟是什麼？這個更深層次的問題——一個語言問題——我將在第六章中再談。我現在的觀點更簡單：唯有認識到時間體驗的真實背景，我們才能得出不同的「時間管理」概念，而非只是簡單地複製殘酷的遊戲。

從通往八四號西路的交流道下去後，平坦的地形變成了低矮的小山丘，樹林隨風搖曳。一連串牌子寫著請勿停車，攝影機記錄到我們車上的FasTrak裝置，裝置發出滿意的嗶嗶聲。海灣海水經由車子的通風口送來一股刺鼻的硫磺味，這是生活在我們周圍淺灘的厭氧細菌。又有幾隻白鷺小心翼翼在那裡踩踏，透過薄霧，聖克魯斯山脈[299]在我們的視野中往兩

個方向延伸而去，彷彿一張撕開的藍色紙條。

橋梁將我們送上高空，經過巨大的輸電塔，然後降落在半島上，那是一片鹽沼和混凝土組成的平原，看起來充滿敵意。在遠處蒙特利松樹的半遮半掩下，可以看到一幢幢奇怪的建築，大部分是白色的，嵌著紅色、青色、淺藍色、黃色和灰色的面板。直到在路口等待左轉，綠燈遲遲不亮，我們才終於看到標誌：一個巨大的藍色大拇指，上頭寫著：臉書：駭客路一號。Instagram 總部也在這裡。平常可能會看到有人騎著印有 Facebook 的藍色腳踏車穿過這條馬路，前往園區眾多建築中的一棟，不過現在這個大型停車場看起來比平常更空曠，許多員工都居家工作。綠燈亮起以前，我低頭看著手機，擺在舊杯架裡格格不入，沒錯，它是一個同伴，但也是一個衡量生活的工具。

從個人的角度來說，時間管理的反義詞似乎是身心倦怠，事情堆積如山，無法塞入時間表，生活優雅不起來。無論是對生產力兄弟，還是唐納德・萊爾德在《提高個人效率》一書中的觀點，身心倦怠都是一個大問題：機器故障了。

說來尷尬，在一篇關於非同步工作的文章中，我讀到一段簡直是在描述我的生活的文字。社會學家哈特穆特・羅薩（Hartmut Rosa）刻劃了一個名叫琳達（Linda）的假想人物，身為教授的她，每天忙得暈頭轉向，行色匆匆，從未有足夠的時間履行對學生、同事、家人和朋友的所有義務；被期望永遠隨叫隨到，對每個人有求必應；感覺自己總是不夠好，總是處於落後進度的狀態。「沒有足夠的時間做飯，沒有足夠的時間陪伴情人，沒有足夠的時間做家務，沒有時間去運動。她的醫生告訴她，她沒有好好照顧自己的健康。在一天結束時，她很內疚，因為她壓力太大，不夠放鬆，她找不到工作和生活的平衡點。」[300]

在這種衝突狀態下，羅薩適時強調了數位科技對於工作內外「合法主張」擴張的作用——任何人都可以隨時隨地聯繫到某人。琳達無法體會 **Feierabend**（莊稼漢在牲畜和孩子都返家過夜後的那種優哉）；琳達只能在罕見的情況下才能找到這種感覺，比如在收不到訊號的山間小屋過夜。需求不斷，琳達所能做的與被要求做的之間，落差不單是一個「生活中的抽象事實」，而是她時時刻刻都經歷的一個「嚴重困境」[301]。

羅薩接著問，對於「社會中一小部分搭著噴射機遨遊四海的社會精英」之外的人，這個故事是否說得通。（伊莉莎白・科爾伯特〔Elizabeth Kolbert〕也曾描述經濟學家對於忙碌的抱怨，稱其為「雅痞牢騷」[302]。）他比較琳達的處境與卡車司機、工廠工人、醫院護理師或店員所經歷的時間性[303]，擔任這些工作的人，在工作**中**，對時間壓力特別有感：卡車司機既要遵守限速規定，又要設法趕上交貨時間；工廠工人被老闆逼得喘不過氣來；店員要應付不耐的顧客；醫院擠進越來越多的病人，護理師卻被期望給予患者更多的照顧和關懷。羅薩寫道：「在工作中，無權無勢的員工幾乎沒有時間主權，老闆或管理他們時間預算的外部機構部門對他們施壓，他們可以直接將（這些外在因素）定位為壓力的來源。對於琳達來說，壓力源自（工作）情況之外，要怪在自己頭上。」

古丁所提出的「自由支配的時間」概念，也以類似方式把人分為「琳達」和「非琳達」。如同自由支配的開支，嚴格來說，自由支配的時間就是你不**必**用來做某事的時間，你只是出於某種原因而做這件事。根據這個概念，我們也能把人分成兩種，一種人是真正沒有空閒時間，另一種人是（例如）充滿抱負，根據個人需要，自願長時間工作，卻又希望自己能夠擁有更多的時間。古丁發現，有些人會有一種「時間壓力幻覺」，尤其是沒有孩子的雙薪夫妻，這些人其實擁有很多空閒時間，只是根據他們自由支配的權力，他們不認為這是空閒的時間。[304]

對於一個身心俱疲的琳達來說，如果真正的問題的確來自於她的內心，那麼問題是：為什麼？在某種程度上，你可以將部分原因歸咎於工作越來越有「彈性」，如果你不知道未來會發生什麼，為未來作準備就成了一項無止境的任務，某些形式的工作（創意工作、自由接案或兼職工作）讓人特別不清楚自己是「琳達」還是「非琳達」。我認識許多兼任教授，他們必須表現得像工作狂，好「維持價值」，確保工作。但即便他們已經做到這樣了，一門課（連帶著鐘點費）也可能在最後一刻被取消。兼任教師通常沒有福利，二〇一九年，美國有四分之一的兼任教師依賴某種形式的社會救助過日子，而三分之一活在貧窮線以下。[305]

再進一步放大角度來說，在一個「不適應就等死」的誥誡震懾人心的文化中，自由支配時間的「自由支配權」可能很難評估。羅薩說，面對全球興起的身心倦怠現象，讓人慢下來的藥物正在被速度、安非他命和其他「保證『同步』的藥物（如利他能、牛磺酸、莫達非尼）」所取代。[306]他還指出，大多數形式的人類「增強劑」，都是為了讓人在某些方面變得更快。在一部關於人類生物技術的紀錄片中，作家兼未來學家賈邁斯．凱西奧（Jamais Cascio）分享了一則相關小故事。凱西奧的醫師為他開了合法的莫達非尼處方，讓他跨國旅行時能夠保持清醒，但在家趕稿時，他偶爾也會吞下一顆。在一段非常好笑的輔助鏡頭中（西裝革履的商務人士在跑道上狂奔），凱西奧承認：「真正的問題是，如果我的競爭對手、我的合作夥伴決定開始更常使用這些認知藥物，創作出更多、更好的作品，會發生什麼情況？不是我的表現退步，而是他們的表現越來越好，我還能繼續堅持下去嗎？我會不會也忍不住開始更常使用這種認知增強手段？」[307]

沒有人比蘿拉·范德康更清楚這種情況，她在《一百六十八小時》中寫道，尋找理想工作的真正原因是，對工作充滿熱情會讓人更有生產力和創造力：「這種入魔心態是保持領先地位的唯一途徑，因為你可以相信你的競爭對手在淋浴時也在想著**他們的**工作。」[308] 雖然大多數人知道工廠工作正在外包，但越來越多的知識工作也可能被外包，范德康建議：「為了在一個總是有比你更便宜的人的世界中成功，你所做的事要與眾不同。在某些情況下，為了生存下去，你必須做到世界一流。」這表示你不能停滯不前，也意味著照理你是可以（必須）一直進步。

然而，琳達的身心倦怠問題，似乎不單是工作和經濟安全的問題，因為即使是應該過得很舒適的人也似乎很容易心力交瘁。在《倦怠社會》（*The Burnout Society*）中，韓炳哲[309] 提出一個更為普遍的事：「追求最大生產力的動力存在於社會潛意識中」，這也造就了他所謂的「功績主體」（achievement-subject）。[310] 功績主體不受外部的某物或某人約束，他們是「自我的企業家」[311]、內建驅動力的 DIY 老闆，不用滿足任何人，但仍然「在與自己競爭的激烈競賽中疲於奔命」[312]：「支配的消失不代表自由，反而讓自由與約束並存。因此，功績主體將自己置於不由自主的自由手中——也就是說，置於功績最大化的自由約束之中，過度工作和過度表現惡化成了自我剝削。」[313]

任何一個提供免費食物、品牌背包和攀岩牆的科技園區都可以證明，功績主體的社會對於公司盈虧來說是個好消息，事實證明范德康對「入魔」的看法也是正確的。韓炳哲發現「積極的**能夠**比消極的**應該**更有效率」，「功績主體比服從主體更快速、更具生產力。」[314] 正是這種無限性導致功績主體走向身心倦怠，訓練她把目光投向無限，她從未體驗到真正達到目標的感覺，反而展現出主宰和被主宰的「自我傷害」，[315]永遠在「跳過自己的影子」[316]，對現狀與可能之間不可逾越的鴻溝感到沮喪。

不幸的是，這個鴻溝還在不斷擴大。羅薩寫道，資本主義的「增長邏輯」（logic of increase）[317]滲透到了對美好生活的文化觀念中，因此不光只有工作停滯不前會在社會秩序中被視為退步或墮落，連在金錢、健康、知識、關係或時尚領域方面停滯不前也一樣。我還要補充一點：社交媒體放大了比較與競爭的語言，哪怕只是朋友的照片，不停地滑動瀏覽也是一趟永無止境的「可能」之旅。研究早已用文獻證實一種殘酷的循環：自卑的人使用社交媒體來表現和聯絡，反而讓自己暴露在「向上的社會比較資訊」中，而這些資訊又會重新啟動這一循環。在社交媒體上，終點線永遠不會停止移動。你每天有二十四個小時，必須過得越來越好——越來越好，越來越好，**越來越好！**

我們自小就被教導要彼此競爭，最明顯的方式是在學校被評估、被計時與被評分。面對計時和評分的制度，有人的反應是玩世不恭、玩弄制度，就像打遊戲使用作弊碼一樣（與生產力兄弟的生活駭客方法如出一轍），我的反應則是將之內化。讀小一時，我替自己做了一份**做人**「成績單」交給父母，借用小學成績單上「優」和「佳」的評分方式，要求父母根據「表現乖巧」和「整理房間」等各種項目給我打分數。我的父母可能覺得我這個舉動很可愛，只是有點煩，所以每個項目都給我「優」。在「評語與意見」欄中，我父親寫了「oh solo me oh」，那是他經常用誇張的語調唱來逗我開心的拿坡里歌曲〈O sole mio〉的諧音。

幾十年後，我居然在替大學生的藝術作品打分數。給藝術作品打分數，就像給一個人打分數那樣簡單，但每次我都覺得很討厭。我討厭給每個人都打 A，即使全班都表現出色，這種做法也已經蒙上了污名。我也討厭評分這麼注重個人，而最好的班級裡卻有一種難以言喻的群體動力，每個人都做出了貢獻。

A-F 評分制看似普遍，這個評分法其實直到一九四〇年代才成為美國

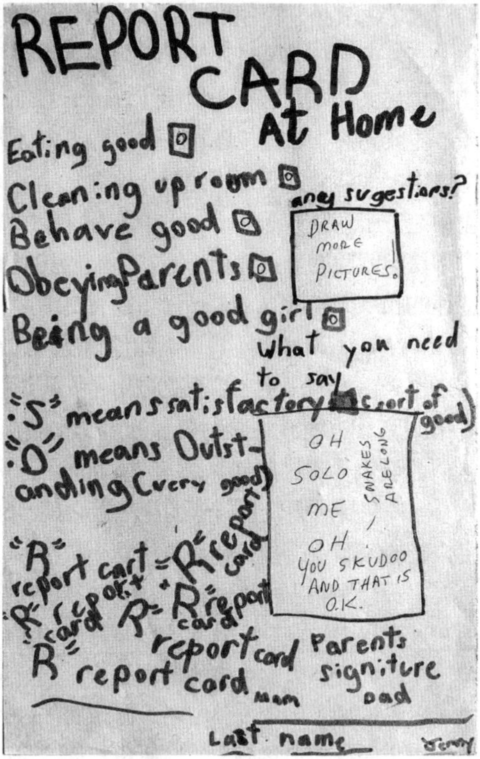

標準。[318]我所使用並被迫於接受的評分制度，其實是在二十世紀初教育界的「社會效率」運動中形成的，而這起運動反過來又受到泰勒制度的影響——發現這個事實時，我倒不怎麼驚訝。[319]社會效率導向的課程，不要求學術表現，更側重職業技能，如此一來，雇主或軍隊更容易理解課程內容，有助於將學生分流到他們日後從事的工作中。[320]評分是一種評估形式，要求你採用某種標準化的等級，把品質簡化成數量，每當我不得不為藝術作品評分時，我都會想起這件事。「社會比較」（social comparison）恐怕與時間一樣古老，但要用同樣的成績比較各式各樣的人，就必須把這些人轉化為數據，決定你要優化的面向。[14]要完全理解這在歷史上

[14] 在世紀之交之前，美國學校已經開始使用排名或評分制度。我所指的發展與 A － F 評分制度的標準化有關，特別是在社會效率運動和社會效用觀念的背景下。《課程》（*The Curriculum*）對結構化課程影響深遠，這本書的作者富蘭克林·巴比特（Franklin Bobbitt）在一九一三年寫道，課堂教師「需要一種測量標尺測量他的產物，如同以英尺和英寸的標尺測量鋼鐵廠的產品一樣。」[321]學者注意到，標準評分制度的發展與下列幾點恰好同時發生：智商測試所追求的客觀性，控制急劇增加的移民勞動力的需求，隨著國家市場擴大而對大量生產的商品（如小麥）建立評級。雖然對社會效率的熱情在二十

的意義，尤其是它與速度的關係，我們必須求助老一輩的生產力兄弟。

就在泰勒的《科學管理原理》出版的前兩年，英國探險家、人類學家、優生學之父法蘭西斯・高爾頓（Francis Galton）發表了一篇回憶錄。高爾頓熱中於階層、四分位數和百分位數，癡迷於衡量和排名各種東西。在回憶錄中，他若無其事描述他製作英倫三島「美人圖」的過程，他用一根針偷偷在一張列有「漂亮」、「中等」、「醜」字樣的紙上戳洞：「我用這個方法記錄我的美女數據，把在街上或其他地方遇到的女孩分成迷人的、普通的和令人討厭的。」高爾頓還有更嚴肅的評分方法。在《遺傳天才》（*Hereditary Genius*）一書中，他提到自己創造一個「A 到 G 智力量表」，用來比較白人和黑人，接著更發出令人難以置信的警語，說「社會殘疾」（指的應該是種族主義和奴隸制度其他遺留的問題）讓數據「粗糙」，但依舊發現「黑人和白人種族之間的差距不少於兩個等級，甚至可能更大」。[322] 在高爾頓談到科學種族主義之前，《遺傳天才》主要是在繪製傑出人士的家譜，這些人包括了法官、政治家、指揮官、文學家、科學家、詩人、藝術家和「神學家」。在泰勒制度中，測量工作是為了加強工作，而在優生學中，測量人是為了以某特定的方向「塑造」他們，這是孟德爾遺傳學和社會達爾文主義的機械結合。高爾頓寫道：「未來世代的身體結構，幾乎像黏土一樣容易捏塑，受培育者的意志控制，我希望證明……智力品質也同樣可以控制。」[323] 他認為實現這個目標的方式包括評估婚姻的遺傳優勢、透過人工繁殖「消除」不良特徵。因此，說來並不意外，在談論家庭生活的章節中，高爾頓描述一種高效率健行零食（乳酪麵包和一種特殊的葡萄乾）的篇幅多過於描述他的妻子，至於他的妻子，他只提到她血統中的「遺傳天賦」。

對高爾頓來說，能夠提高品級的特質是什麼呢？他認為智力生來與速度有關，所以建立一個測試中心，用一個人對於身體刺激的反應時間來

世紀中期終究消退了，但科學管理的元素在現代標準和測試中再次浮現，教育工作持續面臨去技能化的風險。

測量智力[324]。但在人類種族的層面上，他用另一種「反應時間」——適應新社會條件的能力——來衡量才能。高爾頓所說的開化主要是指殖民，對他來說開化不是人類的行為能左右的，而是「事件進程強加於人類的新環境」，類似於地質事件。人類註定要加速的觀念，讓高爾頓將殖民地人民的「消失」視為「怵目驚心」，並把他們的命運當成對自己的警示：

在北美洲大陸、西印度群島、好望角、澳洲、紐西蘭和范迪門斯地[325]，廣大地區的人類居民在短短三個世紀的時間裡完全消失，這不是因為受到更強種族的壓力，而是受到一種他們無力支持的文明的影響。而我們，身為創造這一文明的主要勞動者，也開始顯現出無法跟上自己工作成果的步伐。

換句話說，是時候選擇反對游牧和「波西米亞主義」（高爾頓認為這些特徵跟野蠻民族有關[326]），讓自己變得更像男人的形狀，以免死在車上——即使是設計車的男人也一樣。早在范德康警告競爭對手洗澡還想著自己的工作之前，高爾頓就警告說，某種職業道德是有市場的，因此具有適應能力：「如今，斷斷續續工作的人無法維持生活，因為他沒有機會競爭得過持續工作的人。」關於現代英國工人的理想品質，高爾頓提起了傑瑞米・邊沁（附帶人類倉鼠輪的圓形監獄的設計師）信徒愛德溫・查德威克爵士（Sir Edwin Chadwick）的清單，這個人應該擁有「在穩定堅忍的意志指揮下運用的強大身體力量，精神上自我滿足，對外部無關緊要的影響無動於衷，能夠在持續的艱苦勞動中堅持下去，『像時間一樣穩定』。」

就連查理斯・達爾文（他的親戚）也逃脫不了高爾頓對於穩定表現的憧憬。當高爾頓寄給他一本《遺傳的天才》時，達爾文委婉地回覆說，這本書「很難讀」，他只讀了五十頁——「完全是我大腦的錯，與你優美清晰的文風無關。」高爾頓在他的回憶錄中提到這封信，私下反駁道：「對於他關於勤奮工作的評論，我們可以反駁的是，性格，**包括工作能力**，和其他所有能力一樣，都是可以遺傳的。」

直到二十世紀，優生學在美國都還是廣受歡迎，尤其是加州，他們除了不鼓勵生育外，還強制絕育數以萬計被認為「不合適」的人。[15] 優生學的優化論調也在該時代的自我提升的文獻中扎根。（回想一下，《提高個人效率》一書中提過優生學家。）《體育文化》（*Physical Culture*）就是一個典型的跨界案例，這本雜誌在一八九九年創刊，一九五五年停刊，自詡為「個人問題雜誌」，熱情結合了自助的建議、健身和高爾頓對測量和「種族改良」的熱情，曾經舉辦過「最美麗的女人」和「最英俊的男人」比賽，優勝者獎金為一千美元，參賽表格上有一個空白模糊的希臘式理想人體，需填上個人量身尺寸。[328]

《體育文化》的創刊人是伯納爾．麥克法登（Bernarr Macfadden），他長期擔任編輯一職，在許多方面都是最積極的生產力兄弟。他提倡健美運動和現在可能所謂的「健康文化」，為了讓自己的名字聽起來更強壯，把名字原本的拼法從 Bernard McFadden 改為 Bernarr Macfadden（「Bernarr」聽起來像獅子的咆哮，「Macfadden」比更常見的「McFadden」吸睛），這是他早期推廣個人品牌的行為。[329] 麥克法登的文章標題包括〈單一飲食激發活力〉、〈假期帶來健康紅利〉、〈在家中爬山〉和〈你是在浪費生命嗎？〉。[330] [16] 這些文章有些荒誕不經，不過目標非常明確：就像現在一樣，進步代表控制、加速與進步。

在一九二一年二月號的《體育文化》，麥克法登在一篇類似於「編輯的話」文章中強調，精神活力與健康身體同樣重要，二者不可分割，而健康又與財富成功有著密切關係。他以社會達爾文主義的角度思考所有這些觀念，說任何沒有「完全發展其身體機能」的人都「不是真正的男人或

---

[15] 優生學一詞現在帶有負面涵義，也不再明確地成為政治主流，但它的思想仍然具有影響力。根據一項從一九〇九年實施的法律，有一群加州民眾在未同意的情況下在州立機構接受絕育手術，二〇二一年，加州賠償這些民眾。[327] 這些節育手術的對象，通常是被貼上優生學舊標籤「罪犯」、「弱智」和「異常」的人，這種事在二十一世紀初仍在發生。

[16]「單一飲食」指的是減少飲食的多樣性。麥克法登自稱一個月只吃青豆和糙米（分開吃），不可思議的是，「吃得津津有味，甚至比一般飯菜的組合還要好吃」。

完整的女人」[331]，接著提出以下的建議：

這是一個金融時代，為財富奮鬥是一般人生活的主要目標。但是認識到超高效率的重要性後，世界各地的人很快就意識到，無論是在經濟上還是在其他方面爭取生活的巨大獎勵時，一部出色的機器都是很重要的，具有這種特性的機器在各個方面都十分完備。一個充滿力量和活力的身體，比一個虛弱不發達的身體，能做更多更出色的工作。

一九三七年某一期的《體育文化》延續高爾頓對有利基因婚姻的思路，刊登一篇題為〈你能做什麼來改善人類：在與未出生的人的賭博中，如何載入基因骰子，孕育出優秀的孩子，提高種族水準〉（What You Can Do to Improve the Human Race: In Gambling with the Unborn, How You Can Load the Genetic Dice to Bring Forth Superior Children and Raise Racial Level）的文章，荒誕地說明了這種效率如何深入美國文化的基因中。該文指出，基因組合存在於一個速度和進步的社會階級中是不夠的（儘管優生學家會說是「科學階級」），**基因本身**有「有生產力」或「無生產力」、「精力充沛」或「遲鈍懶散」之分，基因是勞動者[332]：

我們遠不知道基因如何發揮作用，但很清楚它們的功能。如果我們能忘記它們的渺小，就能清清楚楚把它們想像成工人。一條染色體就是一串這樣的工人，也可說是被鐵鏈鎖在一塊做苦工的囚犯，因為基因是連在一起的，每個基因永遠在指定的位置上。有些基因實際上是建築師、化學家、工程師、木匠、水管工、泥瓦匠、色彩學家、營養學家（原文如此）等等。

該文作者寫道，基因也可能變得更快。基因突變不會造成基因虛弱，反而像雷擊一樣隨機，藉由「刺激它們或『加速』它們的作用」來改良基因，於是產生「體能出眾、智力出色和天賦」的基因。文章插圖展示不同基因的簡筆人物畫，「冠軍」基因戴著拳擊手套，某一個有害基因則被標記為「黑人」，手上拿著兩顆炸彈。

這個起源故事暗示著我一開始所提到的道德方程式「忙＝好」的極限。在一項關於「顯眼的忙碌」的研究中，社會學家米雪兒．希爾－懷斯（Michelle Shir-Wise）發現，無論工作與生活是否得到平衡，忙碌都可能成為一種終生的生產力表現，「不以（忙碌）姿態示人，可能被解讀為不夠格、沒優點的證據」[333]（或者如麥克法登可能說的，「不是真正的男人或完整的女人」）。從一開始，我們就被教導要堅定地從你的二十四小時中搾取出最大的價值，「像時間一樣穩定」是一個**好人**該做的事；不斷擴展，追求機會，在每個領域持續取得進步，才是一個**美好生活**的意義。但如果工作存在於社會潛意識中，那麼它就是一種符合歷史特定理想的工作：快速、強壯、不屈不撓，而且是白人的。認識到速度、效率和進步的某些概念如何在我們的文化中根深柢固，是理解布蘭妮．庫珀「白人擁有時間」論點的另一種方式。

記住這一點後，我們回頭再談談琳達。如果一個琳達身心俱疲，她的情況可能和一個非琳達（一個社經處境更不穩定的人）的情況不同，身心俱疲不會讓她流落街頭。但是如果認為琳達的身心俱疲與非琳達的身心俱疲沒有關係，那就大錯特錯了，非琳達受到外部環境的直接控制和監視，而琳達則感覺自己受到文化「擴張邏輯」的控制和監視，如果琳達不參與，她會受到批評，必須承擔代價，無論是社會代價還是經濟代價。

琳達和那些處境不穩定的人之間的區別，在於琳達有能力承擔那種社會代價，琳達和非琳達的**相似之處**，則在於琳達的「計時器」（忙碌文化）和非琳達的「計時器」（工資勞動和結構性劣勢）有著共同的根源，它們維護同一個制度，在這個制度中，時間只被視為獲利的手段，他人只能以你的競爭對手角色出現。因此，為了她自己和所有人的利益，琳達應該考慮付出那個代價——變得**不那麼**符合男人的形狀，**不要**擠進大多數人以某種方式死去的車上。我並不是說這種做法本身是創新的，而是這麼做更有意義，而且還為一個重要的認識開啟了大門：不是知道了共同的後果，而是認清了共同的目標。

在《地下社區：逃亡規劃與黑人研究》（*The Undercommons: Fugitive Planning and Black Study*）一書中，弗雷德·莫滕（Fred Moten）抄錄了一段對話，提出一種有用的思考方式來思考這種認識。他說：「那些樂意宣稱並接受自己享有特權的人，不是我最關心的，我先不去擔心他們，但我希望他們可以達到一個能夠擔心自己的程度，因為那樣或許我們就能交流了。」[334] 接著解釋黑豹黨（Black Panthers）[335] 的領袖弗雷德·漢普頓（Fred Hampton）的想法：

聽我說，結盟有問題，因為結盟不是為了你來幫助我，這種手段最後總是會回歸到你自己的利益。結盟是因為你發現情況對你來說很糟糕，就像我們早就發現情況對我們來說很糟糕。我不需要你的幫助，我只需要你承認這種鳥事也會要了你的命，只是沒那麼嚴厲，懂了嗎，你這個愚蠢的混蛋？

這對個人來說代表什麼呢？對於我們「瘋狂行動」提出那種觀察的柏克曼建議，當我們致力於政策改革時，像那位功績主角一樣的人應該接受自己終有一死，放棄追求完全控制和最佳化，因為那是不可能的任務。[336] 我想補充一點，對於有能力這麼做的人來說，「放棄」這個部分是最真實的，那表示誠實地、可能也痛苦地反省自己的特權地位。一切又回到了自由支配時間的**自由支配權**。柏克曼寫道，不是所有的任務都是生存所必需的，並非所有人都「必須賺更多錢，實現更多目標，在各個層面發揮潛力，或是更加融入社會」，忙碌對不同的人有著不同的意義。但是，如果你真的是一個只會讓自己疲憊不堪的功績主角，那麼我建議調整你的自由支配權：在生活的某些方面嘗試一下看似平庸的事，你或許會有時間想一想：它**為什麼**平庸？**對誰**來說平庸？

當然，接受一種沒有某種雄心壯志的生活，不等於接受一種缺乏意義的生活。要決定什麼可以是（所謂的）平庸，就需要問問自己，你在人類生活的極限內想要什麼，更不用說人類生活本身就有極限這件事了——我會在第六章和第七章回到這些主題上。另外，「活出你最精采的人生」的建議值得再進一步解讀，它有時其實是一個叫你「過**最棒**的人生」的命令（也就是力求高分），但如果我們只是選擇「過**一種**人生」呢？有時我發現自己太過執著時，會以父母對孩子的口吻告訴自己：**不能什麼都要。**其他時候，我試著以幽默看待美國永無止境、隨心所欲，又極其荒誕的擴張邏輯，以及拒絕這種邏輯所展現的平靜與滑稽的尊嚴。我想起《癟四與大頭蛋》（*Beavis and Butt-Head*）中的一幕：有個顧客在大頭蛋工作的速食店點餐，他說：「我要雙層起司漢堡、大薯、小杯沙士，還要一個蘋果派。」大頭蛋回答：「嗯……你要什麼？」男子重新點了一遍，聲音更大，語氣更生氣。大頭蛋只是回答說：「呃……你能不能，那個，**少點一些東西？**」[337]

在臉書總部園區馬路對面有一片乾枯的草地和灌木叢，長著土狼灌木和柳葉石楠。我從來不知道那塊地是怎麼回事，一片「不毛」的雜草，在 Google 地圖上看起來只是灰濛濛的一片，什麼都沒有。就在我們等待的時候，田野上方的一個靜止點變成了一隻白尾鳶（一種看起來像是鷹和海鷗雜交的鳥類），牠微微拍動翅膀，以近乎懸浮的姿態盤旋在同一個位置。然後綠燈了，我們向左轉，朝著山的方向，現在已經看得見一棵棵樹木的輪廓。我們就快到了。

在一個以擴張為前提的世界，放棄擴張恐怕會帶來問題。二〇一六年，一名叫駱華忠的年輕中國工廠工人，辭去工作，騎上單車，從四川出發，前往一千三百英里以外的西藏，一路靠著打工和積蓄過日子。駱華忠

在百度貼了一篇〈躺平即是正義〉的文章，以「我都在玩……我可以像第歐根尼[338]只睡在自己的木桶裡曬太陽」總結這段經歷。[339]這篇貼文掀起了「躺平」運動，截至本文撰寫之際，這個運動仍在如火如荼地發展中。二〇二一年五月，中國社交媒體流傳著一幅插圖，畫的是一個躺著的男人，上頭寫著：「你想要我起來嗎？這輩子不可能。」不出所料，中共官媒對此並不買帳，《南方日報》寫道：「奮鬥始終是青春最亮麗的底色。在壓力面前選擇『躺平』不僅不正義，還是可恥的。」

二〇二一年，當美國年輕的千禧世代之間興起這股風潮時，它再一次被視為是可恥的——但已經從國家責任的論調轉化為自力創業主義的語言。在彭博社一篇題為〈想『躺平』就『躺平』，但請做好付出代價的準備〉（'Lie Flat' If You Want, but Be Ready to Pay the Price）的專欄文章中，愛麗森·薛格（Allison Schrager）認為美國的「躺平族」是一群特權階層，他們選擇放棄是「一種他們可能會後悔的奢侈」。[340]時間一分一秒流逝，世界飛速發展，與以前一樣，不適應，就等死吧：「經濟正在經歷一場重大的轉型，疫情之前，技術和全球化已經在改變經濟，疫情之後，這些趨勢將加速發展，在那些能夠接受並從變革中受益的人中產生贏家和輸家，但這將是一個混亂且不可預測的過程。有一群人肯定會被淘汰，那就是選擇完全退出的人。」

與范德康一樣，薛格提供了很好的職業建議，指出大多數薪資增幅會發生在四十五歲之前。鑒於所有重要的事（技能發展和人際關係）都發生在二十多歲和三十多歲，這是「發生中年危機的糟糕時候」。但是，要想贏得這場激烈競爭，你得假設自己是在奔跑，而不是從一個正在消失的夢想中抽身。在推特上，「躺平族」以酸溜溜的語氣回應這篇文章。一位用戶寫道：「每天（原文如此）我們都能讀到關於疫情、氣候變化、饑荒、乾旱、火災、颶風、武器計畫和戰爭的頭條新聞，彭博社的人卻只想讓我們為了三萬六千美元的年薪折腰，實在是笑死人了。」[341]另一位用戶用幾句話概括薛格的文章：「億萬富翁：『快，我名下的報社，寫一篇關於年輕人懶惰的報導，讓他們意識到他們只是為我賺更多的錢，自己幾乎都養不活自己，永遠買不起房子，需要夫妻雙方全職工作才能養家。』」[342]還有人問：「何必努力工作？工作又不是我的。」[343]

我要解釋的是，有能力「躺平」的人和沒有能力「躺平」的人之間的差異**和**關聯，有能力拒絕工作的人和沒有能力拒絕工作的人之間，有能力花時間的人和沒有能力花時間的人之間，也同樣存在著差異和關聯，換句話說，人可以分成兩種：自己控制時間的人，以及被控制時間的人（不過，如同我所提到的，界限未必總是一目了然）。我們之所以必須領悟這種關係（「這種鳥事也會要了你的命，只是沒那麼嚴厲」），有好幾個理由，最基本的是，它開啟了團結的可能，也就是真正的同舟共濟（「這種鳥事」）。但它也是一種保障，以防特權階層有時對他們的倦怠作出反應，加固緩慢、極簡主義和真實性的圍牆花園。往好的方面說，這種反應讓人更容易拋棄這個世界，讓現狀保持不變；往壞的方面說，它實際上加深了現狀，創造一種慢活成了你從他人背後收買之產品的情景。這種危險在休閒領域最為嚴重。

CHAPTER

3

能有閒暇嗎？

購物中心和公園

如同聳立於平原的高山，工作左右四周的一切。[344]

麥克・登祿普・楊（MICHAEL DUNLOP YOUNG）與湯姆・席勒（TOM SCHULLER），《下班後的生活》（*Life After Work*）

前往山區的路上，我們必須先在另一種「園區」暫停。下了車，我們繞過一家 Pottery Barn 家居飾品店，室內裝潢充滿著設計感。California Pizza Kitchen 餐廳飄出鹹鹹甜甜的氣味。周圍的環境讓我們覺得自己是渲染圖中的幽靈，就是有時在豪華建築渲染圖中看到的那些沒腳的人。綠色喇叭嵌在玫瑰和金魚草的花盆中，其餘的隱藏在木蘭樹上方，一起播放洛．史都華[345]的〈永遠年輕〉（Forever Young）。一位正在休息的蒂芙尼（Tiffany & Co.）員工眉頭深鎖，抱著雙臂，一邊走動，一邊講手機。在她的身後，一家尚未開門營業的商店櫥窗中，有個純白色的板子寫著：「幸福可以在最小最小的事物中找到，我們的熱情就是把日常生活變成更有意義的時刻。」

我們的人行道與另一條人行道交會，形成一個仿造的小鎮廣場，古色古香的匾牌簡單地寫著「涼亭」，一家名為 La Baguette 的麵包店外，擺出幾張咖啡桌。拐角處，一堵牆巧妙地塗成另一堵牆，畫出一條巴黎林蔭大道，還有一個蔭涼的「入口」通往夏基佩什街。入口不是真的，但是彩繪門上的門把是真的，掛在彩繪窗下的空陶罐也是真的。一個（真正的）小鎮居民走過，晃著一個空的礦泉水瓶，打了個小嗝。我們的視線跟隨著他走過一個獨立的數位螢幕，螢幕上頭是一個巨大的時鐘圖案，顯示的時間是十點十分，這個時間經常出現在手錶廣告中。[17] 這是伯爵（Piaget）的廣告，他們有一款名為「Possession」的鑲鑽腕錶，售價為三萬八千四百美元。

二〇二〇年三月下旬，當世界部分地區開始進入封城狀態時，Instagram 旅遊網紅羅倫・布倫（Lauren Bullen）貼出一張照片。照片中，她走出游泳池，背景是低垂的香蕉樹。她閉著眼睛，嘴角微笑。「我們所擁有的只有現在。」照片標題如此寫著。五天後，她穿著睡衣，懶洋洋躺在一座無邊際游泳池畔，後方是一片紫色的天空，一隻鳥從恰到好處的位置掠過。她的眼睛再次閉上，標題是：「這也將成為過去。」

布倫並沒有在旅行，她似乎大部分時間都待在家裡，待在她和傑克・莫里斯當年靠網紅身分賺來的錢所建造的峇里島豪宅中。一張標題為「目前困於天堂」的照片中，她穿著白色連身泳衣，手持一把峇里島編扇。隔天，在一段影片中，布倫把頭和腿伸出石頭浴缸，背景是更多更多的香蕉樹。她轉過身來，露出微笑，臉上敷著黑炭面膜，將頭枕在前臂上，一副非常放鬆的模樣。這次，影片用黃色字體打上標題：「一個疼愛自己的時刻。」[347]

[17] 使用這個時間有幾個原因，其中一個是指針會框起品牌標誌。[346]

在 Instagram 上，無論是網紅還是一般用戶，許多貼文都帶有一個心照不宣的目標，那就是影響他人。因此，關於慢活、照顧自己和「找時間休息一下」的貼文，都隱約散發著一種難以忽視的福音氛圍，就像廣告一樣，或暗示或明言，都在向觀眾呼籲：**你也可以（應該）這樣慢慢來！**這種隱退的夢想往往非常美好，十分文雅，存在於他方——不是這裡的那個地方。在這裡，責任沉重，碗盤堆積如山，寧靜時刻寥寥無幾。

在〈減慢現代性〉（Slowing Down Modernity）一文中，研究者菲力浦．沃斯塔爾（Filip Vostal）以批判的眼光檢視慢活在流行文化和學術文化中的論調。他認為慢活「未必等於沉著、深思、長遠、持久、成熟，因此未必等同於人類的進步」。[348] 非常直接的諷刺是，當「慢活」成為一種販售的商品時，它只是我們在前一章中試圖擺脫的「增長邏輯」的另一部分。沃斯塔爾舉了一個極端的例子，他描述一款售價兩百六十歐元的「慢錶」，錶盤為二十四小時制，細分成每一分鐘一格，零位於底部，附帶的手冊上寫道：「我將是你忠實的夥伴，陪你踏上嶄新的生活之旅——一個學會放慢腳步的旅程。」沃斯塔爾寫道，問題不僅在於「慢活品牌的商品化」，還在於錶盤所賦予的時間感與主流的時鐘時間不一致：「創建『慢活者』社群，並套用品牌創辦人的話，『讓世界慢下來』，的確可能是一個迷人的結局。然而，這似乎將是一個特權人士所組成的社群，他們不單買得起這些配件，更重要的是，他們能夠對時鐘時間採取不同的解讀方法，在這種解讀中，準時性和精確性可以忽略不計。」

這款手錶是產品和服務如何「成為快速資本主義……自相矛盾但不可分割的組成部分」[349] 的借鑑。在這個世界上，「慢」，不是生活方式，而是消費方式：「慢活現在『待售』，接近消費主義的生活方式，主要針對中產階級都市居民——他們大多數人可能完全不主張變革、進步，甚至不支持社會主義的議題。許多人或者可能會承認『一切都需要放慢速度』，但這種慢往往會被消費，而且是私下消費。」[350]

像布倫這樣的人，絕對沒有人會指望她提出社會主義議題，因為她的工作就是為旅遊景點推銷特權生活方式的形象。要說這有什麼問題的話，那也不過是消費主義在休閒領域的最新闡釋，「慢的產品和服務」恰好與快（或任何其他類型）的產品和服務齊頭並進。早在一八九九年，索爾斯坦．范伯倫[351]的《有閒階級論》（*The Theory of the Leisure Class*）就描述過人如何利用炫耀性消費向下層展示其地位，並朝著更高的地位發展，社交媒體是一個永無止境的比較之輪，在上面可以比過去更輕鬆做到這兩點。

慢活、空閒以及照顧自己的要素已成了「體驗經濟」中的熱門產品，[352]一九九八年，B．約瑟夫．派恩[353]和詹姆斯．吉爾摩[354]在《哈佛商業評論》一篇文章中創造了「體驗經濟」一詞，提出「商品是可以替代的，貨物是有形的，服務是無形的，而體驗則是難以忘懷的」理論，體驗是經濟價值的最先進形式。事實上，他們推測，如果體驗本身就是商品，那麼對非主題樂園業務收取入場費就更加具有意義，[18]不但把時間轉化為金錢，還能營造出一種心理包圍感，有助於提高銷售額。

該文章列舉的著名例子包括耐克鎮（Niketown）商店、雨林咖啡廳，以及拉斯維加斯的古羅馬廣場商店（Forum Shops），後者「每個購物中心入口和每個店面都是一座精心製作的復古羅馬建築，經常聽到有人高呼『凱撒萬歲！』」。要狂熱經營一個能夠暢銷的主題，每個細節都不能忽略，每塊石頭都不能放錯方向。當一家餐廳老闆說「您的桌子已經準備好了」時，這句話中沒有特別的暗示，但當一家雨林咖啡廳的老闆宣布「您的冒險即將展開」，這就為一場特別的體驗設定了舞臺。在速食店中，垃圾桶通常有一個寫著「謝謝」的牌子，而機智的體驗設計師則可以「反過來，將垃圾桶變成一個會說話、吃垃圾的角色，當垃圾桶蓋掀開時，它開口表達自己的感激。」

派恩和吉爾摩可能沒有料到，社交媒體加速推動了體驗經濟，讓世界

---

[18] 在某種程度上，體驗經濟與租金的概念有所重疊，因為體驗經濟要求人為在某地停留的特定時間付費——這又是一種將時間轉換為金錢的方式，不過那顯然超出了本書的討論範疇。

本身成為一個由潛在的 2D 背景組成的 3D 商場，二十四小時營業。舊金山霜淇淋博物館等場所，明確迎合了 Instagram 用戶，但只要有相機和正確的心態——蘇珊・桑塔格所說的「占有心境」[355]——任何霜淇淋店都可以變成博物館。在體驗經濟的背景下，以「社交」為名的 Instagram，更應該被視為為一款購物應用程式，一個可以兜售和瀏覽商品的市場，無論是在實際廣告中，還是朋友的生活照片中。[19] 雖然派恩和吉爾摩認為體驗本身就是紀念品，但事實證明，一張照片（體驗的傳播符號）比體驗本身還要棒。

在二〇一七年，日本人結合「Instagram」和「映え」（「漂亮、好看」的意思），創造出「インスタ映え」一詞，簡而言之，就是「IG 美照」。同年的一項研究顯示，有五分之二的美國千禧一代根據「值不值得上傳 Instagram 分享」選擇旅行地點。[357] 瑞秋・霍西[358]在《獨立報》（*The Independent*）指出，儘管想要去風景如畫的地方並不是什麼新鮮事，但「有些景觀、度假村和無邊際泳池更有可能在每個人最喜歡的照片分享平臺上被按讚」的想法更為具體。[20] 鑑於每篇貼文都有意無意像是一則廣告，追求「上傳 Instagram 分享」的心態很容易傳染。（布倫最近一篇貼文中，穿著袍子在薰衣草田中擺拍，巧妙地告訴瀏覽者要在 Google 地圖中輸入什麼才能找到那個地點。）[361] 旅遊業已經注意到了這一點，《旅遊研究期刊》（*Journal of Travel Research*）詳細介紹了「社交媒體欣羨」與「附帶間接旅遊消費」（IVTC）的多種用途，還指出自卑者尤其容易受到影響，應該成為行銷人員特別關注的對象。[362]

事實證明，「慢」的確非常適合拍成 IG 美照。[363] 布倫在多洛米蒂山

---

[19] 最初寫這篇文章時，我只是打個比喻，沒想到在二〇二二年三月，Instagram 宣布將允許所有用戶（不只有創作者）在貼文中標註商品標籤。[356] 這項功能加進應用程式的其他購物功能中，包括產品頁面和在應用程式內購物的功能。

[20] 在他的二〇二一年特別節目《內部》（*Inside*）中，柏・本漢[359]故作嚴肅說：「外部世界，即非數位世界，只是一個舞臺空間，人在其中為更真實、更重要的數位空間演出和記錄內容。我們應該像對待煤礦一樣與外部世界互動，穿上裝備、收集所需，然後返回地表。」[360]

脈附近的度假村發表一篇貼文，她從床上起來，捧著一杯咖啡，欣賞窗外的群山，然後懶洋洋地走到鏡頭之外。[364] 這是一塊精心設計引人欣羨的磁鐵，不過其實幾乎任何事物都有機會成為IG美照。二〇二一年九月，演員兼喜劇演員安娜．瑟雷吉娜（Anna Seregina）偶然發現一組旅客在一間被改造成豪華旅館的牛津監獄中所拍攝的照片，收集之後在推特上分享，旅客在照片上寫下「剛在監獄過夜，我很喜歡」和「恐怕會習慣監獄生活」一類的標題。[365] 雖然聽起來很可怕（也確實可怕），這間牛津旅館和多洛米蒂山脈的度假村其實存在共同之處。監獄變成了一個經過消毒的惰性旅遊景點，偶爾還播放電影《刺激一九九五》（*The Shawshank Redemption*）[366]，而多洛米蒂山脈度假村中的「大自然」也是一個靜態的背景，提供「新的奢侈品：寧靜」，「將自己視為一個被大自然包圍的避難所，讓人再次感受到時間，並透過對自己的身心靈關注，使時間充滿情感價值。」[367]

風景、人物、歷史時刻和運動都能成為體驗經濟的原始素材，旅遊業也早就明白一個道理，製造這些體驗需要經過一番的萃取與精煉，如同生產咖啡豆或糖等其他商品，要去除背景外殼，隱藏起它們的特性和生產條件。購買體驗套餐的人不指望套餐複雜難懂，起碼他們不是花錢在這一方面上。派恩和吉爾摩也知道這一點，他們認為零售業員工不單要工作，還要**表演**，他們基本上是舞臺道具，二〇二一年電視劇《白蓮花大飯店》（*The White Lotus*）的開頭就精闢地詮釋了這種動態關係。這齣劇講述一家夏威夷豪華度假村中幾個遊客的故事，大多數為白人，當度假村經理阿蒙德（Armond）看到客人到達時，建議一個新員工：

> 阿蒙德：我知道這是你第一天上班，我也不知道你以前在旅館是怎麼做的，但在這裡我們不鼓勵自我揭露，尤其對這些搭船來的貴賓，你不要變得太具體，你的存在、你的身分應該要更普通。

蘭尼：普通……

阿蒙德：沒錯，你知道，這是一種日本精神，我們必須消失在我們的面具後面，成為討人喜歡、可以互換的幫手，就是……熱帶歌舞伎，我們的目標是為客人營造一種……模糊的……整體印象，讓人覺得非常滿意。他們要什麼有什麼，但他們根本不知道自己要什麼、今天是星期幾、他們身在何處、我們是誰，也不知道到底發生了什麼事。[368]

若說我對消費主義休閒懷有特別的反感，一定是因為我在灣區郊區長大，到處都是仿效雨林咖啡廳或主題樂園化的餐廳，在一家真正的主題樂園打過工也無濟於事。有兩年的暑假，我的工作是在名為「家鄉廣場」、「慶典廣場」和「全美角落」等人造公共空間閒逛，說服路人坐下來畫張卡通肖像。事實上，遊客買的不是那幅（通常畫得很糟）肖像（我只有十分鐘的時間可以完成，最好還能一邊聊天，一邊忍受偶爾出現的怪老爸），而是被畫的體驗。我們拉客的動力，不只是因為收入按件抽成，還因為一條規定：除非正在畫某個人，否則不能坐下。

根據當日駐守的位置，附近的喇叭放的不是派拉蒙影業旗下電影和節目的歌曲（包括《大家都愛雷蒙》〔*Everybody Loves Raymond*〕的主題曲），就是平淡無奇的愛國音樂，回想起來，像是將約翰．菲力浦．蘇沙[369]的全部作品傳送給一個 AI。有一天我和同事站在紅色乙烯基傘下，發現人行道太熱了，只要用鞋子輕推一下路面，就能看見底下滾燙的水。

休息區擺著一架自動販賣機，販賣 Hostess 牌零食蛋糕，而且就位於一座雲霄飛車的正下方，每隔五分鐘左右，就會有懸空的人腿和尖叫聲經過。下班時，我穿過樂園巨大圓環的中心離開，在這個後臺區域可以看到洩氣癟掉了的遊戲獎品動物、膠合板背景的反面，甚至還能看到一個面帶倦容的海綿寶寶在休息抽菸。回家的高速公路上，我經過主題樂園購物中心，感覺好像根本沒有離開主題樂園。我喜歡我的幾個同事，

但是那段時間的日記記載了我青少年時期的憤世嫉俗：「我認為，當你所做的只是工作，而你的工作基本上是在敲人竹槓，生活並沒有什麼意義。」我這麼寫道。

這種經歷讓我更討厭「樂趣」經過精心設計包裝後，再賣回給我的想法，對於花錢買驚喜、花錢買歡樂和花錢買超越極限，我抱持著懷疑態度，甚至有點偏執——典型的青少年不滿：「這個世界太**假**了。」二〇〇二年，一間名為桑塔納街（Santana Row）的戶外購物中心，在離我家幾英里遠的地方迅速崛起，活似歐洲某知名市中心的自然變體。[370] 有一天，反正無事可做，我和高中朋友跑去購物中心，沿著鵝卵石路閒逛，像是無聊的電影臨時演員，走過奢侈品連鎖店、巨大的戶外棋盤和粉刷成舊貌的新牆——某種「城市」的概念的概念的概念。在這樣的空間中想要偶遇真實的差異、驚喜或歷史，讓我感覺自己活似金．凱瑞[371]在《楚門的世界》（*The Truman Show*）所扮演的角色的結局——他駕駛一艘帆船，結果卻撞上一面被漆成地平線的牆。

過去這種懷疑態度影響了我對體驗經濟的理解，我並不是說體驗的設計和參與沒有藝術可言，也不是說在商業體驗後頭藏著某種簡單的「真實」體驗（但願我能體會得到），更不是說我們不能在主題公園等地方真正享受到愉快的時光。只是隨著體驗經濟擴展到包括商品化的慢、社區、真實和「自然」等概念，另一方面，收入不平等日益擴大，氣候變化跡象日漸加劇——眼看著可能的出口要被堵死了，我感到一陣恐慌。我一直想**做**一些事情，而不是消費它的體驗，但是尋求新生活方式時，我只找到了新消費方式。

在〈為什麼千禧一代不想買東西〉（Why Millennials Don't Want to Buy Stuff）一文中，年輕企業家委員會成員約書亞·艾倫·戴克斯特拉（Josh Allan Dykstra）改進了派恩和吉爾莫的體驗經濟，迎合那些渴望有意義連結的人群：「我們從所有權的消亡中得到的最大啟示就是『連結』，連結在現在是一件稀有的東西，因為當我們可以輕易獲得任何東西時，問題就變成了『我們要用這個做什麼？』，現在的價值在於『做』。」戴克斯特拉建議「透過你的業務幫助人與人建立連結」，他還說「銷售不再只是關於『銷售』，而是建立一個社群」。但在其他方面，銷售還是非常重要：「我們只是必須以稍微新穎的方式來思考我們所銷售的『東西』。」[372] 對於商業社交媒體，我想不出比這更貼切的描述，以社交媒體來說，這個「東西」是一種歸屬感。我對於建立線上社交網絡的想法沒有意見，只是不想讓一個暗中鼓勵我為自己打廣告的平臺，用我對廣告的關注來購買社群意識，同時還收集了我的資訊。我覺得這種做法很邪惡，就像雀巢公司把公共供水系統的水裝在私有瓶子賣給我們一樣。[373][21]

時間管理有自助成長書籍，休閒有意象和體驗。被鼓勵向他人購買

[21]Instagram 自二〇一七年起允許在限時動態中投放廣告，[374] 我永遠不會忘記一個經歷：讀到一位朋友發自內心描述她獲知身邊的人去世的消息，接著螢幕立即出現一則 VÖOST 品牌維生素發泡錠的廣告。

時間而非擁有互相支持網絡的人，也被鼓勵消費定期的慢節奏體驗，而不是以可能重新奪回自己的時間、或幫助其他人重新奪回他們的時間的方式行動。在某些意義上，這不只可以被視為炫耀性消費，還可以被視為補償性消費[375]——你購買某物是為了處理心理缺陷或威脅。研究日本年輕人「生命歷程」的石田浩指出，日本年輕人對未來非常焦慮，他說：「正因為如此，他們有一種感覺，希望趁早收集有價值的經歷。」[376]

無論為了炫耀、補償，還是兩者兼而有之，消費長久以來都與休閒脫不了關係，這使得休閒成為一種奇怪的「受限自由」。休閒通常被定義為與工作對立的概念，但將它們分開的那條界線，也是歷史上將它們綁在一起的因素。在討論新教工作倫理的內在悖論時，凱蒂・威克斯[377]提到，這種倫理最初是警告人不要花掉他們工作賺來的財富，但在二十世紀初卻開始適應消費主義：「消費，而不是只有儲蓄，成為一種基本的經濟行為。與無所事事不同，他們認為非工作時間與經濟有關，那段時間也為我們創造了更多的工作理由。」[378]

新教工作倫理[379]主要與工作有關，只要你繼續必須為你想要得到的東西工作，得到那個東西就沒有問題，事實上，休閒甚至可以開始代表工作。社會學家指出，一旦生產線工作讓人難以看到一個人工作得多出色或多賣力，我們所能看到的反而是一個人能夠消費多少。[380]這種消費反過來成為了顯示一個人工作多努力的新方式。威克斯提到馬克斯・韋伯[381]對新教工作倫理的經典研究：「財產之所以令人反感，就是因為擁有財產會帶來鬆懈的危險。」[382]

如今工作可以更直接影響休閒消費，部分原因是「擴張邏輯」。克里斯・羅傑克[383]（Chris Rojek）指出，「休閒，在沒有人計畫的情況下，已經成為一種生活指導形式。」[384]甲骨文公司前首席執行官賴瑞・艾利森（Larry Ellison）推出的「循證實踐」度假村 Sensei Lāna'i[385]，就是一個極端的例子。度假村位於夏威夷拉奈島，艾利森在二〇一二年幾乎將全島買下，[386]參加「頂級健康計畫」的客人，需要設定入住期間的身心目標，水療中心會在這段期間追蹤他們的睡眠、營養和血液流動。一份營運說明書稱「客人擁有無限選擇的奢侈」，另一份說明提到「Sensei」就是日語中的「大師」，在這個度假村中，數據就是大師。

大多數人永遠負擔不起到大師度假村度假的花費，但這套宣傳話術卻是我們耳熟能詳的，就像進步時代對於有用的社會公共休閒的看法一樣（我們馬上會進一步討論），個人休閒消費也蘊含著類似的「有用性」觀念。我們或許沒有個人化的健康團隊，但有數以百計的自我追蹤應用程式可以選擇，有一款名為「Habitshare」的應用程式讓你自訂每日目標，並讓你的朋友看到你的進步。[387] 但是，能讓朋友更頻繁地看到你進步的應用程式，其實是 Instagram，因為你在上面建構、改善和修飾自我形象，並且持續收到回饋。

任何必須靠著社交媒體謀生的人都知道，這需要投入心血，有時甚至相當於在經營自己的廣告公司。藝術家瑞秋．萊辛巴赫（Rachel Reichenbach）在大學時期就經營起服飾店，也開始依賴 Instagram 的互動。她記錄了自己在二〇二〇年與 Instagram 合作團隊的媒體專家的對話：「把它想像成演算法給正在修課的你打分數，單憑一次小考不能決定你的全部成績——還有課堂參與、回家作業、課堂練習、報告等等，你必須從頭到尾參與課程，不是來考一次試就能拿到 A。」[388] 與她對談的媒體專家建議，每週發表三篇貼文、八到十個限時動態、四到七個連續短片，以及一到三支 IGTV 影片（現在改名為 Instagram Video）。萊辛巴赫替這篇部落格文章繪製的插圖是一隻筋疲力竭的青蛙，牠的眼神疲憊，且狂笑不止：「哈哈哈哈哈。」於二〇二一年，Instagram 的負責人說它「不再是一個照片分享應用程式」，[389] 並將重心轉移在影片上，之後一些創作者為此表達了恐懼、憤怒和厭倦，哀嘆製作影片需要大量的工作和曝光。

誠然，萊辛巴赫和其他人是創業者，大多數 Instagram 用戶沒有這樣具體的理由去擔心，如何才能提高自己的指標，不過這正是社交媒體的問題所在：「個人」和「身為創業者的個人」之間的界限模糊不清，這在一個崇尚「靈活度」的時代，在一個「你的獨特之處在哪裡？」成為標準面試問題的時刻更是如此。因此曾經看起來像休閒的事情，很容易成為永恆自我提升和尋找某種獨特性的舞臺。以前提供公司行號的市場行銷建議（例如「找到你的利基市場」），現在適用於個人的分分秒秒。

在一個個極上鏡頭的家庭環繞下，我們在另一座廣場上小坐片刻（它位於蘋果商店、特斯拉專賣店和梅西百貨之間），看著偶爾跑來的一隻狗在一小片草地上瘋狂玩耍。多年前，有一群蜜蜂在梅西百貨牆上的藤蔓間定居，有人放了一個牌子，用簡潔的字體寫著「有蜂出沒」，但蜜蜂現在不見蹤影，只有羅伯·湯瑪斯[390]從花盆對我們唱道：「也許有一天我們會大聲地過我們的日子。」我開始感到煩躁，該往山區去了。

要到山區，必須經過一座廣闊的高爾夫球場、好幾間銀行、對沖基金和風險投資公司，這些不起眼的辦公大樓多半藏身於樹木和小丘之後，但偶爾也能瞥見它們的名字—— Accel-KKR[391]、Lightspeed[392]、Aetos[393]、Altimeter[394]、Schlumberger[395]、Kleiner Perkins[396]、Battery Ventures[397]。我們越過高速公路，蜿蜒穿過另一側的樹林，那裡也藏著目前售價落於三百萬至五百萬美元之間的房子。

房子很快就消失了，我們轉入一個空曠保護區的碎石停車場。我們從橋上看到的那張撕開的藍色紙條，現在變成了其他東西：黃色的草坡，一叢叢深色的橡樹，一切都向西爬升到更茂密的山林。我們現在就在背景中，乾燥得幾乎不可思議的熱空氣撲面而來。遊客中心有一幅巨大的 3D 地形圖，展示公園內的三個植物群落（草原、橡樹林和河岸廊道），還有歐隆部落[398]留下的磨缽；一本小手冊引用了保育主義者艾爾多·李奧波德（Aldo Leopold）的話；還有一個按鈕，按下去就會聽到草地鷚的叫聲。在夏日的熱浪中，萬物似乎都要枯死了，但景色依然美麗，橡樹和草地的邊緣看似被陽光電擊般閃耀。最重要的是，這裡非常安靜。

我想再談一談我在序言中提過的《休閒：文化的基礎》一書。作者喬瑟夫・皮珀所謂的休閒，絕對不是一種被消費的經歷，或者某個必須實現的目標，而是更接近於一種心態或情感姿態——就像入睡一樣，唯有放手才能實現。皮珀的休閒還交雜著敬畏之心和感激之情，這種敬畏和感激「源於我們的無法理解，源於我們對宇宙神秘本質的認識。」[399] 皮珀的休閒是向混沌和超越自我的事物敞開心扉，在其中找到寧靜，像是眼見高聳的懸崖峭壁或日出時的感受。真正的休閒是「一種寂靜的形式……是理解現實的前提」，需要一種你想起自己活著的這個事實的空虛。

你或許還記得皮珀提出的第一個區分：休閒對待時間的方式完全不同於工作中對待時間的角度。休閒不是工作之餘的提神劑，而是截然不同的東西，休閒為自己而存在。皮珀提出的另一個區分是，休閒是一種「心態」和「靈魂的狀態」，[400] 不能從環境中自動產生，比方說，他強調這種心態「不單是外在因素的結果，也不是空閒時間、假期、週末或度假的必然結果」。有許多原因可能讓人在度假期間無法體驗休閒，包括我提過的一些內化現象（除了意識到旅行結束後你必須回去工作之外），然而即使不是度假，我們也能體驗到皮珀所謂的休閒。

我為了第一本書《如何「無所事事」》接受採訪時，有時會被問我選擇哪些活動來「無所事事」，皮珀所說的休閒是一種心態，而不是一個地方、產品或服務，所以我明白這個問題為什麼不好回答。在燒菜、整理襪子、領取郵件、等公車，尤其是坐公車，我都體驗過「休閒」。如果你曾經在迷幻藥的旅程中有過美好的經歷，你就會知道，通常單調乏味、屬於水平時間範疇的日常事物，也是可以轉換到垂直時間範疇，變得令人眩目，又迷人又陌生。

疫情期間的某一天，不過是保持社交距離排隊等候進入小型超市，就促使我從一個不熟悉的角度觀察街道，發現了從未注意到的細節：樹上長出的新葉、身旁牆上的灰泥、一天中那個特定時間的光線特質。排在前方的人，不是我和超市之間的阻礙，而是在一個超現實的歷史時刻中與我同行的旅人。簡而言之，我忘記了時鐘時間，在進去前的那一刻，感受到皮珀所說的「無法理解」和「對宇宙神秘本質的認識」。

雖然休閒不單是外在因素的結果，但也不可能說它與外在因素**毫無關係**。皮珀所描述的心態未必要從字面意義解讀，也不見得要預先確定，但會受到時間、空間和環境的影響。你可能不需要一個公園才能體驗到皮珀的休閒，但如果你住在公園附近，去公園時不受騷擾，那肯定是件很好的事。你可能在度假之外找到休閒，但如果你的整個生活沒有被不安全感、焦慮或創傷所包圍，你確實更容易發現休閒，如果我在排隊買菜時表現出休閒的心態，至少有部分原因是因為我不用擔心沒錢付帳。

要從皮珀的定義中跳出來很難，因為即使是精神狀態也受到歷史和政治環境的影響。嘗試解釋這一點並不容易，因為不只要協調個體主觀能動性與結構性力量之間的關係，也得設法在水平中看到垂直，在不自由中看到自由，甚至在一個以狂熱為標誌的世界中看到心靈平靜。沿著這個思路深入而下，我感覺像是進入了一片開闊的領域——在這樣的世界中，整個休閒的概念，甚至是「自由」的休閒，都有成為海市蜃樓的危險。在這樣一個世界中，休閒代表什麼呢？

為了說明問題，讓我從另一個角度回到《如何「無所事事」》中的一個觀點。在該書中，我將「空閒時間」與「公共空間」連結在一起，描述了一種情況，即「自我的公園和圖書館總是有可能即將改建成公寓大樓」[401]。我舉的非商業休閒空間的例子是奧克蘭的市立玫瑰園，照理說，它代表著一種逃避生產和商業活動的機會，一個你可以擺脫煩惱和工作（包括自我提升的工作）、轉向其他事物的地方。理論上，公園的遊客可以只是他自己，而不是一個工作者或消費者。與環球影城的城市大道等商業化、「劇本化」和受監控的區域相比，我寫道：「（在）一個公共空間中，理想的情況是，你是一個具有主觀能動性的公民；而在一個假造的公共空間中，你不是消費者，就是對該地方設計的威脅。」

我選擇玫瑰園當作隱喻，也是在表達對羅斯福新政時代公共休閒理想的緬懷，只是那份緬懷不是該文的重點。奧克蘭莫爾康玫瑰園是在大蕭條期間[402]動用聯邦資金建造的，比公共事業振興署（WPA）開始在全美建造一千多座公園早了一年。[403]這些計畫反映出一種觀念，也就是提供休閒資源是國家對公民的責任，這個觀念受到進步主義、新興的社會科學以及——現在聽起來很荒謬的——越來越多人擁有太多空閒時間之擔憂的影響。[404]一九三〇年，英國經濟學家約翰・梅納德・凱恩斯（John Maynard Keynes）推測，現代化將會導致每星期只要工作十五小時，擔憂日後民眾將騰出大量的自由時間，「對於沒有特殊才能來打發時間的普通人，這是一個可怕的問題。」[405]在美國大蕭條期間，由於高失業率和全國復興總署（National Recovery Administration）的「百工適用規範」（blanket codes，鼓勵企業將每週工作時間限制在三十五至四十五小時之間）[406]，有些人確實享有大量的非工作時間。

羅傑克認為，「現代休閒的誕生……與公民社會中自由公民的管理問題密不可分。」[407]二十世紀初的改革者，懷著類似將學校成績編纂成法的社會效率運動的情懷，將休閒時間視為一個風險，也視為讓公民更健康、更有用的機會。豐富成人生活國家委員會（The National Commission on the Enrichment of Adult Life）甚至在一九三二年表示，「從現在起，美國人在閒暇時間的活動將大幅度決定我們文明的特徵。」[408]雖然公共休閒被小心翼翼與消費主義休閒的欲望分開，但當時公共休閒的明確用途可能非常實用，由於大蕭條期間出生率下降，一項研究認為，休閒的一個重要功能是讓人們相遇、結婚和生育。另一項研究則提到必須讓人民保持健康，以備日後服兵役之需。[409]

一九五〇年，一部名為《玩耍的機會》（*A Chance to Play*）[410]的公共教育影片清楚地說明，從美國機構和經濟觀點出發，娛樂等活動仍然是非常有用的：可以讓青少年不惹麻煩，讓男性保持更好的身體狀態，以利被徵召入伍；讓精神病患者遠離療養院（都是納稅人的錢），並讓核心家庭[411]團聚在一起。一般而言，休閒帶來「健康、幸福和效率提高」方面的回報。影片指出，公司行號也已經注意到這一點：「許多大型工業公司都意識到，無論一個美國人做什麼工作，只要他有機會在業餘時間玩耍，那麼他的工作表現一定會更出色。如今，進步的公司不但鼓勵員工參加娛樂活動，還經常鼓勵娛樂活動，提供並維護照明運動場地供他們使用。」最後一句話結束之後，影片開始描述每個人都有「照明娛樂區」的需求——當你知道這部影片不僅是由國家娛樂協會製作，還由通用電氣公司共同製作，你就不會感到驚訝了。[22]

除了這種實用主義之外，休閒當然也可以被強調成一種自由和表達的健康舞臺，可以為遊客提供自主支配的空間和時間，與工作和消費形成對比。任何純粹為了享受生活而設計的活動和空間都能由政府資助，這是一個多麼美好的想法！我在我的花園隱喻中幾乎全盤接受的，就是這個概念，就是這種版本的自由和主觀能動性。

我們沿著一條路前進，正常情況下，這應該是一條小溪，但現在卻成了一條淒慘的河岸廊道，上層樹木飽受乾旱的摧殘。炎熱難耐，從一個樹蔭走到另一個樹蔭時，很難思考其他的事，一心只想趕快走到下一個有蔭的地方。在小溪對岸的山上，我們可以聽到維修卡車的聲音，他們正在鋪設地下電線，以減少該地區的火災風險。

這條小路曾經是一條牧場道路，如今兩側長出了一片大橡樹和月桂樹組成的小樹林。我給你一片掉落的月桂葉聞一聞，香草、丁香、檸檬和黑胡椒等氣味交雜。不知道這些樹有多少年歷史，看著它們，我們脫離了

[22] 也能參考同一年的影片《充實休閒時間》（*Better Use of Leisure Time*，Coronet Instructional Films 發行）[412]。在這部影片中，旁白告訴一名年輕人，相對於他勤奮的祖先，他現在的生活是多麼輕鬆，因此他有責任找到一個有建設性的休閒活動來充實自己的時間。這名年輕人選擇了攝影，因為攝影可以是一個愛好，也有可能成為他的職業，一次滿足兩種需求。在影片的結尾，旁白對觀眾說：「你會讓時間從你的手中溜走，還是會善加利用它呢？」這時，鏡頭拉近時鐘，滴答聲越來越響亮。

現在，進入這個地方的過去——它曾經是一個牧場，在更早之前，是一個不同的家園。我們在遊客中心看到歐隆部落使用的臼和杵是一七五〇年左右製造的，距今也不遠。

這條路沿著山坡往上爬，在最高處與一條私人道路交會。在我們的右邊有一塊大牌子，寫著那塊地是私人土地；我們的前方是一道大門，門後景色壯麗。這道大門標示著與另一個公園的邊界，自一九六〇年代到去年為止，這座公園都只對以白人居多的帕羅奧圖市居民開放。[413] 美國公民自由聯盟（ACLU）代表全美有色人種協進會（NAACP）當地分會提起訴訟，認為這個限制讓人想起實施吉姆·克勞法（Jim Crow）[414] 的種族隔離時代。如今已經看不到限制的痕跡了，只剩一個告示牌告訴我們，我們即將進入另一個公園。

在一項一九三四年的美國社會學研究中，參與者被問及對於愉快休閒經歷的看法時，有些人提到了自我引導式漫遊（self-directed wandering）。[415] 例如，一位四十九歲的社會工作者描述一次三小時的健行之旅和午餐經歷，地點大概是山區的一座公園，他對這一天的冗長描述中有許多像皮珀式的思考和欣賞的時刻。這位男子最後補充說，他「喜歡這一天，主要是因為」：

一：我正在度假，無憂無慮。
二：有一個志趣相投的夥伴，我喜歡她的安靜，也喜歡她跟我的對話。
三：有雲、樹木、陽光、耀眼的空氣等自然美景。
四：最重要的是，我們的娛樂活動沒有經過任何人的計畫或指導，我們想去哪裡就去那裡，沒有時間限制，沒有預定的目的地。

我也曾在一些美麗的小徑上享受過不受任何指引的健行，暫且擺脫了煩惱。但在一九三四年，大部分美國人可能難以理解這樣的描述，甚至現在仍然也有許多人無法領會。

二〇一六年，在〈黑人行走時〉（Walking While Black）一文中，加涅特・卡多根[416] 比較他童年在牙買加金斯頓，以及日後在紐奧良與紐約等地的散步感受。在金斯頓散步多采多姿，令人陶醉，為他提供了安全感，讓他走出家暴的陰霾。但他很快發現在紐奧良散步是天差地別的經驗，從早晨換上「不會被警察注意的服裝」開始，到返家為止，散步不再單純，也不再自由，而是一種「複雜且往往充滿壓迫的談判」[417]：

晚上，我看到一個白人婦女向我走來，就會走到馬路對面，讓她安心，知道自己很安全。我忘了帶東西出門時，如果有人在我身後，我不

> 會立即轉身，因為我發現我如果突然回頭會引起驚慌。（我有一條基本原則：與可能認為我是危險人物的人保持一定距離，否則危險可能會找上門來。）突然感覺紐奧良比牙買加更加危險，人行道如同雷區，每一次的猶豫和自我審查都會降低我的尊嚴。儘管我盡了最大努力，我上街從未感到舒適安全，甚至簡單的問候也會受到懷疑。

這一切為卡多根的步行蒙上了一層不可避免的緊張感，他無法享受 **flânerie**（信步）的樂趣。他寫道：「黑人的身分限制了行走的體驗，讓人無法感受浪漫主義經典的踽踽獨行。」他把這種經驗與女性朋友的生活相比較，對她們來說，這種自由也是遙不可及的。皮珀對休閒的定義強調完整性：它是「當一個人與自我合而為一的時間，當他默許自己的存在時刻。」但卡多根在他生活的兩個美國城市中都無法擁有這種關係，他的經驗沒有完整性，反而反映出 W．E．B．杜博斯[418]所謂的「雙重意識」（double-consciousness）：「總是用別人的眼睛審視自己，用世界的捲尺衡量自己的靈魂，而這個世界以可笑的輕蔑和憐憫的眼光看著你。」[419]

卡多根在文章中回憶說，只有暫時回到牙買加時，他才感到自己是完整的：「我再次感覺到唯一重要的身分是我自己，而不是別人為我建構的狹隘身分。我信步走進了更好的自己。」在〈天哪，你看起來不像來自保留地的印第安人〉（Gee, You Don't Seem Like an Indian from the Reservation）一文結尾，拉科塔族[420]作家芭芭拉．梅．卡梅倫（Barbara May Cameron）也描述過類似的時刻，這篇文章主要講述在白人主導的世界裡被誤認和不自在的經歷，她直到返回南達科塔州的家，才出現了近似皮珀描述的心境：

> 在那裡的山丘上、大草原上、天空中、道路上、寧靜的夜晚中、星星之間、聆聽遠處郊狼的嗥叫中、走在拉科塔的土地上、看著熊丘、看著我祖父母嶙峋的臉龐、站在「wakinyan」[421]下、聞著 Paha Sapa（黑

山）[422]、與我寶貴的親人團聚在一起，我重新發現了自己。

我的時間感變了，我的說話方式變了，我內心的某種自由回來了。[423]

想要獲得休閒，要擺脫的不只有時鐘的束縛。在美國，許多人為了獲得完整性、自主權和心靈安寧所需要的一切曾遭到積極摧毀，這樣的歷史使得將休閒當成一種心態（包括它的定義、條件和目的）的考量變得複雜起來。有許多人，光是走在大街上，無論是公共場所還是私人場所，就會被視為「對該場所目的的威脅」，在某些地方，只要出現在公共場合，就會被解釋為暴力的誘因。二〇二一年這一年，反亞裔仇恨犯罪增加，一名與我母親年齡相仿的菲律賓裔美國女性在紐約市遭一個男人殘忍襲擊，該男子說她不屬於這裡。[424] 我記得這讓我開始注意到，我母親在公共空間中的行動受到了潛在威脅的新限制。

社會等級制度滲透了每個生活在其中的人的經驗，也滲透了據稱是公共休閒的歷史，這與它被描繪為中立、無政治色彩和非商業性質的「遠離一切」空間形象形成鮮明對比。在休閒成為一種公共利益的概念並開始流行的同時，經濟歧視的法律程序確保了城市的空間隔離。今日奧克蘭默卡玫瑰花園的遊客變得更加多元化，但它在落成之際可能是一個白人專用的空間。（一幅一九三〇年代的地圖以紅線劃分社區等級，玫瑰園被評為「B」級，西奧克蘭和東奧克蘭被評為「D」級，由於非白人居多，這些地區的「貸款風險很高」。）[425]

一九三〇年代的休閒觀念，不只存在於社會等級制度中，更積極複製、鞏固這種等級制度，當一群人被提供安全、「無憂無慮」的機會，必然的結果會是其他群體以暗示和暴力方式遭到了排斥。安全和純潔代表白人和健全的人，改善代表著更多的白人和更多健全的人。事實上，正是**因為**無論是公共還是私人的休閒空間都與自由有關，才會引發對種族混合的憂慮。歷史學家維多利亞．W．沃爾科特（Victoria W. Wolcott）寫道：「即使在一八九〇年代吉姆．克勞法成文以前，白人也最有可能在娛樂場所強制種族隔離。」[426] 在《玩耍的機會》一片中，幾乎沒有非白人角色。

在休閒設施中，時間只是種族隔離的另一項工具。在二十世紀初的美國，有些遊樂園的業主和員工只允許非白人在一星期中的某一天（通常是星期一），或者一年中的某一天（至少有一個例子是六月十六日黑奴解放紀念日）入場。[427] 在俄亥俄州艾倫頓，唯一的市立游泳池只在星期一對黑人開放，而且只開放四個小時，游泳池卻是用 WPA 基金建造的，其中也包括黑人所繳納的稅金。由於一些公園只允許黑人遊客在天氣不佳的所謂休息日入內，一年本身也被劃分為高級參觀日和非高級參觀日。這些限制塑造許多人對於「自由」時間的體驗。職棒大聯盟球員傑基．羅賓遜（Jackie Robinson）在自傳中曾經回憶他的朋友圈（由黑人、日裔和墨西哥裔孩童組成）對這些限制的不滿：「我們只有星期二才能去附近的市立游泳池（在帕薩迪納[428]）游泳，有一次我們跑去水庫游泳，結果被治安官用槍指著押進監獄。」[429] 美籍韓裔跳水運動員薩米．李（Sammy Lee）也進不了位於帕薩迪納的同一座游泳池（星期二除外），只好自己建了一個跳水板和沙坑，在一星期的其他六天練習，他後來在一九四八年和一九五二年兩度贏得奧運金牌。[430]

後來許多設施的業主受到抗議民眾或 NAACP 等組織反對，只能任由設施惡化、關閉，或者賣給房地產開發公司。沃爾科特在討論美國種族隔離娛樂的著作中指出，對於公共休閒已逝的「黃金時代」之緬懷（我曾無意中表現出來），粉飾、遺忘了這段歷史。然而，有時歷史會以意想不到的方式浮出水面。沃爾科特寫道，二〇〇五年，密西西比州石牆市的房地產開發公司發現他們的土地冒出一些不知名的混凝土，結果發現了一連串的往事：「繼續往下挖，竟然挖出一座有水中照明的磁磚游泳池，在一九七〇年代，小鎮領袖為了不讓當地黑人與白人孩子一起游泳，匆忙掩埋了游泳池。」[431]

安全的休閒空間是白人的空間——這個觀點持續以各種新形式重現，包括在網路上。二〇二〇年，科普作家克利斯蒂安．庫珀（Christian Cooper）在中央公園賞鳥，遭一名白人婦女報警，後來寇里納．紐瑟姆[432]、安娜．吉夫蒂．奧普庫－阿吉曼[433] 等人便組織了「黑人賞鳥週」（Black

Birders Week），邀請民眾上社交媒體、參加活動和發表文章，分享在這個絕大多數由中產階級白人男子主導的休閒活動中，感到不適或被騷擾的經驗。藝術家沃爾特・基頓杜（Walter Kitundu）在賞鳥時曾多次與警方發生衝突，他告訴《華盛頓郵報》：「我實在想不出比站在樹下觀察蜂鳥築巢更健康的事，但我認為如果我們的活動超出白人想像力為我們設定的可能框架，那麼我們就有危險了。」[434][23] 但是，當 # blackbirdersweek 的內容（包括《華盛頓郵報》一文[436]）被貼到賞鳥網路群組時，有時會遭到檢舉或刪除，或者張貼該內容的人被永久封鎖[437]——這就是現代版本的埋在地下的游泳池。

後來在同一年，非營利組織「拯救紅杉聯盟」（Save the Redwoods League）發表一份聲明，解釋組織創辦人之一麥迪遜・格蘭特（Madison Grant）在美國優生學運動中的角色，讓我聯想到這起事件。雖然聽起來荒謬，但格蘭特認為紅杉與北歐種族有關，威脅紅杉的生存，就是威脅種族的純潔性。[438] 格蘭特不是別人，他就是直接影響納粹黨政策的《偉大種族的消亡》（*The Passing of the Great Race*）的作者。在拯救紅杉聯盟網站上，對上述聲明的大多數評論是正面的，對於問題終於得到解決表示欣慰。但有一位評論者不大滿意，稱該聲明「不倫不類」，堅持認為「膚色與髮色或眼睛顏色同樣重要，對我來說，紅杉林一直是與身分政治無關的特殊和平之地，我覺得你們網站最近的文章侵犯了這種神聖性，紅杉林的本來面目是一個避難所，我希望聯盟繼續保護紅杉，讓紅杉林繼續是一個避難所——遠離已經分裂了社會其他部分的分裂身分言論。」「和平」、「神聖」和「避難所」這些字眼引發了一個問題：是誰的「避難所」？更不用說對一個地方的「本來面目」的非歷史憧憬了，好像它一直都是這個

[23] 有一回在公園裡，一個男人在基頓杜能聽到的距離內向警方報案，還說：「警察會收拾你。」基頓杜後來張貼傳單，上頭印著他自己和攝影器材的照片，標題是「**小心！**你見過這個人嗎？」傳單上說：「他是一個黑人，也是一個鳥類攝影師，雖然這種組合可能少見，但請放心，這種人一般不會被認為是**危險**的。」[435] 傳單上還有「此人拍攝的真實照片」。

樣子，沒有暴力、掠奪和屠殺的歷史。有一群作家，詳細敘述了美國建立國家公園和荒野地區時如何違反與原住民部落的約定，甚至全面構建美國對「真正」荒野或「原始」景觀的觀念，其中包括《剝奪荒野：印第安人遷移與美國國家公園的形成》（*Dispossessing the Wilderness: Indian Removal and the Making of the National Parks*）的作者馬克．大衛．史賓賽（Mark David Spence）。[439]

讀了拯救紅杉聯盟網站的那則評論後，我陷入了思考。那則評論聽起來有種像是把頭埋入沙地的感覺，讓我不得不認真思考「休閒到底是什麼？」，除了從工作中恢復精神之外，休閒還有什麼「目的」？在《如何「無所事事」》中，我也曾經使用避難所和心靈平靜這樣的文字，描述奧克蘭玫瑰園位於小山上，與四周的喧囂隔絕。但這個人對避難所的堅持讓這個想法聽起來有些誤導，而且很荒謬——就像是沙漠中間的冰箱。

折返回來後，我們在一個我以為自己很熟悉的池塘邊停了下來。池塘完全乾涸了，我從未見過這個景象，原本有水的地方變成一座迷你森林，長著奇怪植物——也許是赤藜（goosefoot）。我告訴你，我習慣在這裡看到大量的鳥，幾個月前看到的畫面還一直縈繞在我腦海中，那是在南方大約二十英里處一個類似的池塘，裡面有死魚，那個池塘由於乾旱而不停地縮小。我們坐在長凳上，努力忍受一群小卻頑固的黑蟲子。一隻白腹（white-breasted nuthatch，吃蟲子的鳥）來訪片刻，嚶嚶啼了幾聲，然後就消失了。這條長凳是為了紀念一位剛剛去世的人而設置的，供人欣賞池塘美景。無論我們現在在做什麼，因為這裡的景色，感覺都像是另一回事，但我仍然寧願在這裡，而不是在購物中心。

有一回到舊金山南部海濱小鎮佩斯卡德羅附近賞鳥，我再次問自己一個問題：「休閒的**目的**是什麼？」就在沿著岩石開始優閒散步時，我在沙灘上看到一個奇怪的形狀，原來是一隻死去的鸊鷉，而那還不是當日我唯一看到被沖上岸的海鳥。我知道很多人經常看到更糟的事，但這一幕還是讓人痛心。利用只剩一格的手機訊號，我查到「二〇二一年佩斯卡德羅海鳥死亡事件」，開始瀏覽起全美各地大量海鳥死亡的文章。那一天我整天只想著氣候變化，以及氣候變化所造成的損失，我注意到植物比往年早開花，憂心那個冬天迄今為止降雨量不足。夕陽西下，我坐在沙灘上的一根木頭上，傷心地望著大海，彷彿它能給我一個答案。大海只是用一如既往的咆哮回應我——又是一天過去了，又是一波巨浪襲來了。

這算休閒嗎？按照傳統標準，恐怕不是。將休閒視為「無瑕避難所」的概念不能有死鳥存在，如同商業休閒度假勝地不能有「無關緊要」和「令人不悅」的景觀。如果沒有蝸牛入侵和鱒魚數量減少的告示，海灘會以「本來面目」呈現，我絕對不能知道，當地部落的後裔阿瑪穆特蘇恩（Amah Mutsun）部族曾被強行送往聖胡安包蒂斯塔傳教會和聖克魯斯傳教會[440]，現在他們正在努力恢復這片土地的平衡。[441]對我在公園裡看到的遊客，我必須是「色盲」。換句話說，當時的情境必須是一張明信片，我是明信片的買家，而不是一個活生生正在呼吸的時間和地點，蒙受與任何地方相同的痛苦和不公。

這趟旅程沒有帶來心靈平靜，但確實帶來了肯定和責任感。心碎並未減少我對鳥類的愛，也不曾削減海洋的美，反而讓我看到它們時心中充滿一種希望事情有所不同的強烈願望。就這個意義來說，我的造訪不能被描述為一個消費者購買產品，甚至不能描述為一個無憂無慮的遊客到公園遊覽，而是一個陷入困境的生命遇到一個陷入困境的世界。最關鍵的是，這次相遇是**在時間中**發生，不像明信片能被拍下來，因為照片馬上就會過時，而且有太多東西不會出現在鏡頭上。這個相遇很複雜，苦樂參半，發生在生態邏輯時間、我的個人記憶、不公正的歷史和對未來的關注之間的縫隙中——瞬間的光影淹沒這一切。

或許這正是皮珀所說的「垂直」時間的涵義——它之所以垂直，不單因為它與水平相反，還因為它深入歷史深處，甚至朝著一個無限的烏托邦式理想延伸。如果休閒的概念有任何實用價值，我認為休閒必須是一個中斷、一份領悟，對真理和完全不同於我們日常所見之事物的一瞥。這樣的休閒不但與工作世界格格不入，也與習以為常的日常世界格格不入，若有機會放慢腳步，我發現的並非「慢」本身，而是在我的感知之外持續發生的事。

在 Covid-19 大流行的期間，許多能待在家裡的人對自己突然成為宅男宅女感到不適應，有些情況是因為他們覺得自己需要保持生產力，但我認為，至少在某些情況下，還有別種原因。我認為有人感到不安，是因為身處寧靜和舒適中的他們知道，有人正在經歷相反的情況，也許他們要的不是為了生產力而具有生產力（就像查理・卓別林在《摩登時代》中的流浪漢一樣，他們不知道如何停止工作的動作），他們只是想要**做**些事，希望他們的休閒時間能夠有意義或有所助益。

構思一種反對而非支持當前秩序的休閒方式，我們可能將休閒視為一種與政治想像息息相關的重要事物，而非一種罕有的消遣。如果休閒對於那些受這些規範青睞的人來說是一個非政治的避難所，那麼對於那些不受青睞的人來說，休閒永遠脫離不了政治，對他們來說，獲得愉快、有尊嚴的生活是一個迴避不了的正義問題。我想起在灣區倡導身心障礙者權益的馬克．海爾（Mark Hehir）的一句話，當時我問他最喜歡健行的哪一點，馬克回答我：「當我開始健行時，我經常會說我回到家了。」[442]對馬克來說，「浪漫主義經典的踽踽獨行」也是遙不可及，一九九六年，他被診斷出患有肌肉萎縮症，現在使用輪椅和呼吸機，走山路時需要有人陪同。馬克在大自然中找到了回家的感覺，但這個**家**是他努力**創造**出來的。多年來，他不停地評論路徑，向公園官員提供回饋意見，一開始是自發的，現在則正式成了聖克拉拉郡公園的身心障礙者聯絡員。

不管是過去還是現在，要讓公共休閒空間更具包容性，任何單位所做的努力都很重要，許多這類組織已經朝著這個方向邁出重要的一步。即使公園有著錯綜複雜的歷史，我對公園仍舊懷著濃厚的感情，在疫情期間，它們拯救了我的生命（也可能拯救了許多其他無法在家中享受戶外空間的人的命）。但同樣值得記在心上的，是那些不太顯眼、本質上更具政治性的休閒空間的歷史：教堂、廚房、後院、工會大廳、同性戀酒吧、社區花園和各類活動中心[443]，這些空間有時脆弱、短命、資金不足、秘密不公開，但它們不單是歡樂、療傷、平靜心靈的場所，也是建設權力的場所——至少因為它們的存在與周圍環境有著固有的矛盾。

若說這些場所是避難所，它們也不是讓你把頭埋入沙地的地方，而是不同的時間和存在方式得以延續的地方。它們是某種「家」的實踐，是為了自身而存在的「他物」，就像皮珀所謂的心態在集體層面實現了。在二〇二一年一次的訪談中，從事非裔美國人研究的學者作家賽迪亞．哈特曼（Saidiya Hartman）勾勒出一種在經濟和社會階級制度之外建立家園的方式：「我們通常認為關懷是一件非常私人的事，照顧自己在一定程度上是我們毀滅這個世界、創造另一個世界的過程。我們互相幫助，以適應原本無法居住且殘酷的社會環境。」[444]

詩人、表演藝術家和活動家崔西亞・赫塞（Tricia Hersey）的作品就是社區關懷和「政治緩慢」（political slowness）的例子，與「放慢」你的生活完全不同，「政治緩慢」不只是簡單地重新鞏固這個體制，她組織的「午睡部」（The Nap Ministry）鼓勵寫作、研討會、表演和集體午睡體驗。二〇二〇年十月，赫塞在推特上寫道：「休息不是什麼可愛的小奢侈品，在你像機器一樣工作到精疲力竭才給自己的額外犒賞。休息是我們的解放之路，是療癒之門，是一種權利。」[445]

赫塞利用社交媒體工作，不過她也批評社交媒體鼓勵源自資本主義和白人至上主義的刻苦文化（grind culture），對於製作「梗圖、資訊圖表、影片、抖音舞蹈挑戰、機智小品和 IG 直播」等內容的創作者的疲憊感同身受，在推特上寫道：「你無時不刻都在製作各式內容，光是看到這些內容，就讓我趕緊先跑去沙發打個盹。」[446] 赫塞也發現自己的文字和想法正被白人資本主義的健康運動所挪用（他們一定會在她的貼文中找到 IG 美照的素材），這說來是一種格外殘酷的諷刺，因為午睡部還特地討論被奴役人口的睡眠不足問題，以及他們被商品化的身體地位。對赫塞來說，休息同時也是一種「精神實踐、種族正義問題和社會正義的問題。」[447]

有一回，赫塞上美國國家公共廣播電臺《萬事皆曉》（*All Things Considered*）節目，接受一個四分鐘長的訪問，談到她自封為午睡部長的故事。「你會對聽眾說些什麼，讓他們在生活中做到這一點，尤其是對於那些覺得現在無法休息的人？」主持人問道。[448]

赫塞回答：「要知道，我喜歡重新想像資本主義和殖民化體系之外的休息，所以我喜歡把休息看成是一種顛覆性和有創造力的行為——閉上眼睛十分鐘、洗澡洗久一點、做白日夢、冥想、祈禱。所以無論我們在哪裡，我們都能找到休息的時間，因為無論我們的身體在哪裡，我們都能找到解放的時刻，因為我們的身體就是一個解放的場所，所以現在是休息的時候，我們永遠可以——」

「我得打斷妳了。」這個時候，主持人開口打斷赫塞的發言——節目時間到了。

----——

離開池塘後，這條小路來到一處明顯人工種植的橡樹和紅杉，這裡沒有籬笆，但就在分界的另一邊，乾燥的灌木草地突然變成了有人澆水的草坪，延伸到我們看不到的地方。那是帕羅奧圖山丘高爾夫鄉村俱樂部。我們上網查詢，發現俱樂部的網站一開始沒有公開價格，卻告訴你入會費、月費和正確的人脈可以為你帶來什麼：高爾夫、游泳池、網球、健身中心，還有很多孩子可以做的事。我從未去過鄉村俱樂部，所以想像大多數的鄉村俱樂部都像電視劇《人生如戲》（*Curb Your Enthusiasm*）中的那個一樣。也許是預料到會有這樣的聯想，俱樂部的網站向我們保證，「在這個多元文化的俱樂部裡，變化、創新、樂趣和友誼是每一天、每一個月的主旋律，多元化主導一切，人人都能找到適合自己的活動。」網頁最上面的標題圖片是俱樂部的大型戶外時鐘，上面寫著「歡度美好時光」。

----——

休閒的概念總是包含著矛盾情感。從歷史上來看，休閒的支持者和學者可分為兩類，也就是羅傑克所說的實用主義者與夢想家。皮珀是夢想家，但亞里斯多德才是卓絕群倫的大夢想家，他認為工作世界與休閒世界判若鴻溝，任何以實用為目的的活動，甚至是遊戲，都不能被視為休閒。[449] 對亞里斯多德來說，只有哲學（思考、斟酌和探究事物的本質）才是人類最崇高的使命。

然而，亞里斯多德對休閒的定義也必須以工作為基礎組織，畢竟古希臘是一個奴隸社會。亞里斯多德認為思考理解也分不同類型，有些人天生不具備高層次的思考能力，所以成為「天生的奴隸」，他特別認為這類特徵會出現在非希臘人身上——這是一個很容易得到的觀察結果，因為在希臘絕大多數奴隸都是非希臘人。[450] 亞里斯多德判斷，如果一座城邦擁有自主的勞動機器，那就不需要奴隸了 [451]，但天生奴隸的存在也是一件好事，[452] 因為理想的城邦必須有休閒，而要讓某些人得以從事休閒，就需要其他人來工作，所以說這是好事。此外，受奴役的人無法獨立思考，但可以在能**思考**的人的庇蔭下工作，他們替主人優閒的消遣作了貢獻，他們的生活也因而變得有意義。[453] 日後，這種天生劣勢和互惠互利的模式，會一次又一次替殖民、奴役和壓迫婦女提供辯護藉口。[454] [24]

如果說古希臘具有休閒的基礎組織，這個基礎組織也不過是一種社會階級制度，在這種制度下，奴隸被認為與他們所可能創造的閒暇不相干。[456] 這就是我在第一章中提到的勞動分工的精髓，有人的時間不但價值較低，還被認為是**為了**他人的時間而存在。即使工作環境的樣貌產生變化，這種觀點仍然存在。一八三〇年，美國北部工人階級正處於自我教育的熱潮當中，一個傑克遜民主黨人 [457] 舉杯祝賀時表達了一個心願：「在文學修養方面，最貧窮的農民能與較富有的鄰居相當。」[458] 對此，費城《國家公報》（*National Gazette*）的編輯堅持認為，階級之間的分歧，既是高雅文化的保障，也是穩定的保障：「『農民』必須在富裕的鄰居可以用來追求抽象文化的時間勞動……技工不能放棄本行工作去學習普通知識；他若這麼做……懈怠、衰退、貧困（和）不滿很快就會出現在各個階層中。」

換句話說，只有與歸屬於他人的工作時間形成對比，休閒才能成為

[24] 根據這個模式，亞里斯多德在《政治學》中寫道：「因此，從本質上講，大多數事物都是不同方法下的統治和被統治，像是自由人統治奴隸，男人統治女人，大人統治孩童。所有人身上都有靈魂，但存在的方式卻不同。奴隸完全缺乏思考的元素；女性具備思考的元素，但缺乏權威；孩童具備思考的元素，但不完整。」[455] 之後這種階級制度也透過基督教的角度來詮釋。一八五六年在美國，一位南方長老教會的牧師在支持奴隸制的布道中主張，這種制度只是反映了基督教的自然秩序，他以《創世記》中對夏娃說的一句話作為論據：「妳必戀慕妳丈夫；妳丈夫必管轄妳。」接著又補充：「在那句聖誡中，就是神所指定的治理的開端，這是強者對弱者統治的開始，弱者必須服從。」

一種可以辨識的時間類別。有人認為，早期現代歐洲的休閒是無聊的有閒階級尋求新奇而「發明」的，但學者瓊－路易士．馬爾法尼（Joan-Lluís Marfany）提出了反駁，他認為「『工作』和『休閒』這兩個差別懸殊的概念，對狩獵採集社會或原始農耕社會可能沒有任何意義，但很難相信，一旦……引進某種形式的社會經濟分化後，這種差別不會立刻出現」[459]——例如，契約勞工或雇傭勞工。有閒階級的無聊源自於空閒時間，其他人的無聊源自於工作，工作者從來都可以輕鬆決定如何度過稀少的閒暇時間，這種情況至今仍舊沒有什麼改變，馬爾法尼說：「真正讓人吃驚的是，最流行的娛樂形式仍然和五個、六個、七個世紀以前一樣：玩某些遊戲、喝酒、跳舞、在樹蔭下或火爐旁閒聊。在紐約的布萊恩特公園，民眾下跳棋，在巴加的廣場，民眾一樣在下跳棋。」

《休閒與勞動》（*Leisure and Labor*，一八五八），法蘭西斯．布萊克威爾．梅爾耶（Frank Blackwell Mayer）。

若說真正的休閒「與工作成直角」，那麼休閒的存在起碼是朝著工作之外的生活，朝著證明工作價值的消費，以及朝著把人視為勞動時間的容器所邁出的第一步。確實，早在凱恩斯為了空閒時間苦惱以前，在美國要求縮短工作日的運動中，「工人生活以工作為重」的問題一再出現，在十九世紀要求休閒等同於提出一個根本性問題：工人是為了資本家還是自己而存在？這條寶貴的生命中有多少應該歸資本所有？

在這一點上，空閒時間與怠惰無關。改革者把縮短工時的訴求與終止童工的呼籲結合，認為休閒時間具備固有的動力——它不僅是享受的領域，也是自我教育和組織的領域，這導致更大的訴求和更大的政治權力。十九世紀的勞工領袖與一九三〇年代的社會改革者不同，他們並不擔心這種新發現的時間可能帶來的影響。艾拉・斯圖爾特[460]是十九世紀末倡導縮短工時的重要推手之一，在勞工領袖當中以擁護種族包容的「勞工兄弟義氣」[461]的理想而聞名，他把休閒描述為「一片空白——一張底片——一張白紙」。[462]實現每天八小時工作制的本身不是目的，而是「不可或缺的**第一步**」[463]，這會給工人更多的時間去尋求更多獲得自由的途徑，讓「無知的勞工和自私的資本在選舉日無法結為聯盟」。[464]和我提到的其他政治化休閒例子一樣，斯圖爾特的「空白」不是讓階級制度保持不變的海綿襯墊，而是一種氣體，每一次充氣都可能讓體制出現更多的裂縫。

在新自由主義政策和全球化的影響削弱勞工的組織化之前，這種追求自由的擴張衝動和需求曾於一九七〇年代再次出現於美國工人之中。彼得・弗雷斯[465]觀察到「福特主義妥協」（Fordist compromise）[466]現象，即勞工接受雇主的要求以換取加薪，結果雙方都不滿意，資方不得不面對強大的勞工運動，而勞工發現他們其實想要的不只是金錢和閒暇的表象，他們更希望的是根本不必出賣自己的時間。弗雷斯參考傑佛遜・考威[467]對「藍領的藍調」（blue-collar blues）的描述，認為這種不滿指出藍領階層的真正心願：「爭取更多的自由時間、對勞動過程的掌控、擺脫雇傭勞動。」在一九七八年的電影《藍領》（*Blue Collar*）中，哈維・凱托（Harvey Keitel）[468]所飾演的角色也道出了他們的心聲：「有了房子、冰箱、洗碗機、洗烘衣機、電視、音響、摩托車、汽車。買這個，買那個，買到的只是一堆垃圾。」[469]

從最無用的形式來看，休閒時間的概念反映出一個不體面的過程：為了購買短暫的自由體驗而工作，然後在工作的水平面所允許的小縫隙裡，忠實地呼吸空氣。休息和娛樂就像在做保養一樣，用休閒的機器來保養餵食的機器。芭芭拉．勒克[470]在一九八二年所創作的〈錯過的東西〉（The Thing That Is Missed）[471]就闡述了這種「自由」的荒謬：

錯過的東西是沒有計畫的時間
自己創造的時間
就像放暑假的孩子，日復一日
沒有一刻得閒
各就各位準備出發
玩得**開心**──該死的──**開心**
跑起來──該死的──**跑**起來

時間到。
回到線上。
開心嗎？不太開心？
太忙亂了？
工作不是更輕鬆嗎……
嘿嘿嘿嘿

然而，休閒時間最有用的地方在於，它是質疑周圍工作界線的一種臨時手段，如同在一個無法忍受空虛的文化中的支架，提供了在工作和非工作之間的、水平尺度上的一個垂直裂縫──在這個關鍵的停頓中，工人開始思考為什麼要做這麼多的工作，試著去處理集體悲傷，並開始看見新事物的邊緣。

----——

適應了這裡的節奏後，我們開始注意到更多居住與棲息的跡象，有時還是與人類合作的痕跡：鹿的足跡、山貓的腳印、鳥箱、地上的蛇洞、樹上的啄木鳥洞、木鼠窩（我們本來以為只是一堆樹枝）。草叢中的小圓柱原來是受到保護的橡樹苗，是當地橡樹林復育工作的一部分。不同的生命，他樣的生活。我們經過時，一隻野兔從乾枯的茴香草叢中望著我們，然後竄向溪床的方向，牠不曉得「公園」的意思，有那麼一瞬間，我們也不知道。

----——

邁阿密藝術家妮姬．佛朗哥（Niki Franco）提倡廢奴主義，在社區組織活動，在撰寫本章期間，我和她聊過一次。她告訴我，她和她的朋友在國家公園經常被警察粗暴地對待，有時甚至受到警笛的干擾，無法盡情享受自家的花園。[472] 我們兩人都感到不解，在一個充斥父權主義、資本主義和新舊殖民主義的世界中，怎麼可能有休閒這樣的東西呢？我拿一九三四年那個關於休閒研究的問題問她：在她的印象中，最近有什麼領略到休閒心境的例子？

聽了我的問題，妮姬回憶起在波多黎各長住的那段日子，她與非常要好的朋友每星期都去健行。那次的經歷絕非「政治空白」，因為她始終知道波多黎各是世上最古老的殖民地，曾遭美國占領。想到波多黎各，她就忘不了從邁阿密看到那座島被颶風瑪麗亞[473] 摧毀時的心碎，很多人都說波多黎各永遠無法從那場颶風的破壞中恢復原樣，但是在健行活動中，由於感激的力量，由於她深深信賴的朋友的陪伴，由於雨林及鳥類的感官薰陶，說來很神秘，「所有這一切彷彿都不存在一樣」：

不知道發生了什麼，讓我能夠退後一步，感受到我們存在的重大意義，也感受到我們是多麼渺小。好像回到了我們的人性……聽起來有點誇張，但我就是這種感覺。你要知道，我意識到我的存在並不只局限於工作、社交媒體和兩者之間任何的事——這好像：**哦，哇，此時此刻，我是一個活著的人。哇，即使有這麼多鳥事，我其實深深感謝自己還活著。**

大約在我們那次對話的一個月後，我去了一趟莫哈維沙漠[474]，碰巧遇上了聖塔安娜風（Santa Ana winds）。聖塔安娜風是從高地沙漠吹向海岸的強風，乾燥，風勢強勁，以每小時逾四十英里的速度呼嘯而過，在當地傳說中享有惡名，據說會讓人變得神經兮兮和粗暴。在那裡的頭兩天裡，我的生活就只有風：聆聽風聲、被風搗亂、設法避開風。但第三天，風停了，幾乎是瞬間停歇，當地的鳥類出現了：紋背啄木鳥、白冠帶鵐、走鵑鳥、勒氏嘲鶇和薩氏霸鶲。鳥囀填滿了新降臨的寧靜。我注意到一隻神秘的小鳥，在我住的房子外面的鳥巢飛進飛出。這隻鳥作了明智的選擇，沒有挑周圍的木焦油灌木，而是把巢建在一棵年輕的綠桿樹上，所有的庭院家具都被風吹得東倒西歪，但這棵樹的枝葉非常茂密，內部禁得起時速五十英里的狂風。

第四天，風回來了，一如既往的猛烈，但是我想起那個仁慈的停歇，以及其間的所見所聞。我已經知曉無風沙漠的模樣。我想到皮珀「與工作成直角」的垂直時間，這些基本的中斷總是會重新塌回到水平時間中，我也想到了妮姬，在返回心碎的景觀前，她在感恩和敬畏的短暫時光中聽到了鳥鳴。風停了，還能聽到什麼歌聲？在從工作中搶來的時間裡，在躲避持續不斷的破壞的時間裡，有哪些東西得以保留——有哪些認知時刻，有哪些相處方式，有哪些其他想像的世界，有哪些其他的自我？

還有哪些其他形式的時間？

CHAPTER

4

將時間歸位

佩斯卡德羅附近的海灘

然而，就在此時，
已逝太陽的空白黑盤下緣迸出一個完美的光點。
它跳躍著，燃燒著，
難以想像的猛烈，難以承受的明亮，
就像是一個字（我羞於啟齒，但還是說出來了）。
世界於焉重新開始。[475]

海倫・麥克唐納（HELEN MACDONALD），〈蝕〉（Eclipse）

從公園往西走，我們穿過古老的聖安德列斯斷層[476]，雖然看不到斷層，但在斷層的另一側感覺有些不同。連綿起伏的丘陵消失在身後，道路穿山越嶺，九彎八拐，進入了紅杉、花旗松、櫟樹和闊葉楓樹的樹蔭中。偶爾出現感謝消防員的手繪標誌，讓我想起那個巨大的燒傷疤痕，那是去年留下的，現在還看不到。我們經過一段石砌防土牆，一條名為「記憶小徑」的路，以及一家建於一八八九年的孤獨雜貨店。

最後一段公路沒有樹木，陽光明媚，但前方卻是一片灰濛。就在我們到達海岸時，那片灰籠罩住了我們，藍灰色的大海出現在面前，那終結的氣氛令人膽寒。我們停好車，走近一段懸崖的邊緣，那裡長滿堅硬的冰花，在風中幾乎紋絲不動。儘管海浪拍打著我們腳下的峭壁，海鷗不時鳴叫，但我們的目光主要還是向西，朝著那永恆不變的地平線，沒有任何東西，連一艘船也沒有。在那裡，大海看起來像是冰凍了一般。

----——

如果社交媒體是一種指標，Covid-19 疫情的爆發讓人疏離了常見的時間標記方式。隨著通勤減少、社交活動取消、居家工作啟動，時間開始變得緊張不安。時間太多了，但同時也變得千篇一律，關於時間如何霸道的笑話不時出現：

> James Holzhauer @James_Holzhauer · Mar 17, 2020
> 幸好我在時間成為毫無意義的概念之前就把所有的時鐘都調快了一個鐘頭。
>
> jello @JelloMariello · Mar 28, 2020
> 隔離嚴重擾亂了我們的時間概念……現在連在早上十點的陽光下也會有半夜兩點的精神崩潰感。
>
> Seinfeld Current Day @Seinfeld2000 · Apr 7, 2020
> 我因為完全失去時間感，今天半夜三點跑到街上（接著是喬治·科斯坦薩[477]在街上大喊「六月了！」的畫面）
>
> Mauroy @_mxuroy · Apr 9, 2020
> 如果有人不清楚，今天是四月四十七日星期四[478]

當時我也正在經歷自己的時空怪圈，我在睡覺的房間用 Zoom 教授兩門課，學生從肯亞、韓國和美國東海岸等遙遠時區上線，平日週末不分，通常以兩個不同的瀏覽器分頁區分工作與休閒。我若不是在備課，不是在寫這本書，也不是在同一臺筆記型電腦上和朋友視訊，就是和我的男友喬（Joe）在家附近為數不多、且相似得令人抓狂的人行道散步。每天晚上我們邊吃晚餐邊看電視，通常是一集影集，比如《黑道家族》（*The*

Sopranos）。我不是說這種情況讓人非常不舒服，但是就像疫情哏圖一樣，我所經歷的時間重複且持續，似乎發生在真空中。最重要的是，在那一刻，疫情看不到盡頭，它只是一盒又一盒的時間，填滿我房間的盒子，直到永遠。

在這種情況下，我開始不時上 Explore.org 看網路直播，觀察在愛荷華州迪柯拉市一隻正在築巢的老鷹。三月時，老鷹下了蛋，偶爾起身檢查一下蛋，或者趕走螢幕外的不速之客。很快我開始看第二個網路直播，觀察加州大學柏克萊分校薩瑟塔[479]的遊隼。然後是第三個，這一個拍攝的是在里奇蒙船廠起重機上築巢的魚鷹，離我所住的地方大約往北半小時車程。每個巢中的幼鳥在四月底五月初孵化，從一團傻呼呼、毛茸茸的東西，突然長成了牠們父母的模樣。我把這些網路直播鏡頭增加到瀏覽器的書籤中，有時把視窗打開，留在螢幕的一角，讓自己有一種護身符般的安心感。有幾個深夜我看著漆黑的魚鷹鏡頭，設法說服自己：**很晚了，該睡覺了。**

二〇二〇年九月，住家附近野火肆虐，出門前非得先查看空氣品質指數（AQI）和風向圖，這時我會切換到另一個分頁：Windy.com 的脈動風場圖。我必然會放大地圖，拉近鏡頭，看本地的風沿著海岸旋轉，形成一個更大的風場，這個風場又會加入太平洋上一個更大的風場。很快地，在不知不覺中，我已經觀察起南極洲海岸上時速達六十英里的風。當然，我自然應該猜得到，南極洲的海岸風勢強勁。但這個例子的重點是我如何到達了南極洲海岸：我蜷縮在電腦前，從這個位置開始，一路追尋風場，不斷放大縮小，想像所有的空氣都在推動周圍的空氣，那些紫色漩渦與本地的綠色漩渦有某種的關係。

還有我真正的窗。我不知為何拿出了我的舊三腳架，架上相機，對準窗外——恰好對準了對街公寓的上方，視野主要是天空。在接下來的幾個月裡，每天都走過去按下快門，然後看看照片，自己動手製作了一段縮時攝影（time lapse）。三月碰巧是這裡天空變化最大的月份，在我的房間裡，時間的感覺是一樣的，但在照片裡，下雨了、風暴來襲了，大霧從舊金山瀰漫而來。有時雲好大一朵，輪廓分明，有時遙遠縹緲。正午時分，天空可能是深邃的暗藍色，一到傍晚，便成了一種柔和但難以言喻的紫色或粉紅色調。

雖然工作和網路生活一成不變，猶如電影《今天暫時停止》（*Groundhog Day*）中的情節，透過這些日間縫隙所看到的一切，感覺卻是完全不一樣的。這讓我想起十七歲時注意到的一件事。在那時候的日記，我常常抱怨無聊或功課太多，也偶爾提到我看到了我稱之為「它」的那樣東西。「它」不是環境中的事物，也不是一種內心的情感（如果有這樣的東西的話），而是某種完形（gestalt）[480]，總是出乎意料，總是稍縱即逝，像在一瞬間嗅到了某種氣味，然後想起某種龐然的事物。儘管我的記述有些羞怯，也不完整——它總是一些「不在這裡」的東西，或者是一個「時間之外」的時間——我仍然記錄了這些邂逅，還寫道，未來的我會完全明白我在說什麼。

二〇〇三年十一月三日
最近，這個……不知名的、無法識別的「異貌」（實在找不到更好的詞來形容）比平常更露出了面目。我可能會用不恰當的描述來扼殺它，這就像試圖描述一種你從未見過的顏色。我沒有足夠的詞彙。

二〇〇三年十一月八日
這個地方不但在地理位置上是陌生的，在時間上也很陌生，它要麼是通往未來的無限距離，要麼是通往過去的無限距離。它有著根本不同的特質，幾乎是宇宙的，但又不在另一個行星上。

二〇〇三年十一月二十一日
我在朱尼佩洛·席拉高速公路[481]與史蒂芬溪的交叉路口看到了它，在從學校出來的左車道上，就在我沒注意的一瞬間。這是一個很重要的提醒，某些特質引起的 dejavou[482]（怎麼拼？）

二〇〇三年十二月九日
我在報紙上找到了它——在玻利維亞和智利附近的一個火山口——一個探險隊成員說它是「地球的本質」，「令人震撼，壯闊非凡。」

晚上十點四十三分，日期不詳
開車去薩拉托加圖書館的路上我又找到了它。天氣晴朗無比，山看起來比平日高出五倍。我同時身處兩個地方，一個是薩拉托加[483]，另一個則是非常非常遙遠的地方。

日期和時間都不詳
大到我無法解釋，比我的感知更大。它透過某些事物展現出來，它是如此的非美國式，不屬於任何國家。這是我無法解釋的事情，超出我的認知。是透過某些事情展現出來的某種東西，太不美國，太不是任何東西。

直到長大成人，我才開始更了解「它」是什麼。在法國哲學家亨利．柏格森（Henri Bergson）一九〇七年出版的《創造的演化》（*Creative Evolution*）一書中，我找到第一條文字線索。柏格森認為，時間是綿延（duration）——一種創造、發展且略帶神秘的事物，抽象不可以測量。根據他的說法，我們對時間真正本質的所有困惑，都源於希望想像離散的時刻在空間中並排而坐。他進一步指出，這個「空間」不是具體的環境空間，而是純概念的東西：先想像科幻電影中虛擬的非空間中偶爾出現的黑底綠色格線，再把這種時間中的時刻想像成存在於那個空間中的立方體。（這個概念也替我在第一章及第二章中提到的可替代時間概念提供了發展的沃土）。柏格森認為，我們之所以傾向於用這些空間術語來思考時間，是因為我們有操作惰性物質的經驗，我們希望用同樣的方式理解時間，把時間看成我們可以分割、堆疊和移動的東西。[25]

柏格森發現無法使用抽象空間的隱喻來思考時間，時間概念「非比尋常……是一種對抗恰好是我們經驗基礎的異質性的反應」。[485] 他的時間概念反而是一種相互滲透、重疊的演替、階段和強度。在《創造的演化》中，他以生物演化做這種運動的模型，在分支和重疊發展的過程中，每一步都是上一步的自然發展，但是整個過程中沒有任何一樣東西會是確定的。另一個我認為有助於思考柏格森時間觀念的意象，是熔岩流流過相對平坦的地面，熔岩流前緣充滿活力，不斷變化。沒錯，你隨時可以回頭，看一看熔岩到達此刻位置所流經的連續路徑，但這絕對不代表熔岩註定在那裡結束，也不能讓你準確預測它將流向何方。想要隔離出這個過程中的特定時刻，猶如想把空間分成一個個的立方體，必然是白忙一場。

另一方面，當你站在那裡思考時，熔岩的活動邊緣正在向未來移動，未來在每個當下都即將到來，但也包含了之前所發生的一切歷史。另一個例子是從一個植物世代中的某個個體落下的一粒種子，它包含了未來植物的生長指令。柏格森以 **élan vital**[486]（通常翻譯為「生命動力」或「生命力」）來解釋這樣的過程，而這樣的過程中所表現出來的時間，不是一個可以計算和測量的抽象數量，而是萬花筒再一次不可逆轉的轉動，驅動著分裂、繁殖、生長、衰變和複雜化。希臘古諺「濯足清流，抽足再入，已非前水」也貼切地解釋了柏格森的觀點，尤其當你繼續思索河岸的演變、河流可能正在緩緩雕刻的峽谷，甚至是你腳部細胞的代謝過程。

這種闡述時間的方式對我來說很直觀，但我還是常常發現自己難以完全放下熟悉的空間化抽象時間隱喻，把時間看成是一條由統一、獨立、並排的時間單位所組成的線性路徑。了解你所擁有的默認時間感的歷史特

---

[25] 抽象時間和抽象空間是柏格森長久關注的主題，在《創造的演化》中，他寫道：「這種媒介永遠無法感知，只能想像。」在《物質與記憶》（*Matter and Memory*）中，他將抽象的時間和空間描述為一種幾乎就像野餐墊的東西，在不斷變化的當下鋪展開來，是「我們對物質的最終行動的圖解設計」。[484] 柏格森承認，人類需要這些感知工具，問題不在於使用它們，而是在於太過認真把它們當成了現實結構。

性是一回事（已經夠讓人混淆了），但要真正放開彷彿磨到順手的握把的舊有概念框架，那又是另一回事了。這種困難觸及的層面，比學校課表、期中期末考和成績單所灌輸給我的時間感更加廣闊，這些只是我成長並繼續生活於其中更普及的文化的一部分或症狀而已，在這一切的背後，是一種基於抽象空間隱喻的線性時間模型。這是我生活中的一個事實，就像我認為如果在我所身處的地方打開電視，大多數人都會說英語的假設一樣。事實上，這種觀念根深柢固，任何不同的事物對我來說感覺都像是「時間之外」。

請看下頁的圖表，該圖表比較了日晷時間與標準時鐘的時間。從這張圖表可以看出，日晷所顯示的時間在一年中哪些日子會早於標準時間，哪些日子會晚於標準時間。之所以存在這樣的差距，約翰·德勒姆·彼得斯已經寫出了答案：「日晷直接模擬自然事實，而地球圍繞太陽公轉的軌道為橢圓形，因此日晷所提供的日和小時隨之膨脹收縮，具有彈性。但是時鐘是太陽情緒平衡器，將太陽每年的波動平均為二十四小時的單位，無論陰晴，都在滴答作響。」[487] 這就是基於地點觀察與抽象標準化系統之間的區別，我們已經在第一章中談論過後者的演變過程。

這張圖表顯示了兩種時間的讀數，但它們並不相等。日晷時間在圖中**依據**時鐘時間來界定，作為比較的依據，人類學家卡羅爾·J·格林豪斯（Carol J. Greenhouse）描述得很好，「時鐘本身就像是某種普遍時間感的具體表現。」[488] 時鐘時間不是我們唯一經歷的時間計算形式，但確實是許多人思考時間的「實質」的主要形式，而正是對於時鐘時間的忠誠，殖民者、人類學家和當代西方觀察家普遍認為，非西方文化和原住民文化被視為缺乏時間，或者在時間之外。

在《時間盲》（*Time Blind: Problems in Perceiving Other Temporalities*）中，凱文·K·伯斯（Kevin K. Birth）談論了我們思考時間的語言障礙。[489] 他提到了一項二〇一一年的研究，朴茨茅斯大學和巴西朗多尼亞聯邦大學的研究人員發現，亞馬遜原住民阿蒙達瓦族（Amondawa）所

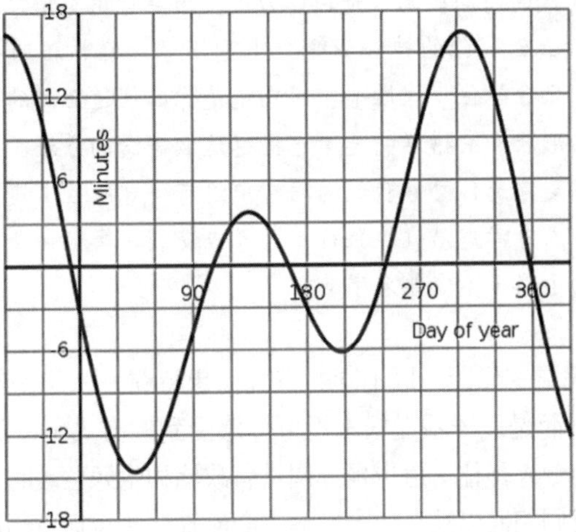

使用的時間隱喻和語言，很難從西方觀點向西方讀者解釋。為了避免與公眾分享時出現誤譯，研究作者寫道：「我們堅決反對利用我們提供的資料將阿蒙達瓦族視為『沒有時間的民族』，讓他們顯得更加奇特。」然而，媒體仍舊順理成章地曲解這些發現，呈現一幅不受時間影響之「原始人」的形象，他們所下的標題具有暗示性，說得好像是阿蒙達瓦族少了些什麼，而不是阿蒙達瓦族是不一樣的：〈關於時間：沒有時間概念的部落〉（《新科學家》，*New Scientist*），〈阿蒙達瓦族缺乏抽象的時間概念〉（BBC），〈亞馬遜部落沒有時間的語言〉（《澳洲地理》，*Australian Geographic*）。

關於這個難題，我讀過最好的論述出自泰森・尤卡帕塔（Tyson Yunkaporta）的著作，他跨越兩個世界，既是學者、藝術評論家，也是澳洲昆士蘭阿帕萊奇族（Apalech Clan）一員。在《沙語：本土思維如何拯救世界》（*Sand Talk: How Indigenous Thinking Can Save the World*）一書中，他是這樣說的：

解釋原住民的時間概念只是白費力氣，因為你用英語只能描述它「非線性」，這會立刻在你的神經突觸[490]上劃下了一條粗粗的界線，你不會記住「非」，只會記住「線性」，因為這是你處理這個詞的方式，也是它在你腦海中的形狀。最糟糕的是，它描述這個概念的方法，只描述了它不是什麼，而不是它是什麼。我們的語言中沒有「非線性」這個詞，因為從一開始就沒有人會考慮沿直線旅行、思考或交談，彎彎曲曲的小路就是一條彎彎曲曲的小路，不需要名字。[491]

試圖克服這一障礙，以不同的方式構想時間——不是某種新奇的替代品或空想，而是以一種從根本上可以**感受**到的方式——這樣的挑戰困難重重，但也令人神往。這也是一個具有政治和生態意義的迫切問題，時間的概念與我們如何以及在何處理解主觀能動性（包括我們自身內部）有著深刻的關係，特別是在現在，當世界不只呼籲我們採取行動，還要求我們對誰和什麼應該得到尊重和公正的問題，採取一種不那麼以人為中心的模式。

我多年來閱讀另一種時間概念的書籍，可以在抽象的知識層面上理解時間，但花了更久的時間才把它與我個人的「它」的經歷連結起來。如果我在過去幾年的生活中學到了什麼，那一定是思考某件事和相信某件事之間的不同。觀察自然界的過程是一回事，而處理（伯斯指出的）統一時間的假設從一開始就存在於我們的觀察中之事實，又是另一回事。[492]就像在立體圖中突然辨識出一個 3D 形狀一樣，也許我們只需要努力，就可以改變網格[493]和日晷的重要。但我們該怎麼做呢？

我們不能在這裡做，我們必須走下海灘。

一條小溪正在慢慢沖刷我們所在的懸崖，形成一個小峽谷。我們小心翼翼沿著焦糖色岩壁走下去，壁上布滿了無畏的海邊多肉植物。只要岩

CROWN
皇冠
848期
2024/10
少女 ACG 的崛起
宮崎駿與戰鬥美少女
魔法少女發展史
古典少女文本剖析
少女青春偶像
我的少女時代
少女心理學
夢想吧，戰鬥吧，前進吧，
少女大進擊！
愛與希望的化身，
華麗與絢爛的救贖，
從文本、語境到文化現象，
一窺少女脈絡的發展與蛻變！

壁擋住了風，就有一股熱騰騰的海藻味出現，我們不得不揮手趕走沙灘上的小蒼蠅。偶爾，黑色的近海峭壁後方會湧起大片白色的浪花，提醒我們小心瘋狗浪。

到了下方，嘩啦啦的波浪聲更加響亮，我們與沙灘上的沙子相遇，一陣嘎吱嘎吱聲響起——事實上，這更像是原始沙粒。俯身一看，是直徑約四分之一英寸的鵝卵石，顏色各異——暗紅、黑色、灰色、橙色、沙白色、乳白色、綠色——還夾雜著幾片白色的小貝殼。你拾起一把，按形狀分類：塊狀、丸狀、碎片、球狀、豆狀。

其中有燧石、石英、粉砂岩和砂岩。[494] 岩石的身分與時間和空間息息相關，比方說，要變成燧石，幾百萬年前「你就必須在那裡」，在離岸很遠的地方，通常是在湧升區的淺海，名為放射蟲[495]的微小海洋生物

的矽質遺骸如雨水般灑落在海床，在中生代時期堆疊成了燧石，然後分解、侵蝕，經過多次循環，最後成了鵝卵石。在更新世[496]，也就是劍齒虎和恐狼[497]在地表遊蕩的時代[498]，海床最後一次因為地殼結構活動而隆起，這些鵝卵石嵌入了海床的其他物質中。海浪繼續侵蝕隆起的陸地，把鵝卵石釋放出來（成了我們現在站在其上的礫石），其餘的則被沖回大海。當然，這個過程還沒有結束，一波波海浪繼續磨啊磨，鵝卵石在我們眼前正慢慢變成沙子。

再看看這些鵝卵石。別搞錯了，它們既不是時間的標誌，也不是時間的象徵。不，它們實際上同時是兩樣東西，是上一個冰河期的海底，也是未來的沙子。

讓我們在鵝卵石裡挖一挖，你的手摸到光滑的東西，當你把鵝卵石推到一邊時，你會看到一個有平行稜紋的表面：

這些稜紋與我們周圍一系列更大的紋狀岩石對齊，紋路從我們剛剛走下的懸崖延伸到海洋，每一條都是在一億年到六千五百萬年前之間沉積在水下的沉積層，遠早於鵝卵石的出現。我們習慣由上而下思考地層的層位，但與我們身後的懸崖沉積物不同，地殼構造活動讓這組沉積物從原來的位置折了六十三度，因此時間在這些岩石中是橫著流過海灘。

在這裡休息，我們會對於「及時」有了截然不同的理解，我們不是以虛擬的化身穿越空白的日曆方塊，而是實實在在處於跨越數百萬年的過去和未來的過程所形成的物質結果之上。突然間，我們所看到的一切都充滿了具體的時間：不僅是鵝卵石、峭壁、懸崖，還有緩緩向南移動的霧；每一朵浪花在潮汐和風的作用下展現出來的獨特表情；沙灘上亂飛的蒼蠅；空氣和水在我們身體中的擴散；甚至是我們思考這些想法時，神經突觸中閃過的化學物質。它們也永遠不會重複，它們也會讓世界重新開始。

岩石教會了你時間和空間是分不開的。（這裡我所說的「空間」，指的是環境空間，而不是牛頓式的網格。）地質學家瑪希婭．貝約內魯（Marcia Bjornerud）將這種感受稱為「時間深度」（timefulness），她寫道：「我認為過去的事件仍然存在……這種印象不是瞥見了永恆，而是瞥見了時間深度，敏銳地意識到世界如何被時間創造，實際上也可以說是由時間所構成。」[499] 柏格森有一句話同樣讓我想起岩層、樹木年輪和蚌內的珍珠層，他寫道：「無論生命在哪裡生存，那裡就會翻開著一本登記簿，銘刻著時間。」我們與這些紀錄的疏遠，一部分原因是無知，一部分原因是缺乏接觸自然世界的機會，但關鍵是，這個困難也反映出我們對時間和空間的思考方式。對柏格森來說，抽象時間和抽象空間是同時產生的概念，而在貝約內魯的時間深度概念中，將時間與空間分開毫無意義。我想，柏格森也會在海灘上看到充滿時間的東西吧。

如同時間就是金錢的概念，時間和空間的抽象和分離在人類歷史上是特定文化背景下的新現象，艾薩克．牛頓（Issac Newton）的「發條宇宙」（clockwork universe）[500] 最能充分表達這個思想，在這樣一個宇宙當中，離散的有界實體之間所發生的事件和相互作用得以展現，如果我們有足夠的資訊，就能完整描述和預測充滿因果關係的某種撞球宇宙（billiard ball universe）[501]。然而，在物理學領域中，這個概念並沒有延續下去。在牛頓寫出《數學原理》（*Principia Mathematica*）後約兩個半世紀，愛因斯坦闡明了時空的存在，柏格森和阿爾弗雷德．諾斯．懷海德 [502] 等思想家則從不同角度削弱抽象時間的概念。[503] 然而，牛頓的理想仍舊根深柢固。立石蘇族保護區活動家、歷史學家和神學家小瓦因．德洛里（Vine Deloria, Jr.）指出：量子物理學和哲學繼續發展，但「西方社會的大多數人仍然抱持著牛頓的觀點，思想家和哲學家則放棄了自然存在於『外面』的觀點。」[504][26] 值得注意的是，這種根深柢固不能只歸咎於文化慣性：抽象的牛頓式時間是一種可以測量買賣的時間，有薪工作要求我們將時間視為與身體和環境背景脫節的「東西」。

想了解抽象時間和抽象空間的文化特殊性，也可以比較「牛頓觀」與德洛里等人描述的原住民世界觀。季節就是一個「分離時間和空間最沒有意義」的例子。然而，喬爾達諾·南尼說得沒錯，時間的抽象化讓歐洲人能夠「隨身攜帶四季，無論走到世界的哪一個角落，都可以硬塞到當地的季節上」。[506] 但大多數地方以往根本沒有四季（現在也沒有），每個地方反而都有一系列對應該地生態特徵的時期，舉個例子來說吧，在今日稱為墨爾本的地方，庫林人[507]「根據特定植物和動物的出現發現了七個季節，每個季節的長短不一：袋鼠蘋果季，大約對應的時間是十二月，乾季（大約在一月至二月之間），鰻魚季（大約在三月左右），土撥鼠季（大約在四月至八月之間），蘭花季（九月），蝌蚪季（十月），草花季（約十一月左右）。還發現兩個更長且互相重疊的季節：火災季（大約每七年一次）和洪水季（大約每二十八年一次）。」

季節的長短沒有必定的原因，四個等長互斥的季節更是說不通。直到最近，季節或季節性實體的命名和分辨都還是採取某些行動指標，比如採集、狩獵、收穫等。[508][27] 同樣，季節中的任何元素都不能獨立於空間、時間或其他組成部分之外來考量——在這裡你找不到完美的撞球，只有相互關聯或重疊的密集網線。尤卡帕塔提起了澳洲銀樺樹，它的原始名稱和藥用價值只能在擴展的時空背景下才能理解：「在原住民語言中，銀樺的名字與『鰻魚』一詞相同，它的木紋與鰻魚肉紋理相同，在鰻魚的肥美

---

[26] 在一九九二年替《變革之風》（*Winds of Change*）所寫的文章中，德洛里詳細闡述物理學的相對論如何與美洲原住民的本體論產生共鳴：「對於美洲印第安人來說……沒有必要假設有一個理想世界或完美形式存在，不受空間或時間的影響，也沒有必要以為空間、時間和物質是物理世界固有的絕對特性，用數學術語正確描述就能精闢解釋宇宙。」他還說：「對於大多數印第安部落來說，認識生物的行為就夠了。」[505]

[27] 英語單字season（季節）保留了一些季節的涵義，它源於拉丁語satio，意思是「播種」。

季節開花，向我們發出信號，告訴我們現在是吃鰻魚的好時機。在那個季節，鰻魚脂肪是藥，可以退燒。」509 [28]

很多人誤以為，與其他地方相比，舊金山灣區「沒有四季」。從美國中西部或東岸等地搬來的人最有這種感覺，因為那裡冬天嚴峻，氣溫波動更大，氣候事件更容易打斷日常生活的節奏。但即使在灣區長大的我，也將這種誤解內化，反過來對灣區的四季無感。

前不久我對一個曾久居聖克魯斯山的人提起這件事，他的看法是，我們所擁有的，不是陡然的變化，而是一個持續逐步的「展開」。這些年來我學到了該怎麼觀察：太平洋琉璃草（Pacific hound's tongue）總是比道格鳶尾（Douglas iris）早開花，道格鳶尾又早於猴面花（monkeyflower）。帆背潛鴨（Canvasback ducks）冬天來，優雅的燕鷗夏季到。長期乾旱，火災季節的延長，我比以往都更適應潮濕的季節——二月和三月的降雨，夏日籠罩海岸的霧。德洛里說，每個地方都會展示出一種「個性」，511 按照這種說法，個性的形成不單取決於**何時**，還有**何人**，它如同一首歌的聲道，是一連串相互交疊的發展，這首歌在每個地方聽起來都略有不同。即使在聖克魯斯山，我也觀察到，長滿灌木的山側與紅木覆蓋的另一側有著不同的行進曲。

可替代時間的必然結果是可替代空間，比如房地產的坪數，或者前往某個目的地途中的障礙。無論是缺乏興趣、缺乏時間、缺乏安全的戶外空間，還是三者兼有，今日許多城市與郊區的居民很難確認他們每天居住的空間或購物中心下方的地面的生活特徵，也就是德洛里所謂的「個性」。在〈本土化未來：為什麼我們在二十一世紀必須以空間方式思考〉（Indigenizing the Future: Why We Must Think Spatially in the Twentyfirst Century）一文中，奧克拉荷馬州馬斯科吉部落聯盟的尤奇族人 512 丹尼爾·

---

[28] 德洛里還舉了另一個這類計時方式的例子。住在密蘇里河沿岸的部落會種植玉米，但在仲夏會暫時拋下這些作物，前往高原和山區。他們學會使用山區的乳草作為「指標植物」，當種子莢長到一定狀態時，就是回去收割玉米的時候了。510

R．懷爾德卡特（Daniel R. Wildcat）思索一個問題：「如果人類再次將我們居住的地方（空間次元）視為如同時間或時間次元一樣的歷史要素，將會發生什麼事情？」[513]這是一個重要的問題，就像人行道下的樹根，擠壓著可替代時間的網格，尤其是越來越多的人難以長期住在同一地方。如果我們能更清楚地看到我們身在**何處**，對於時間的看法會有什麼改變呢？

我們在這個地方繼續往裡面走，走到一小塊地方，位於我們第一次挖掘鵝卵石時看到的沉積稜紋之間，這裡積蓄了一些潮汐池[514]。停車場的告示牌告訴我們，「觀賞潮汐池生物的最佳方法是靜靜坐著，直到動物從藏身處出來，恢復正常活動。」我們站在一個較深的潮汐池旁，凝視幾乎是靜止的池景：沙子，潮水磨平的岩石，岩石上覆著藻類，紅色和黑色的小海藻，纖細搖曳的海草。

過了一會兒，我們發現本以為是鵝卵石的深色圓狀物原來是蝸牛，有的靜止不動，有的在狹小嶔崎的水下地形中蹣跚爬行。一隻約一英寸大小的螃蟹，急急忙忙竄入視線中，牠靠近某塊岩石時，一隻更大的螃蟹出現了，一場短暫而平靜的螃蟹大戰隨之展開。在拍打不止的海浪背景下，一幕小戲以完全不同的規模上演，我們觀察的時間越長，岩石之間的戲就越多。

一九七三年，法國作家喬治．佩雷克（Georges Perec）在〈什麼的方法？〉（Approaches to What?）一文中創造「尋常之下」（infraordinary）[515]一詞。他說，媒體和公眾對時間的看法，主要集中平凡之外的非比尋常，比如災難事件和動盪。反過來說，尋常之下就是尋常事物內部或下面的那一層，要想看到它，需要挑戰突破習慣，這絕非易事，因

為隱形是習慣的本質之一。佩雷克寫道：「這甚至不再是制約，而是麻醉。我們在一場無夢的睡眠中過日子，但我們的生活在哪裡？我們的身體在哪裡？我們的空間在哪裡？」

佩雷克很顯然致力於把熟悉的事物變得陌生，他寫過一本長達三百頁的小說，一個字母 e 也沒有用上。[516] 對於尋找尋常之下的事物，他也有自己的特殊方法。在《窮盡巴黎某地的企圖》（*An Attempt at Exhausting a Place in Paris*）中，他選擇聖敘爾比斯廣場（市中心附近的一座大型公共廣場）當成研究地點，連續數日從不同的咖啡館前往廣場，坐在一張戶外長椅上，記下他所注意到的一切。他的清單聽起來像是咒語，有警方拘留紀錄的影子：

一輛郵車
一個帶狗的孩子
一個拿著報紙的人
一個毛衣上有個大大的 A 的男人
一輛「Que sais-je?」卡車：「La Collection 'Que sais-je' a réponse à tout（Que sais-je 系列對所有問題都有答案）。」
一隻西班牙獵犬？
一輛七〇號公車
一輛九六號公車
葬禮花圈從教堂裡搬出來。現在是兩點半。
一輛六三號，一輛八七號，一輛八六號，又一輛八六號，還有一輛九六號經過。
一位老婦人用手遮眼，想看清楚來的公車號碼（從她失望的表情，我推斷出她在等七〇號公車）。
他們抬出棺材，喪鐘再次響起。
靈車離開，後面跟著一輛二〇四和一輛綠色邁哈里。
一輛八七號公車。

一輛六三號公車。

喪鐘停止，一輛九六號公車。

現在是三點十五分。[517]

在這篇文章的引言中，佩雷克簡扼列出聖敘爾比斯廣場的普通景點，如地區議會大樓、警察局，以及「一座勒沃（Le Vau）、紀達（Gittard）、歐佩諾（Oppenord）、塞萬多尼（Servandoni）和查爾格林（Chalgrin）都工作過的教堂」。[518] 這些景點太好認，所以佩雷克毫無興趣，他說他的意圖「是描述其餘的東西：一般不被注意、不被關心、不重要的東西——當除了天氣、人、車和雲之外，什麼都沒有發生時，會發生什麼呢？」

什麼都沒有發生時。佩雷克無疑清楚這句話的諷刺，因為「什麼都沒有發生」並不符合事實，天氣、人、車和雲都會移動，即使佇立在沙漠中央廣袤無垠的混凝土廣場上，周遭也有空氣微粒在旋轉，頭頂有太陽在移動，腳下的地殼板塊在飄移，用來感知這些事物的身心正在逐漸老化。《窮盡巴黎某地的企圖》的英譯本在二〇一〇年出版，譯者馬克．洛文塔爾[519]在譯後記中強調佩雷克標題中的「企圖」一詞，他寫道：「時間不可捕捉，不利於（佩雷克的）計畫，每一輛駛過的公車，每一個路過的人，每一件物品、事情和事件——所有發生和未發生的事，終究不過是許許多多的計時器，許許多多的信號、方法和線索，用來標記時間、侵蝕永恆。」[520]

連續四年，我每一學期都會略微修改佩雷克的文字，當成設計課學生的作業：我要學生到教室外十五分鐘，記下他們注意到的事。當他們回到教室時，我們不單討論他們注意到了什麼，還討論他們為什麼認為他們注意到了這些事。我的學生在校園裡做這個練習時，大多注意到人與人之間的社會互動。但是，二〇二〇年四月，我再次指派了這項作業時，很多人都不在校園，大多數的學生是從父母或朋友家中登入 Zoom 上課。為了完成作業，他們不是望著窗外，就是走到外頭的院子。五分鐘後，他們回來討論他們的觀察，我們發現了一個驚人話題：許多人注意到鳥類。此外，他們還注意到，他們過去從來沒有好好注意過那些鳥——至少在那些地方沒有。

他們的觀察也許反映出一個更大的全美趨勢：在疫情期間留在家裡的人開始更注意到鳥類。〈鳥兒沒有封城，越來越多人在關注牠們〉（The Birds Are Not on Lockdown, and More People Are Watching Them）一文中，《紐約時報》採訪了寇里納・紐瑟姆，她指出，封城的開始時間正逢春季遷徙，可能「讓我們感到平靜和安寧，因為儘管我們的節奏被打斷了，但還有一個更大的節奏仍在繼續」。[521]eBird 網路賞鳥資料庫說，二〇二一年發表觀察報告的用戶增加了 37%，二〇二〇年五月更創下了觀察報告的單日新高紀錄。[522] 二〇二〇年六月，雙筒望遠鏡的銷售額比去年同期增加了 22%，[523] 二〇二〇年八月，麗茲梅鳥食公司（Lizzie Mae's Bird Seed）的鳥飼料和觀鳥用品銷售額增加 50%，康乃爾鳥類學實驗室的鳥類識別應用程式 Merlin 在二〇二〇年四月創下有史以來最大的月下載量增幅。[524]

賞鳥人數增加，部分原因可能是我們一直努力歡迎不同年齡、階級和種族的民眾加入賞鳥活動，但肯定也有部分原因是有些人不得不經常望向窗外，或者望著攝影機的另一頭（康乃爾大學的鳥類直播流量在五月份增加了一倍）。[525] 對於已經習慣觀察鳥類的人來說，疫情讓他們從在自然保護區追逐珍稀物種，轉向欣賞「什麼都沒有發生時會發生什麼」，或是觀賞一直就在附近的鳥類的瑣碎活動。事實上，在某些地區，隨著居家令的實施，eBird 的郊區物種觀察頻率顯著增加。[526] 在愛達荷州全州封城期間，eBird 的調查表增加了 66%，「常見當地物種」的報告增加一倍以上，包括松鴉（jays）、山雀（chickadees）和旋木雀（brown creeper），旋木雀是「一種神秘的物種，往窗外觀察的時間越長，就越容易發現」。

的確，神秘的旋木雀是持續關注特定區域而有所收穫的更佳例子。旋木雀長約五英寸，僅重零點三盎司，有巧克力色和白色的斑駁紋理，可以藏身在樹幹上。更重要的是，這種鳥不像其他鳥常常棲息在枝枒上，而是側身緊貼著樹幹，偷偷跳動，慢慢向上或向下移動。我曾開玩笑對朋友說，想看到旋木雀只有一個辦法，就是不小心在剛好的時間把眼睛對準樹幹。當然，我第一次看到時（自然是碰巧），一度以為自己出現幻覺，樹幹裂了一塊，不知為何正在向上移動。現在我已經學會分辨牠們的啼叫，稍微用心一點，至少能在聽到時就把目光投向大致正確的方向。不過康乃爾大學鳥類學實驗室的「鳥類全解析」（All About Birds）網路指南說得沒錯，要看到這個物種，我仍然必須耐心等待，「睜大眼睛觀察動靜。」[527]

在地球上，大多數的生物和系統顯然不是按照西方人的時間表生活（雖然有些生物會適應人類的活動時間，像是記住城市每日垃圾車路線的烏鴉）[528]，因此觀察一隻旋木雀慢慢地上上下下，凝視裂縫，用小小的鳥喙啄出蟲子，如同搭上了順風車，離開了網格，走向一種迥異於我們難以想像的時間感。從珍妮佛・阿克曼[529]的《鳥道》（*The Bird Way*），我認識了一種南美鳴禽，叫作黑侏儒鳥（black manakin），雄性黑侏儒鳥可以在空中翻筋斗，翻滾的速度之快，我們人類只能用放慢速度的影片才能看清楚。有些鳥鳴唱得太快，或者音調太高，人耳聽不到。[29] 棕夜鶇（Veeries）是一種與美洲知更鳥有親緣關係的物種，可以提前幾個月預測颶風，據此調整遷徙路線，目前還沒有人知道牠們是如何做到的。[531] 如果一隻潛鳥（loon）在較高的緯度，那麼現在就是夏天，這種鳥大部分是黑色的，帶有醒目的白色條紋。如果同一隻潛鳥飛到奧克蘭附近，現在應該是冬天了，牠會變成黯淡的灰褐色，簡直變成了另一隻鳥。（我唯一一次看到具有黑底白紋潛鳥是在華盛頓州，那裡的位置夠北了。）因此，如果你向一位賞鳥專家展示一張某些物種在脫毛期間的圖片，他們可能判斷出這隻鳥在其遷徙旅程中的位置。[532] [30]

---

[29] 要想了解一個特別動人的例子，建議您聆聽 BirdNote 慢速播放的太平洋鷦鷯錄音：birdnote.org/listen/shows/what-pacific-wren-hears。[530]

[30] 二〇一九年，我上了一門金門大橋奧杜邦學會（Golden Gate Audubon Society）開辦的潛鳥課，首次認識了這種鳥，授課老師是梅根・普林格[533]。在〈潛鳥、空間、時間和水生適應性〉（Loons, Space, Time, and Aquatic Adaptability）一文中，普林格指出，潛鳥所屬的潛鳥目進行了另一次更漫長的遷徙：在南半球進化後，牠們現在只生活在北半球。與其他水生生物一樣，潛鳥目也經歷了多次全球範圍的滅絕浪潮。普林格指出，「智人缺乏深厚的歷史，所以我們無法理解或憑直覺判斷這些劃時代的時間框架。」她建議「我們不妨試著效仿潛鳥，也就是想像我們的物種在地球上生存了數百萬年。」[534]

在二〇二〇年六月，eBird 的報告指出，庭院鳥種清單的新註冊數增加了 900%。[535] 在 eBird 上，庭院鳥種清單屬於「觀察地清單」（patch lists）的子目錄，「觀察地」可以是「你家附近的公園、社區步道、（或）最喜歡的湖泊或污水處理廠」。[536]「觀察地」的概念打開了我的眼界，與道路、房產和城市的邊界不同，觀察地通常存在於尋常之下的領域，只有注意力才能劃定的非官方規定空間。這種注意力反過來又回應了一個事實，那就是瑪格麗特．愛特伍 [537] 在一次關於賞鳥訪談中所說的，「自然是凹凸不平的。」因為鳥類有自己特定的棲息地。我在我家附近也有自己的觀察地，比如在一個雜草叢生的小公園旁邊，我知道在恰好的月份會看到太平洋坡鶲（Pacific-slope flycatcher）。熱愛觀察鳥類的克萊姆森大學野生動物教授約瑟夫．德魯．蘭納姆（J. Drew Lanham）曾在南卡羅來納州的一條公路上，花了「數百個小時巡視」一片麻雀林，「坐下來，只是觀察聆聽——吸收所有茂密的麻雀氣息。」[538] 他痛心地說，與當地農民發生一次種族主義衝突後，他就不再隨便去看鳥了。

你認為觀察地有多小，它就可以有多小。我擁有過的最小的一塊，是附近市立公園裡一株加州七葉樹（California buckeye tree）的一根樹枝，在疫情期間，我特地造訪或路過那邊數百次。七葉樹的時序鮮明，在夏末進入休眠期，光禿禿的枝椏看起來像一個被電擊的大腦。最終，它長出堅硬有毒的棕色蒴果 [539]，有桃子那麼大，我每年都很期待在春天開的白花，那香氣我非常喜歡。

從二〇二〇年底起，每回去公園，我都要瞧一瞧那根被我稱為「我的樹枝」的樹枝。十二月下旬，樹枝末端冒出一個紅色小芽。到了一月，嫩芽長大，轉為綠色。二月初，嫩芽打開，露出密密麻麻的小葉子。在接下來的幾星期，莖葉快速生長，到了月底，葉子已經完全張開，少了壟紋（ridges）和蠟質光澤，變得更綠、更柔軟。三月時，我發現昆蟲在葉子上啃出了洞，樹枝開始長出花莖。四月，花莖大了一倍，花簇上的部分花朵（不是全部）開了——終於，那香味！——探出長長的雄蕊伸向陽光。五月，所有的花都開了，不僅吸引我，也吸引了附近街道的蜜蜂蜂擁而至，嗡聲大作。到了六月初，幾朵花開始枯萎，一抹明亮的黃從葉尖開始蔓延。到了七月中旬，所有的花都枯萎了，葉子也變得又薄又粗糙，像紙一樣。八月，七葉樹的果實開始出現，起初是薄荷綠，帶有絨毛，在九月變硬，變成棕色，當時枯葉還勉強掛在樹梢上。十月份，葉子落光，但來年的葉芽已經長出來了。十一月，七葉樹果實從樹上落下。

更重要的是，所有一切是不規則地發生在或大或小的時間模式中。在一株花莖上，有些花開了，有些沒有開，同一時間，人行道對面的幾棵樹木上卻只有花蕾，又或者花已經完全凋謝了。衰老也是如此：有些樹比鄰居更早變乾變脆，即使是同一根樹枝，枯黃的程度也不規則。假如你砍下我的樹枝，你會看到正在形成的年輪，它的年輪少於樹幹，因為它更年輕。當然，有一天這棵樹也會死，七葉樹通常能活兩百五十到三百年。[540]

我所觀察的那棵樹應該是某個時候被種植在公園中，但在更遼闊的景觀中，野生七葉樹的分布位置不大容易解釋。許多植物依靠鳥類和其他動物來傳播種子，所以樹木的分布反映出動物過往的移動。但是，為了適應掠食，七葉樹的每一個部分都有毒。喬・伊頓[541]在《海灣自然》（*Bay Nature*）的一篇文章中指出，與其他依賴動物的物種不同，七葉樹主要是靠又大又重的蒴果來傳播種子，蒴果掉落後會滾下山坡。[542]然而，他觀察到，「這些樹並不只限於山谷底部，有些生長在山脊、山頂，甚至懸崖邊緣。」他細數七葉樹對當地原住民部落的用途：他們將種子烤熟浸水，去除毒素，或者用它們麻痺溪流中的魚，他認為，山脊上的七葉樹，可能是部落在以前加工地點丟棄的種子長出來的。

此外，和其他物種一樣，七葉樹的存在本身就象徵一個進化的契機。夏末光禿禿的樹枝，是三百萬年前氣候發生變化的紀錄，同時代的植物都因為旱災而滅絕，七葉樹卻適應了新出現的乾燥夏季，甚至調整自己的時間表以適應新的氣候：晚冬開始生長週期，在夏天落葉，減少蒸散作用。

什麼是時鐘？如果時鐘是「報時的東西」，那麼我的樹枝也是一個時鐘。只是與家中時鐘不同的地方是，它永遠不會返回原來的位置，而是重疊事件的實體證據和記錄，有的事件發生在很久很久以前，而在我寫這篇文章時，有些事件仍然正在發生。

這種觀察練習，就是我說的「將某物從時間解凍」的一例。從時間解凍，是將某物或某人從他們被認為存在於抽象時間中的穩定個體的界線中釋放。我必須強調一點，把樹當成時間的**證據**和當成時間的**象徵**是不同的，從一棵樹的分枝結構，確實可以得出一些與時間和命運有關的豐碩見解，但我所說的不同是，眼前這棵真真實實的樹木，正在真真實實的時刻，將時間和變化編寫成密碼。

從時間解凍某物的練習不難，假若你想看到不可替代的時間，只需選擇一個空間點——一根樹枝、一處院子、一座人行道廣場、一組網路攝影機——然後保持觀察即可。這個空間點正在書寫一則故事，如同Windy.com上越來越大的風場一樣，這則故事與所有生命的故事息息相通，甚至與你的故事也有緊密的關係。這則故事最終成為了「它」的標誌：一股躁動不安的力量，無法阻攔，不停翻轉，**讓一切發展下去。**

漲潮了，看來潮水預備吞沒這些水池，畢竟它們只是（潮汐）時間中的一瞬間。蝸牛縮起來，螃蟹準備四處遊蕩，潮間帶跳蛛（intertidal jumping spider）將撤退到蜘蛛絲封住的藤壺[543]殼中。這些岩石將暫時消失，當我們轉身向懸崖走回去時，我們也將消失。

但離去前，我們應該先欣賞一下這幅自下而上的景象，以及位於我們稍早所在的那片奇特平地。這種坦蕩本身就是一種紀錄，那是一個海岸臺地，形成於更新世，當時海平面穩定了足夠長的時間，海浪侵蝕海岸的一側，留下一個平坦的區域，後來這塊平地因為地殼構造活動而隆起。取決於地球下一個寒冷階段的情況，我們現在所處的位置未來可能是海階[544]的頂部。[545]

如果柏格森的「綿延」和貝約內魯的「時間深度」顯而易見，時間回歸本位，在這樣的世界中會發生什麼呢？你可能會開始更頻繁地將「事物」視為時間的紋理，而不是空洞的時間「玩意兒」沖刷過的一切。世界將像一座城市的建築一樣，由不同星期、年代和世紀的成果拼湊，所有一

切不斷地疊加侵蝕——向著未知的方向推進、淌流和翺翔。

將某物從時間解凍，可以將它從商品轉變為其他東西，這個過程通常必須承認與「該事物」相關的特質，而這個特質恰好是商品化過程所不能吸收的。羅賓・沃爾・基默爾是植物科學家，也是波塔瓦托米部落[546]的一員，在她的苔蘚史中，有一個生動的章節，標題為「業主」（The Owner），裡面講了一個故事，有個人無法以他想要的方式購買到時間，主要是因為他不懂如何觀察時間。故事是這樣的，有個莊園的主人請苔蘚專家基默爾提供諮詢，因為他想「精確複製出阿帕拉契山脈植物群」，[547]而為了求真，希望在整體設計中包含本土的苔蘚植物。

基默爾到達莊園時，一個員工暗示她遲到了，「他看著手錶，說業主仔細監控顧問時間的使用，時間就是金錢。」一個園藝家帶她參觀莊園，基默爾斜眼打量一間非洲藝術畫廊，園藝家自豪地宣布藝術品都是真品，只是它們不但是偷來的，還凍結在時間中。基默爾寫道：「在展示櫃中，一件物品只成了自己的複製品，如同掛在藝廊牆上的鼓一樣，當人的手觸碰木頭和皮革時，一只鼓才會變得真實，只有這樣才能實現其初衷。」

結果業主對苔蘚也有著類似的想法。基默爾看到一塊巨大的雕塑岩石，上頭長滿了美麗的苔蘚，她認為這種組合很不自然，這些物種絕對不會這樣長在一起。她問他們是怎麼辦到的，園藝家的答案很簡單：「強力膠。」但強力膠不能用在岩礦巨牆上，所以業主希望基默爾幫幫忙。園藝家告訴她，那堵牆是高爾夫球場的背景牆，需要看起來已經存在很久的樣子：「苔蘚能讓牆看起來很有歷史，所以我們得讓它繼續生長。」基默爾知道這是不可能的，唯一能在陽光充足、沒有水分的酸性岩石上生長的苔蘚，不是業主想像中那種翠綠茂盛的苔蘚。她設法解釋，園藝師卻不擔心，說他們可以安裝噴霧裝置，甚至「在整片牆上建一座瀑布——如果這樣有用的話。」換句話說，錢不是問題。基默爾寫道：「但這些岩石需要的不是錢，而是時間。時間是金錢，但金錢不等於時間。」後來基默爾和園藝師一起到附近一處岩石壘壘、苔蘚密密的峽谷，園藝家說這就是業主想要的景象。基默爾發現苔蘚層可能已有數百年歷史：「我再一次解釋時間與苔蘚之間的關係。」對於業主想將苔蘚移植到莊園的岩石露臺的心願，她同樣抱持著懷疑的態度。基默爾專門研究苔蘚如何「決定」在岩石上生長，所以知道生長在岩石上的苔蘚「對馴化有著極強的抵抗力」。

一年後，基默爾又受邀到莊園，不料卻發現他們不知為何已經將苔蘚移植到了露臺上。起初她覺得好厲害，但後來得知他們的做法時，她感到非常震驚。莊園設計師挑選附近峽谷「最美」的部分，用炸藥炸開，把長滿苔蘚的岩石挖起來。她被找來的原因是，偷來的苔蘚病了，變黃了。基默爾至今仍舊不知道業主的身分，但憤怒不已。「這個人到底是誰？為了用古老的假象裝飾自己的花園，不惜毀掉長滿苔蘚的野外岩層？這個買時間和買我的人是誰？」在思索「人類特有行為」所有權時，她不禁要問，業主看他的花園時看到了什麼：「也許根本就不是生命，只是藝術品，如同他藝廊中那面沉寂的鼓，沒有生氣。」

基默爾認為爆破懸崖是一種犯罪行為，直言「擁有削弱了事物固有的主權」，即使業主在法律上「擁有」這些岩石。如果業主真心喜歡這些苔蘚，「他就不會動它們，而是每天走路去欣賞。」在時間中看到某樣事物，就是承認它具有生命，也承認這種生命超越牛頓世界的機械因果關係。按照這種思路，苔蘚「決定」在哪些岩石上生存，就連岩石也有生命。[31]

在《老到可以死》（*Natural Causes*）一書中（我將在最後一章中更詳細討論這本書），芭芭拉．艾倫瑞克[549]對主觀能動性的理解不同於

---

[31] 這個故事以及「時間解凍」概念，與黑人意識運動（Négritude）批判歐洲殖民主義觀看方式時借用柏格森的直覺概念（一種能夠容納綿延的觀看方式），有一些相似之處。[548]塞內加爾政治家、理論家暨詩人利奧波爾．賽達．桑戈爾（Léopold Sédar Senghor）是該起運動的共同發起人，他曾經說過，歐洲觀察者「將自己與客體分開來，與之保持距離，使客體在某種程度上固定在時間之外，在某種意義上，**也固定在空間之外**，最終固定住客體，將之扼殺。」（著重號為筆者所添加）。在《作為哲學的非洲藝術》（*African Art as Philosophy: Senghor, Bergson and the Idea of Negritude*），蘇萊曼．巴齊爾．迪亞涅（Souleymane Bachir Diagne）稱此為「凍結的觀看」。

西方思考模式，而是更接近基默爾的觀點。她依據自己的細胞生物學博士研究描述細胞的決策過程：「在每一秒鐘，個別的細胞和我們稱之為『人』的細胞集合體都在做同一件事：處理資料，作出決定。」[550] 她甚至在更小的範圍也看到這個現象，引述物理學家弗里曼・戴森（Freeman Dyson）的一段話：「原子有一種跳動的自由，似乎能夠完全自主作決定，不受外界任何影響，所以原子可說是具有自由意志。」艾倫瑞克認為主觀能動性只代表「發起行動的能力」（我認為她也贊同基默爾對岩石和苔蘚的看法），以這個角度來看，主觀能動性「不只存在於人類、他們的神祇或喜愛的動物身上，更散布在整個宇宙各處」。回想一下柏格森說的「銘刻著時間」的「登記簿」，這些行動和決定就是這種銘刻的一部分。

如果你覺得難以接受岩石可能具有生命的這個想法，那麼我會請你問問自己為什麼。生物與非生物之間的界線似乎非常明顯，或者用希薇亞・溫特[551]的話來說，是「超越文化」（supracultural）的，但這條界線不可避免地與文化緊密相連。在一項名為「原住民社區兒童中的生物和非生物典型」的研究中，墨西哥研究人員採訪納瓦族[552]兒童，詢問他們不同類別的事物是否活著時，答案往往反映出學校所教授的「生物學」觀點，[553] 活著代表會進食、呼吸、繁殖等等。但有時答案反映出「文化」典型，「活著代表著沒有生命的物體，有能力支配或影響人類和動物的生活，或者由特定材料構成。」這種典型類似於艾倫瑞克所謂的「啟動行為」，在墨西哥研究人員與一名六歲納瓦族學童的對話中，就出現了這樣的典型：

研究人員：什麼可以放在活著的這一區？
學生：土地。
研究人員：為什麼土地活著？
學生：因為我們在那裡生活。
研究人員：因為我們在那裡生活，它為什麼活著？
學生：因為對動物來說活著。

研究人員：但是，如果我們不考慮動物，土地還活著嗎？
學生：活著（點頭）。
研究人員：好，為什麼？
學生：對植物來說活著。

以西方思想來說，要在岩石中發現主觀能動性，可能是非常大的挑戰。在 Quora 問答網站上，對於「岩石是否有生命」這個問題，大多數人的回答都是否定的，但也有一些網友思索這個問題的局限。[554] 岩石或許沒有生命，但像石灰石這樣由海洋生物外殼構成的岩石，可以根據地衣[555]的形式支持生命。有一個網友很好奇，放射性衰變是否可以被認為是岩石死亡的形式之一，如果我們以更長的時間跨度來思考，這個問題會變得很不一樣。許多人承認，生與死的定義本身就是一個哲學問題。也有人直接指出，就某種意義，我們來自岩石，有朝一日也將回歸岩石。

在〈石頭會吶喊：意識、岩石與印第安人〉（The Stones Shall Cry Out: Consciousness, Rocks, and Indians）一文中，奧塞奇族[556]學者喬治．「丁克」．丁克爾（George "Tink" Tinker）主張岩石會說話。[557] 他指出，目前對於意識的定義尚無共識，他認為「全球化資本和西方科學的……新興世界文化……同樣確信岩石絕對沒有意識」，這個觀點矛盾，而且傲慢自大。

要學會聆聽岩石說話，就必須拋開人類中心主義，從根本改變我們的思考方式。丁克爾說，有一回他參加會議，一位與會的夏威夷族藝術家被問到他如何找到要雕刻的巨石，藝術家回答：「不是我找到它們，是它們找到我！有時我在沙灘上散步，一塊石頭就會探出來咬我的腳跟。」一位英國的美國研究教授當場反駁：「這就是你們這些人的問題，你們太以人類為中心！你們以為世界上的一切都按照你們的方式運轉。」丁克爾認真思考了一番，認為這種批評「感性但不理性」：

（它）根源於將近一星期嘗試跨越文化障礙進行交流的挫敗，同時也根源於一生沉浸於自以為具有某種普遍性和規範性（因而天生優越）的文化中，雖然有些天真，但這是一種知識法西斯主義的立場。在他結束短暫的憤怒發言後，我起身爭辯，指出事實恰好相反，「抱歉，W 教授，但這樣的評論不可能沒有爭議。你們才是真正以人類為中心的人，你們相信世上一切的運轉都與你們自己不同。」[558]

換句話說，像 W 教授這樣的觀點認為，自然與人類有著根本的不同，因為自然的表現是確定的。如果說這裡牽涉到時間，那麼時間並不是透過一連串動作來銘刻，而是一股驅動物質的力量，彷彿物質是惰性的。[559] 丁克爾寫道：「歐洲－西方人開始將世界劃分為一個明確的等級，即神、人、自然——依序從最偉大到最不重要。」在歷史上，這種分歧與種族概念的創立有關，歐洲人在遠征探險中所遇到、然後奴役的人，被重新想像為達爾文演化論中邁向真正文明的早期階段，我在下一章會再談這個分歧的形成。原住民不只被認為是「歷史之外」的人，也經常被認為是懶惰的個人、好逸惡勞的族群，對未來缺乏興趣或理解。簡而言之，他們被認為缺乏真正的主觀能動性，而主觀能動性的模範來自歐洲。

在丁克爾提到岩石的那篇文章中，有一個詞經常出現，那就是**尊重**。例如，在討論還原論者將心靈視為「大腦的物理過程」觀點時，丁克爾不認同「高度發達的新皮質大腦[560]在某種程度上是意識的終極成就」的假設。[32] 相比之下，丁克爾觀察到，「例如，爬行動物缺乏新皮質大腦，甚至沒有緣腦[563]，但這也不能動搖印第安人對蜥蜴的智慧和意識由衷的尊重與欣賞。」同樣地，在《論存在》（*On Being*）節目中，J・德魯・蘭納姆[564]告訴主持人克麗絲塔・蒂皮特（Krista Tippett），他「崇拜」

[32] 這種還原論有一個日常現象的例子，那就是我們的記憶似乎「活」在實物、地點和景觀中。與我們使用書寫和其他記憶輔助工具類似，有時你記不住某些事（比如人生某個時期的細節），但到了某個特定的地方就回想起來了。原住民文化懂得利用這種關係，明確地將故事和記憶與自然環境中持久特徵連結起來，相關例子可以參閱基斯・H・巴索[561]的《智慧坐落在地方：西阿帕契人的景觀和語言》（*Wisdom Sits in Places: Landscape and Language Among the Western Apache*）。[562]

他所見到的每一隻鳥，這種「崇拜」顯然與莊園業主對苔蘚那種貪婪的「愛」完全不同。[565] 尊重某物與不尊重某物之間的差別，在於承認該物不是自動裝置，它透過行動**記錄**時間，而非只存在於時間之中。

迄今為止，我一直把這種差異與殖民主義連結在一起，但在我們與其他人的日常交往中，也可以見到這種差異的另一個變形，這也就是亞當．韋茨[566]、茱莉安娜．施羅德[567]和尼古拉斯．恩普洛伊[568]提出的「次級思想問題」（Lesser minds problem）[569]，這是一種認知偏見，讓我們低估或忽視我們認為與自己相異者的感受，包括了「那些人比我們更有偏見」的偏見，這種偏見可以解釋為我們認為「他群」（outgroup）更像機器，而非人類。這幾位作者描述了一個令人難以置信的實驗，實驗要求參與者想一想「通常會被貶低人格的他群」，比如吸毒者或遊民。當群體之外的人思考這類群體中的人時，通常不會激發與心智理論相關的大腦區域，也就是想像他人心理狀態的能力。但是「當（參與者）被要求直接與他群成員心靈互動時，例如只是問一個遊民是否喜歡某種蔬菜，這些神經區域就會受到刺激，就像面對地位較高的他群成員一樣。」[570][33] 蔬菜的問題假定了一個有欲望的人，而欲望是對未來的態度，也是對過去的反思，只能存在於時間中——那個人所生活的時間。

我認為這正是基默爾所說的「固有的主權」的一部分，也是丁克爾要求我們尊重的東西。在新的地方構想主權概念，可能需要相當大的轉變，對於習慣於以人類為中心（以及以歐洲為中心）的人來說，從時間解凍整個世界可能令人迷惑。就拿二〇〇一年紀錄片《鵬程千萬里》（*Winged Migration*）做例子吧，我記得有一個地方讓我特別覺得震撼。這支影片在同一地點、同一季節開始和結束，向觀眾展示一件簡單卻深刻的事：不同候鳥的生活和奮鬥。在整部紀錄片中，製片人使用輕型攝影機，隨著加拿

[33] 在大師班課程上，《實習醫生》（*Grey's Anatomy*）和《醜聞》（*Scandal*）的編劇珊達．萊梅斯（Shonda Rhimes）談到創作真實電視劇角色時，也提出了類似的觀點。萊梅斯認為，動人的角色都會擁有完整的希望和欲望，也就是他們對時間的態度。她並補充說，創作自認與自己差異最大的人物時，角色顯得刻板、停滯和無趣的風險最高。[571]

大雁和其他鳥類一塊移動，以更貼近牠們的視角展現風景。[572] [34] 稀少的配樂和旁白讓觀眾更容易進入這種視角，或者至少讓觀眾感受到自己想要進入這個視角的願望。

對我來說，影片特別令人感到困惑的地方，是加拿大雁掠過紐約市上空的那一幕。天際線是大雁數千年來旅程的一部分，但我忽然間覺得很陌生，「紐約」成了一個奇怪的集合體，在一個特定的河岸上，由堅硬的形狀和突起的東西組成。這座城市對大雁來說也存在，但牠們的理解不同，或許將它視為其他路標路徑中的一個路標，這些路標可能包括其他河流，牠們的飛行路線把這些地方串成了一個大日曆。[575] 大雁掠過港口時，我不能說我看到了牠們所看到的東西（不用說，我沒有感知地球磁場的能力），但我看到的也不是我通常看到的東西，儘管只是一瞬間，但日晷和網格終究翻轉了，我領略了一些（我的）時間之外的東西。

我們身後有一些海綿似的奇怪岩層，這種岩石叫作風化穴（tafoni），一般普遍認為是鹽風化造成的，不過成因仍舊是一個謎，鹽可能是岩石形成侵蝕孔的原因，但不是唯一原因，除了每塊岩石成分不同以外，還有許多因素影響了這些錯綜複雜的碗狀、凹槽和橋梁的形成。[576] 要實際解釋岩石、鹽、空氣和水的這種特徵，需要了解這個特定地方數個重疊過程和回

[34] 在二〇〇九年某期的《關鍵動物研究期刊》（*Journal for Critical Animal Studies*）中，妮可．R．帕洛塔[573]評論了《鵬程千萬里》，包括一些更具侵入性的拍攝技術。她寫道：「在一個理想的世界（起碼在我的理想世界），人類不應該干涉非人類動物，應該不要打擾牠們。然而，我們的世界遠非理想，在這個世界中，這部影片具有重要的潛力，可以發揮重要作用。」[574] 它的重要性在於，「相似原理」（similarity principle）（類似於「次級思想」偏見）不僅會擴展到人類的他群，也會擴展到動物的子集。例如，一九九三年的一項研究發現，受訪者對於鳥類感受疼痛能力的評分低於哺乳動物，高於爬行動物和魚類；受訪者認為與人類相似程度愈高的動物群體評分就越高，反之亦然。帕洛塔對《鵬程千萬里》抱持保留意見，但至少認為它是一個成功的「去物化（de-objectificatio）練習」，「鳥類從『點』變成了『角色』。」

饋迴路。風化穴以戲劇化的視覺效果呈現出實際上無處不在且無時不在發生的一件事，這件事現在也正在你的身體中發生：事物之間的互相作用。風化穴是類似體驗留下的痕跡。

在英語中，體驗（experience）與實驗（experiment）有共同起源[577]，體驗就是參與，對正在發生的事情做出反應，成為共同創造者——就像鴨子和大雁一樣，感應天氣，判斷何時遷徙。患有自閉症和殘疾的已故部落客梅爾·巴格斯（Mel Baggs），在一部名為《以我的語言》（*In My Language*）的影片中，呈現他們自己的體驗形式。[578]在這部豁達而動人的影片中，他們使用身體的不同部位與家中各種物品互動，產生效果、動作和聲音，背景則是他們唱歌的錄音。影片的頭幾分鐘沒有話語（一般意義的「話語」），在題為「翻譯」的部分，一個電腦生成的聲音朗讀字幕，巴格斯的手在水龍頭下方畫圓：「這段影片的前半部分採用我的母語，很多人認為，當我說這是我的語言時，影片的每一部分都必須有一個特定的象徵訊息讓人類的大腦解讀。但我的語言不是設計過的文字，也不是供人解讀的視覺符號，而是與我周圍環境的每個方面保持不斷的對話。」

巴格斯說，影片中的水「沒有任何象徵意義，我只是在與水互動，水也在與我互動，」呼應那位認為岩石「找到了他」的藝術家的觀點。在影片中，體驗與實驗之間的關係變得清晰可見：體驗就是測試、嘗試和回應周圍環境——一種不同主體之間的呼應，但同時也顯示了誰有能力體驗世界，而這是一個政治問題。巴格斯的影片之所以必須加入翻譯（譯為英語），因為身心障礙者通常被想像成處於非存在和非體驗的位置，「我自然思考和回應事物的方式，看起來和感覺起來與標準概念，甚至與視覺想像都非常不同，所以有些人根本不認為這是思考。」巴格斯的翻譯說：「但這是一種獨特的思考方式。」巴格斯認為，即使是用主流語言來表達他們的經驗，也是在宣布自己是一個主體，可以對抗那些將他們貶低為自動裝置的力量。

姜峯楠[579]的短篇故事〈軟體的生命週期〉（The Lifecycle of Software Objects）也闡述了體驗與實驗（以及倫理）之間的關係。安娜（Ana）是一個動物訓練師，負責培育人工智慧「數位生物」，長達數年的訓練到了最後很像撫養一個孩子長大。[580]從技術上來講，這些數位生物是軟體，但在虛擬世界中與人互動，在虛擬世界中測試自己的能力，當偶爾被置入機器人體內時，也能在現實世界中測試自己的能力。一家銷售家用機器人的公司對數位生物感到興趣，但安娜和她培育的數位生物賈克斯（Jax）都希望賈克斯能獲得法律人格地位，於是協商陷入了僵局。主管表示，他能理解安娜為什麼依依不捨，畢竟照顧了這麼久，但他們要的是「超級智慧產品」，不是「超級智慧員工」。

私下思索時，安娜意識到這間公司「想要的是一種能像人一樣回應、但不需要承擔人的義務的東西」。前述的基默爾知道，百年苔蘚需要一百年的時間才能長成，當苔蘚被盜時，出於保護的念頭，她義憤填膺。故事中的安娜也發現自己陷入與基默爾相仿的處境，因為金錢是買不到這種時間的：

> 體驗不單是最好的老師，也是唯一的老師。在撫養賈克斯的過程中，她所學到的最重要的一件事就是：沒有捷徑。如果你要創造出在這世上活了二十年的常識，就需要投入二十年時間來完成這個任務。你不可能在更短的時間內組裝出靠體驗累積而得的啟發；演算法無法壓縮體驗。

即使可以將所有的體驗隨手拍成照片，無限複製，即使可以廉價出售這些副本或免費贈送，每一個被複製出來的數位生物仍然會擁有它自己的一段生命歷程，以全新的眼光看世界，有希望實現了，也有希望破滅了，體會撒謊的感覺，也體驗到聽到他人撒謊的感覺。這代表每一個生命都值得尊重。

----——

在海水染黑的岩石上，一堆堆銀白色的海豹在休息。一隻蠣鷸（oystercatcher）——一種全身漆黑，長著卡通式橘色鳥喙的濱鳥——忙著在較小的岩石間穿梭，不知怎麼波浪嚇不著牠。在懸崖邊的小徑上，野花凋謝，我們經過一連串敦實的木頭立牌，立牌解說當地地質情況和植物群落對惡劣環境的適應。不過有一個說明侵蝕過程的立牌卻走不到，通往它的舊徑已經被侵蝕了，為此懸崖上又闢了一條新路。

要進一步將世界視為時間的組成要素，充滿主觀能動性，值得尊重，就要屏棄丁克爾所提到的「行動者」與「被動者」之間的階層制度。這是令人興奮還是叫人恐懼呢？野貓（Wildcat）說：「原住民思想家不僅承認偶然性和人類對世界缺乏控制，也認為偶然性和人類對世界缺乏控制是一種賦權和謙卑，不是可怕的東西。」[581] 如果「賦權和謙卑」聽起來很矛盾，那是因為我們對於權力的一般理解。在一個世界觀中，如果權力、主觀能動性和體驗不局限於個別身體，而是「由於並存在於構成生命的關係和過程」，那麼這種矛盾就會消失。

真正的矛盾是，心裡將世界視為惰性，卻發現自己與萬物一樣受制於決定論——算是「自己打自己的臉」的根本例子。在我於第二章提到的自傳中，優生學家法蘭西斯．高爾頓回憶說，他曾經進行實驗，想要驗證他對人類的想法：人是一個「有意識的機器」，是「遺傳和環境的奴隸」，可以大致預料其行為。[582] 高爾頓偽稱在尋找殘留的自由意志，寫道：「我越是仔細探究，不論是探究行為遺傳相似性，還是探究雙胞胎的生活史，抑或是對自己的思想行為，留給這種可能的殘餘的空間似乎就越小。」柏格森也承認，我們的行為存在於完全習慣和完全自由之間的範疇，但他在一端找到的自由卻意義非凡，通往無限，存在於人的內心與外境。柏格森把生命力比喻為火箭，火箭的火花總是以物質和形式落回地面，他堅持認為生命力不是一個**東西**，而是一種「持續不斷地往外射出」的狀態。創造也不是一個「謎」，因為「當我們自由行動時，我們在自己身上體驗到了創造」。自由就是選擇，選擇遍布全宇宙，不斷向前推進，影響制約它的事物。

柏格森認為，學習和認知的日常經驗證明了每一刻的新鮮感，也證明了時間的不可逆轉性。他描述自己走在一個熟悉的小鎮上，建築似乎沒有什麼變化，但回想起自己第一次看到這些建築時，一種對比出現了，他的世界瞬間解凍：「這些被我不斷察覺、並不斷在我腦海中留下深刻印象的物體，似乎最後從我這裡借走了我自己的意識存在，它們像我一樣活著，也像我一樣老去。這不是錯覺而已，因為如果今天的印象與昨天的印象完全相同，那麼察覺與認識之間又有什麼不同？學習和記憶之間又有什麼不同？」[583]

尤卡帕塔也談到學習和「**Turnaround**」（迴旋）背景下的「創世事件」[584]，**Turnaround** 是原住民英語單字，殖民者後來才發明更廣為人知的「**Dreamtime**」（夢幻時刻）[585]。尤卡帕塔描述抽象的思想和精神世界與具體的土地、關係和活動世界之間的關係時，說道：「創世，並非遙遠過去的事件，而是不斷展開的事物，守護者需要透過文化實踐中的隱喻將兩個世界連在一起，進而不斷共同創造。」每當我們真正掌握新事物時，大腦中多巴胺的釋放過程就會發生一次「較小但類似的迴旋」。尤卡帕塔說，知識守護者「是小型創世事件的保管者，這些事件必須在獲得知識的人們的腦海中不斷發生」。

如同岩石從地底深處隆起，海水沖刷岩石；如同七葉樹成熟的棕色蘋果從樹上掉落，滾落山坡；如同詩歌打破僵化語言的界限；或者如同柏格森筆下瀑布般的火箭，永遠無法被攔截——我們在生活中共同創造的事件，不是在一個外部的同質時間發生，它們就是時間本身的要素。想要徹底領悟這一點，就像真正進行一段在腦海中排練過的對話的那一刻，你的排練永遠不夠完整，因為你的想像力不只缺少交談對象，也少了**在每一刻的你自己**——隨著對話的進行，你也不斷地改變，不停地回應。記住這一點，未來便不會再像一道抽象的地平線，你抽象的自我在其孤獨的肉身容器中蹣跚前行，「它」，一股不可抗拒的力量，始終會將此刻推往下一刻，也將永遠回應你——甚至是從意想不到的地方，尤其是從意想不到的地方。我們許多人的任務是再次學習如何傾聽。

CHAPTER

5

換一個主題

帕西菲卡海堤

人類孤孤單單，沒有未來。[586]

阿基里・曼貝（ACHILLE MBEMBE），
〈呼吸的普世權利〉（The Universal Right to Breathe）

我們來到北邊三十英里處，從另一處懸崖眺望大海。但這次城市的邊緣就在身後，海面的霧則是更遠了。一家賣「咖啡、點心和蛋糕」的咖啡館，窗戶上的蛋糕二字幾乎快被鹹風颳除，人行道的排水溝裡都是沙。前方是通向海灘的陡坡，沿著路走下去，可見到崖邊有一塊平坦的空地，用籬笆圍了起來。是一座特地設計的觀景臺嗎？不，原來是一棟在滑落大海之前遭到拆除的老屋的殘跡。[587] 附近有兩個告示牌，一個警告我們「懸崖危險」，另一個警告我們「水流湍急、無救生員」。

二〇二〇年，進入野火多發的季節之後，在九月九日那天，我被百葉窗外傳來的鐵鏽色光芒驚醒。我隨即發現原來那是附近大火產生的煙霧，幾處大火是一週前某個不祥之夜的乾燥閃電所引發的，我看到有人說太陽能電池板發電量為零。[588] 接下來的一整天，新聞和社交媒體都像是世界末日的黃色書刊——一整條橘色的時間軸，橘色的伯納爾高地[589]，橘色的泛美金字塔[590]，橘色的奧克蘭港。在你閱讀這篇文章的時間和地點，這樣的事情可能不罕見，但我當時的感覺卻是前所未有。

上午九點，天仍舊那麼黑，我不得不打開廚房的燈。在追求慰藉的無意識中，我煎了大蒜，想做一份素食版本的 tapsilog（一種菲律賓早點），然後看著蒜片在紙巾上變乾。天空繼續變黑，像一個倒轉的時鐘，讓我的動物身體深感不對勁。我的友人瑞克．普林格（Rick Prelinger）是普雷林格普林格私人圖書館的合夥人，在推特上寫道：「白天早上消失了。」但是，就算早上的白天消失了，工作日也沒有取消。對門鄰居的燈依舊亮著，她已經登入 Zoom 開始工作了。我自己也得備課、改報告。坐在筆電前工作時，我覺得無地自容，因為我的日常工作與可怕的環境形成了鮮明的對比，我無法決定要拉開百葉窗還是關上。

毫無變化的這一天結束時，我和喬一塊去散步，從公寓大樓走到獨棟住宅區，那是我們在疫情期間養成的習慣。我們頭一次看到路過了多次的房屋的內部，因為它們都開著燈。外面的空氣是冬天的空氣——冷冽、空蕩、沒有氣味；煙霧仍在大氣層高處，不影響空氣品質指數。空氣也反映出我的心情——出奇平靜、宛如休眠。但當天晚上我做了一個夢，夢見自己去看牙醫，不管他們在做什麼，我都痛到哭了，然後放聲尖叫。夢中身體的疼痛真實難當，牙醫問我怎麼了，我說：「你弄得我好痛，痛到忍不住尖叫了！」

翌日，煙霧像該繳的房租，終究降到了我們這一層。空氣品質指數上升到兩百，接著超過了兩百，大家紛紛抱怨頭痛、咳嗽、喉嚨癢、眼睛癢，分不出是身體疲勞還是精神疲勞。天空變成白色，附近街道的樹木消失，宛如被抹去了一般。不能再散步了。我的惡夢仍然持續，但現在夢見了火：我想逃離大火，卻被困在車陣中，接著和一群人沿著一條小徑逃難大火，我看到有人在池塘邊釣魚，但釣的不是魚，而是在逃難時溺斃的人。在這些夢境中總有一堵牆節節逼近（火牆或是煙牆），如同影片時間軸上的播放頭，這堵牆的移動不偏不倚，不可更改，令人恐懼。

大火的夢開始與死亡的夢交混，在疫情期間，這類夢境更常出現。我在日記裡寫著：

未來已經消失了——我想說消失在地平線上，但是沒有地平線，只有煙霧。我從未如此清晰地感受到一年會比一年糟糕，一分鐘會比一分鐘更接近災難和無法彌補的損失。就像你對自己日漸衰老的身體的感受，但套用到世間萬物上，你知道它在你死後還會茁壯成長，但知道了也得不到安慰，因為一切彷彿真的要結束了一樣。

我常常想到小時候，想我如何在不認識野火的情況下長大，認為自己活在一個「正常的時代」，而今過去的一切感覺像是在一張摺起來的紙的表面移動，我們正在翻過摺層，之後的一切都只是為了生存。一切會以我無法想像的方式改變，有很多理由讓我相信情況只會更糟，這其中所蘊含的深切恐懼，我想正是我做夢的原因。不只有死亡的恐懼，還有受難的恐懼。

一個惡夢般的野火季又來了，比往年提早許多。[591] 我讀到這一篇日記，意識到自己的情緒，也同情自己的情緒。然而，我也發現這樣的惡夢把衰落主義[592] 內化到我的靈魂中，相信一個曾經穩定的社會正走向不可避免、不可逆轉的厄運。與頭腦清醒（和痛心疾首）評估處境不同，衰落主義可能是決定論的線性時間計算中最危險的形式之一，畢竟承認已發生的事件所引起的過去和未來的損失是一回事；確實看到歷史和未來的發展與影片播放頭一樣殘酷無情、超越道德，而且除了它自己之外，沒有任何東西可以驅動它，那又是另一回事。這種觀點不承認人類和非人類行動者的主觀能動性，讓奮鬥和偶然性變得無形，進而產生虛無主義、懷舊情緒，最終導致癱瘓。

衰落主義是懷舊文化的近親，懷舊的對象往往沒有時間性，缺乏生命力。舉個例子吧，假設你與某人分手，多年後發現自己懷念這段感情，在這種思念中出現的會是誰呢？假設你跟對方還有來往，那肯定也不是**現狀中的**前伴侶，因為你的前伴侶持續衰老、不斷演變，你懷念的是一個凍結的理想化版本的前伴侶，如同一個全像 3D 圖，活於當下，但不受當下影響。更有甚者，有些感情之所以會結束，是因為伴侶不再**及時**見面，一方用靜止的形象取代了活生生的、不斷變化的另一方，這種靜止的形象不會帶來任何驚喜，只能給人安慰。說來遺憾，就像我們從苔蘚中所領悟到的一樣，你自以為深愛和欣賞某事或某人，但這不能保證你能夠賦予他們自己的現實，也不能保證你完全了解他們。

在我生命的大部分時間裡，這就是我和「環境」的關係。小時候，我們全家有幾次沿著看似堅不可摧的聖羅莎山脈和克拉瑪斯山脈駕車北上，行駛在一〇一號高速公路上時，我從後座看到綿延數百英里的紅杉和花旗松（Douglas fir）。欣賞著連綿不絕的密林，我以為我看到的是遠古的森林（孩童也會懷舊）。即使到了三十多歲，我也沒有多大的進展，仍舊覺得「樹＝好；火＝壞」，還不知道加州，乃至於世界上大部分地區，其實都存在「火災赤字」（fire deficit）。[593] 我不知道本地生態與週期性火災有著密切的共同進化關係，不知道世界各地的原住民的用火程度，也不知道這種做法如何或何時被禁。換句話說，我以為我看到的是自然史，不是政治史或文化史——好像這兩者可以分開來看。

後來我更認識火，知道火可以成為生態的一部分。濃密常綠闊葉灌叢就是一種依賴週期性野火的植物群落，由不同種類的草本植物和低矮的常綠灌木組成，從澳洲西南部到智利，再到加州，包括我所居住的地方，都可以看得到。由於這類環境無比乾燥，植物不容易腐爛或被沖走，定期的小火可以清除枯死的灌木，騰出新的成長空間，恢復土壤肥力。[594]某些植物的種子和新芽沒有火就不會發芽，而且進化成油油亮亮的蠟狀植物，基本上特別易燃。在山坡的森林中，像扭葉松（Lodgepole pine）這樣的物種，還需要火來釋放原本密封在毬果中的種子。[595]因此，缺火會導致連鎖效應，比如蛀木甲蟲減少，進而危及啄木鳥和其他穴居物種。大火過後的「枯立木」[596]生態環境，具有令人驚訝的生物多樣性（我健行時曾經親眼見過，但後來才知道原來那些地區曾經遭大火燒毀），而且是一些動物物種首選的棲息之地。

在懷舊的自然觀中往往少了人類，這一點在疫情時代「大自然正在自我修復」的觀察中可以看到。健康的生態系統與受到人類和污染所影響的生態系統顯然是不同的，但除此之外，西方人想要得出事物「本該如何」的想法通常令人擔憂，因為沒有考慮到是誰在做假設。我們有時會說，原住民社會更加關注生態的變化和時間線索，比如花期、天氣模式和遷徙等等，但這很容易被解讀為被動適應，完全不留足跡，而非積極的建設，以及與非人類世界的合作。

無論是在單一植物的微觀層面上，還是在整個景觀和社區的規模上，原住民習俗和其他習俗一樣，都具有加速和暫停的作用。在殖民化之前，許多地方的原住民部落靠火維持一定比例的森林和草原。在今日加州的許多地方，火災過後的幾年裡，種子產量會增加，高大的嫩芽吸引鹿和麋鹿，灌木叢中的植物是製造籃子、繩索和陷阱的理想材料。[597]飛蛾會寄生在橡木的樹冠，危及樹木所提供的食物，在橡樹下定期燃火可以吸引、撲滅飛蛾。人、植物、動物、火、土地和文化在不斷變化的共同進化模式中存在，這種模式在加州和世界許多地方都各不相同。

二〇二一年，柏克萊新媒體中心主辦了一場野火管理活動，其中一位講者是在提倡尤洛克部落[598]土地燒荒的委員會中擔任執行主任的瑪戈·羅賓斯（Margo Robbins），她利用焚山前後的照片，說明了我兒時所凝視的那座山的燒荒作用。我未受過訓練的眼睛看到的第一張照片，是一個不起眼的「自然區域」，就像你在公園小徑旁會看到的景象，不過羅賓斯從歷程的角度來描述：由於該地區未經焚燒，榛樹（hazel，一種漿液植物，代表能適應火）目前長出的枝條，尤洛克部落無法拿來製作籃子。最要緊的是，其他未經焚燒的灌木叢正在侵占榛樹，所以動物吃不到樹上的堅果，榛樹最後將不再結果。她最後指著一株年輕的花旗松，這株松樹是森林的使者，（用強調的語氣）說道：「這棵松開始侵占**本來應是**橡樹林地的大草原。」

史蒂芬·派恩[599]在《美國的火》（*Fire in America*）一書中指出，在美國殖民時期，持續燃燒的大草原[600]和十九世紀測量員所謂的「公園般環境」[601]不僅普遍，而且不斷擴大。按照他的標準，我童年的想法（「因為殖民者禁止原住民的焚荒習俗，森林才跟隨著歐洲入侵者的腳步來到美國」）很落後，派恩寫道：「美國大森林並非拓荒殖民的受害者，而是拓荒殖民的產物。」羅賓斯也強調：「由於人類的干預，我們的景觀才會變成外地人到達時的樣子……原住民故意讓它保持平衡，好比你有一個大院子，你完全不去動它，這個院子在五年、六年、十年後會是什麼樣子？嗯，我們的院子就是森林，一般人怎麼照顧他們圍起來的院子，我們就怎麼照顧它。」[602]她說，尤洛克部落的土地曾經有50%是大草原，現在只剩下稀疏的草原，麋鹿也離開了。她說：「我們為自己設定的其中一個目標，就是擴大草原面積，這樣麋鹿就會回家來。」

所以，我看到的森林根本不是遠古的，**而是**物化的記憶：經過不同的火情[603]創造、標記，後來又瀕臨滅絕。這些火情反過來反映出權力爭奪和對土地的不同看法。八世紀的西班牙人[604]和十九世紀初期的加州頒布[605]最早的禁焚令，對原住民部落施行殖民權力，結合了允許征服、強迫勞動和家庭分離的其他法律。[35]有些拓荒者向原住民部落學習，繼續放火燒荒，[607]但在二十世紀初，甫成立的美國林務局推廣一項滅火計畫[608]。在經濟爆炸式成長時期，他們把森林視為國家的木材倉庫。

依據這樣的觀點，土地成了商品的無聲貨櫃。火，以及不受管制的伐木活動，似乎只是對這些商品的威脅。在一八七一年的《林業報告》中，後來成為林業局首任局長的佛蘭克林・霍夫（Franklin Hough）抱怨，紐澤西州發生一場大火，燒毀了「十五到二十五平方英里面積，在火災發生前，每英畝的價值為十美元到三十美元，在火災發生後，每英畝的價值為二美元到四美元。」[609]紐約的另一場大火則是「摧毀了無法計算的現有木材」。霍夫的繼任者納旦尼爾・H・埃格爾斯頓（Nathaniel H. Egleston）認為，「我們種族的歷史可以說是樹木世界的戰爭史。」[610]樹木不僅具有經濟價值，還具有文化價值，提供一定的美學吸引力，讓年輕人不願搬到城市居住。

在政治上，這宣傳了「所有的火都很危險」[611]的觀點，阻止發表相反的研究報告，並將農村的燒荒行為貶為「派尤特林學」（Paiute forestry）[612][613]。在第二次世界大戰期間，林務局認為防火也是投入戰爭工作的一環，週期性燒荒與全面撲滅的爭論於是有了定論。在一張一九三九年的海報上，一副拓荒者造型的山姆大叔[614]指著森林大火說：「你們的森林——你們的錯誤——你們的損失！」[615]還有更直白的海報：「林火助敵。」[616]這句口號甚至在戰後依然聽得見。一張一九五三年的海報上，歷

---

[35] 一八五〇年《加州印第安人管理和保護法》（*1850 California Act for the Government and Protection of Indians*）第十條禁止由來已久的焚燒大草原習俗。[606]值得注意的是，第九條是有關原住民酋長違反殖民法律的懲罰，第十一條規定受屈的白人可以將被指控的原住民送交治安法官懲罰，無須經過正當程序。在加州研究局所編寫的一份資料中，金伯利・約翰斯頓－多茲（Kimberly Johnston-Dodds）總結了整個法案及其修正案：「（他們）促使加州印第安人從傳統土地上遷走，將至少一代的兒童和成人與他們的家庭、語言和文化分離（一八五〇年至一八六五年），並讓印第安兒童和成人與白人簽訂契約。」

史較短的煙熏熊[617]拿著鏟子，戴著護林帽，背景是熊熊燃燒的大火，上頭寫著：「這種可恥的浪費削弱美國國力！記住——只有**你**能阻止這種愚蠢行為！」[618]

在隨後的幾十年裡，加州不知不覺走在全美郊區住宅榮景的最前線。[619]我就是在這樣的房子中長大，社區的住宅不但做工粗糙，而且千篇一律，建造時間與煙熏熊海報出版時間相當。[620]許多這類郊區住宅位於火災風險較高的荒地與城市交界處[621]，吸引了對火不甚熟悉、更容易接受煙熏熊的「全國零容忍」（all-American, zero-tolerance）理念的民眾入住。一九七〇年代，林務局確實改變了做法，允許在荒野地區燒荒（後來還允許在原住民文化地區燒荒），[36]過去幾十年的壓抑在文化上和生態上都留下了疤痕。在羅賓斯發表演說的野火管理活動上，阿瑪穆特蘇恩族團[624]主席兼阿瑪穆特蘇恩族土地信託基金會[625]主席瓦倫丁·洛佩茲（Valentin Lopez）感嘆道：「非原住民與火的關係是，火是一種令人害怕的東西，非常具有破壞性。」羅賓斯贊同他的說法，希望年輕人能夠幫助一般人改變對火的看法和認知。

這是一項艱巨的任務，因為幾十年來的壓抑和不斷加劇的林火天氣造成了超級野火的奇景。二〇二一年，一場原本發生在偏遠地區的大火改變了方向，燒毀了太浩湖地區的幾幢房舍，森林管理局迫於政治壓力，暫停了按照規定的燒荒活動。[626]就像許多與氣候有關的事情一樣，這件事引發了一場關於時間界域（temporal horizon）的辯論。權宜之計難道不會讓我們所積累的「火債」進一步惡化嗎？生態學家克里斯托·科爾登（Crystal Kolden）說，這項禁令如同「在更熱更乾燥的條件下……採取拖延戰

---

[36] 但是，如同簡·W·范瓦滕頓克[622]指出，林務局成立於一九〇五年，「以滅火為職志」，[623]加州改變滅火的立場卻是漸進的。一九六八年，美國國家公園管理局改弦易調，允許一些公園內由閃電引發的火災在批准的區域內順其自然發展，一九七四年，林務局對荒野地區閃電引發的火災也採許相同處置。林業局還開始允許原住民社區進行文化燃燒（cultural burn）。二〇二一年，尤洛克部落替加州的一項法律提供了指導，該法律消除了公民個人和原住民進行控制性燒荒的責任風險。

術，讓燃料繼續燃燒。」[627] 某非營利生態組織的運營總監喬納森·布魯諾（Jonathan Bruno）談起科羅拉多州野火的類似辯論時，說道：「如果我們不解決如何投入經費的問題，繼續試圖用壓制來解決這個問題，我們不會改變任何事情，我們其實只是一次又一次把水潑在熱的東西上。」[628]

從海灘看上去，懸崖一片混亂，岩石、管道、管線、橙色塑膠錐、破油布、舊圍欄以及混凝土支柱的殘骸。在一處地方，我們可以看到一座現已消失的公寓大樓的舊地基向懸崖邊傾斜，生鏽的鋼筋繩索在半空中瘋狂扭曲。這些管子的作用是將水重新引導到懸崖邊，不要侵蝕懸崖，但我們無法分辨哪些管子仍在使用，哪些已被遺棄在巨石上。這一切充滿了令人不安的臨時感，有種正在進行埋葬的氣氛，而有人正坐在幾碼遠的地方

享受沙灘上的一天。

這裡展示著各種防止懸崖移動的努力。懸崖底部布滿進口巨石，它們有時被稱為「海岸護甲」（coastal armoring）。在另一個地方，一些黏土狀的東西貼在兩側，很像蛋糕外層的翻糖；還有幾處懸崖邊撒了細網，用螺栓固定。在這一切的下面，有人在砂岩上刻著「歐隆」（OHLONE）。

在懸崖上僅存的少數公寓大樓中，有一棟看起來是下一棟要倒塌的，破舊的陽臺伸向陽光。一個留著鬍鬚的男人，光著上身倚著陽臺的欄杆，抽著電子菸，望向大海，表情莫測。

「用壓制的方式解決問題」，這句話簡扼地描述了，構成我和許多其他非農村居民習以為常的生活現實中的各種事物。在加州，一旦你開始用心注意，就會發現到處都是受到壓制的景觀：水壩、海堤、防風林、網架、沉砂池、混凝土覆蓋的溪徑，偶爾還有一些山坡被抹了灰泥——通通致力於防止水和岩石以不利於人類和財產的方式流動。對於諸如此類的許多工程，尤其是二十世紀的工程，失敗（從多種意義來說）恐怕只是早晚的問題。在這本非政治中立的著作《舊金山灣區的地質學》（*Geology of the San Francisco Bay Region*）中，地質學家桃樂絲·斯隆（Doris Sloan）忍不住批評了灣區的一號公路，這條狹窄公路蜿蜒於太平洋和一座岌岌可危的懸崖之間：「需要不斷地養護，建造越來越複雜（及昂貴）的工程結構，在一個根本不可能築路的地區，維修一條道路。」[629] 公路上和公路旁經常發生山崩，在二〇二一年一月，在大蘇爾[630]附近，一段一百五十公尺長的道路從懸崖坍塌，導致一號公路該路段關閉，直到同年四月才重新開放。[631]

在一九三五年至二〇〇一年間，這條多災多難的道路至少封閉了五十三次[632]，很像約翰·麥克菲[633]在《大自然的控制》（*The Control of*

Nature）中會描述的例子。《大自然的控制》收集了三則人類試圖阻止水流、熔岩或岩石移動的故事，最後一節談到的就是住在舊金山聖蓋博山[634]山腳下的居民，描繪了幾個驚心動魄的畫面。聖蓋博山是一座快速上升且地質年輕的山脈，「崩解速度也是世界第一」，[635]經常發生嚴重的土石流。在硬葉常綠矮木林歷經夏季大火後，一場冬季大雨可能將數以百噸計的泥、石和水沖進峽谷。土石流是這座山的一部分生命，洛杉磯其餘地區所坐落的平坦平原就是拜其所賜，但是今日土石流流至鄰近地區時，可能還夾帶著巨石、汽車和其他房屋的磚瓦碎片。[636]麥克菲講了一個故事，在席爾茲峽谷[637]，有一戶人家的屋子在六分鐘內就被巨石和泥漿填滿：「門才關上，就被撞開了，掉進房間裡。泥漿、岩石和水湧入房間，把所有人推到另一頭的牆壁上。『快跳到床上！』鮑伯喊道。床開始上升，他們跪在鋪著金色天鵝絨的床上，一下子手掌就頂住天花板了。」[638]

在上一章中，我提出一種觀察時間的建議，就是選擇一個地點注意它，這個建議也可用於更大的地點、更長的時間。我認識幾個在聖克魯斯山住了五十年的人，他們告訴我，有一陣子你可以走到佩斯卡德羅的一塊巨岩前，但這塊岩石現在已經永久在海上漂流了。在一九八〇年代末麥克菲撰寫《大自然的控制》時，許多住在聖蓋博山一帶的人，根本不記得上一次的大規模土石流，或者不把土石流看成是某種模式的一部分[639]。「城市時間」的文化幀率[640]既短暫又不集中，無法記錄下地質情況：「一九三四年的超級事件？一九三八年？一九六九年？一九七八年？誰會記得這些呢？……山地時間和城市時間似乎是雙焦點，即使地質活動間隔如此短暫，人仍有充足的時間將之遺忘。」

這對所有人來說都是惡耗——房地產建設公司和仲介除外。一個從一九一六年就住在洛杉磯的人告訴麥克菲：「買房子的人不知道，遲早會有東西像屎一樣從下水管流出來。」[641]也就是說，麥克菲的一些研究對象**其實**知道這一點，其中一個解決辦法是在自家周圍築起圍牆和防禦工事，如同城市積極建造沉砂池。另一戶人家在一樓車庫後方加裝鐵捲門：「為了引導土石流，他們在後院設立導流牆，現在巨石襲來的時候，他們會打開車庫的兩端，碎石殘骸就會流向街道。」[642] 這是承認山地時間（mountain time）的一種創新方式。

但除了在一系列紀錄事件中捕捉到的山地時間外，這裡還有什麼需要被承認的嗎？如果我們用壓制的方式解決問題，那麼「問題」到底是什麼呢？在物質的日常層面上，這個問題似乎是一連串的巨石，雖然城市持續加強基礎設施，巨石仍然不斷破壞財產。但我想指出另外一個「問題」，那就是未能認識到山的本身。麥克菲所採訪的民眾或許欣賞這個地形隆起所帶來的好處，這是一種以垂直的角度逃離城市，接近「大自然」，一覽山谷美景，甚至一些漂亮的岩石。對他們來說，聖蓋博山似乎只是一個背景或是一種麻煩，只是一堆毫無生氣的東西，碰巧出現在那裡。山是惰性的，因此可以控制——這種心態解釋了麥克菲引用的一則報紙標題所透露的悲喜劇式傲慢（hubris）：**「計畫旨在阻止山脈侵蝕；谷地當局認為山崩是不必要的。」**[643]

這種頑固不化的心態源自堅持全面滅火的態度。一組希臘地理學家在研究加州和希臘的火情時，描述了一種心態，這種心態同樣也適用於面對巨石、洪水或山獅，他們寫道：「一般大眾的看法是，森林大火應該受到控制，不應對人類和財產構成威脅，有趣的是，吸引人居住在森林邊緣的是一種生活在『自然環境』中的感覺，而這種感覺其實是在消除荒野的『野性』的神秘氛圍下實現的。」[644]

地理學家認為我們所失去的是與火和動態景觀的「鄉土」關係。在希臘，更多人搬到城市之前，定期燒荒是農村居民之於環境的習慣和責任；在加州，羅賓斯也注意到，尤洛克部落定期狩獵時，會順便留意一下似乎需要焚燒的地區；在西澳（Western Australia），受長者教育的原住民土地管理專家維克多·史特芬生（Victor Steffensen）解釋燒荒與一個地區的身分的關係：「在不同地方，這兩位老人都會停下來，為每個不同的景觀講述火的故事，他們會談論適當的燃燒時間、所有動物怎麼適應、植物長在哪裡，以及土壤的類型。」[645] 火是一個主體（人類）和另一個主體（土地）之間的互惠責任。

十九歲那年，史特芬生被一名國家公園管理員招募來幫助管理野火：「護林員把地圖鋪在卡車的引擎蓋上，開始指出他們的攻擊計畫。他們指示：『我們要燒路的這一邊，而不是那一邊。』他們的焚燒區以道路和柵欄區隔，而不是像老一輩會先觀察土地，燒對的地方。」在這個特例中，火最後蔓延到路上，造成了不小的影響。我不會以偏概全地談論國家機構與原住民團體之間的所有互動，畢竟有些互動是真誠的交流，甚至最後出現了成果。然而，這個故事提供了不同土地觀的極端對比。一種是，土地是一個凍結的舞臺，獲得身分的人可以在上面活動；另一種是，土地**就是**身分，用時間來表達，或者借用寶拉．古恩．艾倫[646]的描述：「土地並非（與我們自身分離的）我們上演我們孤立命運戲劇場面的地方，它不是一種生存手段，也不是我們事物的背景……而是我們存在的一部分，充滿活力、意義重大，而且真真實實地存在著。土地就是我們自己。」[647]

美國林務局早期效法德國科學林業的做法：種植最具經濟價值的木材，一片又一片的經濟林，單一樹齡、單一樹種、整整齊齊。[648]雖然輪伐[649]有利可圖，結果卻是災難一場。受害者不單只有仰賴古老森林生態提供牧草、糧食和藥草的德國農民，單一作物種植使得森林更容易受到暴風雨和病害的威脅。第一代樹木之所以生長得如此興盛，只有一個原因，那就是它利用了上一代古老森林所積累的資源。此後，德語有了**Waldsterben**（森林死亡）一字，想要藉由人工重新引進在經濟森林戰略中被忽視的一切（比如巢箱[650]、螞蟻群和蜘蛛），都必須面對單一作物森林的不幸事實。

史考特在《國家的視角：改善人類處境的計畫為何失敗》（*Seeing Like a State: How Certain Schemes to Improve the Human Condition Have Failed*）」的開頭就以這個故事作為寓言：

（這個故事）說明，為了分離出一個具有工具價值的元素，而肢解一系列異常複雜且鮮為人知的關係和過程，非常危險。這把工具、這把刀，也就是對生產單一商品之利益的強烈興趣，刻出了新的原始森林。一切妨礙主要商品高效生產的因素都被無情地消除了，一切與高效生產無關的東西都被忽略了。將森林視為商品後，科學林業開始將森林改造為一具商品機器，簡化森林是在短期和中期內產出最大量木材的有效途徑，但它對產量和帳面利潤的重視，相對較短的時間視野，以及最重要的，堅決忽視普遍的後果，最終成為了它的惡夢。

我讀大學時，「人類世」（Anthropocene）開始在科學界和人文學科中流行起來，這個詞指的是人類是氣候和環境的主要影響因素的地質時代。加拿大梅蒂斯族[651]人類學家柔伊．陶德（Zoe Todd）等原住民研究學者批評了這個詞，理由有很多，包括它全盤採用人類和非人類、「人與物」（flesh and things）[652]的等級制度。人類世的某些觀點，與艾倫提出的土地「就是我們自己」觀點相反，認為人類剝削大自然，將自己的意志加諸在與他們分離的事物上，而這些事物並沒有表現出回應的意志。這個描述與「人與物」千萬年來糾結與共同演化的故事截然不同。

從人類世的角度來看，非人類世界是惰性的，但有趣的是，仔細觀察就會發現，在這個觀點下，剝削大自然的人類也沒有主觀能動性，只是做該做的事——攪亂「自然狀態」——而且每個人都會這麼做。人類世的「人類」將人類歸為一起，彷彿其中某一特定部分的人類不用對榨取文化、對世界其他地區帶來環境災難負責任。這種模糊的框架，形成我停止不了的惡夢中不斷前進的「影片播放頭」——一段沒有行動者，只有機制的歷史；沒有努力的時刻，只有線性演化。比方說，許多人類世的定義追溯到十八世紀末瓦特發明了蒸汽機，認為人類世由此展開，社會和政治方面則被單純地排除在外。在〈人類世、資本世和文化問題〉（Anthropocene, Capitalocene, and the Problem of Culture）一文中，丹尼爾．哈特利[653]寫道：「人類世論述中難免有一種純粹機械的歷史因果觀，也就是由技術發明和歷史影響形成的一對一撞球模型。但這對實際歷史因果關係的社會和關係模式來說是不夠的，技術本身與社會關係密不可分，經常被用來當成階級鬥爭的武器，但在人類世的論述中則無足輕重可言。」[654]哈特利的觀察沒錯，這種決定論反映出一種歷史觀，即歷史是單向且必然的進步過程，絕對不可質疑或改變方向，只能加速或放慢。他引述了二〇一一年一篇有關人類世的熱門文章中的兩段文字：

1）「移居城市通常伴隨著不斷增加的期望，最終帶來收入的增加，而收入的增加又造成消費的增加。」

2）「大加速[655]的開始很可能被兩次世界大戰和經濟大蕭條『打斷』，『延遲』了半個世紀左右。」（強調語氣的引號為哈特利所添加）[656]

哈特利寫道：「第一句幾乎是故意忽視財產剝奪所造成的大規模城市貧困、士紳化和財富積累的歷史。第二句似乎聲稱人類歷史上最血腥的世紀（包括廣島、長崎、德勒斯登大轟炸、蘇聯勞動營和猶太大屠殺），只是進步上升線上的小插曲。」

以決定論方式思考問題，就是將事物視為理所當然，無論在時間上是向前還是向後。就像我小時候誤解了森林覆蓋的山脈，將它們投射到一個被認為是一致的過去，人類世的概念也可能讓特定者的特定行為的結果，看似一種自然且必然的狀態。[37]若非結果如此可怕，這種現象會顯得頗為有趣，甚至有一種我最喜歡的電視劇《我想你該走了》（*I Think You Should Leave*）中一則喜劇短劇的味道。在這段戲裡，一輛熱狗造型的車撞進一家服飾店，但車上沒有司機。

「誰，快報警！我們必須找到司機！」一位旁觀者說。

---

[37] 這並不是否定條件不會隨著時間形成自己的發展脈絡，在某種意義上變得無法自我維持，或是自然而然導致其他結果。關鍵在於，與永恆的、固有的或不容置疑的條件相反，行動會在某個時刻確實在條件的形成中發揮作用。

「這是誰的車？」另一個人尖叫。

鏡頭移到提姆·羅賓森[657]身上，他穿著一件巨大的熱狗裝，露出誇張的驚訝表情。

「對啊，拜託，不管是誰幹的，你就招了吧！我們保證不會生氣！」

雖然被叫出來解釋，熱狗先生還是不肯認輸。他說：「你知道的，我沒必要坐在這裡忍受這種屈辱！我要多拿幾件衣服，跳上那輛奇怪的熱狗車——**真是太奇怪了！**——然後開車回維納大廳[658]。」[659]

在二〇二〇年，這齣短劇經常被用來指川普[660]和他不斷的出爾反爾。但就我目前的研究來說，它展現了一種更普遍的否認，這種否認與人類世最簡化版本所假定的內容相關。牙買加作家兼理論家希薇亞·溫特曾經描述啟蒙時代人類這個類別的定義：在殖民剝削時期，「人類」（白人經濟人、殖民者，或是在「人類 vs. 自然」中的人類）被定義為與「非人類」對立，殖民剝削的結果被重新詮釋為生物的非時間條件，用來解釋所謂的「落後」、「永恆不變」或「不大進步」的民族的種族特徵，他們不完全是人類。[38] 這恰好掩蓋了歷史責任，有點像一個惡霸推了你一把，然後暗示你就是天生愛哭一樣。這個定義提出了一個新的假設：非人類天生低等，而真正的人類天生是資本主義者和個人主義者。這些不再是人的選擇和信仰的結果，而是一種由因及果的特質，反過來，沒有人對此負責。（就像熱狗小短劇中那個人所說的，「我們都在找幹這事的人！」）

---

[38] 這個定義出自溫特在二〇〇三年〈顛覆存在／權力／真理／自由的殖民性〉（Unsettling the Coloniality of Being/Power/Truth/Freedom）一文，溫特描述有一種轉變，在這個轉變之前，一種宗教概念的「人」讓「真正的基督教自我」與「非真正的基督教他者」（異端分子、不信教的人等等）對立[661]，而當「人」被重新定義為國家理性和政治的主體，一個新群體就立刻開始擔任他者的角色：「被軍事征服的新世界領土的人民（即印第安人），以及被奴役的非洲黑人（即黑人）……被迫重新占據他者的矩陣位置，成為非理性（irrational）／亞理性（subrational）[662]人類他者觀念的實體指涉。」因此，人類的定義本身就建立在一種「人」和「除非另有證明，否則先假定是被進化淘汰者」之間的科學界線之上。

作家瑟琳娜達（serynada）引用溫特的論述，指出十八世紀亞當·史密斯[663]等思想家提出西方人受「生存之必要」驅使的觀點：[664]

人類變成了經濟機器，在稀少的自然資源中尋求最大的分配額。在西方人類崛起的背後，存在著生物演化的必然衝動——「我們都想攫取更多的資源，歐洲人只是比其他人做得更好。」這段銘文成了資本主義、白人至上主義和帝國擴張的辯護理由。西方創造了人類，將人類投射到過去，認為人類是自然的，不受時間影響，也非歷史和文化的產物。

從這個角度來看，人類世的概念與其說是一個描述符號，不如說是相信「自然、不受時間影響」的資本主義人類和無助的自然的象徵。說來有點諷刺，因為早在蒸汽機問世之前，否認世界上許多事物的主體性，正是搾取和積累的過程得以進行的原因之一。在《天翻地覆：資本主義 vs. 氣候危機》中，娜歐蜜·克萊恩對於「搾取主義」（extractivism）的描述，在今日好像常常聽見：「與地球是一種非互惠、基於支配的關係」，「將生命貶為供他人使用的客體，不賦予它們自身的完整性或價值」，以及「人類不是淪為勞動力，被殘酷搾取，逼到極限，就是成為社會負擔，成為麻煩，被鎖在邊界外，或禁錮在監獄或保留地。」[665]換句話說，抽象的人、抽象的樹、抽象的動物、抽象的土地，都不是具有主觀能動性的主體，它們隨時準備被開採、被搾取、被劃分，或者乾脆摧毀。

我們繼續向南，走向一條實際上是海堤的步道。我冬天來的時候，碼頭附近到處都是橙色交通錐、路障和沙袋，海濱步道旁一座灰濛濛的房子外，長了一片開著紫花的多肉植物，我注意到一尊美人魚雕像，頭部和伸出的手臂都斷了。不過今天大家都出門來，享受著沒有霧霾的天氣。大海依然在腳下，但我們可以聽到它不斷撞擊混凝土的聲音，一塊黃牌子寫著：「當心——海浪可能會沖到海堤上。」在更遠的地方，一座高塔上的牌子印著此區衛星圖像，邀請我們加入討論當地基礎復原計畫。告訴你吧，我之所以認出這個牌子，因為在研究這個地區時已經讀過一系列早期會議的紀錄。城市該修築海堤還是修復植物和其他自然元素，居民似乎無法達成一致的意見，有一個人說，他們對「活生生的海岸線」和「有管理的度假地」選項不感興趣，他們真正想要的是一座起碼可以使用五十年的海堤。我很好奇他們是如何決定這個數字的。[666]

寫這一章時，我偶爾會望向窗外灰濛濛的天空，附近的山脈已經消失無蹤。我想起史蒂芬·派恩在《美國的火》中的一段話，他先解釋說，在（二十）世紀之交，「這場爭議的核心是兩套林火管理方法的衝突，一套主要由印第安人傳授，適用於狩獵、放牧和輪作農業等邊疆經濟，另一套更適合工業林業。」然後補充說：「沒有任何經驗證據能證明，美國林業應該嚴格禁止所有形式的延燒式燒荒。」[667]沒有經驗證據，沒有必然走向滅火技術官僚的「智慧」，只有不同的世界觀，以及早在我出生前就開始混亂的政治陰謀，如今火債已經沁入肺腑，我感到疲倦不堪。

那段蒼白的日子宛如煉獄，煉獄令人窒息。對我來說，危險在於它讓人如此疲憊不堪，以至於沒有精力超越現在的界限。但是這種緩緩加劇的必然趨勢，不但讓人感覺糟糕透頂，還隱藏了繼續讓情況惡化的參與者，以及所有曾經和正在為自由而奮鬥的人。啟蒙時代人類的故事告訴我一個再普通不過的道理：最有可能從（他人身上的）決定論中獲益的人，通常就是作決定的人。這種策略不單可以從長期的歷史層面上察覺，在當前正在推動氣候變化的能源公司的詭計中也可以看到。

在《過熱：資本主義如何毀掉地球——而我們如何反擊》（*Overheated: How Capitalism Broke the Planet — and How We Fight Back*）中，凱特·阿羅諾夫[668]描述能源行業學會過去如何推銷必然趨勢。在一九六〇年代，殼牌石油公司（Shell）幾名高階主管應邀參加哈德遜研究所[669]舉辦的情境規劃研討會。[670]冷戰期間，未來主義學者和國防規劃專家開發出情境規劃（scenario planning），運用想像力編造豐富的未來情景，以期比對手搶得先機，這是一種有意識打破線性思考的做法（電腦模型是線性思考的例子之一）。情境規劃研討會想將這個做法推廣到跨國企業，結果這個做法的種子在殼牌的高階主管之中蓬勃成長——特別是那個古怪的「點子王」皮耶爾．瓦克[671]，他聽起來很像《辛普森家庭》中的漢克．斯科皮奧[672]：

> 瓦克（Wack）、紐蘭德（Newland）和他們的同事在公司裡成了情境規劃的傳教士。在早期，殼牌最聰明的員工在法國南部城堡「潛心」（into the green）編寫情境，在激烈的馬拉松式會議空檔享用美酒、品味大餐和散步，規劃地緣政治的變遷和石油天然氣業務的發展……瓦克以優游於東方和西方之間聞名，從二十歲起就在世界各地的修行所和修道院尋求精神指引，他的辦公室彌漫著焚香的味道。規劃小組的一位成員回憶說，他最後一場工作面試的主考官是瓦克，他「以一種複雜的瑜伽姿勢」進行面試。

阿羅諾夫指出，情境規劃不單是一種被吹捧的哲學思考，或者根本連這也稱不上，因為「你不需要是什麼偉大的天才……就能看出線性預測模型對於一九六〇年代後期的石油行業只能暫時奏效。」[673]當時殼牌面臨來自「全球南方」（Global South）[674]以及一九七二年《成長的極限》（*Limits to Growth*）等強調化石燃料不可持續性的報告所造成的壓力。經濟史學家珍妮．安德森（Jenny Andersson）向阿羅諾夫點出了重點，殼牌需要一種能夠「處理未來」的方式，避免自我毀滅的決定論，並尋找「對他們來說不是災難的其他未來版本」。[675]這是合情合理的商業常識，同時也提醒我們阿羅諾夫的描述沒有錯，殼牌「有一個結構性障礙，讓它無法成為氣候戰爭中的盟友，這個障礙就是——無法想像一個沒有殼牌的未來。這家公司的首要任務就是確保自身和利潤的無限生命。」[676]

從那時起，殼牌已將情景規劃納入更直接的公關活動中。從一九七〇年代資助否認氣候變化廣告，到二〇〇〇年代「（自稱）綠能」[677]，這些曾經壓倒「自我毀滅的決定論」的公司，正在向公眾推銷他們自己的決定論。能源公司有充分的動機讓**他們的**未來成為**未來**。二〇二一年，娜歐密・歐蕾斯柯斯（Naomi Oreskes）與傑佛瑞・蘇普蘭（Geoffrey Supran）徹底研究艾克森美孚公司[678]自二十世紀中葉以來的氣候變化宣傳，發現他們的宣傳語言將開採和消費者需求描述為不可避免的事：

> 艾克森美孚公司在二〇〇八年（一則）廣告稱，「到二〇三〇年，全球能源需求將比現在高出約30%……石油和天然氣將被用來滿足……世界能源需求。」另一份二〇〇七年的報告稱，「發展中世界日益繁榮（將）成為能源需求增加（以及隨之而來的二氧化碳排放量增加）的主要驅動力。」一則一九九九年的美孚廣告更加直白：「不停增長的需求將增加二氧化碳的排放量。」[679]換句話說，他們將不斷增長的能源需求描述為大勢所趨，暗示只有使用化石燃料才能滿足這種需求。

例如，英國石油公司（BP）[680]於二〇〇四年推出了「碳足跡計算機」，進而推廣了個人碳足跡的概念。[681]這是能源公司暗示解決氣候變化責任在於消費者的幾種方式之一，消費習慣確實需要改變，但克萊恩認為占人口20%的富裕階層要負最大的改變責任。[682]不過她也指出，如果我們希望減少碳排的範圍超出「喜歡星期六去農夫市場買菜、穿著再生服裝的城市居民」，我們需要「全面的政策和計畫，讓每個人都能輕鬆便捷地作出低碳選擇。」[39]另一方面，能源公司對消費的強調並不老

[39] 同樣，在《過熱》一書中，阿羅諾夫指出，「如果要建立低碳社會，建設它會是政府的職責。」[683]當然，在我們現有的結構中，個人選擇仍然很重要。道格拉斯・拉西可夫

實，「消費者就是控制不了需求」的說法，與大菸草業努力將自己描繪成中立供應商不謀而合，[684] 換句話說，**我們只是賣香菸，你們才是吸香菸的人。**

這種框架將氣候變化描繪為完全是「我們」的錯，而「我們」是應該注意自己碳足跡計算機的全體消費者。另一方面，正如阿羅諾夫的描述，「每一絲證據都證明，隨著溫度升高、海平面上升和大火繼續燃燒，（能源）行業正朝著相反方向全速前進，推動更多的勘探和生產。」在我撰寫這一章期間，在一個煙霧濛濛的日子，富國銀行 [687] 的自動取款機問我是否想捐款救助野火，我不禁瞪著螢幕。富國銀行是化石燃料最大資助者之一，自《巴黎協定》[688] 簽署後的四年間，投資了一千九百八十億美元在煤炭、石油和天然氣行業上。[689]

個人時間管理行業將「時間就是金錢」概念重新銷售給自力創業人士，同樣的道理，能源公司也將碳足跡的概念銷售給大眾，好遮掩更普遍、更重要的變革途徑，包括我們已經可以使用的技術和政治工具。克萊恩、阿羅諾夫等人認為，公共監管和監督也是工具，例如綠色新政 [690]，以及抵制有利於能源公司如同自殺般的時間發展的全球貿易協定。事實上，克萊恩有一章的標題就是「規劃和禁止」。

克萊恩承認，在美國這會是一場苦戰，因為目前規劃和禁止都被譴責為政府過度干預。儘管如此，她寫道：「我們應該清楚地了解挑戰的本質，問題不在於『我們』身無分文或缺乏選擇，而是在於我們的政治階層完全不願意去要錢（除非是為了競選捐款），企業階層則堅決反對

（Douglas Rushkoff）在《最富有者的生存：科技億萬富翁的逃避幻想》（*Survival of the Richest: Escape Fantasies of the Tech Billionaires*）一書中提出以下的建議：「與其辯論是購買電動車、汽油車還是油電混合車，不如保留你現有的車。更好的做法是，開始共乘，走路上班，在家工作，或者減少工作時間。吉米・卡特 [685] 那段備受嘲笑的爐邊談話就說得很好，調低暖氣溫度，穿上毛衣，這對你的鼻竇更好，對每個人都更好。」在書的結尾，阿羅諾夫探索減少工作量的可能，並把她的論點與縮短一週工作日之提議的好處連結。這些建議多少讓人想起本書第二章結尾：放棄某些東西的概念，以及巴特・海德 [686] 的要求——「你能不能少買點東西？」

支付其應負的公平份額。」[691] 至於阿羅諾夫，她在著作中不厭其煩地提醒我們，這場艱鉅戰役的困難具有歷史意義：「新自由主義者把整個人類的存在，定成一個無休止地追求市場的社會，他們不僅必須抹除未來的可能性，還必須抹除人類成功地以其他方式組織自己過往的所有記憶。擺脫氣候危機所需的各種工具（比如公有制、充分就業，甚至只是嚴格的監管），都已成為人們的記憶。」[692] 阿羅諾夫指的主要是新政時代的政策，當時全球化經濟尚未形成，在新自由主義的氛圍中，政府監管的觀念還沒有變質，但人民可以將這種政治健忘症的概念進一步延伸，反映出瑟琳娜達的形容——將人類歷史改寫為經濟機器。

同樣，煉獄令人窒息。能源公司就像造霧機，噴出一個想當然耳的反烏托邦，仍在銷售他們確定的未來，仍在設計目標，把我們描繪成無助地往目標飄移的人。我回想起我的惡夢，想想那裡的未來是什麼樣子，這個情境是誰寫的呢？

一座碼頭從海濱步道伸向不屈不撓的大海。過了這道牆，海浪衝擊的聲音變得更加清晰響亮，在擁擠的碼頭上，我們穿過一群又一群的捕蟹人，他們在兩側擺出了桌子、桶子、遮陽傘和音響。

現在從這裡回頭看海堤，果然看到有一堵海堤的北端正在坍塌，可能已經坍塌很久了，海堤往下墜，看似變薄，然後就這麼消失了。從這個距離看過去，整個事件的順序脈絡反而更加清晰，房舍街道彷彿岌岌可危的文明塵埃，散落在躁動澎湃的懸崖峭壁之上。

不記得是哪一年，我開始在史丹福大學教授的藝術課上注意到世界末日的語言，只記得有個學生依據希羅尼穆斯．波希[693]的《塵世樂園》（*The*

Garden of Earthly Delights）創作了一幅細膩生動的三連畫，從左到右，三幅拼貼畫顏色越來越深，越來越黯淡。「這算是……人類的日落吧。」學生緊張地笑著說。還有一個學生站在播放他的 3D 設計的投影機螢幕前，我請他說明設計概念，他用痛苦的聲音低聲說：「呃，我只是覺得世界會結束而已。」在場的每個人都不出聲地點頭。我記得當時我覺得繼續談論向量[694]和著色器[695]很俗氣，也記得想要跑到教室另一頭給那個學生一個擁抱。

多年後在網路論壇上，我看到我的前作被推薦給為了氣候變化而心痛、擔心文明崩潰的人，有一篇典型的論壇貼文是這麼寫的：「我知道我應該感激一切還在，但每一件事似乎都在提醒我，有一天它們都會以一種悲慘的方式消失。」另一篇寫著：「我可以不存在而不傷害任何人。」在論壇上，這些文字通常會得到如何超脫煩惱的善意建議，比如研究佛教中的無常思想[696]、發掘生活中的小樂趣，還有一次有人建議閱讀《如何「無所事事」》。

悲傷很重要，尤其是和別人一起悲傷。比起否認或是不切實際的樂觀主義，我寧願選擇痛哭一場的悲傷。但是，這種感覺懸在那裡，與其他東西都無關，與我的惡夢和它所代表的東西很相似——一個非未來的世界，人的信念和行為像那看似惰性無助的地球一樣被決定了。不壓抑悲傷，我們就必須換一種方式思考時間，而不是採用簡單地把我們一直綁到最後的時間觀。到目前為止，我嘗試勾勒的一種思考方式，就是找回過去和現在的偶發事件。另一種方法是關注那些世界已經結束過多次的人，以轉移你的時間重心。

二〇一九年，托姆・戴維斯[697]提出一份研究報告，主題是路易斯安那州一個被戲稱為「癌症巷」的地方。[698]他採訪自由城（Freetown）的居民，自由城過去是蘭德里佩德斯克堯甘蔗園的一部分，在美國重建時期[699]，前奴隸在這裡定居，但這個地方今日已被石化工業所占領。當戴維斯撰寫該篇報告時，河口大橋原油管道尚未竣工，在建造過程中，有十六名抗議者和一名記者遭到逮捕並被控重罪。可是情況確實非常嚴重，一位居民告訴戴維斯，有時候空氣中「彌漫著石油的味道，幾乎無法呼吸」。

戴維斯認為，癌症巷所發生的事就是**慢性暴力**概念的例子。慢性暴力一詞由高梅多斯環境研究所的羅伯．尼克森（Rob Nixon）所提出，指的是那些發展過於緩慢、沒有看頭，因而仍然未能引起公眾注意的傷害。但戴維斯澄清了很重要的一點：「『看不見』是尼克森經常被人所引用的緩慢暴力的定義之一，不過我們不贊同這個定義，必須要問一個問題：『是誰看不見？』」對於看了一星期新聞的人，以及對於生活在其中的人來說，當中的「看頭」（spectacle）所具有的意義是不同的。戴維斯寫道：「花了近十年時間調查切爾諾貝利[700]、福島[701]和現在的『癌症巷』等各種有毒地理環境中的社區生活後……我絕對不會形容這些地方缺乏看頭，受到有毒污染慢性暴力影響的社區充斥著證詞、經歷和喪親之痛，這些都是環境逐漸遭到殘酷破壞的見證。」

換句話說，要看到未來，其實必須環顧四周，而非展望未來。由於我的家族背景，我傾向於眺望海洋的彼岸。與其他南太平洋國家一樣，自一九七〇年代以來，菲律賓的熱帶風暴活動日益頻繁，在一九六〇年至二〇一二年期間，馬尼拉灣地區的海平面上升速度是全球平均速度的九倍；[702]在馬尼拉北部的西蒂奧納邦（Sitio Nabong），當地人告訴亞洲新聞頻道，他們已經有數十年不曾在鋪砌的街道上走路了；[703]他們上教堂還得坐船。然而，觀點的不同不一定是地理上的距離，也不一定是與我或彼此之間的距離，例如，二〇二一年八月《紐約時報》一篇專欄標題就充滿了擔憂未來的假設語氣：〈想到加州，就想到好天氣，但好天氣沒了會怎樣？〉（Lovely Weather Defined California. What Happens When It's Gone?）[704]。然而，一個月前，加州農場工人瑪莎．芬特斯（Martha Fuente）告訴半島電視臺的記者，在田地工作了三十一年，她清清楚楚記得迄今為止的溫度變化。[705]

讓我們回到人類世以及你選擇的轉折點是什麼的問題上。在《十億個黑色人類世或無》（*A Billion Black Anthropocenes or None*）中，凱瑟琳．尤索夫[706]反對將人類世設定為「未來時態，不承認黑人和原住民民族已經經歷過滅絕。」[707] 毛利氣候活動家海莉·科羅伊（Haylee Koroi）在被問及對當代氣候憂鬱（climate depression）和氣候疲勞的看法時回答：「我不否認有這種感覺的人，但現實情況是，我們世世代代已經因為殖民經歷了氣候危機的徵兆。」[708] 同樣，埃麗莎·瓦舒塔 [709] 以「後世界末日」（post-apocalyptic）形容她的民族 [710]，對他們而言，滅絕不是在未來，而是在過去，持續到一個屬於美國白人的當前，而這個當前想要「消滅他們在我身上所看到的原住民」。

我提起這些觀點，不是想讓像我一樣覺得「自己的世界似乎現在才開始結束」的人感到羞愧，對於無法想像未來的虛無主義者，我反而要強調一個從久遠的世界末日傳承下來、並將繼續存在的觀點。有許多人、許多地方，既不能接受啟蒙時代人類的進步之路，也無法接受人類世的撞球衰退論，因為這種敘事本質上是以他們的毀滅、商品化和被貶為不存在的狀態為前提。對於這種人、這種地方，歷史的過去永遠不會成為懷舊的對象，未來則始終處於危險之中。如果你不想採取拖延戰術，那就想想那些一開始就沒有意識到問題的人吧。

回到海堤上，有一個六根木樁組成的圓圈，看似一個迷你巨石陣，那是最經典的曆法工具。圓圈的中央有一塊鑲在地面的銘牌，我們勉強認出被沙子遮蓋的文字：

布里格·羅爾夫號 [711] 船錨
一艘四桅帆船
一九一〇年在聖佩德羅角 [712] 沉沒
一九六二年由海獅俱樂部 [713] 打撈上岸
捐贈給帕西菲卡市 [714]
重兩千磅

NCHOR OF THE BRIG ROLPH
A FOUR MAST SAILING VESSEL
SANK OFF POINT SAN PEDRO IN 1910
ANCHOR RAISED BY THE SEA LIONS CLUB IN
1962 AND DONATED TO THE CITY OF PACIFIC
WEIGHT 2,000 POUNDS

銘牌讀起來像是紀念某個紀念碑，而不是紀念某個文物，因為錨不知何故已經不見了，銘牌也沒有告訴我們船原本要前往何處。我們覷眼望向地平線。讓我告訴你那艘船的目的地吧，它原本要將石灰、乾草和木材運送到夏威夷哈那（Hana）的一個甘蔗園。[715] 這個甘蔗園由西奧·H·戴維斯公司（Theo H. Davies）經營，該公司是夏威夷「五大」商業企業集團之一，擁有夏威夷大部分土地，壟斷夏威夷的經濟。由於夏威夷原住民抗議工作條件，[716][40] 飽受外來疾病的摧殘，[719] 這些大公司為了建立充分、穩定的勞動力，從中國、日本、挪威[720]、德國、波多黎各、俄羅斯、韓國、菲律賓和葡萄牙輸入勞工，如果勞工工作太慢，就逮捕他們。[721] 為了把糖運走，這五大公司還經營馬特森航運公司[722] ——就是我們在奧克蘭港看過的那個馬特森（Matson）。

夏威夷有句諺語，意思是「土地為主，人為其僕」。[723] 事實上，夏威夷的商業利益造成了夏威夷的氣候變化：砍伐古木、放牧牛群、改變當地的降雨模式，進而對自身造成了損害。[724] 在糖業利益集團的操縱下，地方政府在山坡上瘋狂植樹造林，可惜的是，他們種的是生長迅速的非本土種桉樹（eucalyptus），在這些桉樹形成的森林中，物種較少，結構也沒那麼複雜。

一九一〇年的那個晚上，在駛向甘蔗園的途中，這艘貨輪遇上濃霧和強勁的海流。就在六年前，又有一艘船也在類似的情況下於同一地點失事，[725] 無人罹難，只是船身未能成功移除，至今仍舊牢牢卡在礁石中。如今大海風平浪靜，地平線上飄過一縷薄霧，移動得如此之緩慢，看起來彷彿靜止不動。

---

[40] 在《下班後的快樂時光：夏威夷的種植園生活與勞動，一八三五年至一九二〇年》（*Pau Hana: Plantation Life and Labor in Hawaii, 1835–1920*）一書中，羅納德·T·高木[717] 寫道，在島上最早開發的種植園中，夏威夷原住民工人拒絕種植園主所期望的「約束和忠誠」。[718] 此外，種植園主希望當地人（kānaka）中能有穩重、聽話的人，「把自己變成『白色當地人』」，這正好說明了種族化的工作與時間觀念。

天氣會說話，只是說的不是英語。許多觸目驚心的氣候變化事件，都是「天氣」這種古老語言史無前例的變體：火災、暴風、洪水，只是聲音更響亮，出現在新地點。當我們「用壓制的方式解決問題」時，山脈崩落、斷層滑動，熔岩流動至所欲之處，硬葉常綠矮木林則「有一種當務之急，不停發展，不斷擴大，最後必然會迸出火苗」。[726] 小溪河水暴漲，河流不時改變流向。《大自然的控制》的第一部分提到了阻止密西西比河被阿查法萊亞河 [727]「重新占領」的敗戰（必須在紐奧良修建越來越高的堤壩），在一個意想不到的背景下（河流聯絡飛行員和土木工程師的對話中），非人類的主觀能動性獲得了承認。儘管做了種種預防，卡諾（Cano）猜測阿查法萊亞河早晚會重新占領密西西比河，他說：「孕育萬物的大自然很有耐心，她比我們擁有更多的時間。」拉伯雷說：「她只有時間。」[728]

這種觀點與宣稱「**山崩是不必要的**」、過著與山崩原因隔離的生活的傲慢相反。在《技術與文明》中，曼福德指出，這種隔離與智取時間的特質恰好是工業家喜歡煤的原因，因為煤「可以在使用之前早早提前開採，儲存起來，讓工業幾乎不受季節和天氣變化的影響」。[729] 結果原來那是我們第一次採取拖延戰術，早在一九三四年，曼福德就推測工業主義可能導致「氣候本身的長期週期性變化」。[730]

大約是在那個不見天日的九月天，我把 AirNow 空氣品質預報網站加進瀏覽器的書籤中。那天，圈圈是紅色的，空氣品質指數徘徊在一五三左右。燃燒後的樹木殘骸變成了 PM2.5（PM 代表「微粒」），整整一星期沒有散去。網站上寫著：「你能彈性安排活動時間嗎？如果預報為紅色（不健康），在一天中仍然可能有一些時候的空氣品質適合進行戶外活動。」在美國首次進行商業開採煤炭的幾個世紀後的現在，變幻無常的天氣展現在我面前的螢幕上，[731] 它們說：**聽我的話，不理我，後果請自負。**

我不樂見惡火和超級風暴奪走生命，特別是當世界的貧困人口正不成比例地蒙受這個代價。我也不能否認天氣事件擁有某種話語權，循環反覆，甚至難以忘懷。我想起有時在北加州海灘上看到的告示牌，那裡有洶湧的潮汐、沉睡的巨浪，但沒有救生員，毫無戒心的人有時會被沖走。告示牌上頭寫著：永遠不要背向大海。那個告示牌總是讓我意識到自己的位置，它提醒我：海灘不是人類的娛樂場所——我可以去那裡，但如果我想活下來，最好學會海洋的規矩。

如今越來越多的人必須設法「彈性安排活動時間」，必須定期學習大火與大水的語言，甚至法律也承認了非人類世界：二〇一七年，紐西蘭賦予塔拉納基山[732]與人相同的法律權利；二〇一九年，孟加拉對其所有河流也採取了同樣的做法；二〇二二年，佛羅里達州的一座湖泊成了原告，控告一間房地產建設公司。[733][41]但是，啟蒙運動那種消除和控制的幻想中無法被承認的某樣東西，在大多數情況下，還沒有被普遍（重新）承認，那樣東西就是非人類的主體性。我知道不是每個讀者都能理解我的思路，但這是我必須深入闡述這一點，尤其在氣候變化的緊要關頭，不承認非人類的主體性，就如同與室友同住卻假裝他們不存在——否認自己沒有傷害他們，也沒有在這個過程中傷害自己。因此，這是一個揉合了現實和道德的問題。毛利作家納丁．海尼（Ngāti Hine，Ngāpuhi）是這麼分析的：「我們覺得不舒服，因為帕帕杜安庫（Papatūānuku）[736]覺得不舒服，接下來的情況會更糟糕。如果我們不承認這種病的根本原因，又如何談得上

[41] 在《現代存在的形而上學》（*The Metaphysics of Modern Existence*）的〈擴展法律宇宙〉一章中，小瓦因．德洛里寫道：「在我們的法律制度中，自然沒有自己的權利，如果我們的法律制度反映出我們對現實的看法，那麼我們相信我們的存在凌駕於物質世界之上，與物質世界分離。」[734]他也提到南加州大學法學教授克里斯多福．D．史東（Christopher D. Stone），史東在一九七二年討論「山巒協會控訴莫頓案」時使用了法律地位理論，寫了《樹木該有法律地位嗎？》（*Should Trees Have Standing?*）一書，自此以後，厄瓜多、阿根廷、秘魯、巴基斯坦、印度、紐西蘭、加拿大和美國相繼展開類似的法律行動。二〇一九年，尤洛克部落（也就是替加州控制性燒荒法規提供諮詢的部落）根據部落法賦予克拉瑪斯河[735]法律人格地位，希望有助於代表這條河採取法律行動。

解決它呢？貪婪、浪費、個人財富的累積，任何『人』優於其他生物的傲慢信念，以及把土地當成可以像擰髒布一樣擰乾後丟棄的資源的觀念，都是根本的病因。」[737]

同樣地，能源政策和氣候學者賽斯・希爾德（Seth Heald）警告說，在談到氣候適應和恢復力時，「就不能不提到我們正在適應或努力恢復什麼。」[738] 他提到了一項研究，研究結果發現，大多數美國人將氣候變化看成環境、科學或經濟問題，與道德或社會正義無關，希爾德認為這是一種「局部氣候緘默」。不可否認，越來越多的人開始關注氣候變化是一件好事，但局部緘默只會帶來局部解決方案。比方說，我可以想像一個這樣的未來：大火、暴雨、土石流越來越多，世界受到詆毀之際也承受壓制，被剝奪了主觀能動性——如同所有殖民主義的對象。這種觀點將（也確實會）把移民潮視為颶風一樣的客觀條件，聲稱是「不必要」，用技術官僚的干預代替早該到來的反省。

海堤小徑變成了一條裝甲堤防，保護著一座高爾夫球場（以及現在生活在那裡池塘中的瀕危青蛙物種）不受大海的侵害。左側是被風永久雕刻的柏樹，前方有片光禿禿的山丘，我們看到行人像一個個小點消失在山中，我們決定跟著他們走。

小徑變窄，穿過一小片柏樹，難以置信，這裡仍舊開滿了花，有海岸印第安絨纓（coast Indian paintbrush），還有一種以時間為名的花：「告別春天」。在光禿禿的山坡上，我們又看到一個告示牌，叫我們不要靠近搖晃的懸崖。從這裡可以看到一切：碼頭、坍塌的海堤、南北兩側的懸崖，以及那無垠的海。似乎爬得越高，海就越無垠。

我們在遠方看到了一些東西：有一團霧氣噴散開來。那團霧氣離得很遠，太陽又很明亮，所以好像是我們眼花了。沒想到又來一次，原來是鯨魚。

我一時說不出話來，接著說了幾句傻話，說什麼我都忘了鯨魚是真實存在的，不是保險桿的貼紙符號。其實我心裡想的是：不只鯨魚，整片海洋也突然變得更加真實。它始終是與我們比鄰的一個宇宙，一個深不可測的 Umwelt，不是為了我們而存在。[42] 我們重心的轉移顯示鯨魚和海洋具有獨立主權，懸崖是他們的世界的邊緣，也是我們的世界的邊緣。

---

[42]Umwelt 在德語中是「環境」或「周圍環境」的意思。[739] 二十世紀初，波羅的海裔德國生物學家雅各．烏克斯庫爾雅（Jakob von Uexküll）開始使用 Umwelt 來指特定生物體所經歷的世界。想深入認識這個概念，請參閱艾德．楊（Ed Yong）的《五感之外的世界：認識動物神奇的感知系統，探見人類感官無法觸及的大自然》（*An Immense World: How Animal Senses Reveal the Hidden Realms Around Us*）。

當我們把氣候危機納入道德層面時，在迷霧中迷失的某些事會變得更加清晰，包括它與其他基本不公正的關係。比方說，能源公司和投資者表面上的功利主義論述可以與十九世紀美國的奴隸制辯護者相比，他們也將奴隸制視為一個無關政治的經濟問題，可以靠技術官僚的辦法解決。只有把被奴役的人視為非主體，像亨利．拉塞爾斯[740]這樣的人，才有辦法在一八二三年討論他的西印度種植園的會議上，貌似有理地談論一個「改善奴隸人口」的「進步國家」。[741]改善是技術問題，是如何更加利用物品的問題；廢除是道德問題，是誰是主體的問題。能源公司無法想像沒有開採物的未來，所以必須推廣與資助「地球仍然是開採物」的世界觀，這種關係不只是一種比喻，多位學者都強調了殖民地棉花在推動工業革命的紡織工廠中所扮演的角色。

以一個現代課題來說，這個歷史時刻的許多事情都顯得錯綜複雜、令人費解，有些事卻是一目了然。每當我看到未來在冷酷的計算中消磨殆盡，每當有人說這是生態和經濟的問題，不是道德或政治的問題，每當技術官僚的框架掩飾並延續過去幾個世紀的傲慢，每當被殖民化和被物化的人未能以原告身分出現，每當那些獲利者未能以被告身分出現，每當我開始看不到地平線，忘記為什麼那裡冒煙時——我腦海中就會上演一場辯論：一方說，**這是一個複雜的問題**；另一方說，**也不盡然。**[43]

「這就是了」的另一種說法是，它從來就不是。我小時候看到的樹不是永恆的，就像滅火後湧現的森林以及土地是「誰」還是「什麼」的問題一樣，我在一個我認為是無限的虛假高原上長大，在我得知另一種情況以前，我所能感覺到的就是失去了我所熟悉和感到欣慰的東西。展望未來是環顧四周，環顧四周是回顧歷史——不是看向即將到來的天啟，

[43] 這兩句話出自保羅．施雷德（Paul Schrader）二〇一七年執導的電影《牧師的最後誘惑》（*First Reformed*）的一幕，當時牧師正在和一家污染環境的工廠的老闆討論氣候變化。

而是回顧過去的天啟，回顧仍在上演的天啟。瓦舒塔發現希臘字 **apokalypsis** 的意思原來是「透過隱藏的」，所以她說：「天啟（apocalypse）與世界末日幾乎無關，而是拆除遮蔽，看見隱藏的東西。」[742] 同樣，法國女性主義詩人和哲學家愛蓮・西蘇（Hélène Cixous）也寫道：「我們需要失去這個世界，失去一個世界，發現世界不止一個，這個世界並非我們所想像。」[743]**apocalypse** 的現代涵義是現代的，在中古英語中，它只是指「景象」、「洞悉」，甚至是「幻覺」。

世界末日即將來臨——但究竟是哪一個世界呢？想一想，如同許多世界誕生了和即將誕生一樣，許多世界已經結束了，想一想，沒有任何一個世界是一開始就確定下來的。就像一個思想實驗，想像一下，你不是在時間的盡頭出生，而是在**正確的時刻**出生，你可能會成長為如詩人陳琛[744]筆下「來自行星／行星大小的風暴的一季。」[745] 想像一個場景，想像自己身處其中，然後告訴我你看到了什麼。

那麼，在此期間，夢魘仍在發生的地方呢？未來尚未寫就，已經發生的損失、正在發生的損失以及已經鎖定的那部分損失已經存在。寫這一章時，有時我感覺自己像是在喝毒藥——更準確的形容是，讓幾噸重的聖蓋博巨石穿過我小小的自我之屋，但我未必確定牆壁頂得住。

這種規模的悲傷會扼殺孤獨的哀悼者——即使不是扼殺肉體，也扼殺了其他方面。這不過是孤立的經濟智人（Homo economicus）的另一種詛咒：消費者要做的是購買環保產品，而不是抱頭痛哭。如果我們被剝奪了「人類曾經以其他方式組織自己的過去的所有記憶」，那麼這一定也會影響到我們的情感生活：你的問題是你個人的、是病態的，解決辦法只限於你自己的生活選擇和幾本心靈勵志書籍。

記得在 Covid-19 大流行之前，在一場晚宴中，我告訴兩個親密的朋友，我覺得自己可能患了憂鬱症。從我談起這件事的語氣，你可能以為我說的是手腳骨折、營養不良，甚至是個人的失敗，而不是一個人存在於這個世界上的心碎。一個朋友說：「珍妮，的確有很多事情會讓人心情好不起來。」另一個則只是摟住了我。

當前不能也不該獨自承擔，悲傷也能教會你新的主體形式，我想像出一種雙重性（doubleness），也就是一種有能力見證而不轉身逃避的互惠關係。支撐我度過新的一天的總是另一個主體，可能是一個朋友，可能是灌木叢中的一群鳥，也可能是我最喜歡的那座山的東側。我靠近他們，從他們身上汲取某種我自己身上沒有完全擁有的**某樣東西**。有一篇《如何「無所事事」》的書評說，我很明顯在指人或人類時「使用了『bodies』這個令人討厭的詞」[746]。但我指的不是「人」或「人類」，我指的就是**bodies（主體）**：這一刻，我們必須緊緊團結在一起，與世界抗爭。現在不是背對海洋的時候。

回到二〇二〇年九月，我的大多數惡夢都以我眼睜睜看著火勢蔓延而結束，但有一次明顯不同，我夢見自己跑向一個牽狗的陌生人向他求助，他抓住我的手，我們二人一狗逃命似地逃到一家超市的停車場。當火圍困我們時，我們站在一起看著火。世界結束了，但夢還沒有。**現在該怎麼辦？**我問。

CHAPTER

6

不尋常的時代

社區圖書館

我們根據太陽而非時鐘生活。[747]

二〇一三年 BBC 刊登〈西班牙考慮改變時區以提高生產力〉（Spain Considers Time Zone Change to Boost Productivity）一文，文中引述了某位塞維利亞女士的話。

從懸崖向東北行駛，我們再次穿越聖安德列斯斷層，進入了另一個交通堵塞路段。這次是一〇一號公路，靠近一家以馬克・祖克柏（Mark Zuckerberg）命名的舊金山醫院。就在塞車開始變得更加嚴重之際，我們從左側出口下去，進入市場街的南部街區，在一條寬闊但繁忙的街道下了車，這條街道最後消失在金融區的方向。在這裡，四四方方的四層公寓與舊工業建築交錯，工業建築成了皮革製品等企業的辦公室，比如一家叫 Leather Etc 的皮革和綑綁用品店。

我們鑽入其中一座老建築。在一九二〇年代，此處是一間賺錢的洗衣店，在電話黃頁簿「反日本洗衣聯盟」的廣告底下就有這家店的名字。那時企業自豪地以「白人勞工」做宣傳，好像這是一個公平貿易標籤。百年後，我們在建築的對講機上按下代表「普林格」的 P。電梯把我們從喧鬧的街道帶到二樓，鋼管舞工作室傳出砰砰砰的低音，一盞暖暖的燈在走

廊盡頭吸引著我，雙扇門撐開一扇，進門後有三條走道，兩側是頂天立地的鋼製書架。兩位圖書館員面帶微笑，幾個人圍著一張大桌，正在翻閱各式書籍地圖。

我們如何為欲望打造一個家？對於生活在這樣一個強調自力創業的社會，這是一個難題，因為這種社會把不滿的情緒視為只是一種私人恥辱，**你想要的**和**事物的現狀**似乎完全無關。犬儒哲學[748]和虛無主義[749]讓你枯竭，如同被忽視和虐待壓得密實的土壤。但土壤保存著生命的記憶，只要有水，有一把耙子，也許你就能讓它重生。記住你不孤單對你會有好處，看看周圍，真的每個人都把時間看成金錢嗎？還是說，每個人都在花時間希望錢看起來不像錢呢？

我想用另一個思想實驗來撥散這片土壤。我在第二章中說過，時間管理通常是將時間單位視為個人的時間撲滿：我有我的，你有你的。在這個世界上，當我把一部分時間給了你，我的時間就少了，我們的互動只能是交易。如果這不是真的，如果你和我存在於一個相互影響的領域，其中的時間既不可替代，也不能變成商品——那麼「時間管理」指的是什麼呢？

我認為，至少在一定程度上指的是你我之間可以就什麼時候、以什麼方式做事，來達成某種互利的協議，這個協議的規模可能非常小。我和一位朋友做了一個明確的約定，就是我們互寫電子郵件的時候，永遠不要為了晚回信而道歉，而我們的共識是，你方便寫的時候就會寫。我和男朋友之間有一個心照不宣的規矩：誰做晚餐，誰就不用洗碗。但我們所有人都生活在更大、更嚴肅的協議之中。當「務實一點」的勸告指的是一個越來越站不住腳的現實，與其「齊步走向深淵」，我們至少有權利去想像，並且是共同想像：誰的時間應該值多少？誰的時間有價值？我們的時間為了什麼而存在？

想像其他時間景觀[750]時，我們可以從艾倫·C·布魯多恩所提出的「時間共享空間」（temporal commons）[751]中吸取一些經驗。所謂的時間共享空間，指的是構建和定義參與者時間體驗的社會協議，布魯多恩特別關注瀕臨危險的時間現象，像是正在減少的西班牙午睡時間，如果法律不能保護午睡時間，或者人因為其他原因不再午睡，午睡這個時間形式就會消亡。因此，如同其他共享空間一樣，時間共享空間也需要管理員。布魯多恩說：「這個想法並不是從時間管理的意義上拯救時間，而是拯救各種**時光**，起碼要保住一些。」[752]

但時間共享空間不是存在於真空中，往往與周圍環境互相牴觸。布魯多恩詳細描述了萊斯利·佩洛[753]在一九九九年做的實驗。在一間名列《財星》雜誌美國五百大企業的軟體公司中，工程師不停面對干擾，無法有效完成工作，感到非常沮喪。佩洛在該公司推動「靜音時間」，一天當中有一段時間（有時是兩段時間）不許同事之間「無意識地互動和打擾」。布魯多恩提醒我們，「寧靜的時光不會自然而然地發生，像許多時候，它是被建構出來、且由社會建構而成的，在這種情況下自然也受到社會契約的約束。」[754]

在這項研究中，佩洛從不同種類的工作時間裡獲得了重大的啟發，不過直指問題核心的關鍵，卻是這家軟體公司最後發生的事。雖然靜音時間很受歡迎，有些工程師希望實驗結束後能夠繼續施行，但在佩洛離開之後，公司無法繼續這樣的安排：「顯然組織文化的關鍵要素，如**成功的標準**並沒有改變，文化的這些方面激發了導致靜音時間制度**瓦解**的行為」[755]（加重號為筆者添加）。

佩洛離開後，工程師如何才能「管理」這段安靜的時間呢？他們需要的也許不只是一個非正式的協定，還需要編纂新的「成功標準」，以保護每個人不被舊標準左右。在我上述的小例子中，多少也存在著這樣的緊張關係：我和朋友之間的約定，否定了人應該隨時可以收發電子郵件的普遍期望；我和男朋友之間的約定，則否定了女性應一手包辦家務的普遍期望。

在布魯多恩的《人類的時間組織》（*The Human Organization of*

Time）中，我學到了 **zeitgeber** 這個德語單字，它指的是組織和構築時間的東西。[756] 如果你還記得第二章的話，一個 zeitgeber 可能會與另一個 zeitgeber 發生衝突，壓倒另一個。這種「攻陷」暗示了一個框架，我們可以透過這個框架重新審視娜歐蜜．克萊恩《天翻地覆》一書的副標題：「資本主義 vs. 氣候危機」。克萊恩描述北美自由貿易協定（NAFTA）等國際貿易協定，如何被用於阻礙各國規範化石燃料的銷售和開採，或者建設可再生能源基礎設施的個人努力。[757] 跨國公司甚至可以利用這些協定推翻平民百姓的勝利，比如魁北克暫停使用水力壓裂法[758]開採天然氣。換句話說，我們有國際貿易組織，也有氣候高峰會，每個組織都有一套不同的時間目標，但這些目標絕無法平等地執行。克萊恩引述一位世界貿易組織官員在二〇〇五年的話，這位官員說，該組織讓「幾乎任何減少溫室氣體排放的措施」都可能遭到反對，還補充說，當時幾乎沒有公眾抗議，但應該要有。

桑福德．弗萊明夢想一個完全脫離塵世背景的「宇宙日」[759]，幾個世紀後，主導我們生活的 zeitgeber 似乎不是「世界末日鐘」[760]，而是季度收益報告。這正是我今年某個夏日經歷了奇怪的時間分裂的原因，當時空氣質量指數過高，無法外出，我只好潛伏在英國石油公司在官網上公開的營運暨財務會議紀錄中。在二〇一八年報告的股東問答中，桑坦德銀行[761]的分析師禮貌地發問，詢問公司預計在茅利塔尼亞和塞內加爾邊境建設海上天然氣田的計畫（也就是 Tortue 計畫，在二〇二〇年，因為疫情，相關建設工程暫停了）。之後，英國 Panmure Gordon 投資銀行的分析師再次提出與該計畫相關的問題：

> 好，謝謝。謝謝你願意回答我的問題。回到天然氣上。伯納德（英國石油公司 CEO 伯納德．魯尼），你沒提到 Tortue 計畫的進展，也許說得更廣一點，你能否說說茅利塔尼亞和塞內加爾的進一步開發，在二〇二五年和二〇三〇年年產兩千五百萬噸和年產三千萬噸液化天然氣目標中的作用，特別是什麼會讓它們成為正式的、完整的、FID（海外收入分紅）計畫？謝謝。[762]

魯尼向分析師保證，儘管受到疫情延誤，所有的開發仍然**按計畫進行**。除了我呆呆想像三千萬噸液化天然氣的恐懼之外，這段交流沒有什麼值得注意之處，就像馬克思在《資本論》中所寫，「**Après moi, le deluge**（在我之後洪水滔天）是每一個資本家和每一個資本主義國家的口號。」[44] 對大多數公司來說，最重要的成功標竿是成長，伯納德．魯尼在做他的工作，銀行也在做他的工作。當英國石油公司的行銷人員設計廣告，宣稱天然氣是「乾淨能源」，他們也是在履行自己的職責。一季之後將有另一次會議，這場會議也將同樣地輕鬆隨意。我只是發現了一扇窗，讓我看到開採業又一天在對自己有利的時間範圍內運作。然而，身為**時間的提供者**和我的時間範圍的決定者，我所看到的與我直接相關。說到底，我按他們的時鐘過活。

我們進入書庫。這座圖書館不使用杜威十進位系統[764]，而是依照圖書館員的直覺和心理地理陳列。從左邊開始是舊金山本地主題，然後向外延伸，沿著走廊進入美國西部，世界地理、自然史、採掘、交通、基礎設施、住宅、藝術、電影、網路媒體、物質文化、語言與性別、種族與民族、美國政治史、地緣政治與非美活動，最後一個分類叫做「抽象與離開地球」。

我陪你走到剩下的「特大冊」區，從一系列裝訂好的期刊中抽出一本書：《工廠雜誌》。我們瀏覽打卡鐘和效率系統的廣告，有一則說：「跟上時代，成功人士發現商場上有一個因素控制著其他因素，那就是時間。」另一個廣告畫著工人圍桌而坐，寫著：「人的效率決定工廠的效率。」

[44] 這句話出現在我在第一章中提到的《資本論》的那一章（〈工作日〉），在馬克思將勞動者身體的剝削與地球的剝削進行比較之後：「使（資本）感興趣的，純粹是一個工作日內可以調動的最大勞動力，實現這個目標的方法是縮短勞動力的壽命，如同貪婪的農民剝奪土地的肥力，從土地中奪取更多的農產品。」[763]

轉了個彎，我們找到幾期《體育文化》，在第一次世界大戰期間的整版廣告中，萊昂內爾．斯特朗福德[765]說：「哦，你身材太差了！」他穿著內衣擺姿勢，認真收緊腹肌。「這是美國歷史上唯一一次，國家希望每個男人不是戰鬥就是工作，你卻身材太差、肌肉鬆弛、體弱多病、一無是處，對自己、家庭和國家都沒用處。」更下面寫著：「你為什麼不讓自己變得更好？」看著這些原作讓人覺得有趣，我們意識到這些觀念已經滲透到我們所處的文化中，但這種語言在紙面上看起來卻是絕望、武斷且脆弱。

在實踐「拯救時光」的使命過程中，布魯多恩常常聽起來像是一個關心世界語言滅絕的民族學家，事實上，任何共用的時間感都與語言息息相關，語言本身就是一個系統，對世界進行排序和解析，它的輪廓由單字、短語和時間觀念來支撐。社會學家威廉·格羅辛（William Grossin）認為，「一個社會的經濟狀況，它組織工作的方式，生產商品和服務所使用的手段，以及時間在集體意識中的表現方式」之間存在一種「對應關係」，「這種表現方式每個人幾乎總是可以毫無問題地接受、內化和接受。」[766]

幾乎總是，那麼出問題時要怎麼辦呢？

語言是動態的，難以控制，總在分裂。語言必須如此，因為為了使用它，我們使用我們從未選擇的詞語和結構，讓它們做我們（或大或小的共同體）想要它們做的事。二〇二一年三月，疫情進入後期，凱瑟琳·海姆斯[767]為《大西洋月刊》撰寫了一篇「家庭密語」（familects）[768]的報導，家庭密語是長時間待在共用空間的人之間形成的慣用語和簡稱，海姆斯認為封城加速了這個過程。有人提供她一個例子：刺蝟的意思是不到一整杯的咖啡，「她解釋說，這個用法來自『有一天我和室友發現一個比其他杯子小的咖啡杯，上面有一隻小刺蝟。』在她的家中，刺蝟成為一種固定的衡量單位：『我現在也會討**半刺蝟**來喝。』」

我們可以將特定時間在共享空間內的協議，理解成一種時間家庭密語，就像我提過的電子郵件和洗碗的協議，或者像我那些遵守「菲律賓時間」的菲律賓親戚，他們普遍接受一種其他人會認為是遲到的行為（這個話題我稍後會再談）。你甚至可以想像任意建立一個時間家庭密語，比如決定每八天和一個朋友一起遵守某種儀式。當然，與其他人打交道時，你們就得承擔維護一種與正常七天一週不同的時間語言的代價。

如果八天一個週期聽起來奇怪，那也不會比不同宗教選擇不同的「安息日」日期更奇怪了，因為不同宗教選擇不同的安息日只有一個目的——讓自己跟別人不一樣。我的菲律賓家族是「基督復臨安息日會」，這個基督教教派在十九世紀初第二次大覺醒運動中發展起來，[769] 主要特色之一是在星期六守安息日。[770] 二十世紀初，由於傳教士的努力，它在菲律賓有了一席之地 [771]，也大約在那個時候，有人勸我的曾祖父改信這個教派——但我的曾祖母沒有，她仍然是天主教徒。在我曾祖母皈依之前，安息日時常造成家庭的緊張局勢，據家庭傳說，曾祖母會在星期六把廚房弄得亂七八糟，要女兒打掃乾淨，故意讓每個人參加基督復臨安息日會的禮拜都遲到。

抵抗新時間秩序的人有他們的理由，理由有瑣碎的、務實的，也有人為的，像是追求象徵意義和分裂主義。最有可能感受到（有時甚至是抵制）新時區標準的人，往往是那些最不適應這種變化的人。例如，在距離時區子午線七點五度的地方，標準正午與觀測到的正午最多能相差半個小時。標準時區也可以被視為「對神聖自然秩序的褻瀆性干涉」。[772] 伊唯塔．傑魯巴維 [773] 研究標準時間時發現到，穆斯林國家堅持使用太陽時間（根據太陽的明顯位置，而非時鐘讀數）安排祈禱時間。我在《如何「無所事事」》中曾經提過雙橡社區（Twin Oaks），在一九六〇年代，那裡採取了類似基督復臨安息日會星期六守安息日的做法，故意把所有時鐘調得比「外面時間」快一小時，遵守所謂的雙橡時間（Twin Oaks Time，TOT）。[774] 直到一九一一年，法國人仍然固執地拒絕遵守以英國格林威治標準時間為基礎的格林威治標準時間，即使開始遵守了，也稱之為「延後九分二十秒的巴黎標準時間」。[775]

最後一個例子證明了，標準時間往往是國家認同的得力助手。一九四九年，毛澤東以民族團結為由，將全中國的時間統一為北京時間 [776]，這個單一時區的規定沿用至今，只有一個例外，我稍後再談。在第二次世界大戰期間，德國採用夏令時間（Daylight Saving Time，DST），在納粹占領的部分歐洲地區實施。[777] 為了聲援希特勒，西班牙獨裁者法蘭西斯科．佛朗哥（Francisco Franco）在一九四〇年代將西班牙改為中歐時間（Central European Time，CET），[778] 因此西班牙目前與德國屬於同一個時區，比位於正南方的摩洛哥早了整整一個小時。[779] 二〇一九年，歐洲議會投票決定取消夏令時間，但說來很諷刺，由於 Covid-19 以及關於是否保留「夏令時間」或「冬令時間」的分歧，實際廢除的日期因而延後。

在美國，夏令時間的故事相當可笑，這是受到美國戰時道德和公然商業利益的影響。在意外幽默的《調快一小時：一年一度的日光節約時間亂象》（*Spring Forward: The Annual Madness of Daylight Saving Time*）中，麥克·唐寧[780]說：「夏令時間具有崇高的人道主義目標——讓工作的女孩在天黑之前安全返家；讓爸爸媽媽在後院花園的陰影落下之前與孩子團聚；增加工人每日參加體育和娛樂活動的機會，好保障他們的身心健康。這些目標類似於促進零售銷售的創新策略。」[781]鐘錶公司刊登數不清的鬧鐘廣告，服裝公司推銷「從五點穿到午夜」的新服飾給職業婦女，園藝工具、運動用品和度假屋折扣比比皆是。

關於美國的夏令時間，唐寧可以寫滿一整本書的篇幅，也因為這樣的轉換搞得人仰馬翻（而且現在仍然如此）。唐寧說，在一九六〇年代以前，夏令時間創造出一個「荒謬地與自身脫節」的國家，詹姆斯·C·史考特應該會很欣賞他的這段話：

> 在一九六五年，有十八個州遵循夏令時間，每年有六個月的時間，它們的時鐘比標準時間快一小時，另外有十八個州敷衍了事，每年有三到六個月，有些城鎮的時鐘比標準時間快一小時，有些則還是標準時間；有十二個州根本不實行夏令時間，它們的時鐘比遵守夏令時間的州慢了一小時；在德州和北達科他州的某些地區，當地居民採用「反向日光時間」，他們的時鐘比標準時間慢了一小時，比夏令時間慢兩小時。那一年，《國家》雜誌（*The Nation*）估計「有一億美國人與其他八千萬人步調不一致」，並引述美國海軍天文臺一位官員的話：美國是「天底下最糟糕的時間管理者」。[782]

實際的問題仍然存在，亞利桑那州不遵守夏令時間，二〇二一年有兩個亞利桑那州居民說出了重點：「當你住在沙漠時，日光沒那麼珍貴……

所以，我們並不想要節約日光。」如果採用夏令時間，夏天的日落時間就會晚一個小時，那只會「延長我們忍受炎熱的煎熬」。[783] 然而，在亞利桑那州內，納瓦霍族 [784] 卻遵守夏令時間，畢竟他們的合法領地橫跨亞利桑那州、新墨西哥州和猶他州，基於管理需求不得不這麼做。（而在亞利桑那州境內，位於納瓦霍族領地內且被納瓦霍族包圍的霍皮保留地，則是不遵守夏令時間。）而在有些地區，納瓦霍族的領地零碎分散，開在亞利桑那州的高速公路上，可能會進進出出夏令時間好幾次。[785]

夏令時間和時區的例子乍看之下微不足道，只是關於時間和日光，與時間本身的意義和用途無關。但時區和標準化的概念本身就意味著支配——將一種 zeitgeber（例如當地太陽時間或當地固有的農耕線索）納入另一種 zeitgeber（國際時間和標準化商業農業）。官方時間和非官方時間的問題成了我在第一章中提出的問題的變體：誰在計時誰？

在中國，唯一不使用北京時間的地區，是位於中國西部沙漠山區瀕臨中國與哈薩克的邊界的新疆。在那裡，部分地方遵守新疆時間（或烏魯木齊時間，以新疆首府命名）。[786] 新疆是維吾爾族的故鄉，但維吾爾族人的泛伊斯蘭和泛突厥身分從未得到中國共產黨的認可。中國在一九五〇年代將新疆指定為自治區，但也開始設法在政治上同化新疆，包括在一九六八年正式廢除新疆時間。

一方面，新疆時間看起來很實用，新疆位於北京以西一千多英里，該區的太陽時間比首都晚兩個小時。烏魯木齊的一個清潔工告訴《紐約時報》，他認為他們一定是唯一在午夜（指北京的午夜）吃晚餐的人。[787] 但新疆時間從根本上深具文化意義，並按照民族界線運行，當地電視網的中文頻道依照北京時間播出，維吾爾語和哈薩克語頻道則按照新疆時間播出。[788] 今日，中國共產黨的政策從同化轉向反伊斯蘭滅絕，強迫維吾爾族人絕育、勞動，將他們關在再教育營中，禁止使用維吾爾族文化資料和習俗。[789] 在這樣的當下，遵守新疆時間是一件再政治化不過的事。

在討論夏令時間一書的開頭，唐寧開玩笑說，有一次他在夏令時間正式開始的凌晨兩點之前調好了時鐘，因為他很累，想睡覺了。隔天早上一位鄰居告訴他：「你違法了。」表示如果聯邦政府來問話，他會「為（他）說謊」。[790]但在新疆，不遵守時間規定可不是鬧著玩的，一名前維吾爾族政治犯告訴人權觀察組織，有一個人將手錶往後調了兩個鐘頭，回到了新疆時間，竟然因此遭到拘留。[791]中國當局表示，這就是他是恐怖分子的證據。

與其他語言一樣，時間系統反映出一個共用的世界。如果你和我有某種實際理由來遵守我們的八天儀式週期，那就不是任意而為，而是我們彼此關係和共同處境的自然結果，這跟世界上其他的時間形式一樣，與我們的生活息息相關。如果一個屋子裡的所有室友都知道什麼是刺蝟杯，也經常需要指定一定量的咖啡，那麼「一刺蝟」咖啡就是很合理的用語。

在《國家的視角》一書中，詹姆斯·C·史考特提到一句爪哇諺語：**Negara mawa tata, desa mawa cara** ——「首都有其秩序，村莊有其風俗。」[792]在馬來西亞某個地區，詢問到達某地需要多長時間，你得到的答案可能不是以分鐘計算，而是「煮三次飯」——每個人都知道煮一次飯需要多久的時間，而且米還要用當地的品種。顯然，政府管理機構有實際的政治理由，必須統合所有令人困擾的村莊測量和時間計算，否則就得面對神秘又「不可簡化的本地」測量形式。交流也是如此，要不就是地方語言成為霸權，讓管理機構捉摸不定，要不就是國家語言成為霸權，讓村民摸不著頭緒。說國家語言是為了讓國家聽得懂，聽得懂是為了在這片日益被國家主宰的土地上生存。[45]信奉泰勒制度的人在科學時間表中編纂工作慣例，讓工作再次蒙上神秘的面紗，造成製造業工人去技能化，讓他們更加完全按照工廠經理的時間工作。同樣的道理，想要削弱社會團體權力的人，都會先從語言下手。

因此，殖民者努力剷除原住民的文化，他們的目標除了語言習俗，

---

[45] 對歐洲殖民列強來說，這個過程也在國內進行。史考特說，隨著法語向外開始在法國殖民地強制推行，法國國內也出現了殖民化過程，比如布列塔尼（Brittany）和奧克西塔尼（Occitanie）等外省地區，「在語言上被征服，在文化上被同化」，人民越是必須使用官方語言（法語），「在邊緣地區缺乏法語能力的人，就變得越是沉默和邊緣。」[793]

也包括了時間習俗。但如果征服代表內化，這些計畫顯然是失敗了，因為想要一舉消滅一門語言很難，甚至是根本不可能的事。在《時間的殖民化》（*The Colonisation of Time*）一書中，佐丹諾．藍尼[794]提及理查．艾爾菲克[795]的觀點：「兩種思想體系不會『相撞』，真實的人反而是在生活中進行協商，再去把握、結合與反對不同的元素。」[796]根據藍尼對於南非殖民地的描述，這種協商有時充斥著暴力，有一支科薩族[797]團體在焚毀殖民者的傳教站之後，把傳教站的鐘摔在石頭上砸爛——散發出安息日和正常工作日的歐洲 zeitgeber 失去了聲音。[798]但即使是所謂的接受，往往也不過是挪用和適應。基督教時間可以用在有用的地方——一支科薩族團體拒絕在星期一聆聽傳教士講道就是一個明證，因為（他們指出）那天不是安息日。[799]

強制推行語言不代表可以控制語言，只說一種語言也不代表這種語言已經內化了。直到二十世紀，美國原住民保留地仍舊由白人事務官[800]監管，傳統舞蹈往往受到限制，但拉科塔族在一九二〇年代發現，如果他們打著愛國主義的旗號，就能在七月四日美國國慶日舉辦大規模的舞會。[801]這種策略奏效後，立刻傳遍北部和南部的平原地區，各地紛紛在元旦、華盛頓誕辰、林肯誕辰、陣亡將士紀念日、國旗日和退伍軍人節申請舉辦跳舞活動。約翰．特勞特曼[802]在著作《印第安藍調》（*Indian Blues*）中引用西弗特．揚．熊[803]的話：「事務官認為那些場合不危險，所以我們才能夠跳舞。」特勞特曼寫道，這些所謂的民族主義慶祝活動，似乎只有在「（事務官）意識到無法箝制他們希望拉科塔人遵守的節日的象徵意義時才顯得危險」。

就像科薩族利用安息日來達到他們的目的一樣，這個故事頗為有趣，像是一個拉科塔族自己人才能夠領會的笑話，對於不大精明的事務官沒有意義，他們自以為是，以為印第安人想要慶祝國慶日。在印第安事務官的時空監視下，拉科塔族在語言變遷中找到一個藏身間隙。這類的適應例子一再出現，最近一例是二〇一〇年代中國人使用諧音、圖片和諷刺來規避中國網路審查。[804][46] 一則內部自己人才懂得笑話，創造了一個新的內部，成為了一個新的中心。如果說國家依賴於可理解性，那麼自己人才懂的笑話則是一種同時讓監督者無法理解、讓群體內部相互理解的方式。[47]

第一章中，我曾經提過勞動時間的計算如何在種植園奴隸制度下發展起來，而在另一方面，被奴役者也在帳本線（ledger lines）[808] 之間創造一種「內部空間」，保護了時間的形式。在〈規劃黑人共享空間〉（Plotting the Black Commons）一文中，J・T・羅恩[809] 所謂的**規劃土地**指的是（一）十九世紀美國種植園中奴隸被分配的土地，他們用來種植糧食和製造藥物；（二）墓地，以西非喪葬習俗為本，根據新的環境調整；（三）河流和「夾縫」的廣泛背景，讓人可以覓食、藏匿和暗中交流。[810] 在所有情況下，被奴役者「利用這塊土地當成他們偷來的時間，參與自己對於自我、家庭和社區的獨立願景」。[811] 如同拉科塔人在美國國慶日跳舞一樣，規劃者找到了一種說禁用語言的方法：「藏於眾目睽睽之下，發展出即使在外人的注視下也無法理解的社會地理語法，在全面控制、掌握和監視的表面景觀中，被奴役者創造出黑洞，為黑人共享空間提供了基礎。」[812]

在羅恩的描述中，規劃土地之所以異乎尋常，不光因為發生在想像之中最剝削、最受監控的環境中，也因為它出自於資本主義主客體關係中的客體，在黑人共享空間中盛行的，不外乎是「對資本主義的封閉和控制深惡痛絕的價值和價值標準」。在規劃共享空間的過程中，黑人活在一種

---

[46]「草泥馬」一詞在中國的演變就是抵抗網路審查的常見例子。[805]

[47] 當然，這種策略本身並沒有什麼好處。種族主義和保守主義團體經常使用類似的策略（我們現在稱之為「狗哨」[806]），當他們被指責種族主義時，通常會回歸到自己人才懂的笑話的「幽默」上。廣告商也是語言創新專家：品牌是什麼？不就是一個對某些人來說應該能夠辨識的東西的新詞嗎？我在這裡只是想強調，語言的使用是一種權力工具，與所有權力工具一樣，可以傷人，也可以用來解放人。語言是我們每個人都參與其中的一樣事物，也是思考個人與集體、非正式與結構之間關係一個容易接近的存取點。關於這一點，可以參考詹姆斯・C・史考特在《統治與抵抗的藝術》（*Domination and the Arts of Resistance*）中「公共紀錄」與「私人紀錄」的對比，嚴厲的統治往往會產生「因而豐富的隱性紀錄」。[807]

與外界不容的宇宙觀中，「拒絕讓自己被簡單地物化。」

二〇〇四年，一項有關松嶺保留地[813]任務導向和雇傭勞工之間關係的研究中，凱瑟琳．皮克林[814]警告我們，不要只把拉科塔族的時間看成是抵抗——這種警告很容易延伸到「黑洞」的創新上。她寫道：「拉科塔族對時間的建構，不只涉及（〔拉科塔族〕）與歐美人的關係，更涉及拉科塔社會本身。」[815]例如，在二十世紀，由於習慣了以任務為導向的社會，有些拉科塔人以為「時間就是金錢」的觀念暗示著懶惰，「因為這限制每天只能工作八小時，無論工作是否完成。」[816]皮克林引述一位拉科塔長者的話：「時間從來都不是具體的一分鐘，而是時間的空間，比如清晨、下午或午夜之前，印第安時間的真正涵義來自於……傳統歌曲中的一句歌詞，**nake nula waun yelo**，意思是『我準備好了，不管何地何事，我隨時都準備好了。』」[817]在松嶺保留地，拉科塔族完全沒有將歐美工作倫理內化，他們只在必要範圍內參與雇傭勞動，如果西方觀察者不想把這看作「純粹的抵抗」，就需要努力不要成為弗雷德．莫滕所說的「隨身攜帶中心的殖民者」。[818]《時間的殖民化》一書的結尾，藍尼描述了一個很好的例證。一九七七年，在澳洲一個偏遠小鎮，鎮政會在小鎮豎起一座巨大的電動鐘。[819]該鎮的居民主要是皮欽查查亞人[820]，不需要時鐘時間，因此這座鐘塔無人理會。「說來非常諷刺，十年後有一位白人社區工作者指出，這座鐘簡直是『浪費時間』，因為『根本沒有人看它，時鐘已經壞了好幾個月了，也沒半個人發現它壞了。』」

這讓我想起「菲律賓時間」。[821]從某個角度來看，這個詞帶有貶義，因為它是二十世紀之交接管菲律賓的美國人所創，他們發現菲律賓人很不守時。不過，至少在我認識的人當中，它還是經常被當作一種自己人才懂的笑話，甚至是一種狡黠的自豪。我母親最近去參加一場追思會，典禮遲遲不開始，我的表妹說：「你以為呢？這是一間菲律賓教堂。」

菲律賓產品設計師布萊恩．譚（Brian Tan）在 Medium 寫作平臺發表過一篇文章，充分說明了菲律賓時間已經過時的觀點，他的理由與菲律賓時間在外界眼中的形象、它的現代 zeitgeber 和生產力精神有關。[822]遲到可能成為「我們人民和我們國家的烙印」，這是一個嚴重的劣勢。這我能理解，因為傑魯巴維說過，遵守時間系統，如同遵守任何語言，讓我們能夠參與一個「主體間世界」[823]，而目前最廣大的主體間世界，是一個全球性資本主義世界。但如果我們只是暫時離開，暫且擱下基於歷史和文化上特定以時鐘為基礎的守時觀念，還有時間就是金錢的觀念，那麼菲律賓時間其實看起來根本不成問題。[48]

----——

我們想要查看的書籍期刊堆在桌上，緊挨著別人的那一堆。其中一個人正在翻閱一本關於市場街南部地區發展的巨型手工書，有一位當地人收集了五十多年的報紙文章，黏在繪畫簿封面和封底中間的紙張上。另一個人正在瀏覽一本一九六六年的《黑檀月刊》（*Ebony Magazine*），[826] 雜誌翻到一篇「典型的白人郊區居民」的民族學文章。圖書館駐館藝術家正在翻閱一本《展示世界》（*Display World*），尋找「西裝革履的男人……用他們自詡的權力和威望解決世界問題」的圖片，準備用於她的藝術書。[49] 不可避免的，我們的書會開始對話，我們也一樣。《體育文化》中的健美

[48] 菲律賓時間值得與其他非西方時間的名稱一起思考，無論是在其原始的遲到或懶惰的內涵上，還是在其被重新挪用為抵制西方時間的能力上。二〇一九年，賓州大學當代藝術研究所舉辦「有色人種的時間：平凡的未來、平常的過去、平庸的呈現」展覽，梅格．翁利 [824] 為策展人，她談到了羅納德．沃爾科特（Ronald Walcott）對黑人文學中的「有色人種時間」（colored people's time，CPT）的探索，在策展說明中指出，CPT 這個「既有生命力又有解放意義的詞語」吸引了她，因為它「替黑人提供一種語言工具，可以在西方時間的構造中以及對抗其構造中，規劃自己的時間性」。[825] 同樣地，聖卡洛斯阿帕契部落成員弗內爾達．格蘭特（Vernelda Grant）告訴《今日印第安人國度》（*Indian Country Today*），「印第安時間」（也被外界解釋為姍姍來遲）只有當「白人來了，告訴原住民要『在一定的時間內把事情辦好』（早上七點要吃早餐，而不是在太陽升起前起床準備早餐）」，「印地安時間」才變得明確可以分辨。

[49] 這是藝術家薩拉．泰爾（Sarah Tell）目前正在創作的作品，名為《無需擔心》（*No Reason to Worry*），將由泰爾負責的 Distress Press（@distress_press on Instagram）出版。

運動員和西裝男士交談，西裝男士對著報章報導的一九六〇年代「貧民窟清理運動」的人們交談，而後者又和郊區居民交談。

我舉了這些例子，因為如果沒有這些例子，很容易將歷史解讀為資本主義時間侵蝕所有地方和生活領域的線性故事。從某種程度上說，這樣的故事是真實的，與我所描述的人類世有著同樣的風險，在人類世中，歷史像是一場平穩且確定的毀滅性攻勢，任何其他事物（「抵抗」）看起來都像是不可避免的拖延，而非通向另一條軌跡的開端。

使用說一種語言，就是參與世界創造、保存和演變的方式之一，時間家族密語、低調的語言、黑洞，以及新舊 zeitgeber 的可能性，讓我想起弗雷德．莫滕對於「學習」的闡述。在《地下社區：逃亡規劃與黑人研究》末尾的一次訪談中，他是這樣定義學習：

> 學習就是與其他人一起做的事。與其他人交談、四處走動、一起工作、跳舞、受苦，這是一種不可簡化、以實踐思辨的名義進行的多重活動的結合……稱其為「學習」，是為了表示這些活動的持續不斷、不可逆轉的知性已經存在，這些活動沒有因為我們現在說「哦，如果你以某種方式做這些事，你就是在學習」而變得高尚，做這些事就是在參與一種共同的知識實踐。這點我們務必要先認清——因為認清到這一點，你就能接觸到完整、多樣、另類的思想史。[827]

把這樣的互動看作是學習，不單以不同的角度來看歷史，還可以模糊個人的主觀能動性和結構變化之間的界線，否則我們會覺得兩者之間存在著無可救藥的隔閡。工會是最著名的變革行動者之一，它的名稱（union）本身就暗示著社會性（聚在一起相互交談）。而且，無論是不是傳統工會，絕大多數強大權力失衡的變革都始於一個簡單的真理：「有人會說話。」

二〇一九年，在本地廣播電臺 KPFA 工作室，我看到一張「零工經濟[828]、人工智慧機器人、勞工和末日般的舊金山」活動的傳單，於是跑去參加。這場活動是紀念舊金山一九三四年大罷工[829]週年紀念「勞工節」的一部分，在國際碼頭和倉庫工會的一座小建築中舉行，當年那場為期四天的大罷工，也恰好是在那裡的海濱發生的。有一個問題貫穿了該晚的會談：在一個工作分割、傳統勞工組織被削弱、公司擁有新監控技術的世界中，勞工要如何組織起來？

梅赫梅特・拜拉姆（Mehmet Bayram）是國際勞工媒體網絡（International Labor Media Network）的 IT 工作者，談到白領工作者必須將自己視為工人階級所面臨的「心理障礙」，[830]理由之一是他們使用電腦。在談到新泰勒制度做法影響 IT 工作者的體驗時，他說：「工具會變，但追求利潤的目標不變。」然後講了一個鼓吹同事加入組織的經驗。同事回答他說，他的母親以前打掃辦公室，**她**是工人階級，但他並不是。拜拉姆指出，他們在晚上九點工作時對話，已經超過了平日的下班時間，基本上是在免費工作。在這個簡單的例子中，兩個人深夜在辦公室裡談論他們是什麼樣的工人，他們的時間值多少錢。

桌上的資料讓我想起我最喜歡的期刊之一：《加工世界》。我拿起一本向你展示封面，上頭畫著魔鬼終結者把解雇通知單交給一個緊張不安的員工，員工緊握著一杯咖啡，四周都是菸蒂。我們翻開雜誌，讀到一篇關於工作態度不佳的文章，其中夾著一幅漫畫，看起來像一九五〇年代的插圖：一個商人被放在一幅衛星天線的圖案上方，手指著讀者，文字寫著：「老兄，你已經見識過科技的威力了，你現在要讓大自然阻止你嗎？」

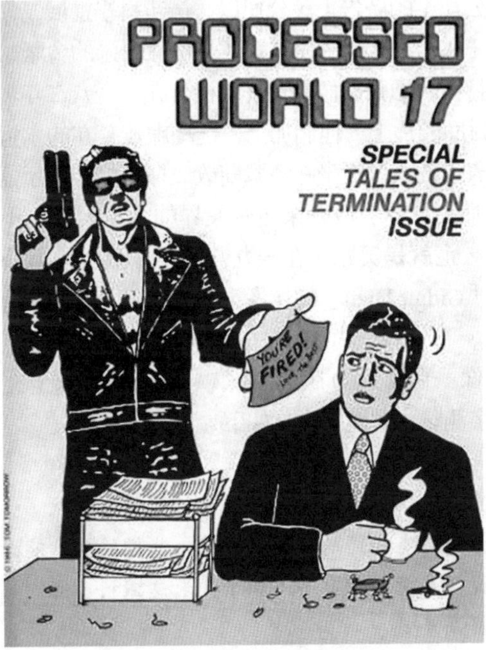

一九八〇年代初期，舊金山一群被疏遠的臨時辦公室工作人員，利用從美國銀行、聯邦儲備系統[831]和克羅克銀行[832]當地分行拿來的紙，開始印刷《加工世界》，刊登匿名作者的文章、詩歌、小說、漫畫和其他視覺藝術作品，[833]在住家和地下室裝訂，親手發給金融區的路人，也經由世界各地的激進組織分送，甚至郵寄給來信索取的民眾，包括監獄裡的人。《加工世界》讀起來像是一本玩世不恭的馬克思主義勞工雜誌，帶有《跩妹黛薇兒》（*Daria*）和《上班一條蟲》（*Office Space*）的影子，既嚴肅認真，又令人捧腹大笑，而且常常是嚴肅與好笑並存。除了思考疏離和報導各類白領罷工之外，讀者還能讀到自己人才懂的笑話和諷刺廣告，比如「BFB：

給老闆的大腦公司」的廣告，該公司以「最新科學進展為您帶來史上最聰明、最好管的工人」。[834] 有一期刊登了一份篡改過的會議議程，《加工世界》成員盛裝打扮，頭戴影像顯示終端機，在一九八二年辦公自動化大會上發放。[835] 在封面圖片上，他們加上「延續虛無存在的永恆國際會議」幾個字，把議程表上的人像從坐在電腦前改成揮棒打破顯示器。

有時，《加工世界》收錄來自企業界的人工製品，不加任何評論，在這種情況下，這**就是**笑點。在一九八二年一篇討論辦公室怠工的文章中，有個自稱「Gidgit Digit」的作者，諷刺地附上美國銀行頒給她的「團隊精神」獎狀。[836]「精靈」含笑站在四個美國銀行的標誌中央，罩著一條白布，有些像一個卡通 Q 版的 3K 黨。另一期雜誌全文轉載「舊金山 Temps 公司打字測驗」試題，全文如下：

在時間面前，人人平等。[837] 一天中有相同的小時數，一小時中有相同的分鐘數，一分鐘裡有相同的秒數。當然，我們的生產能力不盡相同，許多人學會盡量提高產量，但有些人似乎從未意識到，他們每天有同樣多的時間來工作和提高產量。

你們現在應該要知道，每個工人都有責任用一整天的工作換取一整天的薪水。太多的在職者只是占著位子，而沒有真正投入工作，往往希望工作一個小時就能拿到一整天的薪水，這樣經營的企業無法生存。所有雇主都有權要求每一個員工生產出超過他工資所得的產品，這個「超過」就是企業生存所需的利潤。

只有在字典中，成功（success）才會出現在工作（work）之前；我們想要的物質財富不會憑空而來，必須由某人生產，所以某人必得工作。實現成功的最快方法是努力工作——獲得我們想要的物質財富，最可靠的方法就是努力工作。如果說工作不是一種魔法，那麼它產生的結果則比魔法還要好。要實現我們所能實現的一切，我們必須學會熱愛工作。

編輯擅自加上一個帶有諷刺意味的標題：「價值勞動論？」暗指馬克思的《資本論》。

《加工世界》所關注的問題從很多方面預測到了約聘工作和零工經濟的問題。雜誌創辦人大多二十多歲，為了換取一些自由時間從事臨時工作，[838] 就像「打工仔」一樣，常常說時間彈性是他們選擇的動機。臨時工作也使用電腦，受制於不斷發展的自動化形式和對白領工作的監控。當技術狂熱者和商界人士對工作的未來充滿信心時，《加工世界》保持著一種懷疑態度，讓人想起製造業工人對泰勒制度的懷疑。

The 8 Hour Day
FROM THE POINT OF VIEW OF THE COMPANY
FROM THE POINT OF VIEW OF THE WORKER
It's a Question of Perspective

此圖出自一九八一年《加工世界》創刊號。

在她那篇描述辦公室怠工的文章中，Gidgit Digit[839]（「團隊精神」獎得主）正確預測到，有朝一日電腦能讓人居家工作，不過「管理階層不太可能放棄對工作流程的控制」。[840] 在介紹類似 StaffCop 這樣的軟體時，她預料「許多新系統提供了管理統計程式，讓主管能仔細審查每一個員工的產出，無論工作在哪裡完成，員工都擺脫不了主管的目光。」

在某種程度上，《加工世界》本身就是一種社交媒體，讀者來函往往充斥著關於怠工的倫理、既有工會的角色，以及雜誌是否有成為小眾關注的風險的辯論，通常也有孤立的工作者回應其他來函，簡單感謝雜誌的存在。[841] **「跳躍的約沙法！[842] 外面有智慧生命！我們隨時為您服務！」**[843] 兩位秘書寫道。「很高興知道還有人在呼吸！……我們願意為『崇高事業』服務，如果有需要的話，我們有一臺高解析度美能達（MINOLTA）影印機，複印能力有限。」另一位寫道，他從一位「非常怠工的朋友」那裡收到了第四和第五期，並補充說：「天啊，我想我自從認字以來，還沒有這麼感激涕零過！」[844] 一位在桌上型影像終端機前辛苦工作的員工（《加工世界》經常攻擊的對象）寫道：

一天早上七點（這麼早，老闆根本不可能來），我開始上班，發現有人放了一本《加工世界》在我的桌上。我很激動，但又盡量裝得若無其事，把它塞進抽屜裡，之後快快樂樂地狼吞虎嚥每一頁。在這個隔牆、隔音、PCB 板[845] 林立的辦公室叢林，最惡劣的命運莫過於相信上司的夢想，為公司的利益而打拚。《加工世界》，謝謝你，讓我知道還有其他人痛恨自己被雇用的目的。[846]

隨著越來越多的人做兼職、打零工，工作變得更加分散，這種橫向交流變得更為重要，但也更難保證有一個共用的物理空間或時間來促進交流、提升團隊精神。有時新的聚會場合偶然出現，例如，歐洲的餐飲外送員在實體等候點會自然而然地彼此攀談。[847] 但在大多數情況下，討論已轉移到網路論壇上，不同地理位置的人會交換情報故事，無論是為了討拍，還是為了揭開規範他們工作和時間的演算法的神秘面紗。[50]

孤立是剝削的前兆，這類論壇提供零工工作者交流意見和策略的機會。但即使有些工作者決定，例如，不接受低於某一報酬的工作，也有別的工作者往往因為經濟困難而頭一次加入，「總是有人願意跑一趟。」[849] 另一方面，想要順利建立限制措施，甚至納入國家法律的努力，可能在全球現實面前擱淺。從法律上講，傳統的工會組織受到空間的限制，跨國公司則沒有這種限制，可是當線上零工公司（GigOnline）的一個肯亞員工被問及成立工會的可能性時，他提出了明確的看法：「如果奈洛比的自由工作者組織工會，不想拿一定的美金完成這項工作，他們會直接去別的地方……他們會去尼日、去加彭、去菲律賓找人做，他們會去所有的國家找人，工會將沒有足夠的權力，因為我已經見識了全球化的威力。」[850]

這種情況需要新的語言和新的溝通管道。二〇二一年，《國家報》報導了對抗剝削性零工公司所取得的最新勝利，其中一個案例是，不同國家的 Uber 工作者研究金融新聞，預測 Uber 的首次公開募股，接著協調一場跨越二十五個城市的罷工活動，以便在最適當的時候引起媒體的注意。[851] 這場罷工替「應用程式運輸工作者國際聯盟」（IAATW）的成立鋪了道路，這個新國際勞工組織成功透過「論壇、群組聊天和視訊通話的跨國抵抗網絡」來推動工作。二〇二一年，在「英國獨立工人聯盟」（IWGB）的領導下，戶戶送（Deliveroo）工作者也取得了類似 Uber 工作者的勝利。

這種語言一部分連結起超越傳統藍領和白領觀念的全球勞工階級，因為零工經濟以許多方式讓遍布全球的工作者原子化[852]、匿名化，這種交

---

[50] 二〇二〇年一項對加拿大 Uber 司機「不當行為」的研究中，勞工研究人員特地強調網路論壇的作用，尤其是「不要便便！」（Don't take a poo!）[848] 這句口號。這句話指的是 Uber 的 UberPool 新服務，司機不喜歡這種搭便車的共乘服務，因為行程更複雜，實際支付的費用也比普通行程要低。在 UberPeople.net 的加拿大城市小組中，司機分享如何避免接受「便便」行程的技巧——例如，斷斷續續將手機設定為飛行模式。「不要便便！」是告誡司機們不要接案，這樣 Uber 就不得不改弦更張。

流格外顯得了不起。尼科爾（Nicole）是 IAATW 成員，幫助協調 Uber 抗議活動，她是如此形容這張新的反抗地圖：「加州的一名員工與肯亞的 Uber 司機，以及印度或馬來西亞的司機有著密切的關係……我們都為了一位舊金山億萬富翁的四千萬美元豪宅受苦受難。」

IAATW 的運作方式（以及支援他們、創立逾一世紀的國際運輸員工聯合會〔International Transport Workers' Federation〕的運作方式）展現了奧利・穆德[853]所謂的真正創意活動，這種創意不同於資本主義下的「創造力」。[854]在《反對創造力》（*Against Creativity*）中，穆德指出，現在各種工作都鼓勵員工發揮「創造力」，這往往代表著互相競爭的彈性、自我管理和個人承擔風險。另一方面，即使是名義上反資本主義的創意工作，無論是藝術、音樂還是口號，也很容易遭到市場剽竊。穆德認為，在這兩種情況下，創造力實際上都不具有創造意義，因為它只會「產生更多**相同形式**的社會」。即使進步了，也只是資本主義邏輯進入我們日常生活中越來越小的角落，讓布拉弗曼所謂的「通用市場」（the universal market）變得更加通用的進步。[855][51]

Covid-19 疫情讓我們重新討論工作與生活的平衡，以及縮短工作日或工作週的可能性，在這樣的時刻，分清楚其中的差別非常重要。一開始看起來可能是具有創意和解放意義的事物，最終可能反而重新鞏固了既有的制度，比方說，有公司發現，如果減少員工的工作時間，他們可以支付更少的工資，而且這個時候「他們真正投入工作的時間效率反而最高」。[856]早在一九七〇年代，哈利・布拉弗曼就注意到，像 IBM 這樣的公司實現工作的「人性化」，改變的是管理風格，而不是員工的地位。[857]如同《辛普森家族》裡郭董[858]的滑稽帽子，這些策略只不過是「員工『參與』的精美幌子，好像慷慨地讓員工自由調整機器、更換燈泡，從一個瑣碎的工作換到另一個瑣碎的工作，產生參與決策的幻覺。」

---

[51] 具體來說，「通用市場」指的是當個人和社區關係被消費者之間的交易所取代時所創造的市場。

這與一九五〇年代設有夜間照明球場公司的見解如出一轍：快樂的員工等於更高的產量，如果公司能支付更少的薪水，那就更棒了。「成功的標準」仍然沒有改變，一方面，你不能怪責一家企業說話用的是底線語言[859]，另一方面，你也可以提出一個老問題：為什麼個人被期望要「有韌性」，而企業卻不需要呢？

在《加工世界》的那篇文章中，Gidgit Digit 提到怠工時，針對激進變革的實際意義表達過類似的觀點，並以悲觀的角度描述一九八〇年代所謂具有解放意義的便利措施：

> 由電話購物和網路銀行等技術奇蹟所創造的個人「自由」是虛幻的，它們至多只是一種便利工具，讓現代生活更有效率秩序，這場「革命」並沒有觸及社會生活的基礎，如同在辦公室裡，社會仍舊是階級分明的。甚至因為有了自由度提高的錯覺，反而加強了控制者的權力。在這座電子村莊裡，居民在個人「用戶 ID」中擁有 100% 的自主權，但被組織排除在外，無法參與「操作系統」的「程式設計」。[860]

弗雷德．莫滕的研究、奧利．穆德的創造力、Gidgit Digi 所說的（重新）程式設計，三者皆來自截然不同的背景，但有一些共同點，他們都不想被市場或機構等階層形式的束縛，也不願意支持它們，而是棲身於界線之間的某處，一個混亂的中間地帶。這可能代表他們要說一種「新的」或「被禁的」語言（無論是否為直接的語言），表達當前無法言說的話。在自己人才懂的笑話的空間裡，這是一種拐彎抹角的說話，而非一味迎合，以莫滕的話來說，這可能是一種拒絕的「突變語法」。[861]

如同卡洛爾．姆格拉納漢[862]所言：「拒絕就是說『不』。但是，『不』，不單是這樣，拒絕可以是生成性的，也可以是戰略性的，它是一種戰略、一個蓄意的行動，朝著某一事物、信仰、實踐或社區而進，遠離另一事物、信仰、實踐或社區。拒絕說明了限制和可能，特別是，它又不止限於國家和其他機構的限制和可能。」[863] 拒絕可能始於你，但不能止於你，它必須在訊息中、在雜誌上、在論壇上、在非工作時間、在一個持續不斷的「排練」中說出來。在召喚一個世界時，這是你可能做的最具創造性的事情。

一位圖書館員招待我們薄荷茶。趁著燒水時，我們瀏覽牆上的海報，有一張印在布上，畫出吉恩．夏普[864]在《非暴力行動的政治學》（*The Politics of Nonviolent Action*）中所描述的一百九十八種非暴力行動。另一張標題是「在檔案中識別和解構白人至上主義：檔案中的白人特權和解構行動項目不完整清單」，出自米歇爾．卡斯韋爾[865]在加州大學洛杉磯分校的「檔案、記錄和記憶」課程，有的特權與語言直接相關，其中一條寫道：「當我在檔案中尋找來自我的社區的資料時，這些資料將在查詢和目錄紀錄中，使用我們用來描述自己的語言。」

在每一種語言中，都有可以出現、可以說出來的事物，以及不能出現、不能說出來的事物，這是瑪麗蓮・華林[866]於一九八八年出版的《如果女性也算數：一種新的女性主義經濟學》（*If Women Counted: A New Feminist Economics*）所討論的觀點之一。[867]一九七五年，年僅二十三歲的華林選上紐西蘭國會議員，與她一同成為國會議員的還有另外三位女性。華林今日以抨擊GDP為成功標準的立場而聞名，一九七八年她被任命為公共支出委員會主席時，她是委員會中僅有的兩名女性之一。在委員會中，每當遇到經濟術語時，華林就會借助「愚蠢提問的藝術」（比如簡單地詢問某個詞是什麼意思），很快地發現讓女性的無償勞動完全隱形的標準，以及根本沒有人會注意到女性所提供的服務。

一九九五年，泰瑞・納什[868]拍攝華林的職業生涯紀錄片，從中我們可以得知她如何一點一滴認識到個人、國家和國際經濟之間的關係。她前往全球南方國家，與農村婦女交談，了解她們無休無止的工作、進行視覺時間研究，發現諸如廉價水泵和新爐灶之類的東西其實是最「有效」的干預手段。華林還訪問其他國家的公共帳目委員會、財政委員會和預算撥款委員會，收集更多的資料。她曾經以為在自己所屬委員會中發現的「巨大悖論和病態」是紐西蘭特有現象，但後來逐漸意識到「這與紐西蘭無關，這些規則在哪裡都一樣」。

一九九〇年代，有一回在蒙特婁演講，她舉了自己選區選民凱西做例子：

凱西是一位年輕的中產階級家庭主婦，從早忙到晚，做菜、擺碗盤、上菜、清理餐桌上的食物和餐具、洗碗、燙衣服、照顧孩子、陪孩子玩耍、替孩子穿衣服、管教孩子、送孩子去幼兒園或學校、倒垃圾、撢灰塵、收集要洗的衣服、洗衣服、去加油站加油、上超市、修理家庭用品、整理床鋪、付水電瓦斯費、縫補衣物、打毛線、應付上門的推銷員、割草、除草、接電話、吸地、掃地和拖地、鏟雪、清掃浴室廚房，哄孩子上床睡覺。

笑點來了：「凱西必須面對一個事實：她用一種毫無效率的方式打發時間，也是不從事經濟活動的人，所以經濟學家把她歸類為閒人。」在這個笑話中，有語言誤譯、有語言衝突，還有這些語言所賦予（或不賦予）的價值。女性主義活動家格洛麗亞．斯泰納姆（Gloria Steinem）在華林的紀錄片中短暫露面，她說大多數經濟學家似乎「對自己工作的評價與他們被理解的能力成反比」，讚揚華林提醒讀者經濟學的本質，也就是「我們給我們認為有價值的東西賦予價值的方式」。

在《如果女性也算數》一書中，華林建議改變估價方法，修改官方標準，更加精準反映出哪些活動應該被視為生產活動。始於一九七〇年代的「家務有給」運動基於類似的觀點，但是一種更加明確的反資本主義思想。[52] 塞爾瑪．詹姆斯 [872] 率先提出「家務有給」說法，創造今日耳熟能詳的術語「無償勞動」（女性被期望無償從事的家務、照顧和育兒工作）。她和其他運動人士 [873] 與提出類似要求的團體或組織合作，比如英國仰賴「收入支持」福利的英國母親、美國國家福利權利組織（主要由黑人母親領導），提出保障充足收入（Guaranteed Adequate Income，GAI）和承認「女性的工作是真正的工作」等訴求。[874]

「家務有給」運動借用黑人福利活動家和義大利工人自治運動（operaismo，「工人主義」）的見解，以這兩者的角度來看，女性是工資奴隸（男性）的奴隸，女性的工作支持整個剝削制度，而這個制度傷害了男性和女性。[875] 一九七五年，詹姆斯和義大利工人自治運動的瑪麗亞羅莎．

---

[52] 一九七〇年代，美英兩國興起幾起不同但時間重疊的「家務有給」運動，如「黑人婦女家務有給」（由瑪格麗特．普雷斯科德 [869] 和威爾梅特．布朗 [870] 共同發起）、「家務有給委員會」（由席爾維亞．費德里奇 [871] 共同創立）和「女同性戀工資運動」。

達拉・科斯塔（Mariarosa Dalla Costa）出版《女性的力量與社會的顛覆》（*The Power of Women and Subversion of the Community*）一書，指出「對女性來說，她們的勞動似乎是資本之外的個人服務」。[876] 詹姆斯與讀書小組一起閱讀了馬克思的《資本論》第一卷，接觸到將勞動力當成商品出售和勞動分工的概念，[877] 但她發現並沒有人討論**誰**創造勞動力，或者無薪工作者在這種分工中扮演了什麼樣的角色。在這本書的序言中，詹姆斯描述製造可以出售的時間所需的所有時間：

> 只有把生命耗費在生產過程中的人才具有勞動能力。首先，它必須在子宮中度過九個月，必須吃飽穿暖，接受訓練；然後，當它工作時，必須鋪好它的床、掃好它的地、準備好它的便當，它的性欲不是要被滿足，而是要被安撫，即使是從夜班回家後的早上八點，它的晚餐也要準備好。勞動力每天在工廠或辦公室消耗殆盡，接著再以這樣的方式產生。**描述勞動力的基本生產和再生產，就是描述婦女的工作。**[878]

當時，對家務有給的批評，從不切實際到進一步僵化婦女在女性角色中的風險，各種批評都有，但這個運動從來不只是要求為家務工作支付工資。首先，最早還包括一連串的其他要求，比如縮短每週工作時間、生育自由、工資平等，以及男女收入有保障等等。[879] 更重要的是，這是一種姿態：想一想，女性除了在核心家庭中承擔第二輪班的工作，或者在我們現在所說的「挺身而進」式女性主義中與男性競爭之外，還有一種選擇。藉由賦予女性工作價值，進而賦予關懷價值，家務有給尋求的是一個具有關懷和集體解放的社會，而不是個人野心和殘酷行為至上的社會——對每個人都是如此，並且對所有人都有好處。[880] 在討論家務有給運動時，凱蒂・威克斯機敏地強調了運動如何運用**訴求**：不只懇求得到報償，更是毫無保留地聲明了權力，表達出欲望。[881] 照布拉弗曼的說法，「時間無限寶貴的人」與「時間幾乎毫無價值的人」之間存在鴻溝，這種要求徹底抵制了這樣的鴻溝，熱切期盼一個我們不須死在男人形狀的、汽車裡的世界。

在《工作的問題》（*The Problem with Work*）一書中，威克斯利用這種能量，提出了全民基本收入與縮短一週工時但薪資不減的要求。[53] 在書中，威克斯花了極大篇幅，探討工作在現代生活中的核心地位和毋庸置疑的好處，相信全民基本收入這類措施可以同時在實用主義和道德理想主義層面發揮作用。一方面，全民基本收入能在短期內緩解許多人的壓力，解決詹姆斯和達拉．達拉科斯塔在他們的著作中扼要提出的事實：「『擁有時間』就是減少工作量。」[883] 但是，只要能使人不再完全屈從於工資，這樣的措施就具有創造力，為進一步的創造提供了空間。減少工作量的要求可能「不是為了讓我們可以擁有、從事，或成為我們已經擁有的、正在從事的，或已經成為的目標，而是因為可能讓我們考慮和嘗試不同類型的生活、有不同的欲望、不同的目標，以及不同的自我期許。」[884]

威克斯把「欲望、目標、自我期許」放在一塊，其中「欲望」最引起我的注意。日常的欲望、直覺，甚至是無聲的絕望，往往給人一種暗流、暗語，或是地下社團的感覺——藏於工作日、工作週、生產力電子表格和收益報表的 zeitgeber 之下。在瑪麗蓮．華林的紀錄片一開始，有個記者在大廳中做採訪，聽眾似乎是被一種狡猾、質疑的感覺吸引到演講現場，一個年輕男子告訴採訪記者，他來是因為「懷疑」，懷疑什麼？記者問。「懷疑……事情不是表面看起來的那樣，我是由單親媽媽撫養長大，我覺得這裡面存在著巨大的不公正。」男子說。

懷疑藏在字裡行間，有時還會悶燒冒煙。一九八〇年，也就是《加工世界》創刊的前一年，創辦人為了國際秘書日製作一份名為「內心之聲 #1」的諷刺傳單。[885] 傳單做成發票形式，列出秘書工作的成本：連續六小時打字，價格為「一個腰痛、一個脖子僵硬」，每週七十小時的高

---

[53] 這裡有一點值得注意，在二〇二〇年為《獨立報》所撰寫的文章中，塞爾瑪．詹姆斯不支持全民基本收入，而是傾向於特別提供護理工作者一份護理收入。[882] 不過詹姆斯和威克斯可能同意，目前的薪酬模式反映出一種不公正的制度，狹隘地重視特定類型的工作和存在。

血壓，價格為「一個神智正常」，每週四十小時的單調繁瑣工作，價格為「一個想像力」。當然，要製作「內心之聲 #1」，本身也要依靠剩餘的想像力——不管剩下的想像力是什麼。這份傳單是《加工世界》幽默感的先驅，掩飾了一種痛苦而又極為明顯的憤怒，憤慨「出賣自己的生活以換取出售更多生命之榮譽」的騙局。

這類憤怒偶爾會流露出令人意外的真誠。在漫畫、假廣告和尖銳的評論之中，有一幅雙頁版面的憂鬱拼貼畫，畫了一張在電腦終端系統內的臉、一雙戴著手銬的手、一具電話、一連串較小的頭像，上頭寫著：「在辦公室的又一天：我們失去了什麼？」[886] 多倫多的 J. C. 來函問道：「當一個人發現自己在工作上浪費時間時，他會怎麼做呢？他會產生很多憤世嫉俗、冷漠憤怒的情緒，這些情緒無處發洩。」[887] 舊金山的 J · 古雷西安（J. Gulesian）提供了以下的思考：

親愛的《加工世界》：

我想就一位中年秘書的日常生活發表一些看法。日常生活真的很辛苦，它對我的要求常常超出我所能給予和承受的範圍，所以我的空閒時間都用來努力銜接「我是誰」和「我必須是誰」。「我是誰」代表著我必須建立、維持人際關係；「我必須是誰」讓我感到危險和痛苦。你一定明白這種感受。[888]

並非人人都有餘暇關心這些。在同一期雜誌中，華利斯工程公司的沃爾特 · E · 華利斯（Walter E. Wallis）寫信給《加工世界》，語氣像是在對一群嬉皮大喊「快找份工作吧！」，或者像納稅人湯米 · 安德伯格，不介意物理學家被拴在他們的辦公桌前。華利斯提供了一些「提升自己在公司價值」的建議，最後說：「如果你不喜歡盡心盡力工作，確保客戶獲得物有所值的最佳服務，那你就去死吧，哭哭啼啼、唧唧歪歪、偷雞摸狗，胡說八道地過你的日子吧！因為你就是一個該死的、哭哭啼啼的、唧唧歪歪的、偷雞摸狗的騙子！」[889]《加工世界》的回應是，由一位編輯冷靜逐一剖析華利斯的論點，最後大方地提出一個「新式自由合作的公共社會已經潛伏（這個社會）」的願景。華利斯缺乏想像力，所以他很貧窮：「與其思索這樣的可能性，我們可以理解他寧願給我們一些庸俗高傲的建議，告訴我們如何在這個齊步走向深淵的世界『出人頭地』。」

《加工世界》的編輯「思索這樣的可能性」：在一個世界中，華利斯所處的世界（在這個世界中，你只需利用個人野心來超越其他人，不只在失敗時自責，也指責他人的失敗）的所有假設被其他事物所取代。對華利斯來說，在一個苛刻且僵化的結構中，你對自己的時間負責，而且只對自己的時間負責。對於編輯來說，只要結構可以失去約束力，時間就能可以真正意味一些不同的東西。對於華利斯來說，目標是個人權力；對於《加工世界》來說，我認為目標是意義和認可。

在第二章中，我建議過度工作的功績主體應該降低個人野心來拯救自己。但就像爬梯子一樣，野心只是欲望的形式之一，存在於特定的層面，強化這個層面。無論你是處於優勢還是劣勢，除了被簡單稱為心力交瘁的狀況之外，還有許多形式的挫折，包括以下的情況：為了生活，不得不出賣自己的時間；不得不兩害相權取其輕；不得不口是心非；不得不在缺乏實質聯繫的情況下，建立自己的形象；不得不在外面天空泛紅時工作；不得不忽視每件事和每個人，而在你內心深處，忽視這些人事讓你非常痛苦。有的是為了自己想要更多，有的只是單純**想要更多**。

塞爾瑪．詹姆斯仍然活躍於「國際家務勞動工資運動」（現在通常稱為「GWS 全球婦女罷工」），[890] 二〇一二年，她告訴記者艾美．古德曼（Amy Goodman），她一年前在倫敦參加跨國反強暴運動「蕩婦遊行」（SlutWalk），感受到該組織的活力和反種族主義精神，她說：「和她們走在一塊，我並沒有感覺周圍都是野心勃勃的女性。」她指的是另一種只關注如何爬上社會階梯，但忽略了福利正在逐步削減的女性運動。「我們真的需要另一個團結的理由，那個理由是我們的真實生活狀況，而不是個人的野心。」[891] **個人**是這裡的關鍵字，就像華利斯在《加工世界》的觀點中是個窮人，一個熱中攀爬社會階梯的人，在另一個意義上也屬於胸無大志的人，像詹姆斯在遊行中所感受到的那樣提出要求，那才叫作更加「具有野心」：「我們想要自由過著我們喜歡的生活，我們為了這個目的而團結在一起。」

我們要求看藝術家的書，書放在一個書架頂，所以我把綠色大梯子推過去，爬上去，找到按字母順序排列的灰盒子。從布面裝訂書籍到獨立刊物和成套的明信片，裡面應有盡有，每一種都放在專屬的淺棕色文件夾中，文件夾的尺寸精心剪裁成獨特的尺寸。許多作品來自當地藝術家，通常是在這個圖書館進行的研究計畫。這些書籍和物品如同在檔案館中生長的植物，現在為我們自己的計畫提供了種子。

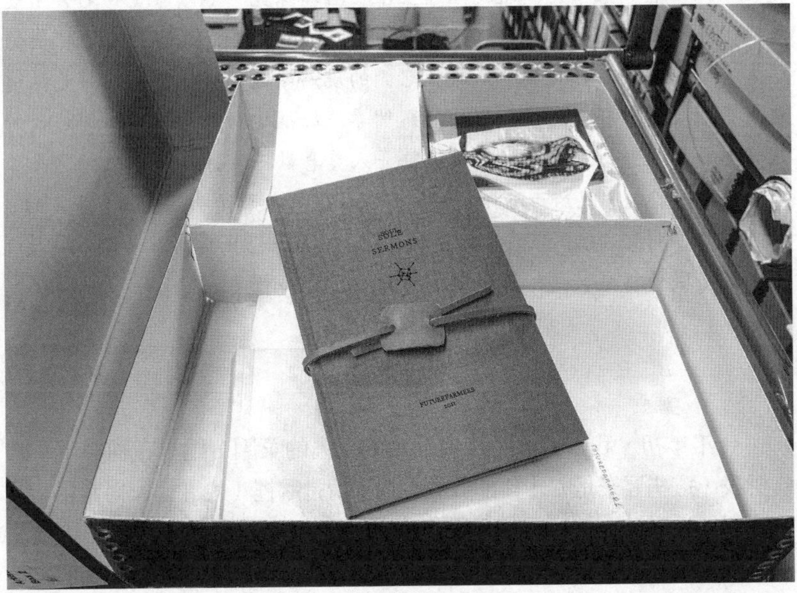

在「E-F 盒」中有一個資料夾，我們在裡面發現了一本由藝術家團體「未來農夫」（Futurefarmers）製作小型布衣書，上頭有一條皮革帶，標題寫著「獨自布道」（SOLE SERMONS），其中「SOLE」上面印有「SOUL」。你小心地解開皮革帶，打開書。內頁文字是凸版印刷，但印刷的墨水很淡，讓人感覺文字既牢牢附在紙上，又有蒸發的危險。是一篇關於走路的文章，作者是蕾貝嘉．索尼特[892]，她的走路聽起來與「齊步走」完全相反：

走路是由步伐組成，但一個步伐不叫走路；走路是由堅持不懈、不斷邁步所組成，這種重複的過程不是多餘，而是一種探究形式。「我們要去哪裡？」，這是一個常常聽到的問題，但答案就是繼續走，走到鞋子磨破，然後換鞋底，繼續再走。漢克．威廉斯[893]唱道：「我走到地板上，直到鞋子穿破了／上帝啊，它們要了我的命——我是說那些低俗的藍調。」走路讓你活著。繼續走，就是繼續生活，繼續探究，繼續希望。過去十幾年來，希望和走路始終在我的心上，但我必須在這兩條路上走了漫長的路，才發現它們原來是同一條路，它們的規則是運動，它們的回報是抵達意想不到之處，那裡的本質與我們這個專注於抵達和可量化事物的時代的基調形成鮮明對比。比起可能性，許多人更喜歡確定性，所以他們選擇了絕望，而絕望本身就是一種確定性的形式，認為未來是明顯的、是確定的。但未來既不明顯，也不確定。絕望就是停止走路，停止走路就是陷入絕望，或者既是風景特徵又是心境狀態的凹窪——比車轍更深的坑。

今年年初，我去了一位年逾七旬的友人的菜園，她正在種豆子。她告訴我，這些豆子是二十年前買的，記不清是哪裡（也許是家得寶居家裝修賣場〔Home Depot〕），現在已經買不到了。當時她分了一些給幾個朋友，大家都很喜歡，可惜後來在其他地方都買不到。幸好有幾個朋友曬乾成熟的豆莢，保留了豆子，回贈給她。她不知道現在還有多少人有這種豆子，猜想這支豆子家族已經在全美開枝散葉。她種豆子時，我們想著一件事：她和朋友之間存在一種交換關係，但不完全是交易關係——她沒有拿回她給他們的東西，不過兩者肯定是有關係的。

她走到萵苣田，叫我摘一些萵苣回去，我以為她只是客氣，但她告訴我，在萵苣成熟前，她必須摘掉外層的葉子，讓裡面的葉子繼續生長。她說，她經常拿一袋袋的萵苣送人。這個簡單的舉動，以及豆子的故事，讓我察覺我的思想機制非常彆腳，想不到還有交易性交換之外的事，原因之一是因為我沒有住過可以種菜的地方，有點忘記植物會持續生長，以為我拿走一些萵苣，她的萵苣就會少了一些。

不過這並不是我唯一忘記的事。早在一九七八年，哲學家伊萬·伊里奇（Ivan Illich）就憂心忡忡地說過：「人在無數的基礎設施中生活、娛樂、飲食、交友，愛已被摧毀。」留下貧瘠的社會景觀，「巨大的零和遊戲，單一的交貨系統，一方的每一個收益都會轉化為另一方的損失或負擔，雙方皆得不到真正的滿足。」[894]那一刻，我覺得自己和某一個打零工的年輕人有些相似，在一項「為什麼紐約市的不穩定工作者，在疫情期間沒有申請失業救濟？」的研究中，這位年輕人告訴社會學家：「你只需登記，說『我沒有工作』，政府就給你錢？這算什麼？要是那麼簡單，不是每個人都跑去登記了嗎？我不明白。」[895]拿走一些萵苣對我和我的朋友都有好處，而我當時並不明白。

幾個月後，我坐在另一個院子，這次是一座免費入場的植物園。兩個孩子占據我身旁的草坪，正在玩紅綠燈遊戲，但他們玩的版本要比我小時候玩的版本更加複雜。「紅燈」仍然是停止，「綠燈」仍然是前進，不過他們還有要跳舞的「紫燈」，向後跳舞的「淺藍燈」，「金燈」是摔倒在地，而「綠樹燈」則是要一邊哞哞叫一邊爬。甚至還有更加具體的指令，比如「拋鞋燈」、「回鞋燈」。雖然很傻，但我覺得他們非常厲害，完全不需要互相提醒任何指令的意思——他們共同創造了這些指令，記住了它們。

時間可以有多種節奏，節奏可以有多種涵義，社會學家理查．桑內特（Richard Sennett）談到泰勒制度等過程導致工作士氣低落時指出：「例行公事可以貶低人格，但也可以保護人；例行公事可以分解勞動，但也可以構成一種生活。」[896] 它可以是儀式的建築，就像拉比[897] 亞伯拉罕．約書亞．赫舍爾[898] 形容安息日是「我們在時間中建造的宮殿」[899]，就像紅綠燈遊戲中的「燈」，植物園也是經過精心構思規劃，不同景點有不同的特色，植物以不同的形狀大小生長，開花時間不一。這座花園代表一種園丁觀點：什麼樣的布置才能構成一個和諧的整體，讓遊客會在喜歡的地方流連忘返？空間或許不大，但花圃很密集，這裡不只是一個生物多樣性的空間，也是一個時間多樣性的空間，鼓勵人類主體與不同模式和速度的生命對話。在這裡，很明顯「時間不是金錢」，而且「不是金錢」的這個類別還可以無止無盡地闡述。

我們是否可以不節省時間、不花費時間，而是藉由保存、創造和管理生活中不同的節奏來耕種時間呢？難道這不正是承認並利用我們每個人已經存在的時間多樣性（無論是個人還是集體在某種的程度上）？社會學家芭芭拉．亞當撰文討論標準化經濟時間，意識到標準化經濟時間的主導地位既不完整，也不符合直覺：「節奏和強度無所不在，時時刻刻包圍著我們：我們知道，對一個小孩來說，明天的生日可能感覺永遠都無法到來，而對一個老人來說，一年前的生日可能彷彿昨日。冬天的休眠期過後，便是春天的生長高峰……『我們的』社會時間由日常習慣養成，與地球的節奏息息相關。複雜性主宰一切。」[900]

如果可以耕種時間，那麼我們也可以想像，除了個人囤積之外，時間還能以其他方式增加。離開友人的菜園前，她給了我一些猩紅色的花豆，這些花豆來自一個已不復存的豆子農場，現在擺在我家的一個金屬架子上，旁邊是從商店買來的豆子，許多人在疫情期間囤積豆類，我和喬也一樣。我花了那麼多時間觀察、思考豆子，卻從來沒有想過它們究竟是什麼。我上 Google 搜索「市售的豆子能種嗎？」，得到的答案是肯定的，袋子裡的那些東西——不只是商品而已。當然，你可以吃它們，

但它們不是終點，也不是死的，至少有些包含了一種東西——未來豆子的可能性。

我把這個故事告訴了更多朋友，這個故事成了一個自己人才懂的笑話，一個新的家族密語：**時間不是金錢，時間是豆子。**如同許多笑話一樣，半玩笑，半認真。說這句話的意思是，你可以花時間，也可以付出時間，還可以種植時間，讓時間長出更多的時間，時間也有不同的種類。因此，你所有的時間都是從別人的時間中長出來的，也許是從某人很久以前所種下的東西中長出來的。因此，時間不是零和遊戲的貨幣，有時我得到更多時間的最好方式是把時間給你，而你得到一些時間的最好方式是把時間還給我。如果時間不是商品，那麼時間，我們的時間，不會像剛才那樣看起來那麼匱乏。在一起，我們可以擁有世上所有的時間。

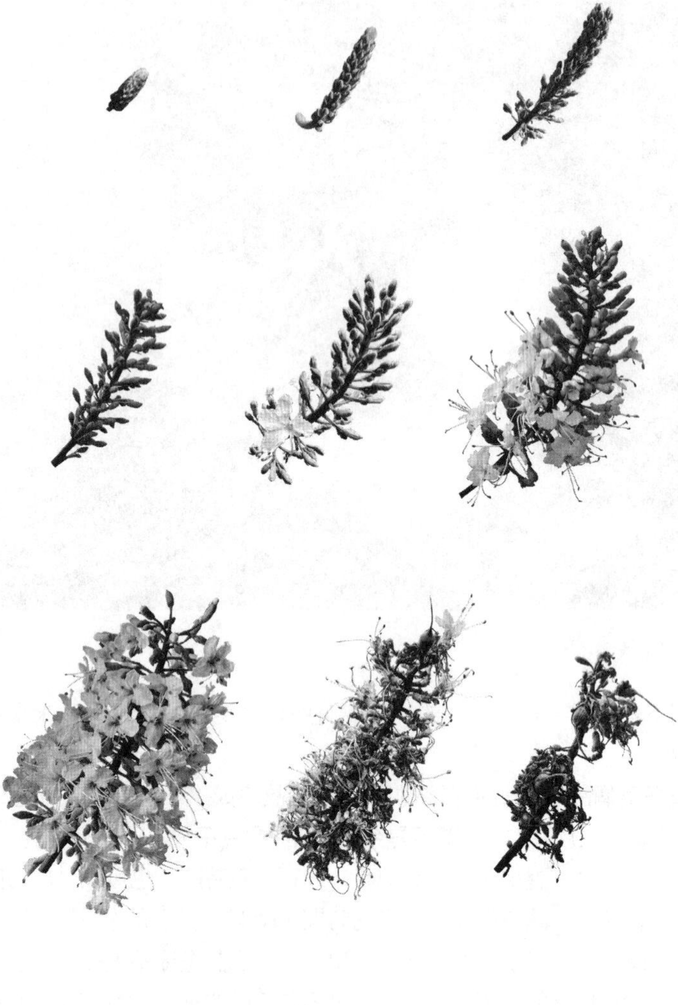

CHAPTER

7

生命延續

靈骨塔和墓地

（與認可）相比，共鳴永遠是一個動態事件，
表現出一種充滿活力的回應關係，
當一個人的眼睛發亮時，也許最能美妙地展現這樣的關係。
「共鳴」總是兩個或兩個以上主體之間發生的事件，
我被認可，但共鳴只能在我們之間發生。
愛是一種共鳴的經驗，指的不是愛或被愛的事實，
而是相互的、轉化的、流動的、感人的相遇的那一刻，或那些時刻。[901]

哈特穆特・羅薩（HARTMUT ROSA），《共鳴：世界關係社會學》
（*Resonance: A Sociology of Our Relationship to the World*）

我們穿過海灣大橋，朝著東方，返回了奧克蘭。從人行道上，可以聽到〈簽名，密封，投遞〉[902]的音樂從一間皮拉提斯[903]教室傳出，教室位於一棟豪華公寓一樓，大門敞開著，教練在音樂聲中說：「好，各位，讓我們把左腳向後推，五、四、三、二、一。你可以的，快下課了，大家，真的快下課了。」聲音充滿著活力與權威。

前方是一座墓園的大門，還有一幢西班牙復興風格建築，塔樓上以金屬小字樣寫著「殯儀館－火葬場－靈骨塔」。我為你推開沉重的金屬門，一股甜美的葬禮氣息立刻籠罩我們：活著的植物、潮濕的岩石、灰塵、灰燼、香火。穿過天窗的柔和日光，巨大的熱帶植物，石拱門，唯一的聲響是附近噴泉淒涼的滴水聲。牆壁是密密麻麻的玻璃格子，整體給人一種圖書館的印象。然而，與我們適才參觀的地方不同，這裡的玻璃後方展示的不是書，而是模擬書籍外觀的骨灰罈，同一家族的成員置於不同的卷冊中，每本都有種特定的沉重感：一個生命的起始與結束，「封面」無法打開。

很小的時候，我讀過一本叫《來自許多地方的神奇童話》（*Magic Fairy Stories from Many Lands*）的書，那是我母親從別人在院子辦的舊物拍賣會中買來的，這本一九七〇年代的書講了一個有關時間的恐怖故事。一個急著長大的男孩在森林遊蕩，遇到了一個女巫，女巫給了他一顆球，球上頭有一根金線。女巫說，他如果拉線，時間就會走得更快，但是他必須善用這個裝置，因為時間無法倒流，線同樣也是收不回去的。不出所料，男孩克制不了自己：他想要快快放學回家，於是拉了線；他想要快快把心上人娶進門，於是拉了線；他想快快生孩子，於是拉了線。轉眼之間，他發現自己走到了生命的盡頭，卻沒有活過的感覺。[904]

這則故事的寓意應該是「活在當下」，想要略過人生的壞、只求人生的好是愚蠢的行為。但當我讀到這個故事時，我最著迷的是那根線和那顆球，它們正是時間無法逆轉的寫照。故事有一個圓滿的結局（女巫找到老人，讓他重活一次），但在記憶中我始終認為那是一篇恐怖故事。

時間管理常常建立在這種恐懼的基礎上。還記得創業家凱文．克魯斯嗎？他在辦公室貼了一張「1440」的海報，提醒自己每天有多少分鐘，在介紹那張海報之前，他在書中要求讀者把手放在心口，觀察自己的呼吸。[905]別搞錯，克魯斯不是要你練習正念，他說：「你永遠再也找不回那些心跳，你永遠再也找不回那些呼吸，事實上我剛剛從你的生命中拿走了三拍心跳，我剛剛奪走了你的兩次呼吸。」他緊接著提出一個很有力的比喻：既然錢不露白，而時間就是金錢，那麼你為什麼要讓別人「偷走」你的時間呢？

一個人若把「時間是一種不可再生的個人資源」的概念貫徹到底，他會逃避死亡，也會對死亡念念不忘。說到底，克魯斯的「1440」海報如同十七世紀荷蘭靜物畫角落裡常有的骷髏頭，不過是一個發人深省的死亡象徵，每一天只要看到克魯斯的海報，你就只剩下不到一千四百四十分鐘。在〈為何時間管理正在毀掉我們的生活〉一文中，奧利佛．柏克曼指出，為了節省時間或更加善用時間，詳細記錄自己的時間使用情況，這個行為很具有諷刺意味，因為它「會讓你更清楚地意識到時間正在一分一秒地流逝，而且永遠地失去了。」[906] 無論是從分分秒秒的標準來看，還是從生命階段和里程碑的層面來說，你越是盯著時間看，它似乎就越是殘忍地從你指間溜走。

很多手機應用程式號稱能夠告訴你，你還能活多少年，出於膽怯的好奇心，我最近下載一個叫「我何時會死？」的應用程式，[907] 回答了一連串有關我的生活方式和性格的問題後，我坐了三十秒，看了一款名為 Wishbone 的遊戲廣告（「選出最可愛的一張！」下面是兩張隨機的美甲圖片），然後看到一個卡通墓碑，上頭刻著「珍妮・奧德爾，享年 0 歲」，接著數字從零開始飆升，我好像在賭場玩遊戲，獎品就是生命本身。有那麼一會兒，我真切感受到不想死的欲望，希望數字能再往上升、再往上升，最後，數字停留在 95。

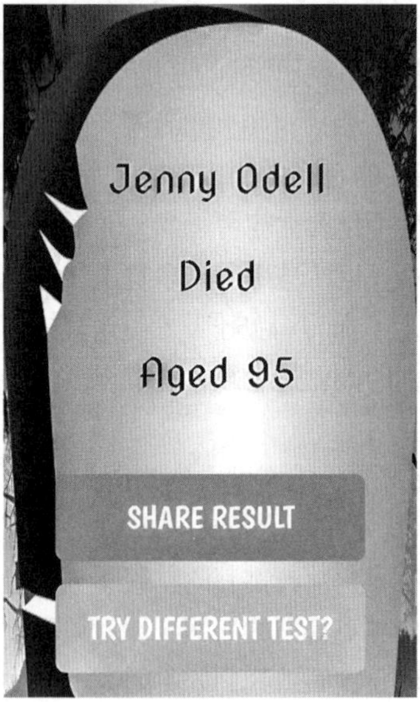

這個應用程式既愚蠢又不科學，但是我們可以想像將出現一個更加詳盡的應用程式，記錄下你所作出的選擇，套入一個演算法，決定你還有多少日子能活（這與某些保險公司的最終目的並無二致）。[54] 設法增加你在個人時間銀行中的時間，這也是時間所帶來的存在問題的常見反應，這個版本的「增長邏輯」解釋了我在第三章提到的度假勝地的吸引力，在賴瑞・艾利森的島上，客人的生命指標和達成特定目標的進度受到監控（這也可能是生產力兄弟喜歡喝活力果昔的原因），而健康是時間管理的天然夥伴，是一種提高「績效」的手段，也是一種延長整體壽命的方式，就好像你是一輛汽車或一支手錶一樣。

然而，就像生產力一樣，在尋找可以計算的最佳狀態時（也是一種執著於計算變化的方式），這種追求很容易超過合理的健康目標。數字化的壽命和（非常具體的版本的）健康成為最終的衡量標準，迴避了我們想要過怎樣的生活，以及生活的**意義**是什麼的問題，更不用說一生都汲汲營營想讓生活變得更充實的諷刺了。芭芭拉・艾倫瑞克的《老到可以死》的副標題是「健康的流行病、死亡的必然，和為了活得更久而自我毀滅」，簡扼指出了這個問題和其他問題，她尖銳批評了健康和抗衰老產業，質疑想成為一個瘦骨嶙峋、活力十足的生存機器的狂熱。對她來說，資本主義版本的健康所提供的產品，是「把自己重新塑造為一個越來越完美的機器，可以自我校正、設定目標，以平穩的決心朝目標前進。」[909] 她列舉一長串「成功老化」的書籍，[910] 觀察到一種與個人時間管理的自力創業精神有關的殘酷動態：

所有關於成功老化的書都堅持認為，只要遵守必要的紀律，任何人都能健康長壽。一切都取決於你，也只取決於你自己，不要在意你以前的

[54] 有些汽車保險公司使用車載資訊系統和車輛追蹤器（類似於第一章所提到的追蹤系統），收集駕駛行為相關數據，據此決定保險費率。Beam Dental 牙科保險商也利用特製電子牙刷收集客戶的刷牙數據，承諾「根據 Beam®Perks 健康計畫，若團體參與度高，團體綜合分數達到『A』，即可降低費率。」[908]

生活可能留下什麼傷疤——過度勞累、基因缺陷或貧困。對於影響老年人健康的物質因素，如個人財富、交通工具和社會支持等，也幾乎不怎麼關注。除了健身教練或成功老化大師，你只能靠自己。

在《體育文化》的時代，健康和成功老化代表你不需要任何人的協助就能領先潮流，跟那個時代相比，這個領域的情況在今日並沒有什麼變化。這個答案無法令人滿意。記得在高中讀速成班和 PSAT[911] 預備課程時，每當我有一分鐘閒暇能在激烈競爭氛圍之外思考時，這個答案就會讓我覺得很煩躁。高三那年，我習慣蹺課，跑去公園盯著綠頭鴨看。一天，美術課下課後，我留下來和朋友露易絲（Louise）以及我們的老師畫家威廉·拉什頓（William Rushton）聊天（他利用公立學校的美術課預算創造出奇蹟，我們用乳膠漆粉刷房子）。從我們的談話中可以知道，我還沒有從鴨子中領悟出什麼。

我說：「我不明白，在高中用功念書，這樣就能進入一所好大學，然後在大學用功念書，這樣就能找到好工作，然後你在工作崗位上努力工作，這樣你就能退休，然後你就死，這有什麼意義？」

威廉回過頭來看著我，眼神又驚慌又憐憫。「珍妮，不是這樣的。」他說。

在這裡，你必須當心，以免迷路。迷宮般的建築共有三層樓，幾十個房間，布局邏輯並不明顯。從一個巨大的中庭左轉後，房間寬敞起來，陳列也變得不那麼正式。除了裱框照片，還有更多的東西：眼鏡（有時與一旁照片中的眼鏡相同）；十字架；火柴盒小汽車；香水；釣具；某人生日日期的針刺畫；午夜藍色的中國白酒瓶；神力女超人造型糖果盒；陶瓷盤上的玻璃青蛙；停在七點十分的手錶；一套小巧的綠色園藝剪刀、配有成套的澆水壺和泥鏟；以及兩小罐覆盆子和波森莓蜜餞，還有一個來自加

州聖羅莎的第一名獎牌，看起來是一九八〇年代。

比起上次來這裡，這個地方安身的靈魂更多了，每當看到「2020」這個數字，都不由得猜疑這個人是不是死於 Covid-19 ——直接或是間接死於相關的心碎和孤獨。有時在骨灰盒下方的地板上會有一些小東西：向日葵、玫瑰花、一盤盤的柑橘、插在米中的香、瓶裝水、越南薑糖。看到這些東西在那裡，像看到一股渴望生存的浪潮沖向死亡之牆——不像是一個人的結束，倒像是羈絆的中斷。

回想起高中時的那次對話，我知道威廉當時是想幫我感受到我沒有看到的另一個版本的「要點」。但是，要想像出一個不同的「要點」，光是用不同的方式來玩同樣的老遊戲是不夠的，還需要理解、參與一個截然不同的遊戲，在這個遊戲中，「贏」代表著以前可能無法表達的東西。

在《身體能做什麼？我們如何與建築世界相遇》（*What Can a Body Do? How We Meet the Built World*）中，作家和設計研究者莎拉．亨德倫（Sara Hendren）說明了以非霸權角度想像資本主義遊戲範疇之外的事物的價值，提供了她對「瘸腿時間」（crip time）[912] 概念的想法。「瘸腿時間」是艾爾文．左拉（Irving Zola）和卡羅爾．吉爾（Carol J. Gill）所推廣的術語，描述身心障礙者的時間性與現代社會以時鐘為基礎的工業化時間表之間的緊張關係，艾莉．卡弗（Alison Kafer）說，瘸腿時間是「身心障礙者可能需要更多的時間完成某事或到達某地的意識」，這種意識最終「需要重新想像我們對時間中可能和應該發生的事情的觀念」。

瘸腿時間可長可短，亨德倫補充說，它也可能是「更大規模全面性的斷斷續續——一個人需要花費無法預測的時間，才能完成基於各種規範性時間軸所建立且相當嚴苛的 K-12 基礎教育」。[913] 對於亨德倫來說，後面這一句屬於個人的理解，因為她不只教授設計與殘障研究交叉領域的課程，她的兒子格雷厄姆甫出生時便被診斷患有唐氏症 [914]。養育格雷厄姆讓她的家庭脫離了周圍文化和工業化時間觀的刻板步調，但工業化時間觀根深柢固，以至於她們一家感覺到，比起這段經歷中任何其他的事，「關於時間的問題——關於格雷厄姆的診斷及他的發展遲緩，但更迫切的是，關於他未來的未知數」，[915] 都更加讓他們感到疏離。

不過亨德倫也說，格雷厄姆「邀請她進入瘸腿時間生活」，[916] 這對她是一份禮物，讓她有能力從外面看到時間規範。關於美好生活的主題，無論是在其他家長、她的學生還是她自己的家庭中，她都注意到一個主幹，那就是「時鐘的經濟節奏影響我們的每一次談話」，[917] 而學校和工作場所則是「健全生產力的形式，一種速度和效率的理想」。[918] 脫離了這條時間線，亨德倫看到的不是一個時鐘，而是一種適合這個世界的經濟工具，在這個世界裡，「經濟生產力（一種受管制受規範的時間中表現出來的生活）仍然是衡量人類價值無庸置疑且壓倒性的標準」。另一方面，格雷厄姆卻展現出一種不同的時間取向和存在方式，進而顯示出時間取向和存在方式之間息息相關。亨德倫注意到，「受時鐘驅動急於測量孩子童年的行為，來自他人，而不是來自他自己本身」，[919] 因此她能夠透過她的兒子看到截然不同的東西，完全看到另一個事物：

> 對於典型發育的兒童來說，各項里程碑的鐘形曲線非常整齊，或快些或慢些，就算邊緣有些模糊不清——但這條曲線不適用於（格雷厄姆），他的發展根本無法預測。

對亨德倫來說，這份禮物在某些方面類似於殘障研究的禮物，質疑的不只是美好生活對於身心殘障者而言的意義，也包括對每一個擁有非機械身體和非工人靈魂者的意義。討論殘障自然而然會引出一些問題：我們要接納什麼？接納哪些人？「一個身體在世界中移動、每週四十多小時的工作時間、照顧生病父母的需求、每天上下班的身體在生命週期中不斷變化的需求——懷孕的身體、衰老的身體、重傷後正在康復的身體——需要多久？或者應該需要多久？」[920] 亨德倫問道：「追根究柢，工業時間的時鐘是為身體而設計的嗎？」瘸腿時間提出了一種不同類型的時鐘，打破了（如薩爾瑪所說的）**時間的意義**，這種異質、非標準且關注身體的時鐘，感覺更接近日晷，而非時鐘。

紀錄片《已修正：人類增強的科學／謊言》（*FIXED: The Science/ Fiction of Human Enhancement*）提出的顧慮，與賈邁斯・凱西奧對於服用莫達非尼的擔憂相同，最後也有一段精采的影片，清晰描繪了瘸腿時間的地形——實際上，也是所有超越時鐘、網格或事業階梯之外的所有時間的地形。影片集結了跨人類主義者[921]、未來主義者[922]、殘障學者和活動家之間對於美好生活的辯論，活動家和輪椅使用者帕蒂・伯恩（Patty Berne）對於運轉順暢的機器的看法與艾倫瑞克不謀而合，認為人類增強的觀念永遠提出「好上加好」的承諾。她承認這種理想很吸引人，[923]她表示，任何在工作日結束時感到疲憊的人都會有一個念頭：「我要好上加好，我累了，我想要一直保持卓越。」這可以理解。但伯恩認為這個想法從某一點來看是毫無生氣，她提出結論時，鏡頭中的她正與另一位輪椅友人穿越她的社區，他們為了好玩而快速轉動輪子。「事實上，處在現實的光譜中也沒關係，這代表有時候比較有活力，有時候比較乏味，有時候我會覺得疲憊，有時候我充滿活力。這其實是生命的一部分，這**就是**生命。」

這裡我必須暫停指出一點：伯恩的「活著」概念與亨德倫分析的文化觀點完全不同，在文化觀點中，「活著」代表生產，生產則可視為展示對時間的某種掌控。伯恩的「活著」更接近於那則金球與線故事的寓意，男孩應該要明白，順境和逆境其實**構成**了生命體驗本身，想將豐富的生活體驗地形簡化為追求最大產出的手段，這是背棄大海或內心風景的人生觀的一部分，因為在大海或內心風景中，新事物總是隨著潮水湧來。

瘸腿時間不單在日常安排和事業軌跡方面放棄了掌控的論調，對未來一般也是如此。在二〇二〇年四月《大西洋月刊》的一篇文章中，艾德・楊指出，隨著 Covid-19 的大流行，許多健全人被推入一種與時間和死亡之間糾纏不清的關係中，而這是身心障礙者非常熟悉的一種關係。[924]學者艾希莉・休（Ashley Shew）向艾德・楊描述她體驗瘸腿時間的經驗，這種時間不光只是不和諧或不方便，還涉及到另一個必須更貼近當下的重心：「我在日曆上輸入的每件事，都會在我心中留下一個星號，它也許會發生，也許不會發生，這取決於我下一次的癌症掃描或我的健康情況。當我用更短的時間單位來衡量時，當我的未來總是被不同的方式計畫著，我已經活在這個世界上。」

這段描述指出了標準時間表和對身心障礙者的期望是不人道的，[925]但也指出一個更普遍的人類狀況真相。西雅圖攝影師史蒂芬・米勒（Steven Miller）曾與我分享過一個故事，他確定罹患了罕見癌症之後，養成了到住家附近湖中央游泳的習慣，水深達數百英尺，他發現自己會在湖中央思索深淵，意識到他只能靠划水和身體的浮力活下去。他說，不知道自己還剩多少時間似乎是一種不尋常的情況，但其實每個人都是一樣，都在同樣一個深淵上盤旋。[926]

史蒂芬對湖、對湖泊深處產生了濃烈的愛，這種缺乏控制的感覺也是一種振奮人心的生命體驗。韓炳哲在《倦怠社會》一書中提到，他曾在彼得・漢德克[927]一篇名為〈疲倦隨筆〉（Essay on Tiredness）的文章中發現類似的感受。漢德克比較了「分裂性疲倦」（即心力交瘁的孤立性疲倦）與一種更聽天由命的「信任世界的疲倦」（或向湖泊投降的疲倦）。[928]疲倦和順從的人太累了，抓不住，只好袖手旁觀，卻發現其他事情湧入：這個世界、世界的所有細節、世界中不斷行動且無限分散的行動者、世界分分秒秒的變化。漢德克寫道：「我的疲倦闡明了粗糙的感知的混亂……在節奏的幫助下賦予了它目力所及的形式。」就像約瑟夫・皮帕筆下的閒暇，這種「疲勞」是內在的不穩定體驗，失去了幫助我們在更大的事物中找到歸屬的個人力量。韓炳哲補充漢德克的觀點說：「深度疲勞鬆開身分認同的束縛，事物在邊緣搖曳、閃爍、振動。」

我很幸運，迄今沒有經歷過危及生命的疾病，但「聽天由命的疲倦」及隨之而來的開口，確實描述出我二十七歲時經歷的一個改變人生的時刻。在那段期間，我有一份全職的白天工作，與我正在嘗試創作的藝術無關，那天我剛剛熬了一整夜（現在我再也無法整夜不眠），為即將到來的

二〇一三年看到的鳥。

展覽完成詳盡的計畫。第二天下午，我又累又緊繃，怎樣也睡不著，只能一動不動地躺在與兩個室友合租的公寓沙發上，暫且一個人待著。在一個張開嘴巴的遲鈍狀態下，我恰好把眼睛投向窗外，看著鄰居後院一棵紅杉樹的樹頂。起初我以為自己產生了幻覺，看見樹頂冒出一簇簇的小梨子。不對，那是鳥，起碼有三十隻，全都望著夕陽，形成一片神秘的檸檬黃。

當時我對鳥類幾乎一無所知，但那幅情景始終在腦海揮之不去，在接下來的幾個月，我笨拙地在 Google 上搜索「舊金山黃鳥」一類的關鍵字，可惜一無所獲。大約五年後，我花了足夠的努力認識本地鳥類生活，才終於知道牠們是什麼，原來是雪松太平鳥（cedar waxwings）。我看到牠們時，牠們應該正在灣區過冬，時候到了就會往北遷徙。[929] 但在這個常規的模式中，雪松太平鳥也是四處流浪，體現出時間的善變。牠們成群結隊，哪裡的漿果成熟了，就飛往哪裡，偶爾醉倒在過熟的果實上。許多鳥類物種正在減少，雪松太平鳥不減反增，因為牠們會吃郊區常見植物的漿果。自一九六〇年代起，有些雪松太平鳥的尾巴開始出現一道明亮的橙色，而不是常見的黃色，那是因為牠們吃了郊區花園中一種外來品種的忍冬灌木的漿果，紅色色素從羽毛中浮現。

我清楚地記得沙發上的那一幕，不只是因為那是我對鳥類及鳥類領地產生持久興趣的開端，從更廣大的意義來說，在我心中，那一幕是一個通向無限的開口。經由這個開口，我看到了另一種東西——另一個**人**，從另一個時空向我招手。在那個時空中，郊區花園、遙遠的過冬地、夏天和冬天交織在一起，來自**我**之外的某個地方。同樣地，漢德克把某種疲勞描述為「更多的更少的我」，當自我消退時，現實就會放大，韓炳哲引用漢德克的話，寫道：「信任的疲勞『打開』自我，為世界『騰出空間』。人看見了，人被看見了。人接觸，人被接觸了。更少的自我代表更多的世界：『現在疲勞成了我的朋友，我又回到了這個世界。』」關於我青少年時期的不滿，這裡可能有一個答案，也許「要點」不是要活得更久，或更有成就，而是要在任何特定的時刻**更有生命力**——一種向外的跨越運動，而非在狹隘孤獨的軌道上向前射擊。

在我們身後，一名女士步出電梯，走向旁邊的一個小房間，準備將花瓶裝滿水。她有一種溫柔而堅定的神情，像是這裡的常客。我們沿著玻璃櫃前進，開始注意到相框裡的照片的主角往往不是獨自一人，他們抱著孩子、愛人或寵物。有人在海龜旁潛水。有人對著鏡頭外的某物微笑，髮梢、大衣落滿了雪花。又一人坐在古老的紅杉林中，相比之下顯得渺小，仰望著一株大樹，臉上帶著完全的寧靜和欣賞之情。這些不只是已故的人；他們是在地球上離世的人。

除了提供一套不同的價值觀之外，瘸腿時間也提供了一種將時間視為社會結構的直觀方式，部分原因是它與主流的自由主義概念（獨立、自由和尊嚴）背道而馳。殘疾凸顯了我們所有人的真實處境：無論我們感覺自己多麼獨立和健康，我們都不是簡單地**活著**，而是**被保持活著**——儘管有些人擁有足夠的特權會忽視這一點。在她的著作中，亨德倫提到了哲學家伊娃・費德・基塔（Eva Feder Kittay）的作品，基塔也是一位殘障兒童的母親，她觀察到她與女兒之間的依賴關係既獨特又普通，寫道：「人不會像蘑菇一樣從土壤中冒出來，人的一生都需要他人的關懷與支持。」[930][55]

如果活著意味著觸摸和被觸摸——存**在**世界中，被保持活著——那麼生與死之間的尺度無可避免具有社會意義。二〇二〇年十二月，安寧療護醫生B・J・米勒（B. J. Miller）在《紐約時報》的專欄文章中提出「什麼是死亡？」一問題，回應「我們意識到我們會死」的這一年。[932]考慮到每個人的答案可能不同，文章從不同的理解出發。米勒指出，有人可能會認為自己如果不能再進行性行為、看書或吃比薩就算是「死了」。而米勒個人對於「活著」的定義，非常近似於攝影師跟湖泊的關係，以及漢德克所說的「疲勞」所帶來的可能。他寫道：「對我來說，死，就是我無法再與周圍的世界互動的時候，就是我無法再接受任何事物，因此也無法再與任何事物有所聯繫的時候。」疫情期間的社交距離讓他偶爾出現這樣的感受：「但這只是我想念那些接觸我、關心我的人……況且，我整天都能接觸到這個星球。」

聯繫是雙向的，若說我們可能讓彼此活著，那麼我們也有可能讓彼此死去。在第四章中我曾經提過這一點，這包括了「次級思想問題」偏見，

[55] 同樣地，在《我們如何出現》一書中，米婭・伯德桑引述了南非主教戴斯蒙・屠圖（Desmond Tutu）描述南非「Ubuntu」理念的話：「我們說一個人透過他人才會是一個人，並非我思故我在，而（是）我是人，因為我有歸屬，我參與，我分享。」[931]

也包括對「時間之外」的人的歷史歸類。以身心障礙者來說，他們可能會被視為一個無望的案例，或某種狀況的靜態化身。例如亨德倫說，她兒子的診斷結果讓她和身邊的人對他的看法與其他人對他的看法產生痛苦的落差，對其他人來說，格雷厄姆「成了診斷結果——永遠將主要根據基因狀態來描述、理解和解釋」。在梅爾·巴格斯那則討論語言的影片中也有類似的落差，他們指出：「說來諷刺，當我對周圍的一切做出反應時，我的動作會被描述為『置身於自己的世界中』。」巴格斯和他們的環境對彼此來說都是有生命的，但對外界的人來說，他們都不算完全活著。

我們走出靈骨塔，迎著湧來的陽光和風，向左轉，穿過一道鐵門，進入一片山坡墓地。在雪松和橡樹之間，大大小小的墓點綴著乾涸的大地，山頂上矗立著一座巨大的紀念碑——那是一棟真正的建築，位於所謂的「百萬富翁之路」，有專屬臺階和一片草坪。這是查爾斯·克羅克（Charles Crocker）的墳墓，他與利蘭·史丹佛（Leland Stanford）同列「跨洲鐵路四大巨頭」，雇用華工就是克羅克的主意，但他認為華工只具有一個優點，那就是勤奮，當工人罷工要求縮短工時時，克羅克不相信是他們發起抗議活動，認為鴉片販子或競爭對手的公司才是真正的幕後黑手。[933]

我們沒有去參觀克羅克的墓地，而是向右轉，經過一片長方形石碑，這些石碑比磚塊大不了多少，有些完全被蔓生的青草、蒲公英和甜桉樹（sweetgum）的落葉遮住。接下來的空間一點都不像墓地，幾乎什麼都沒有，只有沒有澆水的草地，幾株紅杉和金合歡（acacias）。你絕對不會知道這裡是「異鄉人之墓」，埋葬本市在十九世紀晚期無人替他們發聲的窮人，其中一些是在一八八〇年柏克萊火藥廠大爆炸中喪生的華工——這家工廠把他們生產的產品稱為「礦工之友」，火藥也被用於鐵路建設。[934]共有二十二位罹難者埋葬於此。但是，當一位解說員在二〇一一年研究這片墓地時，發現了數以百計的中國姓氏。

一九八二年，奧蘭多・派特森[935]調查世界歷史上的奴隸制，首次提出了「社會性死亡」（social death）一詞，從此以後學者用這五個字描述個人或群體被剝奪了其人類地位，處於一種被認可和被消滅之間的模糊狀態。在《起死回生：解讀死亡與（黑人）主體》（*Raising the Dead: Readings of Death and*（*Black*）*Subjectivity*）一書中，雪倫・P・荷蘭德[936]指出，死亡不單可以被視為一個事件，也可以被理解為「一種象徵性的沉默或抹殺過程」。[937]她寫道，美國正式結束奴隸制度之後，仍然存在著某種「死而未死」的狀態，因為「從被奴役者到自由主體的轉變從未發生在（白人）想像的層面」。荷蘭德引述貝爾・胡克斯[938]的話：「淪為體力勞動機器的黑人，學會在白人面前如同行屍走肉一般，養成將目光低垂的習慣，以免顯得驕傲自大。直視是一種主觀、平等的主張，安全感存在於假裝隱形中。」[939]

社會性死亡與肉體死亡相關，前者增加後者的風險，但社會性死亡也涉及更廣大的「死亡」現象。例如，當「一些主體在他人眼中**永遠**無法獲得『生』者的地位時，生死之間的邊界變得更加模糊」。[940] 在社會上死去的人具有一種禁忌的特質，就像美國人普遍無法思考或談論死亡，或是正確評定過去的歷史。

在美國，社會性死亡最明顯的例子之一是大規模監禁，特別是在這樣一個時代，隨便哪一天，在三十多歲的黑人男性之中，每十二個就有一個在監獄或拘留所中。在監獄的早期歷史，監禁被視為一種矯正過程，從「感化院」（penitentiary）一詞即可看出端倪。到了安琪拉・Y・戴維斯[941]於於二〇〇三年撰寫《監獄過時了嗎？》（*Are Prisons Obsolete?*）時，監獄的這種願望已經降低了。戴維斯指出，監獄教育計畫日益萎縮，比如像是一九九四年的犯罪法案不許入獄學生申請聯邦政府助學金，幾十年來囚犯努力爭取的計畫因而遭到取消。[942]（這項禁令最終於二〇二〇年十二月解除。）[943] 戴維斯描述紀錄片《最後一場畢業典禮》（*The Last Graduation*）中的一幕：紐約州斯托姆維爾格林港矯正設施終止與馬里斯特學院[944]的合作計畫，書本被搬出監獄，「在搬運書籍過程中，多年來擔任學院職員的囚犯傷心地說，在監獄中已經沒有什麼值得做的事情了——也許只剩下健身了。他問道：『但是，如果你不能鍛鍊你的心靈，那麼鍛鍊身體有何用呢？』諷刺的是，在教育計畫取消後不久，大多數美國監獄也移除了啞鈴和健身設備。」

如果監獄無法使人改過自新，那它又是什麼呢？對於戴維斯和其他提出「監獄產業綜合體」定義的人來說，它是一個更大的政治經濟結構的一部分，不止有監獄，還包括了企業、媒體、獄警工會和法院議程。[945] 囚犯可能「死了」，但他們和關押他們的監獄仍然具有經濟價值。然而，在公眾想像的層面上，尤其是在時間的背景下，監獄只是變成了一個黑盒子：一個遮起來的地方，對於廣大文化來說，像死亡本身一樣無法想像。在《靠犯罪治理》（*Governing Through Crime*）一書中，強納森・賽門[946]把這種模式稱為「有毒廢棄物傾倒監獄」：「今日監獄的獨特新形式和新功能是一個純粹的羈押空間，是一個人類倉庫，甚至是一種社會廢物管理設施，為了保護更大的社區，把社會認定為具有危險性的成年人和一些少年集中起來。」[947][56]

這一個概念貫穿了《靠犯罪治理》中〈放逐計畫〉一章[949]。在這一章中，賽門以一九九〇年代在維吉尼亞州里奇蒙市實施並廣受歡迎的一項刑事司法計畫命名，他借用這個名字描述徹底清除的策略，強調一個重要的時間因素：個人或群體對犯罪的「不變傾向」，已被證明是一個對政治有用的概念。這種不變的傾向不過是將某個人視為時間之外的另一種方式，與被認為「無可救藥」的身心障礙者，或被優生學認定要消滅的對象一樣，被指控犯罪的人也在一個體制中被打上了不可磨滅的烙印，從根本上說，他們是社會的風險，或包含著對社會的風險。

這三十年來，美國終身監禁人數增長速度超過監獄人口總體增長速度，[950]根據「非營利組織量刑計畫」（Sentencing Project）的數據，在二〇二〇年，七分之一的監獄囚犯被判有假釋終身監禁、無假釋終身監禁或近乎終身監禁（五十年以上）。在二〇二一年，有三分之二被判終身監禁的人是有色人種。終身監禁是一個人在社會上死亡的最極端例子，因為它創造了一個沒有未來的人。艾希莉・奈里斯[951]以被判終身監禁者為題做了一系列報導，文中有一個報導對象被剝奪了教育課程，直言不諱地指出：「一些管理階層的人認為，替那些永遠不會被釋放的人提供課程是浪費錢。」[952]

不用深究量刑法律和假釋規定的朝令夕改，我們也可以觀察到，「在

[56] 監獄仍然有矯正計畫，在某些情況下甚至不減反增。[948]以加州為例，在《監獄過時了嗎？》出版八年後，美國最高法院裁定加州監獄過於擁擠，構成殘忍和異常的懲罰，該州為此增加了矯正計畫的經費。一項二〇一九年的研究發現，這些計畫的成效（以再犯率來評估）未盡理想，加州安全與正義協會執行主任萊諾・安德森（Lenore Anderson）告訴《洛杉磯時報》，鑒於「幾十年來龐大的監獄系統缺乏對矯正的關注」，這個結果不足為奇。報告還發現，如果與甫出獄的更生人社區服務相結合，效果更好。由於這種內外特性，這種結合可以看成是一種打破強納森・賽門在《靠犯罪治理》中描述的隔離的方式。

裡面蹲」不是單純對國家付出一定年限之自由（如果不是一輩子的話）那樣簡單，即使他們已經從社會中消失，進入了「有毒廢物垃圾場」，對被監禁者來說，時間就像對所有人類一樣，具有彈性，以社會建構的方式存在。從某個觀點來說，由於外部社會的習俗技術日新月異，所以時間的速度被放慢了。[57] 但換個角度來看，時間也加速了，研究已經在被監禁人口中發現「加速老化」[956] 現象，五十多歲的人出現七十多歲人群的典型健康問題。

這種時間彈性也擴及所有與被監禁者有關的人。在《監獄資本主義》（*Carceral Capitalism*）中，傑基・王[957] 放了一段憂鬱的插曲，標題是「時間中的漣漪：更新」。在這篇插曲中，她回想她的兄弟被判不得假釋的少年無期徒刑的經歷，以及這件事如何影響了她的生活和家庭。她自問：「監獄是什麼？」自答：「固定不動，沒錯，但也是將時間操縱為一種心靈折磨的形式：時間的規範化、等待的現象學、司法困境的煎熬。當國家奪走任何一條生命時，監獄的漣漪效應扭曲了所有與被消失者有關的人的時間感。」[958]

除了王的自身回憶之外，蓋瑞特・布蘭德利[959] 於二〇二〇年拍攝的紀錄片《時間》（*Time*）也以感性的視覺方式呈現「等待的現象學」。紀錄片追蹤西比爾・福克斯・理查森（Sibil Fox Richardson）的故事，她是六個孩子的母親，曾被監禁，正在努力替因搶劫罪被判刑六十年的丈夫羅伯特爭取假釋出獄。[960] 故事穿插理查森幾十年前的影像日記，有幾段影片直接對著羅伯特說話，因此她和孩子在片中與一個存在又不存在的人對話。影片全部採用黑白拍攝，充斥著等待和時間的影像：理查森在影片中

---

[57] 在《面對人生》（*Facing Life*）中，彭達維斯・哈肖[953] 和布蘭登・陶茲克[954] 以視訊採訪好幾個被判終身監禁但剛剛獲釋的更生人，其中有一段非常貼切地描述了這一點。當被問及州政府能夠如何支持像她這樣的人時，琳恩・阿科斯塔（Lynn Acosta）表示，沒有朋友或家人引導的人，無法獲得重建信用等資訊，科技的發展也帶來額外的障礙。她說：「我發現，如果你在裡面十年以上，你已經完全脫節了，所以基本上要從零開始。」[955]

蓋瑞特・布蘭德利，《時間》（*Time*，2020）。

說出日期，日期在她的汽車時鐘上閃過，雲浪從頭頂緩緩掠過。在理查森與法院長達兩分鐘的通話鏡頭中，窗外一個巨大的鑽孔機正在敲擊地面，她坐在電話旁，當被告知稍後再打時，她按耐著怒火禮貌回話。

《時間》讓人感受到抽象時間與實際生活時間之間的差異，後者是一個無法阻攔的行進，永遠不能挽回。布蘭德利讓影片在兩個鏡頭中切換，一個是西比爾・理查森所拍攝的孩子嬉鬧影片，一個是布蘭德利自己拍攝的孩子成年後做生意的畫面。敘事也在兩個西比爾之間切換，一個是年輕叛逆的小媽媽，一個是經歷二十年奮鬥的老練活動家。理查森後來說了一段話，這段話幾乎就是可替代時間的反面：「時間就是你看著孩子小時候的照片，然後再看看他們，發現他們已經滿臉鬍鬚，你最大的心願是，他們成為男人以前有機會和他們的爸爸團圓。」

另一方面，情感和經濟上的疲憊也決定了這個家庭的時間軸。理查森的一個兒子只是淡淡地說：「這樣的情況已經很久了，真的非常漫長。」伊斯梅爾・穆罕默德[961]在影評中指出，監獄內部從未出現過，理查森也從未穿過囚服，「我們唯一能看到的監獄畫面都是從高處拍攝，給我們一個鳥瞰視角，強調監獄如何與社會其他部分隔離。」[962]這種隔離讓監獄成了一種黑洞，（如王所說的）「扭曲」監獄之外的時間。

一旦宣布某人有「不變的犯罪傾向」，時間扭曲就會延伸到正式釋放之後。在約書亞・M・普萊斯[963]的《監獄與社會性死亡》（*Prison and Social Death*）一書中，一位出獄的男子告訴普萊斯：「永遠不要認為或相信你有朝一日能夠償清對社會的債務，沒有這種事。你不再是社會的一分子，永遠不要認為你是社會的一分子，你就是一個被社會排斥的人。」普萊斯認為，一時的監禁會成為「永久狀態」，對於那些正在經歷這種情況的人來說，「時間奇異地塌陷了，幾年後，甚至幾十年後，最初的刑事定罪仍然能定義一個人。」有個因為重罪被定罪的男人告訴他說：「我三十年前犯了罪，不過那好像才昨天的事而已。」普萊斯詳盡列出了曾被監禁者所被剝奪的權利，這些都是社會性死亡的證據，有的剝奪是各地一致，有的依地方而異，還有一些似乎是假釋官心血來潮所編造的。[964] 這些例子與空間監視重疊，通常牽涉到對個人時間的控管——才晚間七點就要宵禁，由於遲到而被撤銷假釋，或者被要求每天參加憤怒管理課程或精神治療。

普萊斯發現，揮之不去的判決污名很容易成為種族歧視「方便的掩護或託辭」，創造出二等公民。以毒品犯罪為例，除了重罪定罪所帶來的日常歧視之外，他們獲得的社會援助機會也有限。[58] 普萊斯借用派翠西亞．威廉斯[966]的說法，認為這是一種「精神謀殺」，「一個人的生命品質，取決於關心者對他們的漠視程度。」[967] 普萊斯的著作不僅呈現了他的研究和分析，也反映出他對被監禁者和曾被監禁者的社會熟悉程度。他認為，他所認識的這些人的社會性死亡成本，不單由他們個人承擔，也由所有人承擔。他寫道：「精神謀殺的隱藏成本可能在於我們錯過身邊豐富的現實，用激發敵意和厭惡的幻覺，取代對同時代的人和同胞的內在生活的好奇心。」[968] 換句話說，那些進行社會性死亡交易的人，想像出一個充滿殭屍的世界。

相比之下，普萊斯的田野筆記中居然出現了顯然懷抱著希望與渴望的調查對象，他們的目光看向未來：

二〇〇八年十二月。跟一群住在監獄保護房的人聊他們的教育問題，我們想在監獄進行一項實驗計畫，因為我們離一間州立大學只有幾分鐘的路程。許多人告訴我，他們出獄後想重返校園，兩個坐在大圈子外的男子大聲說，他們想更了解歌劇。一個年輕人有點害羞地說，他想學古希臘語，幾個人笑了起來。又有一個男人說他會畫畫，想學怎麼創作圖文小說，散會後，他拿了幾幅他的畫作給我看。

[58] 二〇二二年四月，美國住房和城市發展部開始研究降低有犯罪紀錄者申請社會住宅的門檻的辦法，《二〇二一年綜合撥款法案》取消禁止被監禁者獲得聯邦政府助學金的規定外，還將聯邦學生援助（FAFSA）的資格擴大至具有毒品犯罪紀錄的申請人。[965] 但在某些州，有毒品重罪前科的人申請補充營養援助計畫（簡稱 SNAP，前身為食品券）仍然面臨重重挑戰，在南卡羅來納州，他們終身禁止參加該計畫。

經歷過監禁的人，或許比其他人更能體認到第二次機會和生命。紐約賴克斯監獄島有一座花園，由囚犯規劃打理，紐約園藝學會管理，一些前囚犯也在園藝學會擔任有薪實習生。二〇一九年，賴克斯監獄島和花園關閉，一篇相關報導觀察到幾隻珍珠雞在一個囚犯的腳邊啄食，[969] 在這群長島監獄農場餽贈的禮物中，有一隻鳥格外引人注目，牠叫「小瘸」（Limpy），因為牠飛進鐵絲網受了傷。花園主任希爾達・克魯斯（Hilda Krus）說，囚犯對小瘸有著特殊的感情：「這隻鳥就像我一樣，我也受傷了，他們可能想除掉我，但他們不會得逞的。」克魯斯還說，他們對受損或不美觀的植物也持同樣的態度。「學生告訴我，『我們不想除掉不完美的東西。』他們會盡一切可能挽救它們。」

這則故事和普萊斯書中的其他故事一樣，展現了社會性死亡者創造社會生活的方式，他們往往透過與他人的聯繫來創造社會生活，而監禁試圖摧毀這樣的關係。[59] 普萊斯把這種在殘酷漠視空間中，相互尊重和自我尊重的成長稱為「風度」，他指出，縱然遭到監禁，但風度依然存在，因為「暴力不是展現風度的必要條件，也不是可取的手段」。我則以為，「風度」與維克多・弗蘭克[970] 在《活出意義來》（*Man's Search for Meaning*）中描述的「自我超越的需求」息息相關。在〈自我超越是人類現象〉（Self Transcendence as a Human Phenomenon）一文中，弗蘭克描述一種聽起來與「不變的傾向」截然相反的東西：「人類有一個基本特徵，總是朝向並被導引至自身之外的事物，因此把人類視為一個封閉的系統是對人類的嚴重誤解。事實上，做為一個人，就是要向世界敞開心扉，世上有許多其他生命要相遇，有許多意義要實現。」[971]

監禁是對封閉系統人類之幻想的合理回應，但監禁也是一種極端形式的機構化社會暴力（如普萊斯所說，將社會性死亡轉化為「一個明確

---

[59] 普萊斯舉出的一個例子是「All of Us or None」（AOUON），這是一個由更生人組成的倡議團體。

的社會事實」），存在於一個有著微妙但同樣重要的色調的光譜上。二〇二一年，《華盛頓郵報》刊登一篇關於量刑計畫報告的文章，在讀者回應中，一名讀者完美呈現了無心種族言論（casual racism）與社會性死亡之間的關係，當他們問：「報告中是否提到非白人更可能傾向犯下可判終身監禁的罪行？」[972] 這名讀者的論調與優生學如出一轍，暗示非白人可能**具有**這樣的偏向，認為非白人並非一個存在於風險、傷害和創傷的複雜世代網路中的個體。對於那些能夠如此輕易想像「封閉系統人類」的人來說，修復式正義（restorative justice）概念既不可能，也不可取。

在第二章中，我提到了塔－內西．科茨所謂的「無法逃避的時間搶劫」，科茨對他的兒子寫下這句話時，並不是在談論一些老生常談的事（比如被丟進監獄這個社會垃圾場的歲月），而是在說一種更微妙、更貼近家庭生活的細節，一種在白人主導的世界中，在身分和日常互動層面上發生的精神謀殺，如同加涅特．卡多根的「防警服裝」和街頭的細微動作一樣，這種搶奪代表一種耗損：「一種無法測量的能量耗損，緩緩抽取精髓」，「導致我們身體的迅速崩潰。」[973] 這是被要求做到「兩倍好」並接受「減半」的時間與經驗代價：

> 我突然意識到，獲選為黑人種族的最大特點，也許就是無法逃避的時間搶劫，因為我們花在準備面具或準備接受減半的時間是無法挽回的。時間搶劫不是以壽命為單位，而是以瞬間來衡量，是你剛打開卻來不及喝完的最後一瓶酒，是她走出你的生命之前你來不及分享的吻。對他們來說，是第二次機會的木筏，對我們來說，是一天二十三小時。

無論成文與否，在種族、性別、能力、階級等任何社會階層中都能感受到漠視的形式，兩者之間的轉變可能就發生在轉瞬間（請回想一下卡多根在紐奧良時的震撼，以及重訪牙買加時的輕鬆自在）。精神科醫師馬克．加蘭特（Marc Galanter）研究各門邪教和宗教崇拜團體十多年，他曾經描述一個超現實的時刻，他瞬間從「內團體」[974] 變成了「外團體」[975]，然後又回到了「內團體」。那時，加蘭特和一位同事到佛羅里達州奧蘭多市郊參觀聖光使命團[976]舉辦的全國性慶典，一位德高望重的成員為他們擔保，所以他們得到了熱情的款待。[977]但一個心存疑慮的成員，問他們的研究是否獲得更高層人士的批准時，他們無法明確回答，加蘭特回憶說，對方向上層徵求確認，卻得到了否定的答覆，「我很快就覺得自己不是一個人，受到禮貌但冷淡的對待，我成為外人的速度跟成為自己人的速度一樣快，原本圍著我們打轉、幫助我們安排的那些人，現在覺得跟我們說話很尷尬，他們看著我和同事，那眼神好像**穿透**我們。」後來上層改了口，他們的地位又回來了：「好像自動觸發一般，我們的交流又重新彌漫著新的親密氛圍。」加蘭特和他的同事再次成為真實、立體的人——其實他們剛剛在社會上死去，然後又復活了。

在本章的開頭，我談過延長數位化壽命來延長生命的衝動，當這個衝動變得像艾倫瑞克所描述的那樣病態時（在零和遊戲中，生命就是想像中的可替代時間儲備量），我想起了唐納．川普不運動的理由。川普認為，人體就像一塊電池，能量有限，所以運動只會從庫存的能量中將能量永久扣除。[978]相較於這種囤積居奇的心態，我倒想提出另一種「增加」生命的方式，這種方式與社會性死亡中欠缺的尊重有關，這是一種「向外延伸」而非「向前延伸」的生命延續，始於相互尊重，**為每個人**帶來更多的生命力——一個有生命的世界，而不是殭屍的世界。

我不願意暗示，在任何社會等級制度中的特權人士，都可以突然關注某人，讓他們起死回生，因而讓這樣的等級制度保持不變。我要再一次強調，聯繫是雙向的，就像普萊斯在談到「精神謀殺的隱性成本」的暗示，在死氣沉沉的世界中穿梭的人，本身就少了他們應有的活力，當我們對**彼此變得有活力**時，人和事才會有活力。尊重他人是一種力量的平衡，不只改變自己的重心，還要承認有兩個重心。在亨德倫的想像中，有一個世界不會將格雷厄姆更完美地轉化為當前經濟學觀念中的人格，而是讓他得以充分展現人性，這樣的世界也會對每個人產生影響。但她的想像也帶有類似上述的不安：「我的兒子不需要一種溫和安撫式的『包容』，包容是必要的，但永遠都不夠，他需要的是一個對人格、貢獻和社區強而有力的反向理解的世界，在市場及其堅持不懈的時鐘邏輯之外，人文價值是鮮活的、有效的。他需要這樣的世界，我們大家也是。」[979]

我們對彼此的尊重並不抽象，它每天都在創造生命、毀滅生命。當監禁將社會性死亡固化為一種「社會事實」，把它編纂為具體政策，在這個過程中暗示無時間性的「非人」之際，努力朝反方向前進會帶來豐富的收穫。前黑豹黨[980]成員亞伯特·伍德福克斯（Albert Woodfox）曾被單獨監禁四十三年，直到二〇一六年六十九歲生日那天才出獄。他後來成了一名監獄活動家，在自傳結尾寫道：「我對人類抱有希望，我希望演化出一種新的人類，讓無謂的痛苦、苦難、貧困、剝削、種族主義和不公正成為過去。」[981]伍德福克斯懇求讀者不要對被監禁者不聞不問，他列舉幾個致力於廢除單獨監禁和拆除「監獄產業綜合體」的組織和運動，[60]同時引用了法蘭茲·法農[983]的話——「優越感？自卑感？何不試著觸碰他人，感受他人，發現他人呢？」[984]——這句話提醒了我們有多少的可能性。終結囚禁邏輯的努力為美麗的發掘鋪設了道路，發現一個更加活躍於自身的世界，一個充滿精神生活而非精神謀殺的世界。如果時間真的就是活著，那麼這就是確保時間流動的最可靠方式。

我們經過幾個池塘，生活進一步展開，溪水在流向海灣的途中停滯。足球狀的夜鷺在塘邊茂密的樹枝上徘徊，一動不動，注視著水裡的魚兒。另一側有三個人在笑什麼。草地上徘徊的鵝也在說話。風吹過橡樹，樹葉

[60] 伍德福克斯的名單：「黑人的命也重要」（Black Lives Matter）運動、「隔離的安全替代選擇倡議」（Safe Alternatives to Segregation Initiative）、「停止單獨監禁」（Stop Solitary，VOTE〔有經驗者之聲〕的一項運動）、「單獨監禁觀察」（Solitary Watch）、《監獄法律新聞》（*Prison Legal News*）、「批判性抵抗」（Critical Resistance）以及「麥爾坎·X 基層運動」（Malcolm X Grassroots Movement）。[982]

簌簌作響，橫掛在雪松樹幹上的是——你剛剛才注意到——一株棕色爬藤植物。

我們已經到了墓地的外圍，轉個身便能看到海灣，海水在山丘和天空的映襯下顯得潔白耀眼。一切都在眼前：奧克蘭港口的起重機快捷無聲地移動貨櫃；高速公路川流不息；聖克魯斯山脈籠罩在薄霧之中；市場街南部街區藏著我們的圖書館；靈骨塔讓光線透進去的屋頂。我們的一天就在眼前、在空間中展開，我的大部分生活都發生在目前的視野範圍內，而我的童年則在南方的稍遠處。我可以指著這幅連綿起伏的織錦上的不同事物，告訴你我所記得的一切。也許如果我們在這裡坐得夠久，我做得夠好，那麼你就能真正認識我：我曾經是誰，我現在是誰，我希望成為誰。

第四章中，我曾經提過「次級思想問題」的報告，在報告結尾，作者群提出一個令人驚訝的見解：喪失人性的偏見，也可能存在於「內省」層面。[985] 也就是說，我們不但可能以為他人的智慧更貧乏、活力更欠缺，也可能以同樣的觀點看待未來的自己和過去的自己。此外，我們有這樣的盲點，似乎也是出於同樣的原因：無法「直接接觸」自己的心理狀態，所以不太容易認為它們擁有不斷發展的內在生命。

我從小就有寫日記的習慣，當我覺得自己跟時間的關係特別苛刻，當我因為自己尚未成為或實現什麼而自責，我經常重溫這些日記。在這些日記中，我發現的不是一個「封閉系統的人」的快照，而是一個有生命的自我，總是在質疑，總是在「設法整合」，總是在書寫未來，重新描繪過去。

去年寫第四章時，我回了老家，在父母的車庫中找到我提到「它」的中學時代日記。我帶了一本回來，隨手擺在家裡的書桌上，旁邊就是我現在的日記。看到兩本出自同一人之手、但時隔將近三十年的日記並排，感覺很超現實。更年輕的時候，我曾經認為寫日記的衝動是一種不朽的追求，是對時間的嫉妒、攫取和壓搾，彷彿瞬間是蝴蝶標本一樣。但現在我珍惜這個過程，因為它打破了「完美自我」這個神話。看著這兩本日記，我想：**我都三十五歲了，仍在尋找「它」**。有那麼一刻，我溢出了我的時間容器：我居住在一個不完全是線性的，但更接近和諧的時刻。

當時我剛剛看完英國《人生七年》（*Up*）系列紀錄片。一九六四年，這部紀錄片選出幾個不同出身背景的七歲英國孩童，採訪他們的觀點和夢想，試圖呈現「二〇〇〇年的英國縮影」。[986] 影片一開始的設想是，一個人的基本個性特質在七歲時已經形成。一九六四年之後，麥克．阿普特[987]接手計畫，擔任導演，每隔七年再探訪這群人，他們各自經歷了不同的學校教育、工作、婚姻、離異，有了自己的子女，甚至是孫子，直到二〇一九年的《人生七年：六十三歲》（*63 Up*）才畫下句點。

不管什麼時間點開始觀賞這個系列影片，最合理方式是觀看最新的一集，因為每一集都至少包含了前一集的片段，讓觀眾了解這些追蹤對象迄今為止的生活。不過我和喬卻是從一九六四年的第一集開始，一集一集看下去，所以看到最後一集時，某些追蹤對象幼時的片段已經看過太多遍，幾乎都記住了他們的回答。（像是日後成為物理學家的尼古拉斯．希奇恩〔Nicholas Hitchon〕，在回答長大後想做什麼的問題時，他說：「我想知道關於月球的一切。」）

沒有一部紀錄片，也沒有任何一種表現形式，能夠完整描繪一個人或是一個地方，《人生七年》也不例外，許多參與者其實在不同的時候，曾抱怨自己被呈現的形象並不準確，尤其是影片最初過度關注階級背景影響的時候。儘管如此，看到過往的片段堆疊起來，後續的片段便有了無可否認的深度，每一個片段宛如每年春天植物長出的淺色新芽，層層疊疊的剪輯過程甚至好像也影響了導演本人。在最後幾個片段中，阿普特從採訪者轉為對話者，邀請紀錄片的追蹤對象說一說他的問題設計對於他們的影響。[988] 他的口氣中流露出熟稔和關切，不再是一個客觀的「觀察者」，讓人感覺到他越來越把他們視為人，而非追蹤對象。反過來，曾經批評阿普特的受訪者對他的態度也似乎軟化了，因為他們發現他們正一同走向生命的盡頭。在《人生七年：六十三歲》中，一位追蹤對象已經去世了，前述的物理學家被診斷出患有癌症，阿普特本人最後也於二〇二一年離世。[989]

也許就是這個緣故，在看完《人生七年：六十三歲》後，喬借用了影評巨擘羅傑·埃伯特（Roger Ebert）描述電影功能的形容，說這一系列的紀錄片是很好的「移情機器」。[990]雖然這部紀錄片的論點是，一個人的性格在七歲時就已經定型，但這一系列的影片，仍然反駁了將個人視為空間或時間中一個界點的趨勢。一方面，紀錄片的幾個追蹤對象從一開始就表現出明顯的人格特徵；另一方面，他們生活中的事件，以及他們對這些事件的回應，都是不可預測的。這兩者情況都可能是真的，說明了世上所有存在的事物都是時間的表現。

我意識到這些人的身分，與社交媒體等競爭舞臺上的人有多麼不同。在社交媒體上，用戶就像遊戲角色，一出場就完全成型，獨一無二，任何人一眼就能辨識。在那裡，我們的偶像彷彿處於一個「牛頓擺[991]宇宙」中——永遠不老，在抽象的空間中互相碰撞，卻絲毫不受碰撞的影響。相比之下，《人生七年：六十三歲》寧靜壯美，就像蓋瑞特·布蘭德利的《時間》，因為它展現了一種不只包含了人，還涉及了發展、衰變和經驗等時間意義的深度。就像羅賓·沃爾·基默爾知道金錢買不到古老的苔蘚，拍攝一部記錄了五十六年歲月變化的系列影片，起碼需要五十六年的時間。世上要存在一個六十三歲的人，就必須要有一個六十二歲的他、六十一歲的他、六十歲的他……以此類推下去，甚至可以追溯到他們的出生以前，以及他們祖先的歷史。

說來也許並不奇怪，曾描述一種自我軟化「疲勞」的作家彼得·漢德克，有一首詩完美地描述了一種自我，這種自我更像是一種和聲，而不是單一變化的音符。詩名譯作〈童年之歌〉（Song of Childhood），每一節均以「當孩子還是孩子時」開頭。[61]詩的開頭列舉一系列讓人難過的對

[61] 漢德克替文·溫德斯[992]的《慾望之翼》（*Wings of Desire*，一九八七年）寫了〈童年之歌〉（Lied Vom Kindsein），這首詩在電影中的不同時刻被朗讀，本文的翻譯和換行

比：當孩子還是孩子時，「看到許多美麗的人是稀鬆平常的事，如今這是一種幸運」；孩子曾經「可以清清楚楚想像天堂」，如今「只能臆測」；孩子曾經「熱情地玩耍」，現在「只有在工作時才能激發出熱情」。到目前為止，這聽起來像是一條線性的軌跡，但詩的最後加入了一些仍然可以自由取捨的事：

當孩子還是孩子時，
只有莓果可以充盈它的手，
如今充盈如故。
生核桃讓舌頭生疼，
如今生疼如故。
站在每一座山峰，
嚮往更高的山峰。
置身每一個城市，
嚮往更大的城市；
如今嚮往如故。
它興奮地伸手到樹梢摘櫻桃，
如今興奮如故。
它在陌生人面前害羞，
如今害羞如故。
它一直期待第一場雪，
如今期待如故。
當孩子還是孩子時，
它擲矛似地朝著樹投擲枝條，
那支枝條至今仍在那裡顫抖著。

都是根據英語字幕。

這首詩闡明了弗蘭克的觀點，即作為人類就是要被引導到自身之外的東西，也證明了帕蒂·伯恩的觀察，即時間內的張力體驗**就是**生命本身。這也解釋了為什麼在那些真正相遇的時刻，我和某件事或某個人之間的界限會被打破——時間似乎停止，然後又擴大了——我有時會注意到奇怪的副作用。如同海洋湧升流[993]，埋藏已久的記憶浮現水面：記憶中的童年時光、大學時代和成年早期的影像與心境。這些記憶往往都是相似的相遇時刻，彷彿在日曆年份和職業里程碑的網格下存在著另一個次元，所有相遇在其中互相滲透交融。柏格森或許會認為這個次元是「深層自我」[994]的次元，最真實、最自主的行動，就來自於這個次元。當我們說我們被「感動」時，我認為被感動的是這個自我，而不只是當下的自我。

這種開放式結局，也就是我想將「延續生命」視為一種向外運動，而不是向前運動的最後一個原因，特別是當涉及死亡時。我在第二章中曾經說過，否定增長邏輯代表允許有極限的想法，包括一個人的生命極限。無論我多麼最佳化、多麼健康、多麼有生產力，我都不可能永遠變得更多或更好，換句話說，有些事情我永遠不會做，也永遠無法成為。就像這本書，在我開始寫的時候，它可以是任何東西，我的生活也將走上某幾條路，而不是其他的路——然後它會結束，線從球中拉出，沒有巫婆會幫我收回。從某個角度來說，發現自己不能成為一切，這是一種令人難以置信的自由：這代表我沒有責任成為一切。然而，對於任何享受活著、享受這個世界的人來說，生命結束的事實本身也令人悲傷。

在歷史上，宗教和文化的千古智慧，透過消解個人的界限來回應這種情況，將「死亡」視為重新融入世界的神聖之舉。逝者被安葬在大地之中；逝者被火化，骨灰撒在水面和山坡上；逝者被樹皮覆蓋，密封在樹洞中；[995]逝者被留在高海拔地區，成為鳥類的食物；[996]逝者被拋向大海。在〈什麼是死亡？〉中，米勒同樣也相信這種無窮無盡的觀點，他從物理的角度指出，一個人身體的原子和賦予它們生命的能量，不可能憑空冒出，所以也不可能輕易消失。[997]身為塵世中的生命，我們有地方可以回歸，有一個讓這種能量轉化為其他東西的基質。

我認為，這種物理描述也可以轉化到社會層面。正如人權活動家河內山百合[998]所說，生命不是你一個人的，也包括「觸及你生命的每一個人的投入，以及進入你生命的每一段經歷」。[999]這一點在「你在世時」和「你離世後」都成立。我想起了我的繼祖母，她是我一生中一直很仰慕的人，但她在疫情期間走了。在封城的幾星期前，我最後一次見到她，我和男朋友、我的父母一起和她見面吃午餐。在餐桌上，她熱情地握著我的手，恭喜我出版了《如何「無所事事」》。我將永遠記得她在停車場與我們分手的身影，她揮舞著的高舉過肩的手，臉龐露出迷人的笑容，看上去精神矍鑠。如今她走了，我自己一些微小的動作也會讓我不經意想起她：某個笑聲、某種姿勢，甚至是我夾髮夾的方式。這種無法忘懷的感覺無法替代她的存在，仍然帶著失去親人的刺心之痛，但我仍舊歡迎。她的生命延伸到我的生命中。

在《老到可以死》中，艾倫瑞克強調非人類的主觀能動性，這種身分的滲透力正是她感興趣的一部分。無論是在細胞層面還是社會層面，有限的自我都是一種幻覺，「我」的同盟可能是無法無天的。在西曆的三十六個年頭裡，一種可以識別的事物和影響的模式在我身上持續存在，我不知道是什麼激發了它。在「我」之後，它們將繼續做其他事情，成為其他的東西。從這個角度來看，一個人會死亡這件事也顯得沒那麼孤單了。艾倫瑞克寫《老到可以死》時已經七十多歲了，中譯本的書名就是她對自己的自嘲，在書末她提出了以下的想法：

> 死在一個死寂的世界裡——打個比方說吧，讓自己的骨骸在只有一顆垂死的星星照亮的沙漠上變成白骨——是一回事，死後進入現實世界又是另一回事，現實世界充滿生機，除了我們自己之外，還有其他的動力，至少還有無窮無盡的可能性。對於我們這些人來說（可能是大多數人），無論是否使用藥物或抱持宗教信仰，只要能瞥見這個生氣蓬勃的宇宙，死亡就不像躍入深淵般的可怕，而是擁抱持續的生命。[1000]

這種擁抱也能夠持續下去。當我們憶起離世的親人時，無論是字面上還是比喻上，我們肯定希望自己可以多抱抱他們。老人家在回顧一生時，偶爾會說，若有機會重來，他們會更全心全意擁抱生活。米勒把生命定義為「觸摸地球」，漢德克也提到了觸摸和被觸摸[1001]，哈特穆特・羅薩則以「共鳴」形容（本章開頭的引言），我對生命的定義也很簡單：那就是擁抱。當我不是獨自在空氣中時，而是被空氣所擁抱，我就會覺得自己活著。當有人的眼睛亮起來時，我的眼睛也是，我就會覺得自己活著。如果我看著一頭鹿，**而且**看到鹿回頭看我，如果鵝的呱呱叫聲是一種語言，如果我走在地面上，感覺地面在回推我，我就會覺得自己活著。只要我能被感動，我就是活著。

但要感動，要做到「更多的更少的我」，那種追逐時間、積極行動的自我必須消亡——至少在那一刻是這樣。這種消亡的感覺像是玩信任遊戲，往後倒向時間和死亡本身。哲學家克里希那穆提（Jiddu Krishnamurti）說過，在完全專注的狀態下，「思想者、中心、『我』都會終結。」[1002]這種所謂的「空」讓路給更多的東西，因為「唯有以完全放棄自我的心態看著一棵樹、一顆星星，或一河波光粼粼的水，才知道美是什麼。當我們真正看到時，我們處於一種愛的狀態中」。[1003]他說，那種狀態「沒有昨日，亦沒有明天」。[1004]當然，說時容易做時難，至今為止，我這輩子不是在忘記這種智慧，就是正在牢記這種智慧，但每一回想起時，我都會原諒自己的健忘。我不再把真正活著、自我消解的狀態視為一個目標，我覺得那種狀態像甘霖一般，來來去去，當它降臨時，你利用它，感謝它。

說也奇怪，在睡夢中原來也會「天降甘霖」。大約每個月會有一次，一個清醒的夢突然出現在我平常的壓力夢中：在機場裡奔跑、沒趕上公車、上課遲到了，或者演講還沒有準備好。起初一切都沒有改變，只是我突然停下來，開始懷疑自己是否真的在睡覺。場景和道具保持不變，但感覺被中和了，脫離了創造它們的焦慮劇本，反過來成了迷人的物品，在時間中解凍。我也解凍了：我發現我能夠自由行動，好像頭一次控制住自己的手腳。

清醒的夢是睡眠和清醒之間的過渡，我在夢裡知道今天是星期幾、我穿了什麼衣服，我在其他清醒的夢裡做了什麼。我還意識到這個夢可能在幾分鐘內就會結束，所以問題就變成了：在這段時間裡該做什麼？但這個「點」與我剛才被推動的「點」截然不同，因為在大多數情況下，我會把自己在清醒夢境中的目的概括為「只是隨便看看」。我知道我很快就會醒來，我想延長這個夢，但我不怕醒來，對於這種短暫的巧合，我只有感激，我會感受、測試周圍的環境，充分利用這段時間。伸出手時，我常常會感覺到一種被抓緊的感覺，但這不是恐懼的鐵腕，而是堅定地抓牢，就像在我不可避免地飄走之前「觸摸地球」一樣。

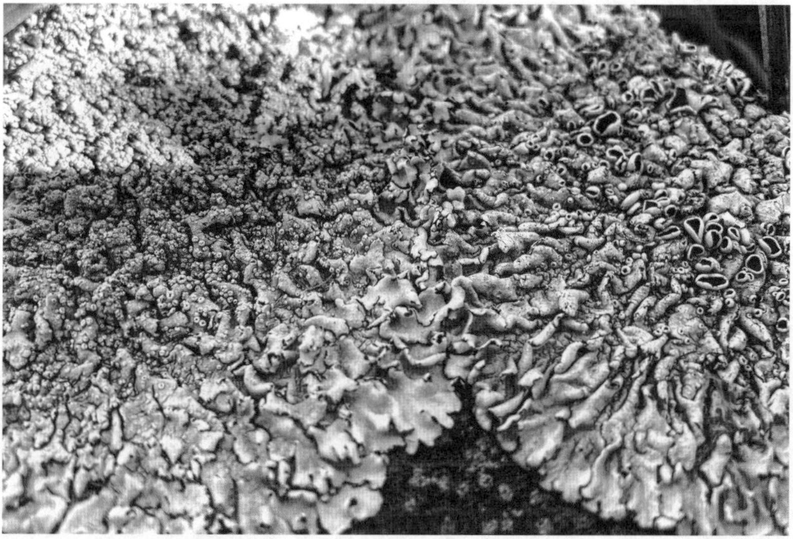

依偎在我們的山丘上，我們被各種聲音所籠罩：汽車聲、藍鳥聲、人聲、維修車輛聲和空氣聲；耳邊的風聲，幾英尺外小狼灌木樹葉沙沙作

響，我們腳下墳墓間的樹也窸窸窣窣。我們旁邊是一大塊綠石，這是一種變質岩，曾經像熔岩一樣汩汩湧入古老的海洋，[1005] 現在上頭長了苔蘚，構成一個用手指就感受得到的小小文明。一隻大黃蜂（行動笨拙而且完全無害的那種）飛近又飛遠。有蜂出沒。

太陽終究會落在地平線後方，但這個時候如果你願意把目光投向上方，我想讓你看看一個不同的景象。高中時，我的美術老師還給過我一個建議：要精確畫出加州的藍天，訣竅是加入一點不易察覺的茜素紅（alizarin crimson）。在我們與外太空之間，是一片深藍色，其中帶有赤紅和其他一切——盤旋的鷹，現在正往西飛去的火雞禿鷲（turkey vulture），不斷飛舞在我們頭頂上方、像空氣分子一樣不可預測的小燕子群。雖然我們還看不見，但地球正極其緩慢地旋轉我們的視野，改變著藍色，拉長我們的影子。它牢牢地托住我們，把我們轉向明天。

尾聲

將時間剖半

科學家說，未來將比他們最初預測的要更具未來感。[1006]

《南方傳奇》（*Southland Tales*，2006）

沒有人能對一個新浮現的現象負責，
也沒有人可以為之沾沾自喜，因為它總是發生在間隙。[1007]

米歇爾．傅柯（MICHEL FOUCAULT），〈尼采，系譜學，歷史〉
（Nietzsche, Genealogy, History）

二〇一〇年冬，加州各機構和非營利組織聯合發起「加州帝王潮計畫」（About the King Tides Project），這起公民科學倡議計畫的口號是「拍下海岸，看見未來！」[1008] 帝王潮是一種定期發生的現象，當太陽和月亮的位置以某種方式對齊，潮水就會增高幾英尺，這種自然的短暫上升恰好與幾十年後人為造成的海平面預期上升高度吻合，加州海岸委員會於是趁此機會建議民眾，在觀察帝王潮時，不妨「想像一下，幾乎每天都會看到這樣的潮汐（以及潮水淹沒的街道、海灘和濕地）的感受」。這種想像練習讓未來海平面上升更加有感，最好能「促使我們停止燃燒化石燃料」。就像搭乘時光機返回過去發出警告，帝王潮如同未來向現在的爆炸，但現在無法接觸到它。

十一年後，加州帝王潮計畫仍在繼續。我上計畫網站，點擊加州衛星地圖上的藍點，瀏覽民眾盡職盡責提供的帝王潮照片，熟悉的地方看起來竟是陌生。在我的工作室附近，傑克倫敦廣場有一組階梯，我平日經常看到民眾在那裡閒逛，在照片中，階梯完全被淹沒了，一段扶手消失在水中；在中港海濱公園，禁止游泳或涉水的告示只剩一小截露在水面之上；在舊金山，貝克海灘的沙灘明顯縮小了。事實上，點擊任何一區海灘都會產生一種奇怪的時間失調感，因為照片中的沙地只是衛星地圖上的一小部分。

我印象最深的是艾倫・格林伯格（Alan Grinberg）拍攝的照片，照片標題是「我拍過最貴的照片」。格林伯格住在太平洋的懸崖上，海浪從他家後院的佛像身後打上來，背景一片白茫茫。在格林伯格的Flickr帳號中，我看到他接下來拍攝的五張照片，明白了標題的由來：海浪越打越近、越打越近，淹沒了佛像，淹沒了院子，最後連他的相機也慘遭水淹。第一張照片之所以引人注目，不只是因為它的背景故事，還因為它的反差：佛陀垂目，雙手合十，平心靜氣等候充斥著暴力的未來到來。

佛陀如此端坐在混亂的此際之中，這讓我想起泰國禪修大師阿姜查[1009]的小故事：「你看到這個高腳杯了嗎？我喜歡這個玻璃杯，它裝水很漂亮。當陽光照進來時，它會反射出美麗的光芒；當我輕輕敲它時，

它發出悅耳的聲音。然而，對我來說，這個杯子已經是碎了。當風把它吹倒時，我的手肘把它從架子撞了下來，它掉在地上摔得粉碎，我說：『早料到了。』但當我知道杯子已經碎了，和它在一起的每一分鐘都是珍貴的。」[1010]

點開和關上海岸保護協會地圖上的照片，我想到的也是「早料到了」，但我覺得自己無法保持這樣的平靜，反而會在天氣好的時候望著大海，感覺自己可能會因為現在和非現在之間的壓力而崩潰。二〇二〇年，帝王潮一如既往退去了，但在照片中留下一樣永恆的東西：一則對於未來的記憶，如懸在此刻之上的棺罩，如相機快門暫停的波浪。

「這段時間」（meantime）是兩個特定時間之間一個不太重要的區域，暗示著等待。在恐懼或是對某個未來時刻過分強調的任何情況下，「這段時間」也顯得空虛：在你和目的地之間，除了距離，什麼都沒有，好像已經發生了似的。好像你有一副神奇望遠鏡，能看到很遠很遠的地方，看得非常仔細，你根本不用親自去到那裡。**讓我們快點結束吧**，心碎的當事人說，她已經無法喜愛已碎的杯。

即使允許一定程度的變化被鎖定，我仍然聽到柏格森對這種對待「這段時間」之態度的抱怨。他說，你把時間變成空間，你想像空白的時間在眼前一片接著一片延伸，在精神上跨越那個距離，朝著你認為已經發生的事情前進，而不承認時間具有創造力，她不斷發展變化，每一秒都在推動世界（以及你）穿過現在的外殼，走向未來。[62]然而，記住，這種「距離」是地圖中製圖師繪製的抽象網格空間，而非貝約內魯所描述的實際「時間深度」。我承認，以抽象空間當作時間隱喻具有局限，我也認為，有一種不同的空間理解（起碼乍看是一種空間理解），可以幫助西方主體在「這段時間」理解某些具體的東西。

在《如何「無所事事」》中，我引用了生物區域主義（bioregionalism）的概念，[1012]生物區域主義指的是：一個人對特定地方的熟悉感和責任感，塑造了個人身分認同。這個詞在一九七〇年代流行起來，但核心概念並不新鮮，最理想的生物區域主義反映出原住民與土地的關係，體現他們對每個地方特有的生命形式、水道，和其他動機與原因的關心和認可。生物區域之間存在著差異，但它們的邊界能夠滲水透風，以網絡的形式，連接著「大」（天氣系統或洋流），也連接著「小」（微氣候和物種共生體）。以前我用生物區域主義當成身分認同的模型，因為它提供了一種對流動、相互依賴和無邊界差異的探討，我發現這對身為混血兒的我來說尤其有用。

但原來生物區域主義也是一種思考時間的有用方式。在第六章中，我提到了時間多樣性、「耕種」時間與「複雜性主宰一切」（芭芭拉·亞當在時間的心理經驗中所指出），已經間接提到了這一點。我

[62] 在《時間與自由意志》（*Time and Free Will*）一書中，柏格森寫道：「縮短未來的綿延，以便事先描繪出各個部分，已經行不通了；人必然要在綿延展開的同時活在其中。」[1011]

的良師益友詩人約翰・索普托（John Shoptaw）有一首名為〈計時器〉（Timepiece）的詩，我經常想起詩中所刻劃的地形語言：「一個陡峭的夜晚，一個糾纏的星期，一個擱置的八月／墜入一個迅速的夢。」[1013] 用望遠鏡自信地觀察到平坦空間的相對視角，跟繞過山路所看到景象是否一樣？——就像你即便知道自己身在何處，但每一次轉彎看到的景色會不會都不同呢？

在這裡，生物區域主義是隱喻，也是具體的證明，因為它的時間尺度相互重疊，有時甚至超出了人類的視角。用簡單的「變化」來形容，生態時間和地質時間充滿了差異：事情發生得既快又慢、既渺小又浩瀚得難以想像。砂岩等岩石是逐漸形成的，而黑曜石等火山岩則是在劇烈的接觸中產生，不同的山脈以不同的速度隆起，有的山脈被推測（相對而言）「像冰棒一樣」[1014] 被堆高。在寫下這篇結語時，活火山瑞尼爾山 [1015] 就在我的眼前。大約五千七百年前，瑞尼爾山發生大規模土石流，山頂矮了半英里，這個故事可能保留在尼斯誇里美洲原住民 [1016] 的口述傳統中。[1017][63] 地質學家預測，在接下來的幾億年裡，我所在的大陸會撞向亞洲，在那之前我們會發生地震，地層斷裂速度可能是乾燥空氣中音速的十倍。[1019]

寫這篇文章的這一年，名為「十號群」（Brood X）的蟬（每十七年大規模出現一次）席捲美國東岸和中西部地區，一度堵塞喬・拜登 [1020] 擔任總統後首次國際出訪行程的座機的輔助動力系統。[1021] 密西根州皇家橡市一位樹木學家經常接到來電，民眾說他們的樹木突然掉落大量橡子，非常擔心，他只好向民眾解釋，這是一種樹木同時掉落果實的時間現象，叫做「種子豐產年」。[1022]（羅賓・沃爾・基默爾描述山核桃的豐產現象時指出，有些研究顯示山核桃可能利用地下菌根網絡來實現這個「共同目標」——換句話說，它們會交談。）[1023] 在內華達山脈以西，一株五千

---

[63] 在尼斯誇里族的口述傳統中，有一個故事說，瑞尼爾山曾經是一個怪物，吞噬所到之處的每一樣東西，直到「變化神」（Changer）化身成狐狸，讓瑞尼爾山一條血管破裂。[1018] 小瓦因・德洛里指出，該地區有四個不同的部落重複這個故事，敘事大同小異。有人推測，血管破裂指的是大規模的土石流。

年前就開始生長的狐尾松（bristlecone pine tree），在古老石灰岩形成的白色土壤中繼續進行光合作用。[1024] 在俄勒岡州蒂拉穆克郡，尼斯科溫鬼樹林（Neskowin Ghost Forest）是一個熱門的去處，在一七〇〇年一場地震中，泥漿淹沒整座北美雲杉森林，如今只有在退潮時才能見到樹根林立的「墓地」。[1025]

我故意把生物學和地質學的例子混在一起，部分是為了強調不同週期的重疊性特性，也是因為在現實中，我們很難將岩石與我們（今天）通常認為是有生命的東西分開。石炭紀石灰岩由海洋生物的外殼和硬質部分組成，在聖克魯茲山脈，只要土壤中含有蛇紋石（一種富含鐵和鎂的地幔岩石，隨著太平洋板塊在北美板塊下的滑動而發生變化），就會出現一種明顯的植物群落。[1026] 在《大陸的崛起》系列紀錄片（Rise of the Continents）中，伊恩・斯圖爾特 [1027] 提出另一種類似的觀點：由於摩天大

紐約市班內特大道的片岩露頭

樓往往蓋在靠近地表的堅硬岩石上，曼哈頓的天際線形狀可以用來解讀曼哈頓片岩在地底的分布。[1028]與蛇紋石一樣，片岩的成分與片岩的歷史密不可分，這種岩石之所以堅硬無比，因為它在一座高度相當於今日喜馬拉雅山脈的山脈下被壓縮了三億多年，盤古大陸形成時，兩塊陸地相撞，才形成了這座山脈。

曼哈頓的天際線，以及目前可以在中央公園發現的片岩露頭，都是過去和現在之間模糊界限的例子，其他模糊的界限與什麼算個體、什麼算壽命或事件有關——這些問題最終都有著深刻的關係。《科學人》（Scientific American）雜誌有一篇文章說，在俄勒岡州藍山（Blue Mountains），有一片廣達數千英畝的土壤，藏著一個龐大的真菌網路，可能有二千四百年至八千六百五十年的歷史，「重新引發什麼是個體生物的爭論。」[1029]一位科學家提出，一個生物體是「一組基因相同的細胞，它們相互交流，具有

Pando 的輪廓

某種共同目的，至少可以協調自己做一些事情。」以 Pando 為例，它是猶他州一群無性繁殖的顫楊林，向來用單數表示，以拉丁語的「我蔓延」來命名，單棵樹的壽命只有一百多年，但相連的根系卻有數千年的歷史。[1030] 在一張顫楊林的衛星圖像照片上，若非標示出邊界線，看起來不過是一座長滿了樹的山坡。

上述的顫楊林和真菌網路中肉眼可見的菇類，皆是身體完全嵌入另一個身體的例子。事件也可能具有類似的模糊性。約翰・麥克菲說，聖蓋博山的土石流在六分鐘就能填滿一棟房子，我們很難將這起事件看成獨立事件，不理會其先決條件，比如一場震裂岩石的地震，還是夏季時山上發生火災。麥克菲確實也提過，在一九七七年的夏天，當地發生大火，隱泉鎮（Hidden Springs）官方於是警告鎮民，接下來的冬天可能發生土石流（他們的確說中了，但無濟於事）。[1031] 當岩石移動時，土石流就開始了嗎？還是從硬葉常綠矮木林失火開始的呢？

一篇《科學人》文章也暗示了這種緊張狀態，該文的標題是〈已知最漫長的地震持續三十二年〉（The Longest Known Earthquake Lasted 32 Years），副標題是「一八六一年蘇門答臘至少八點五級的毀滅性地震，地震前出現『慢滑』事件」（The 'Slow Slip' Event Preceded a Devastating 1861 Quake of at Least Magnitude 8.5 in Sumatra），標題與副標題似乎矛盾，但文章第一段就描述了一個事件中的事件，如同緩緩成熟的水果陡然從枝頭掉落：[1032]「一八六一年，印尼蘇門答臘發生一起驚天動地的地震。長久以來，我們以為這場地震是先前靜止的斷層突然斷裂所致，新研究卻發現，在這場大災難發生前，該島下方的板塊已經悄無聲息慢慢相撞了三十二年之久。」[64]

[64] 在《時間與自由意志》中，柏格森描述個人思考和作出抉擇的過程時，提到了一種類似的動態。我們通常以為思考是「在空間中振盪」（在兩個或多個結果之間），但柏格森認為思考的過程其實是「一個動態的行進，在行進中，自我及動機如同真正的生命體，處於不斷轉化生成的狀態」。正是由於這種行進，「自由行動⋯⋯像熟透的果子一樣掉了下來。」[1033]

對於一個不關心某些類型的界限或主體模型的非西方觀點而言，把事物與它的背景分離，可能不是什麼大問題，對柏格森來說也是如此。在《創造性進化》（Creative Evolution）中，綿延是一個轉化生成的過程，狀態總是在不斷突破進入其他的狀態，他絕不能把個體視為絕對的分類，必須認為個體存在於一個光譜上。他說：「要讓個體完美，有機體中沒有任何分離的部分可以單獨存在，但這麼一來，繁衍就不可能了，因為什麼是繁衍，不就是用舊有機體的分離碎片建立一個新有機體嗎？」所有生物都有超越自身界限的手段，柏格森指出，從這個角度來說，個體根本是「在家中窩藏了敵人」。[1034]

為了給自己劃一條界線，我不得不問：**我是珍妮，還是我母親的女兒、我祖母的孫女？**等等問題。如果我是一個事件，那我是什麼時候開始的呢？三十五年前？數百年前？數千年前？「我」難道不就像是在一個基質外面長出來的、看得見的蘑菇，如果沒有這個基質，我會是難以理解的，甚至是不可能的？雖然我的主觀記憶只能回溯到那麼久以前，但我的存在可以用更古老的事物來解釋：我母親移民，一場緊急的戰爭讓我的祖父母相遇，還有在菲律賓怡朗省（Iloilo）東端埃斯坦西亞（Estancia）海岸游泳的魚。那裡的漁民與我有關，我也繼續與他們有關。

尤卡帕塔在《沙語》中抱怨，「你跟曾祖母講電話後，發現很難用英語書寫，因為她也是你的侄女，在她的語言中，時間和空間不是分開的兩個單字。」[1035]他解釋說，在他們的親屬體系中，因為「奶奶的媽媽會回到中心，變成孩子」，所以每隔三代就會重置一次，祖父母的父母會被歸為你的子女，這麼一算，「曾祖母也是你的侄女。」此外，在他們的文化中，一個在英語中譯為「什麼地方？」的問題，意思其實是「什麼時間？」。根據他曾祖母兼侄女所使用的典範，這兩個特徵自然而然交織在一起：「親情按照週期循環，土地按照季節週期循環，天空根據恆星週期循環運動，時間與這些事物緊緊相連，絕不是一個獨立於空間之外的概念。我們對於時間的體驗，完全不同於沉浸於單調時間表和缺乏故事表面的人，在我們的存在領域中，時間不是一條直線，它和我們腳下的大地一樣具體有形。」

請注意，「我們腳下的大地」與抽象空間是多麼的不同。尤卡帕塔的「大地」不是一個隱喻，它指的是真實的大地，就像牛頓所想像的空間網格（空的、抽象的、「平的」）一樣具體。

我們對時間的認知，以及我們認為時間是如何形成的，都影響我們如何穿越時間。平的時間提供的選擇非常之少，思考「觀察」和「移動」之間的關係時，我想起了一九八六年吉姆．亨森[1036]的電影《魔王迷宮》（*Labyrinth*）中的一幕（當時，有個名叫麗姿的保母，帶了 VHS 錄影來我家時看，時隔三十年，我都還記得）。年輕的珍妮佛．康納莉[1037]飾演莎拉（Sarah），剛剛進入一個可怕的迷宮，迷宮中心有一座城堡，大衛．鮑伊[1038]扮演妖精國王，頂著奇特的髮型，正在城堡等候她。[1039]走著走著，莎拉發現自己置身於一條漫無止盡的路，只有前後兩個方向，開口抱怨：「他們怎麼會說這裡是『迷宮』呢？沒有轉彎，也沒有拐角什麼的，只是一直往前走啊。」她有一瞬間懷疑這可能不是迷宮，開始跑了起來，但很快就累了，最後氣餒地用拳頭捶打磚塊，倒坐在地上。

雖然她沒有注意到，幾株頂端長著眼睛的苔蘚狀植物也轉過頭來看著她。在一塊突出的磚塊上，一隻藍色頭髮、戴著紅領巾的小蟲子喊道：「喂！」莎拉嚇了一跳，緩過神後，問小蟲知不知道怎麼穿過迷宮，小蟲說他不知道，反而邀請她「進來見見太太」。她說，她必須走出這個迷宮，再次抱怨起迷宮沒有拐角或出口。小蟲說：「欸，妳沒看清楚，到處都是出口，只是妳沒看到而已。」指著一堵看似是磚牆的地方。莎拉走上前去，用懷疑的目光回頭看著那條蟲子，她沒有看見出口。小蟲說：「在這個地方，事情不一定像表面那樣，妳不能認為任何事情是理所當然的。」

下一刻，猶豫不決的莎拉高舉雙手，奇蹟似地穿過那堵牆，原來牆只是錯覺幻影。那一幕在幼年的我的心中留下深刻印象。得益於一九八〇年代的特效，她開始消失在左邊，小蟲子說：「不要走那邊！千萬不要走那條路。」她於是改變了方向，直到她消失在右邊後，小蟲子才說出了關鍵訊息：「如果她繼續往那邊走下去，就一路走到城堡去了。」最後一刻的轉折讓我想起尤卡帕塔抱怨「非線性」一詞將線性視為預設值，他說有一個人，「幾千年前想要走直線，結果被叫是 **wamba**（瘋子），最後被拋向天空作為懲罰」，接著又說，「這是一個非常古老的故事，許多故事都告訴我們，我們必須以自由放養的模式旅行和思考，警告我們不要以瘋狂的方式衝向前方。」[1040]

莎拉消失進入牆壁的情節，好像也演出了 **chronos** 和 **kairos** 之間差異。如我在本書開頭所指出的，**chronos** 是同質的，**kairos** 則更加異質，暗示著行動的關鍵時刻。阿斯特拉．泰勒[1041]所寫的〈時間之外：聆聽氣候時鐘的聲音〉（Out of Time: Listening to the Climate Clock）一文，徹底左右了我在本書中整個提問思路，她指出，在現代希臘語中，**kairos** 的意思是「天氣」，接著描述 **kairos** 在生態學方面的用處：「也許干預的時機稍縱即逝，如同轉瞬即逝的雷雨或盎然春意，我們可能出手太晚而錯失良機。」[1042]讀到這裡，我突然想到，在英語中，我們說的是「把握時機」（seize **the** time），而不是「把握時間」（seize time）。

與 **chronos** 相比，**kairos** 聽起來像是那些知道時空密不可分的旅人的領域，每一個「空間－時刻」都需要仔細關注，以免錯失機會。並不是不能計畫，而是計畫中的時間不會是平淡、死寂或毫無生氣。相反，在「這段時間」，你耐心等待、耳聽八方，密切留意永遠不會重複的震動模式。面對平淡無奇時，你尋找突破口，當機會來臨時，你抓住它，不再回頭。

寫這篇結語時，我正在莫里島（Maury Island）駐村寫作。莫里島位於普吉特海灣，與瓦雄島相連，只能乘船前往。我暫居的房子，位於沿著舵手港（Quartermaster Harbor，一個浩淼的水灣）延伸的路上，這條路寬闊而寧靜。我習慣在一天工作結束後沿著那條路散步，通常已經是黃昏時分了。一日傍晚，我看到遠遠的前方有個奇怪的身影，緩緩移動，停下來，然後又開始移動。暮色漸濃，有那麼一瞬間，我真的分不清那是動物還是人。我感覺我的大腦搖擺不定，不知道如何處理這個形影，只好等一等，比平日更加仔細觀察。最後，終於看清楚了，原來是一個穿著一件大斗篷的人，就要轉進灌木叢消失了。

在那短暫的停頓中，我感受到懷疑，懷疑增加我對一切的敏感度。英語的「懷疑」（**doubt**）有兩個詞源，一個是原始印歐語詞根 **dwo**，意思是「兩個」，另一個較晚期的詞源是拉丁語 **dubius**，意思是「兩個頭腦，在兩者之間猶豫不決」。[1043] 那個暫且未知的形影令我駐足不前，不過懷疑並非靜止不動，即便在下一刻就塌陷了，有樣東西從那個開口中產生了。

在《時間與自由意志》中，柏格森誠心承認，我們許多的思想和活動都受制於我們任其自由運行的習慣，如同自動化的局部流程一樣。他說，隨著時間過去，習慣會形成一層「厚厚的外殼」，讓我們認不出自己真正的主觀能動性。[1044] 但外殼未必永遠穩固，他舉例說，你可能會遇上問題，找朋友徵詢意見，朋友提出了非常合理的建議，你想從這些建議中得出一個合乎邏輯的結論時，卻出現了完全不一樣的東西：

> 然後，就在要行動的那一刻，**有東西**可能會反抗。根深柢固的自我爆發了，外殼忽然擋不住這股衝力，破裂了。因此，在自我的深處，在對最合理的建議進行最合理的思考底下，還有另一件事正在發生——感情和思想逐漸升溫，猝然沸騰，不是沒有被察覺，而是沒有被注意到。（強調語氣為原文所添加）

日後這種「爆發」可能會像是冷卻的熔岩或僵化的歷史，使我們忘了它發生時刻的偶然事件。你可能會反其道而行，故態復萌，忘記未來有很多這樣的懷疑時刻——甚至忽略了自己就正處在這樣的時刻。

我的藝術家朋友蘇菲亞・科爾多瓦（Sofía Córdova）告訴我，她懷孕時決定遵循拉丁美洲坐月子傳統（**cuarentena**），產後四十天與新生兒足不出戶。[65] 蘇菲亞透過藝術工作持續思考「歷史之外的時間」、「女性時間、酷兒時間、黑人時間、原住民時間，那些沒有被記述進步的白人記錄在我們人類的『偉大檔案』中的時間。」[1045] 但坐月子把她從思考這種時間帶入了親身體驗這種時間。當然，生產「只是我們共同的時間概念流動中一個可能的入口或逃生口」，一個人不需要生孩子就能體驗到，至於入口的另一邊，她是如此形容的：

我們——我和寶寶——前不久的經歷，本質上既根源於身體，也脫離了身體，因此我的思考和體驗的尺度縮小了（非貶義），只限於身體的空間，最遠也就是我們家的邊界……整個宇宙都在這裡，在我身體的牆壁內，宇宙仍舊繼續。換句話說，我的內在和有限的外在感覺合而為一，而且是唯一判斷時間的方式。重組身體，荷爾蒙驟降（一直在主導並對我而言就像是持續服用低劑量的迷幻藥物），與嬰兒共用自己的身體，以新的方式保持警惕，即使熟睡時，睡眠本身也會被重塑——所有這些身體經歷，都讓你緊緊綁在時間的體驗上，綁在所有時間都用來癒合、餵奶、睡覺的任務上。這是非常細胞層面的體驗。

隨著你和這個新生命快速邁向對自我和世界的全新理解，這種模式的循環本質，再加上這一轉瞬即逝的時刻非常獨特，令人迷失方向，感到不可思議，使得在定義這段時間相對於之前或之後發生的一切時，會遇到相當棘手的問題。當然，也有其他瞥見這類時間的機會，但對我來說，它們更短暫、更瞬息萬變（例如看到陽光在海面上閃爍，進入水域，與你愛的人一起唱歌或演奏音樂）。

疫情爆發後，我和蘇菲亞的第一次見面，聊的就是她的坐月子經驗，

---

[65] 其他國家也有大同小異的坐月子風俗，包括中國、韓國、印度、伊朗和以色列。美籍華裔女作家陸斐（Fei Lu，音譯）在《原子》（*Atmos*）中提到，動了性別確認手術之後，她也遵守坐月子的習俗，休息調養身心。[1046]

蘇菲亞・科爾多瓦，《水下月光（鮮血＋乳汁的日子）》（Underwater Moonlight〔days of blood + milk〕）

那時已經是二〇二一年九月，整個世界以各種方式或大或小經歷了一場顛覆慣常時間性的短暫變革。就像崔西亞・赫塞（午睡部成員）一樣，蘇菲亞是許多不想看到事情「恢復正常」的人之一，隔離、中斷的經驗中，難道沒有可以學習的教訓嗎？在這個懷疑的時刻，難道沒有什麼形成出現，就算只是變得不穩定？

如果你的重點是速度和保持領先的需求，那麼懷疑只會被視為一種成本，就像丹尼爾・哈特利在〈人類世、資本世和文化問題〉中所指出的「延遲」和「中斷」，不可避免，被視為理所當然。但是，對於那些感覺進步就像通往死亡之路的人來說，懷疑是一條生命線，是衝破柏格森「外殼」的主觀能動性的一小塊空間，是一個奇異不可坍塌的 **kairos**。如同一個開口，可能包含漢娜・鄂蘭在《過去與未來之間》（*Between Past and Future*）中所提出的「非時間」種子：

> 這可能是精神的領域，或者更確切地說，是思考所鋪就的道路，這條非時間的小徑，是思想活動在凡人的時空中跳動的路徑，是思想、記憶和期待的列車駛入的軌道，將它們接觸到的一切從歷史和傳記時間的毀滅中拯救出來。不同於我們出生的世界和文化，時間核心中的這一小塊非時間空間只能暗示，不能從過去繼承或傳承；每一個新世代，事實上都是一個新人類，當他置身於無限的過去和無限的未來之間時，都必須重新發現這條路，苦悶地緩緩鋪築這條道路。

這段話出現在序言中，當時鄂蘭正在描述一九四〇年法國意外落入納粹之手後的情景。歐洲作家和知識分子（「他們自然從未參與過第三共和國[1047]的官方事務」），突然「像被吸入真空一樣被吸入了政治」，捲入一個言行不可分割的世界。[1048]鄂蘭認為，這樣創造了一個公共知識領域，但才過了幾年，當他們都回到自己的私人事業，這個領域就崩潰了。然而，那些參與其中的人記得一個「寶藏」，在那裡「加入了抵抗運動的人，**找到**了自己」。這種寶藏不過是打斷了狹隘職業生活的一股牽引，不過是一個人的行為有了不同的意義（至少有了意義）的時代。鄂蘭寫道，在那些年，這些作家和知識分子「在他們的生命中首次受到自由幽靈的拜訪……因為他們已經成為了『挑戰者』，主動採取了行動，因此在不知道、甚至沒注意到的情況下，開始在彼此之間創造出自由能夠出現的公共空間」。

鄂蘭認為，這種非時間中發生的「思想活動」，不同於更接近於習慣、演繹和歸納推理的計畫性思考方式，後者的「規則……學一次就會，之後只需加以應用」。鄂蘭的想像類似於奧利・穆德的創造力，透過自主行動者的對話，創造出**新**事物。也類似塞爾瑪・詹姆斯和瑪麗亞羅莎・達拉・科斯塔所描述的情況，一度被孤立的家庭主婦開始交流、學習和組織時的發展，她們說，在「奮鬥的社會性中，女性發現一種能夠有效賦予她們新身分的力量，她們開始運用這股力量」。[1049] 無論是否自詡為活動家，許多人都清楚以各種方式「脫稿」的感受——你覺得自己正在與他人共同創造嶄新的東西。即使是看似瑣碎、非常短暫的手段，你也可能發現自己正在開創一個思想、語言和行動的全新領域，那是連你自己都無法預測的領域。這樣的時刻振奮人心，但也充滿了離開熟悉感的不便。充斥著懷疑。

在這種情況下，懷疑其實很寶貴，懷疑才是我們想要把握的東西。不過鄂蘭也指出，以這種方式邂逅新鮮感和主觀能動性，人必須要在「過去和未來激烈衝擊的浪潮之間堅守立場」，[1050] 否則你會被確定性擊垮：過去用傳統壓垮你，未來用決定論壓垮你。因此，鄂蘭那篇序言的標題〈過去與未來之間的裂隙〉中的「裂隙」（「非時間」的另一種說法），既重要又脆弱。

即使主導文化、政治便利的時間觀、歷史觀和未來觀讓我們無法看清這一點，活在過去與未來之間的裂隙中，實際上就是人類的處境。我們悲哀地眺望未來，認為那裡永遠不會發生新鮮事，卻看不到自己正站在唯一可能發生新鮮事的裂隙中。我不禁懷疑，「擁有時間」（having time）的其中一個涵義，是否就是將時間剖半（**halve time**）——在 **chronos** 上切開一道縫隙，在希望允許的範圍內，將過去和未來分開。[66]

每一篇文字都是一個時間膠囊，匯集自身世界的碎片，傳遞給存在於另一個世界的讀者——不光是在空間上，也是在時間上的另一個世界。即使是私下寫日記，也都假定了有一個未來的自己會閱讀——畢竟，有一個未來存在。拿這本書來說，我無法得知在我寫下這些文字時和你閱讀它時之間發生了什麼，但我可以告訴你，我正活在一個懷疑的時刻，說不定你也是。

看到那抹無法辨認形影的晚上，我正朝著路的盡頭走去，那裡的拉布潟湖（Raab's Lagoon）被指定為「自然區域」。到了盡頭，人行道變成草地，你會經過赤楊（alder）與冷杉（fir trees），來到一條長凳前，長凳是為紀念了一個在二〇一六年去世的男子而設置。如果你繼續前進，小徑會伸入水中，成為舵手港和小潟湖之間的人工隔欄，過了一個港口的海水能夠流經的小開口後，隔欄一路延伸到潟湖的另一頭。我第一次去的時候，開口中的水似乎沒有朝任何特定的方向流動，當時正值漲潮，但我不知道，剛到此地時，我以為那個地方一直是那個樣子。

過了幾個星期，我不可避免地熟悉了潮汐，因為舵手港就在我的房門外。漲潮時，你會聽到撲通撲通的水聲，塑膠獨木舟船塢撞擊木樁，我後來把這些聲音叫作「船塢之歌」（the song of the dock）。潮水較低時，白色翅膀的潛鴨成群出現，潛入水底覓食貽貝（Pumpkin），這種遷徙鴨子的眼睛下方有一撮白色羽毛，有種超現實的風格。當潮水全部退去時，貽貝的貝殼顯露無遺，民眾和灰翅鷗在裸露的岩石海灘上走來走去。

我發現我對潮汐其實一無所知，常常上 Google 搜尋，好像跟著小學自然課本學了一個又一個的單元，了解潮汐還有「高高潮」和「低高

[66] 同樣，小瓦因・德洛里將文化和文明的變化比喻為一幅馬賽克，既分辨不出舊圖案，也看不出正在形成的新圖案。他認為這也是一種脆弱的狀態，如果我們不能設法穿過「可怕的中間地帶……我們會一遍又一遍地以同樣毫無意義的碎片來替換」，「陷入一種新的、更複雜的野蠻。」[1051]

潮」之分，最高潮（我在結語開頭所描述的帝王潮就是最高潮）發生在新月或滿月時，這時月亮處於近地點（離地球最近），地球處於近日點（離太陽最近）。[67] 我認識了「固體潮」（earth tide）現象，這些力量居然會讓堅實的陸地微微移動位置。[1052] 我還發現，原來當月球拉動我們的水時，水也會向後拉，從而加快月球的軌道速度，使月球逐漸遠離我們。[1053] 我研究當地的潮汐圖，圖中的曲線有自身的週期和邏輯，但與相對應的日曆方格和小時標記不同步。有幾個夜晚，月亮又圓又亮又清澈，提醒著我。

有一天，我碰巧在漲潮的中低潮位時去了拉布潟湖，那時我已經找到了隔欄存在的原因：它是我無意中走過的一條路的一段，那條路勾勒出這座小公園的形狀，原來是通向附近的一家鋸木廠，從堤道中間的橋穿過潟湖。[1054] 在我現在只能看到鵝和偶爾出現的蒼鷺（heron）的潟湖裡，曾經存放過原木。後來在一九五〇年代，為了讓船至少在漲潮時可以從港口駛入，他們把橋燒了。於是，舊路中斷，而今我站在青草茵茵的堤岸上往下望，那裡已經沒有路了。

除非漲潮的時候，殘留的狹窄水道加劇水流的運動，變成一個充當箭頭的指標。潮水退去時，水往南流，自潟湖流出，回到港口。水保持這種狀態，直到潮水漲到六英尺高（我經常想要抓住確切的時刻，但屢屢失敗），水反轉了方向，開始從港口流入潟湖。這時水流變得湍急，當地人稱為「瓦雄急流」（Vashon rapids）。然後，當水位平穩後，奔流的速度減緩下來，當潮水再次退去時，整個過程就會重來一遍。我出身灣區，聽到嘩啦嘩啦的流水聲，就會想到降雨，因為雨水跟著小溪泉水從山上流下。但在這個港灣，來來回回的急流是引力的徵兆，是一則有關外太空的物體位置的訊息。

---

[67] 想要進一步了解，舊金山科學博物館的「探索館」（Exploratorium）放在 YouTube 上的〈King Tides | Full Spectrum Science —— Shorts | Ron Hipschman〉是一個富有啟發意義的影片，憑直覺即能理解。順便提一下，這段影片中還有一張艾倫・格林伯格所拍攝的帕西菲卡的精采照片。

那天在決口處，越來越多的水通過一連串的潮池流入了潟湖，有一股小小的水柱從附近裸露地面噴出，我爬到下面的混凝土和木頭碎片中調查。我蹲下身子，發現有一塊「鵝卵石」，就像《魔王迷宮》中長著眼珠子的植物，它竟冷不防張開大嘴，把水射到我毫無防備的臉上。原來不是石子，而是一隻埋在泥中的粗糙穿石貝的虹管生物構造。噴出小水柱的地面嘶嘶作響，像沸騰似的，氣泡從原來的潟湖和即將成為潟湖的地面逸出。

在向北流動的水下，藏在一塊岩石的中間，有一個大得不可思議的紫色塊狀物體，上面綴滿了白色小點，像撒了糖粉一樣。原來是一隻紫色赭海星（purple ochre sea star），牠是受到「海星虛弱綜合症」（sea star wasting syndrome）威脅的眾多海星物種之一，自二〇一三年以來，這種惡夢般的疾病持續導致西太平洋沿岸、甚至水族館中的海星解體；在照片中，牠們就像是散了、融化了。在這場據稱是野生海洋動物中觀察到的史上最大規模的疾病流行中，赭海星是受影響最嚴重的物種之一，這個潟湖甚至有這種疾病的舊紀錄。[1055] 然而，我看到的海星似乎很健康，周圍的水位緩緩上升，牠則忙著讓海水在體內迴圈，捕食貽貝。

海星虛弱綜合症的病毒在海星中已存在很長時間，但我們仍舊還沒有完全了解這種疾病，牠前所未見的破壞力似乎與水溫升高有關，水溫升高可能給海星帶來壓力，讓牠們變得更加脆弱。當然，水溫變暖的原因並不費解。該島自然中心的主任推測，目前潟湖中較為涼爽的流動海水，更有利於拉布潟湖中健康海星生存。[1056] 或者，我看到的海星遺傳到對這種綜合症的抵抗力。在二〇一八年一項研究中，科學家觀察到海星具有抵抗力，[1057] 雖然令人鼓舞，但該研究的一位作者提出告誡，抵抗力只是「驚濤駭浪中一盞微弱而遙遠的小燈」，而在我來到此地的一個月前，西雅圖普吉特灣（Puget Sound）又觀察到大量的海星死亡。[1058]

了解這一切之後，赭海星的 3D 實體存在，好像一個小小的奇蹟，甚至比海星本來就是奇蹟還要奇蹟。看著牠，我無法不去想牠可能有消失的一天。站在過去與未來的裂隙中寫作，我不得不承認，在你們的世界裡，

這種動物和許多東西一樣，很有可能已經很少見了，或是消失了。儘管如此，我無法認為這種結果是理所當然的，因為如果我這樣認為，你們就更不可能看到一個赭海星了。

這就是決定論的諷刺之處——它脫不了某種選擇。在姜峯楠的另一則故事中，來自未來的敘事者決定向過去發出警告，有一種名為「預言者」（Predictor）的技術即將問世，這種設備使用「負時間延遲」（negative time delay），當你按下觸發閃光的按鈕時，就會出現閃光。[1059]「預言者」無法被打敗，它為了證明自由意志不存在，最終導致自己患了某種虛弱綜合症，人類於是失去所有動力，活在一種「清醒的昏迷」中。當醫生想與他們爭辯，指出「你上個月作的任何決定和你今天作的決定一樣，自由意志的程度並沒有什麼差別」時，病人回答說：「『但現在我知道了。』有人從此不再吭聲。」

在整個故事中，原來正在使用負時間延遲發送訊息的敘事者說，他知道自由意志不存在，但在他想要傳達的實際訊息中，他自相矛盾，勸告過去的人：「假裝你有自由意志，即使你知道它們並不重要，也仍然要表現得好像你的決定很重要。現實不重要，重要的是你的信念，而相信這個謊言是避免『清醒的昏迷』的唯一之道。文明現在仰賴於自我欺騙，也許它一直都是如此。」他也承認，在某些方面，他的訊息毫無意義：「任何人都無能為力——你無法選擇預言者對你的影響，你們有些人會屈服，有些人不會，我發出的警告不會改變這些比例，那我為什麼要這麼做？」他的回答很矛盾：「因為我別無選擇。」

姜峯楠的故事展現了時間、意志、生命力和渴望之間的緊密關係，敘事者在結尾的「別無選擇」語帶曖昧，但有一種解讀方式是把它看成柏格森所說的「根深柢固的自我湧上表面」，這種情況的發生推翻所有邏輯和機率。想要得到某樣東西，愛著某樣東西，又害怕它的消失，都是在過去和未來之間的裂隙間徘徊，允許那種「感情和思想的猝然沸騰」。那天，在古道上的裂隙中，我看到了一隻活生生的赭海星，牠沒有逐漸變得虛弱，這讓我不顧一切想像一個有著赭海星的世界。

我所指的不只是一隻動物。一九六九年，動物學家羅伯特・T・潘恩（Robert T. Paine）觀察了潮間帶赭海星所受的影響，提出「關鍵物種」（keystone species）的概念。[1060] 赭海星捕食貽貝，在一定高度的岩石上清理出一定的空間，這個角色作用非常重要，少了牠們，整個潮間帶生態系統的生物多樣性可能會因而瓦解，後續的影響會往外輻射到其他的生態系統。潘恩進行研究，移走了赭海星，想看看會發生什麼事——海星衰弱綜合症發生以來的這幾年，很像是擅自延長了潘恩一開始的這個實驗。關鍵物種概念等於確認了物種之間的相互關聯，也闡明了我們如何看待一個人、一個地方，或一個時間的界限的生或（集體）死的利害關係。

海星和我一樣，像一塊石頭，帶著時間中發生的事的痕跡，或近或久遠。科學家始終不明白海星是如何演化出觸手，因為牠們在化石紀錄中似乎是「完全成形」。[1061] 直到二〇〇三年，摩洛哥一個研究小組才在費翁瓦塔地層 [1062] 中發現了可能遺漏的環節，該區有「古生物學的龐貝」之稱，可能保存著海星的軟體。費翁瓦塔地層中發現的這個海星祖先，被稱為 **Cantabrigiaster fezouataensis**，是化石紀錄中最古老的海星狀動物，去年哈佛大學和劍橋大學的研究人員注意到，它也具有海百合（sea lilies）的共同特徵，海百合是一種花狀濾食動物，牠的「莖」附著在海底，「花瓣」在水中捕捉浮游生物顆粒。

在奧陶紀 [1063] 生物多樣性大事件（某些地方的條件導致了多樣性的爆發）前後的某個時刻，這個海星祖先可能做了一個令人意外的奇怪動作——改變方向。一位研究人員寫道：「海星的五條觸手是這些（海百合）祖先留下的遺跡，以 **Cantabrigiaster** 及牠的海星後代來說，在演化之後，牠們身體倒轉，觸手改為朝下，可以在沉積物上覓食。」現在，我眼前的海星正在擁抱牠的岩石，取決於你所選擇的時間框架，牠可能正面朝上，也可能是倒掛著。海星倒不是很在意，牠在海星的時空中，也許能感覺到一個黑忽忽的斑點（我），觸手末端長著複眼。[1064]

當我抬起頭時，潮水已經漲得更高了，水位逐漸靠近我所站立的地面。很快我就要爬回到那條古道上，從那裡可以看見黃葉環伺的海港其餘部分。當地報紙報導說，海岸薩利什人 [1065] 把這個地區叫作「Tutci-la'wi」，以紀念他們的同居居民：這些樹現在叫做大葉楓樹（bigleaf maple trees），在這裡比我的家鄉更常見。自從我到達以來，樹木的顏色變化的速度變得顯著，而且似乎在加快。在下面，水開始沖刷過岩石。雖然我站在原地不動，但感覺自己也在奔流，一部分的我正在死去，另一部分又活了起來。蚌殼上有年輪，讓我想起了疫情期間我額頭浮現的皺紋，顯然這是一個許多人加速老化的時期，我們生物鐘集體受到壓縮。[1066]

水位逐步升起，我知道自己不可能永遠站在那裡看海星，但還是遲遲不肯移動。在「這段時間」裡，我感受到的不完全是快樂，也不是絕望，而是一種潮汐般的東西，來來回回地擺動，無法捉摸，但對周邊的事物可能是清楚的：對於鴨子來說，牠們會再次遷徙；對於樹木來說，它們會再次轉綠；對於貽貝來說，它們會再次被淹沒；對於水來說，它會再次流出。我的身體也沒有誤解，在我身體的中心，一塊肌肉在跳動，一連串創造持續發生，那不是我開始的，我也無法停止。在水流的衝擊下，我感受到我的心跳如同言語，它們一直在說著它們一直在說的話：**再來，再來，再一次。**

致謝

我在未放棄土地權利的 Lisjan（歐隆）[1067] 領地上寫了這本書，希望讀者也能進一步了解索格雷亞土地信託基金（Sogorea Te' Land Trust，sogoreate-landtrust.org）[1068]，在自己的環境中尋找土地歸還運動的迭代活動。

這個計畫從一開始就得到了其他人的關心支持，即使大綱還很脆弱，我也知道它在我的經紀人卡洛琳．艾森曼（Caroline Eisenmann）的手中很安全。瓦雄島藝術村和小約書亞樹（Little Joshua Tree）提供了我思考時間和空間的時間和空間。我的編輯希拉蕊．雷德蒙（Hilary Redmon）顯然和我一樣對這些重要問題充滿熱情，願意追隨問題的腳步，感謝她的耐心、周密和能力，讓我的語言更加易懂。感謝 Random House 出版社的所有人的付出，謝謝賈．托倫蒂諾（Jia Tolentino）提供建議，丹．格林（Dan Greene）完成查證事實的艱鉅任務。

我深深感謝普林格私人圖書館（我們在第六章中參觀的圖書館）的瑞克．普林格和梅根．普林格，不僅給予我指導，還給了最熱情的鼓勵。圖書館館員德文．史密斯（Devin Smith）把我的寫作計畫放在心上，挖出了賴爾德的《提高個人效率》這樣的珍品。如果我所相信的是真的——過去正試圖以未解之謎和未償之願的形式與現在對話——那麼像普林格私人圖書館這樣的存檔計畫，就是實現這一目標的少數管道之一。這間圖書館真的是一份源源不斷的禮物，一個充滿種子（豆子？）的地方，等待著改變未來。

二〇一九年，在史丹佛大學的數位美學工作坊上，我提出了本書的一些初步想法。感謝沙恩．鄧森（Shane Denson）邀請我，也感謝工作坊成員慷慨地為我開闢了新的探索之路。在寫本書期間，我還有幸與蕾貝嘉．索尼特、潔西卡．諾黛兒（Jess Nordell）、海倫．麥克唐納與安吉拉．嘉伯（Angela Garbes）等人就他們的新書進行交流。在其中的空隙中，我與

R．O．權（R. O. Kwon）、英迪拉．阿萊格拉、巴哈爾．貝巴哈尼（Bahar Behbahani）、英格莉．羅哈斯．康崔拉斯（Ingrid Rojas Contreras）、瑞秋．孔（Rachel Khong）、雷文．萊拉尼（Raven Leilani）、安東妮特．恩萬杜（Antoinette Nwandu）和卡蜜兒．蘭金（Camille Rankine）等人大量的電子郵件交流支持著我。

我要感謝那些允許我在這裡收錄他們的作品的藝術家和作家，感謝那些與我這個跨領域的插班生分享他們的經驗和專業知識的人。不過，有些最重要的貢獻無法包含在註釋。當我看這本書時，眼前會浮現友人約書亞．巴特森給我用來觀察樹葉的珠寶放大鏡，以及我們用放大鏡觀察的那條東灣小徑。我想起那片紅杉樹林，我和畢生的良師益友約翰．索普托一塊坐在那邊，他懂得如何使用詩歌來化解時鐘。我也見到了梅里特湖（Lake Merritt）的候鳥，我的同伴「觀鳥人」喬．溫納（Joe Winer）也在他那一側的海灣觀察到這些候鳥。這本書也反映出其他許多共同的朋友和思想家之間的交流：海倫．謝沃爾夫．曾（Helen Shewolfe Tseng）、勞拉．賢智．金（Laura Hyunjhee Kim）、蕾妮爾．陶羅（Raenelle Tauro）、卡拉．蘿絲．德法比歐（Cara Rose DeFabio）、內雷．巴蒂亞（Neeraj Bhatia）、克莉斯汀娜．科菲爾德（Christina Corfield）、凱特．弗格森（Cat Ferguson）、蓋瑞．毛（Gary Mao）與安許．舒克拉（Ansh Shukla）。

最重要的是，我看到了我和我的伴侶喬．韋克斯（Joe Veix）在疫情期間每日散步時進行的數百次對話。當時，時間很奇怪，沒有什麼是一定的。喬和我一起走過每一個問題，思考每一個問題，反覆推敲，直到新的想法出現。如果說寫一些艱深的話題讓人感覺像「喝毒藥」，那麼他在任何情況下都能讓我開懷大笑的能力往往就是解藥。

謝謝我的父母，謝謝你們給予我的禮物：信任、無需檢視的時間，以及一個讓好奇心安全成長的港灣。我母親替寄養家庭提供喘息服務，不斷向我展示愛與傾聽之間的關係。我也謝謝我的父親，他鼓勵我提出哲學問題（即使十四歲就收到柏拉圖的《理想國》可能太稚嫩了一些），那些問題一直延續到這本書中。

最後，我在這裡試圖歸納的許多內容，都直接來自於我的街坊和聖克魯茲山區的老師，有人類的老師，也有非人類的老師。感謝德沃拉（Devora）的萵苣、湯姆（Tom）的「溫柔目光」、為我的記憶編碼的月桂樹、讓時間變得真實的岩石、在我看不到希望時展示希望的鳥兒。我對這份生機感激不盡。

參考資料

Ackerman, Jennifer. *The Bird Way: A New Look at How Birds Talk, Work, Play, Parent, and Think. New York: Penguin, 2021.*

Adair, John. *Effective Time Management.* London: Pan, 1988.

Adam, Barbara. *Timewatch: The Social Analysis of Time.* Cambridge, UK: Polity, 1995.

Alexander, Roy, and Michael S. Dobson. *Real-World Time Management.* New York:American Management Association, 2009.

Allen, Paula Gunn. "IYANI: It Goes This Way." In *The Remembered Earth: An Anthology of Contemporary Native American Literature.* Edited by Geary Hobson. Albuquerque: University of New Mexico Press, 1989.

Arendt, Hannah. *Between Past and Future: Eight Exercises in Political Thought.* New York: Penguin, 2006.

——. *The Human Condition.* Chicago: University of Chicago Press, 1998.

Aronoff, Kate. *Overheated: How Capitalism Broke the Planet — and How We Fight Back.* New York: Bold Type, 2021.

Basso, Keith H. *Wisdom Sits in Places: Landscape and Language Among the Western Apache.* Albuquerque: University of New Mexico Press, 1996.

Beecher, Catharine. *Treatise on Domestic Economy.* Boston, Mass.: Thomas H. Webb, 1843.

Bennett, Arnold. *How to Live on Twenty-four Hours a Day.* Garden City, N.Y.: Double-day, Doran and Company, 1933.

Bergson, Henri. *Creative Evolution.* Translated by Arthur Mitchell. Lanham, Md.: University Press of America, 1983.

——. *Matter and Memory.* Translated by N. M. Paul and W. S. Palmer. Brooklyn, N.Y.: Zone, 1991.

——. *Time and Free Will: An Essay on the Immediate Data of Consciousness.* Translated by F. L. Pogson. Mineola, N.Y.: Dover Publications, 2001.

Birdsong, Mia. *How We Show Up: Reclaiming Family, Friendship, and Community.* New York: Hachette, 2020.

Birth, Kevin K. *Time Blind: Problems in Perceiving Other Temporalities.* Cham, Switzerland: Palgrave Macmillan, 2017.

Bluedorn, Allen C. *The Human Organization of Time: Temporal Realities and Experience.* Stanford, Calif.: Stanford University Press, 2002.

Braverman, Harry. *Labor and Monopoly Capital: The Degradation of Work in the Twentieth Century.* New York: Monthly Review, 1998.

Brown, John. *A Memoir of Robert Blincoe, an Orphan Boy, Sent from the Workhouse of St. Pancras, London, at Seven Years of Age, to Endure the Horrors of a Cotton Mill, Through His Infancy and Youth, with a Minute Detail of His Sufferings, Being the First Memoir of the Kind Published.* Manchester, UK: J. Doherty, 1832.

Burkeman, Oliver. *4,000 Weeks: Time Management for Mortals.* New York: Farrar, Straus and Giroux, 2021.

Cameron, Barbara. "Gee, You Don't Seem Like an Indian from the Reservation." In *This Bridge Called My Back.* 3rd ed. Edited by Gloria Anzaldúa and Cherríe Moraga. Berkeley, Calif.: Third Woman Press, 2002.

Carlsson, Chris, and Mark Leger, eds. *Bad Attitude: The Processed World Anthology.* New York: Verso, 1990.

Chen, Chen. *When I Grow Up I Want to Be a List of Further Possibilities.* Rochester, N.Y.: BOA Editions, 2017.

Chiang, Ted. *Exhalation.* New York: Knopf Doubleday, 2019.

Cixous, Hélène. *Three Steps on the Ladder of Writing.* New York: Columbia University Press, 1990.

Coates, Ta-Nehisi. *Between the World and Me.* New York: Spiegel and Grau, 2015.

Craven, Ida. "'Leisure,' According to the Encyclopedia of the Social Sciences." In *Mass Leisure.* Edited by Eric Larrabee and Rolf Meyersohn. Glencoe, Ill.: Free Press, 1958.

Dalla Costa, Mariarosa, and Selma James. *The Power of Women and Subversion of the Community.* London: Falling Wall Press, 1972.

Davis, Angela Y. *Are Prisons Obsolete?* New York: Seven Stories Press, 2011.

——. *Women, Race, and Class.* New York: Vintage, 1983.

Deloria, Vine, Jr. *The Metaphysics of Modern Existence.* Golden, Colo.: Fulcrum, 2012.

——. *Red Earth, White Lies.* Golden, Colo.: Fulcrum, 1997.

Diaz, Natalie. "The First Water Is the Body." In N*ew Poets of Native Nations.* Edited by Heid E. Erdrich. Minneapolis, Minn.: Graywolf Press, 2018.

Downing, Michael. *Spring Forward: The Annual Madness of Daylight Saving.* Berkeley, Calif.: Counterpoint, 2005.

Dray, Philip. *There Is Power in a Union: The Epic Story of Labor in America.* New York: Anchor, 2011.

Du Bois, W.E.B. *The Souls of Black Folk.* New York: Cosimo Classics, 2007.

Dumas, John Lee. *The Freedom Journal.* Self-published, 2016.

Ehrenreich, Barbara. *Natural Causes: An Epidemic of Wellness, the Certainty of Dying, and Killing Ourselves to Live Longer.* New York: Twelve, 2018.

Eisenberger, Robert. *Blue Monday: The Loss of the Work Ethic in America.* New York: Paragon House, 1989.

Epstein, Mark. *Thoughts Without a Thinker: Psychotherapy from a Buddhist Perspective.* New York: Basic Books, 2013.

Ernst, Robert. *Weakness Is a Crime: The Life of Bernarr Macfadden.* Syracuse, N.Y.: Syracuse University Press, 1991.

Evans, Claire L. *Broad Band: The Untold Story of the Women Who Made the Internet.* New York: Portfolio/Penguin, 2018.

Fanon, Frantz. *Black Skin, White Masks.* New York: Grove Atlantic, 2007.

Fleming, Sandford. "Time-Reckoning for the Twentieth Century." In *The Smithsonian Report for 1886.* Washington, D.C.: Smithsonian Institution Press, 1889.

Fortenbaugh, William. *Aristotle's Practical Side: On His Psychology, Ethics, Politics, and Rhetoric.* Leiden, Netherlands: Brill, 2006.

Galanter, Marc. *Cults: Faith, Healing, and Coercion.* Oxford, UK: Oxford University Press, 1999.

Galton, Francis. *Hereditary Genius: An Inquiry into Its Laws and Consequences.* New York:D. Appleton and Company, 1870.

——. Memories of My Life. New York: E. P. Dutton and Company, 1909.

Glass, Fred. *From Mission to Microchip: A History of the California Labor Movement.* Berkeley: University of California Press, 2016.

Glickman, Lawrence B. *A Living Wage: American Workers and the Making of Consumer Society.* Ithaca, N.Y.: Cornell University Press, 2015.

Glime, J. M. *Bryophyte Ecology.* Houghton: Michigan Technological University, 2022. digitalcommons.mtu.edu/oabooks/4/.

Greenhouse, Carol J. *A Moment's Notice: Time Politics Across Cultures.* Ithaca, N.Y.: Cornell University Press, 2018.

Guendelsberger, Emily. *On the Clock: What Low-Wage Work Did to Me and How It Drives America Insane.* New York: Little, Brown, 2019.

Haber, Samuel. *Efficiency and Uplift: Scientific Management in the Progressive Era, 1890–1920.* Chicago: University of Chicago Press, 1964.

Han, Byung-Chul. *The Burnout Society.* Stanford, Calif.: Stanford University Press, 2015.

Hanson, Chad T. *Smokescreen: Debunking Wildfire Myths to Save Our Forests and Our Climate.* Lexington: University Press of Kentucky, 2021.

Hartley, Daniel. "Anthropocene, Capitalocene, and the Problem of Culture." In *Anthropocene or Capitalocene? Nature, History, and the Crisis of Capitalism.* Edited by Jason W. Moore. Oakland, Calif.: PM Press, 2016.

Hendren, Sara. *What Can a Body Do? How We Meet the Built Environment.* New York: Riverhead, 2020.

Hockney, David. *That's the Way I See It.* San Francisco: Chronicle Books, 1993.

Holden, William N., and Shawn J. Marshall. "Climate Change and Typhoons in the Philippines: Extreme Weather Events in the Anthropocene." In *Integrating Disaster Science and Management: Global Case Studies in Mitigation and Recovery.* Edited by Pijush Samui, Dookie Kim, and Chandan Ghosh. Amsterdam, Netherlands: Elsevier, 2018.

Holland, Sharon P. *Raising the Dead: Readings of Death and (Black) Subjectivity.* Durham, N.C.: Duke University Press, 2000.

Honoré, Carl. *In Praise of Slowness: Challenging the Cult of Speed.* New York: HarperOne, 2009. Ebook.

Hough, Franklin. *Report upon Forestry.* Washington, D.C.: Government Printing Office, 1878.

Illich, Ivan. *The Right to Useful Unemployment and Its Professional Enemies.* London: Marion Boyars, 1978.

James, Selma. *Women, the Unions and Work, or . . . What Is Not to Be Done, and the Perspective of Winning.* London: Falling Wall Press, 1976.

June 1868 Travelers Official Railway Guide of the United States and Canada. New York: National Railway Publication Company, 1968.

Kafer, Alison. *Feminist, Queer, Crip.* Bloomington: Indiana University Press, 2013.

Kent, Noel J. *Hawaii: Islands Under the Influence.* Honolulu: University of Hawai'I Press, 1983.

Keynes, John Maynard. "Economic Possibilities for Our Grandchildren." In *Essays in Persuasion.* New York: W. W. Norton, 2011.

Kimmerer, Robin Wall. *Braiding Sweetgrass: Indigenous Wisdom, Scientific Knowledge, and the Teachings of Plants.* Minneapolis, Minn.: Milkweed Editions, 2013.

——. *Gathering Moss: A Natural and Cultural History of Mosses.* Corvallis: Oregon State University Press, 2003.

Klein, Naomi. *This Changes Everything: Capitalism vs. the Climate.* New York: Simon and Schuster, 2014.

Knight, George R. *A Brief History of Seventh-day Adventists.* Hagerstown, Md.: Review and Herald Association, 1999.

Kochiyama, Yuri. *Passing It On: A Memoir.* Los Angeles: UCLA Asian American Studies Center, 2004.

Kranish, Michael, and Marc Fisher. *Trump Revealed: The Definitive Biography of the 45th President.* New York: Scribner, 2017.

Krishnamurti, Jiddu. *Freedom from the Known.* New York: HarperOne, 2009.

Kruse, Kevin. *15 Secrets Successful People Know About Time Management: The Productivity Habits of 7 Billionaires, 13 Olympic Athletes, 29 Straight-A Students, and 239 Entrepreneurs.* Philadelphia: Kruse Group, 2015.

Laird, Donald. *Increasing Personal Efficiency.* New York: Harper and Brothers, 1925.

Landes, David. *Revolution in Time: Clocks and the Making of the Modern World.* Cambridge, Mass.: Belknap Press/Harvard University Press, 2000.

Lundberg, George A., Mirra Komarovsky, and Mary Alice McInerny. *Leisure: A Suburban Study.* New York: Columbia University Press, 1934.

Macdonald, Helen. *Vesper Flights.* New York: Grove, 2020.

Macrì, Mario, Stefano Bellucci, Stefano Bianco, and Andrea Sansoni, eds. *Clocking and Scientific Research: The Opinion of the Scientific Community.* Istituto Nazionale di Fisica Nucleare (INFN), November 13, 1998. openaccessrepository.it/record/21217?ln=en.

Mancini, Marc. *Time Management (The Business Skills Express Series).* New York: Business One Irwin/Mirror, 1994.

Mangez, Eric, and Mathieu Hilgers, eds. *Bourdieu's Theory of Social Fields: Concepts and Applications.* New York: Routledge, 2015.

Marx, Karl. *Capital, Volume 1.* New York: Penguin, 1990.

Mays, Wolfe. "Whitehead and the Philosophy of Time." In *The Study of Time: Proceedings of the First Conference of the International Society for the Study of Time Oberwolfach (Black Forest) — West Germany.* Edited by J. T. Fraser, F. C. Haber, and G. H. Müller. Berlin: Springer, 1972.

McPhee, John. *The Control of Nature.* New York: Farrar, Strauss and Giroux, 1989.

Meisel, Ari. *The Art of Less Doing: One Entrepreneur's Formula for a Beautiful Life.* Austin,Tex.: Lioncrest, 2016.

Melossi, Dario, and Massimo Pavarini. *The Prison and the Factory: Origins of the Penitentiary System.* Translated by Glynis Cousin. Totowa, N.J.: Barnes and Noble Books, 1981.

Miller, Doug, Jennifer Bair, and Marsha Dickson, eds. *Rights and Labor Compliance in Global Supply Chains.* New York: Routledge, 2014.

Moten, Fred, and Stefano Harney. *The Undercommons: Fugitive Planning and Black Study.* New York: Minor Compositions, 2013.

Mould, Oli. *Against Creativity.* London: Verso, 2018.

Mueller, Gavin. *Breaking Things at Work: The Luddites Were Right About Why You Hate Your Job.* London: Verso, 2021.

Mumford, Lewis. *Technics and Civilization.* London: G. Routledge, 1934.

Nanni, Giordano. *The Colonisation of Time: Ritual, Routine, and Resistance in the British Empire.* Manchester, UK: Manchester University Press, 2012.

National Recreation Association. *The Leisure Hours of 5,000 People: A Report of a Study of Leisure Time Activities and Desires.* New York: National Recreation Association, 1934.

Nunn, Patrick. *The Edge of Memory: Ancient Stories, Oral Tradition, and the Post-Glacial World.* New York: Bloomsbury, 2018.

Odell, Jenny. *How to Do Nothing: Resisting the Attention Economy.* Brooklyn, N.Y.: Melville House, 2019.

O'Malley, Michael. *Keeping Watch: A History of American Time.* New York: Viking, 1990.

Perec, Georges. *An Attempt at Exhausting a Place in Paris.* Translated by Marc Lowenthal. Cambridge, Mass.: Wakefield Press, 2010.

——. *La Disparition.* Paris: Éditions Denoël, 1969.

——. *Species of Spaces and Other Pieces.* Translated by John Sturrock. New York: Penguin Classics, 2008.

Peters, John Durham. *The Marvelous Clouds: Toward a Philosophy of Elemental Media.* Chicago: University of Chicago Press, 2015.

Peters, Peter Frank. *Time, Innovation and Mobilities: Travel in Technological Cultures.* London: Routledge, 2005.

Pieper, Josef. *Leisure, the Basis of Culture.* San Francisco: Ignatius, 2015.

Price, Joshua M. *Prison and Social Death.* New Brunswick, N.J.: Rutgers University Press, 2015.

Pyne, Stephen. *Fire in America: A Cultural History of Wildland and Rural Fire.* Seattle: University of Washington Press, 1997.

Relax. The Jam Handy Organization and the Chevrolet Motor Division, 1937.

Roberts, Justin. *Slavery and the Enlightenment in the British Atlantic, 1750–1807.* Cambridge, UK: Cambridge University Press, 2013.

Robinson, Jackie. *I Never Had It Made: An Autobiography.* New York: HarperCollins, 2013.

Roediger, David R., and Philip S. Foner. *Our Own Time: A History of American Labor and the Working Day.* London: Verso, 1989.

Rojek, Chris. *The Labour of Leisure: The Culture of Free Time.* London: SAGE, 2010.

Rosa, Hartmut. "De-Synchronization, Dynamic Stabilization, Dispositional Squeeze." In *The Sociology of Speed: Digital, Organizational, and Social Temporalities.* Edited by Judy Wajcman and Nigel Dodd. Oxford, UK: Oxford University Press, 2016.

——— . *Resonance: A Sociology of Our Relationship to the World.* Translated by James C. Wagner. Cambridge, UK: Polity, 2019.

Rosenthal, Caitlin. *Accounting for Slavery: Masters and Management.* Cambridge, Mass.: Harvard University Press, 2018. Ebook.

Ross, Frederick A. *Slavery Ordained of God.* Philadelphia: J. B. Lippincott, 1857.

Rushkoff, Douglas. *Survival of the Richest: Escape Fantasies of the Tech Billionaires.* New York: W. W. Norton, 2022.

Samuels, Ellen. "Six Ways of Looking at Crip Time." In *Disability Visibility: FirstPerson Stories from the Twenty-first Century.* Edited by Alice Wong. New York: Vintage, 2020.

Schroeder, Juliana, Adam Waytz, and Nicholas Epley. "The Lesser Minds Problem." In *Humanness and Dehumanization.* Edited by Paul G. Bain, Jeroen Vaes, and JacquesPhilippe Leyens. New York: Psychology Press, 2013.

Scott, James C. *Seeing Like a State.* New Haven, Conn.: Yale University Press, 2020.

Semple, Janet. *Bentham's Prison: A Study of the Panopticon Penitentiary.* Oxford, UK: Clarendon, 1993.

Sennett, Richard. *The Corrosion of Character: The Personal Consequences of Work in the New Capitalism.* New York: W. W. Norton, 1998.

Seymour, Richard. *The Twittering Machine.* London: Verso, 2020.

Simon, Jonathan. *Governing Through Crime: How the War on Crime Transformed American Democracy and Created a Culture of Fear.* Oxford, UK: Oxford University Press, 2007.

Sloan, Doris. *Geology of the San Francisco Bay Region.* Berkeley: University of California Press, 2006.

Smith, Mark M. *Mastered by the Clock: Time, Slavery, and Freedom in the American South.* Chapel Hill: University of North Carolina Press, 2000. Ebook.

Sontag, Susan. *On Photography.* New York: Farrar, Straus and Giroux, 2011.

Spence, Mark David. *Dispossessing the Wilderness: Indian Removal and the Making of the National Parks.* Oxford, UK: Oxford University Press, 2000.

Steffensen, *Victor. Fire Country.* Richmond, Victoria: Hardie Grant Explore, 2020.

Takaki, Ronald T. *Pau Hana: Plantation Life and Labor in Hawaii, 1835–1920.* Honolulu:University of Hawai'i Press, 1984.

Taylor, Charles. *Sources of the Self: The Making of the Modern Identity.* Cambridge, Mass.: Harvard University Press, 1989.

Taylor, Frederick Winslow. *Principles of Scientific Management.* Norwood, Mass.: Plimpton, 1911.

Troutman, John W. *Indian Blues: American Indians and the Politics of Music, 1879–1934.* Norman: University of Oklahoma Press, 2009.

Vitale, Alex. *The End of Policing.* London: Verso, 2017.

Wang, Jackie. *Carceral Capitalism.* South Pasadena, Calif.: Semiotext(e), 2018.

Weeks, Kathi. *The Problem with Work: Feminism, Marxism, Antiwork Politics, and Postwork Imaginaries.* Durham, N.C.: Duke University Press, 2011.

Williams, Patricia. *The Alchemy of Race and Rights: Diary of a Law Professor.* Cambridge, Mass.: Harvard University Press, 1991.

Wolcott, Victoria W. *Race, Riots, and Roller Coasters: The Struggle over Segregated Recreation in America.* Philadelphia: University of Pennsylvania Press, 2012.

Woodfox, Albert. *Solitary.* New York: Grove Atlantic, 2019.

Wrenn, Gilbert, and D. L. Harvey. *Time on Their Hands: A Report on Leisure, Recreation, and Young People.* Washington, D.C.: American Council on Education, 1941.

XPO Global Union Family. *XPO: Delivering Injustice.* February 2021. xpoexposed.org/the-report.

Yunkaporta, Tyson. *Sand Talk: How Indigenous Thinking Can Save the World.* New York: HarperCollins, 2020. Ebook.

Yusoff, Kathryn. *A Billion Black Anthropocenes or None.* Minneapolis, Minn.: University of Minnesota Press, 2019.

Zieger, Robert H. *For Jobs and Freedom: Race and Labor in America Since 1865.* Lexington, Ky.: University Press of Kentucky, 2014.

版權與授權

衷心感謝以下機構允許轉載已出版之資料：

Barbara Luck: “The Thing That Is Missed” by Barbara Luck, copyright © 1982, 2022 by Barbara Luck. 經作者授權轉載。

Rebecca Solnit: Excerpt from “The Road Made by Walking” by Rebecca Solnit. 經作者授權轉載。

Suhrkamp Verlag Berlin: Excerpt from “Lied Vom Kindsein” by Peter Handke,© Suhrkamp Verlag Berlin. 版權歸 Suhrkamp Verlag Berlin 所有。

照片來源

- 第 27 頁：（哈萊阿卡拉火山日出）感謝作者母親提供
- 第 38 頁：（Calculagraph 打卡鐘公司廣告）一九二七年八月號《工業管理》（*Industrial Management*）雜誌。
- 第 46 頁：（桑福德．弗萊明插圖）桑福德．弗萊明，〈二十世紀的時間計算〉，收錄於史密森尼學會董事會年度報告（Annual Report of the Board of Regents of the Smithsonian Institution, Showing the Operations, Expenditures, and Condition of the Institution for the Year Ending June 30, 1886，Washington, D.C.: Smithsonian Institution, 1889）。
- 第 58 頁：（洗衣系統）凱瑟琳．E．比徹（Catharine E. Beecher），《家政論》（*A Treatise on Domestic Economy, for the Use of Young Ladies at Home, and at School*）。

- 第 60 頁：（馬錶）史密森尼學會美國國家歷史博物館工作與產業部。
- 第 60 頁：（動作研究）史密森尼學會美國國家歷史博物館弗蘭克．吉爾布雷斯與莉莉安．吉爾布雷斯作品集。
- 第 62 頁：（泰勒制度圖表）收錄於一九一六年二月號《工廠：管理雜誌》（*Factory: The Magazine of Management*）〈發明家馬錶〉（The Stop Watch as Inventor）一文。
- 第 65 頁：（生產力圖表）感謝 the Economic Policy Institute 提供。
- 第 71 頁：（出自《合併》劇照）感謝松田 K 提供。
- 第 77 頁：（氣候效率圖）唐納德．萊爾德（Donald Laird）的《提高個人效率》（*Increasing Personal Efficiency*, New York: Harper and Brothers, 1925）。
- 第 139 頁：（法蘭西斯．布萊克威爾．梅爾耶的《休閒與勞動》）感謝華盛頓特區國家美術館提供。
- 第 153 頁：（「時間方程式」）維基百科用戶 Drini，根據創用 CC 姓名標示－相同方式分享 3.0 非本地化授權條款共享。creativecommons.org/licenses/by-sa/3.0/
- 第 225 頁：（「哦，你身材太差了！」）一九一八年十月號《體育文化》。
- 第 237 頁：（《加工世界》封面）插圖由 Tom Tomorrow 繪製；感謝 Chris Carlsson 提供。
- 第 239 頁：（八小時圖片）感謝 Chris Carlsson 提供。
- 第 260 頁：（死亡計算器）感謝 DH3 Games 提供。
- 第 275 頁：（《時間》劇照）感謝蓋瑞特．布蘭德利（Garrett Bradley）提供。
- 第 293 頁：（太平洋中的海浪）感謝 Alan Grinberg 提供。
- 第 296 頁：（片岩露頭）感謝 Caroline Eisenmann 提供。
- 第 297 頁：（Pando 輪廓圖）Lance Oditt 繪製，根據創用 CC 姓名標示－相同方式分享 4.0 國際授權條款共享。creativecommons.org/licenses/by/4.0/
- 第 304 頁：（《水下月光》劇照）感謝蘇菲亞．科爾多瓦（Sofía Córdova）提供。
- 其餘所有圖片均由珍妮．奧德爾（Jenny Odell）提供。

註解

1. 編註：Agnes Martin，一九一二～二〇〇四，美國抽象畫家，一九九八年被國家藝術捐助授予國家藝術獎章。
2. 編註：Tracheophyta，指具有維管組織的植物，這些組織中可將液體作快速的流動，在體內運輸水分和養分，它包括蕨類植物和種子植物。
3. 編註：Robin Wall Kimmerer，一九五三～，美國知名森林生態學家，紐約州立大學環境生物學傑出教學教授。
4. 原註：Robin Wall Kimmerer, ***Gathering Moss: A Natural and Cultural History of Mosses*** (Corvallis: Oregon State University Press, 2003), 97.
5. 原註：Wynne Parry, "Antarctic Mosses Record Conditions on the Icy Continent," Live Science, December 30, 2011, livescience.com/17686-antarctic-mosses-climate-change.html.
6. 原註：J. M. Glime, ***Bryophyte Ecology*** (Houghton: Michigan Technological University, 2022), vol. 1, chap. 5-2, 4. 本書作者說，「孢子發芽的定義沒有普遍的共識」，有某些物種甚至表現出一種在增大和膨脹之間的中間階段，稱之為「突出期」。
7. 原註：Kimmerer, ***Gathering Moss***, 23.
8. 原註：在二〇〇三年撰寫的《三千分之一的森林》一書中，基默爾推敲這個發展歷程發生在三億五千年前（23）。二〇一八年一個新證據發現，陸生植物可能出現在四億到五億年前。Elizabeth Pennisi, "Land plants arose earlier than thought—and may have had a bigger impact on the evolution of animals," Science, February 19, 2018, science.org/content/article/land-plants-arose-earlier-thought-and-may-have-had-bigger-impact-evolution-animals.
9. 原註：Becky Oskin, "1,500-Year-Old Antarctic Moss Brought Back to Life," Scientific American, March 17, 2014, scientificamerican.com/article/1500-year-old-antarctic-moss-brought-back-to-life/.
10. 編註：二次大戰後，美國的計時制度曾出現亂象，因此國會在一九六六年通過「統一時間法案」（Uniform Time Act），規定各州可自行決定是否實施夏令時間，該法案並規定全美夏令時間起訖日期。
11. 原註：Glime, Bryophyte Ecology, vol. 1, chap. 7-3, 2–3. Glime 引用了一九八二年的一項觀察結果，該觀察結果發現一個 ***Anoectangium compactum*** 在十九年後復活。See also Kimmerer, Gathering Moss, 35–43.
12. 原註：Janice Lee, "An Interview with Robin Wall Kimmerer," The Believer, November 3, 2020, culture.org/an-interview-with-robin-wall-kimmerer/.

13. 原註：Svante Björk et al., “Stratigraphic and Paleoclimatic Studies of a 5500-Year-Old Moss Bank on Elephant Island, Antarctica,” *Arctic and Alpine Research* 23, no. 4 (November 1991) : 361.
14. 原註：Josef Pieper, ***Leisure, the Basis of Culture*** (San Francisco: Ignatius, 2015), 49–50. 這本書的德文版於一九四八年首次出版，英譯本於一九五二年出版。
15. 原註：Carl Honoré, ***In Praise of Slowness: Challenging the Cult of Speed*** (New York: HarperOne, 2009), chap. 8.
16. 原註：***The Simpsons***, season 4, episode 7,“Marge Gets a Job,”directed by Jeff Lynch, aired November 5, 1992, on Fox.
17. 編註：Marjorie "Marge" Simpson，主角荷馬．辛普森（Homer Jay Simpson）的妻子。
18. 編註：Charles Montgomery Burns，通常叫作伯恩斯先生，臺灣翻為「郭董」，劇中是個核電站的老闆，同時還是共和黨成員。
19. 編註：Tom Jones，一九四〇～，英國威爾斯歌手，自一九六五年出道以來售出超過一億張唱片，擁有三十六首曾在英國打入四十強排行榜的歌曲。
20. 編註：由 Slack Technologies 開發的一款基於雲端運算的即時通訊軟體，現屬 Salesforce 所有。使用者可以在私人聊天室或名為「工作區」的社群內通過文字訊息、檔案和媒體、語音和影片通話進行交流。
21. 編註：原為諷刺雜誌，後發展成網站，主要刊載一些嘲諷的新聞和煽動性別歧視的文章，或者淡化新聞大事。
22. 原註：Justine Jung, “Woman Waiting for Evidence That World Will Still Exist in 2050 Before She Starts Working Toward Goals,” Reductress, March 23, 2022, reductress.com/post/woman-waiting-for-evidence-that-world-will-still-exist-in-2050-before-she-starts-working-toward-goals/.
23. 原註：Michelle Bastian, “Fatally Confused: Telling the Time in the Midst of Ecological Crises,” ***Environmental Philosophy*** 9, no. 1 (2012) : 25.
24. 原註：我從我的朋友約書亞．巴特森（Joshua Batson）那裡學到的，當時他正在上一門解剖學和按摩課程。
25. 原註：Minna Salami, at Is There Time for SelfCare in a Climate Emergency? (online event), Climate Emergence—Emotional and Ecological Wellbeing Strategies, July 12, 2021, climateemergence.co.uk/time-for-selfcare-event-recording.
26. 編註：Zero-sum game，源自於賽局理論（Game Theory），屬非合作賽局，其與非零和賽局為相對概念。零和賽局表示所有賽局方的利益之和為零，即一方有所得，他方必有所失。
27. 編註：呼應前述「世界大部分地區仍是時間的通用語言」，仍以「日常文化時間」為準。
28. 原註：Louis Michaelson, letter from the editors, ***Processed World*** 5 (July 1982) : 8.
29. 編註：Hannah Arendt，一九〇六～一九七五，政治哲學家、納粹大屠殺倖存者，她的理論影響了二十世紀和二十一世紀的政治理論研究者。
30. 原註：Hannah Arendt, ***The Human Condition*** (Chicago: University of Chicago Press, 1998), 190.
31. 原註：Giordano Nanni, ***The Colonisation of Time: Ritual, Routine and Resistance in the British Empire*** (Manchester, UK: Manchester University Press, 2012), 10.
32. 原註：Jack Morris, “Say Yes to Climbing an Active Volcano!” YouTube video, July 1, 2021, youtube.com/watch?v=OpUb_k_LP98.

33. 編註：Gunung Ijen，位於印尼爪哇島東部的一座安靜但活躍的火山，以「藍色火焰」聞名。
34. 編註：二〇〇九年美國紐約成立的產品募資平臺，曾推出不少極具創意的專案，類型橫跨電影、音樂、舞臺劇、漫畫、新聞學、電視遊戲，以及食物等相關領域。
35. 原註：Megan Lane, "Sulphur Mining in an Active Volcano," BBC News, February 9, 2011, bbc.com/news/world-asia-pacific-12301421. Lane 提到 BBC 節目《***Human Planet***》拍攝硫磺開採的過程：「在拍攝期間，BBC 的工作人員籠罩在有毒雲霧中，其濃度是英國安全呼吸濃度的四十倍（礦工的安全呼吸濃度沒有限制）。空氣中的腐蝕性懸浮顆粒侵蝕了攝影機，攝影機立即故障。」Mari LeGagnoux, "Sulfur Mining in Indonesia," Borgen Magazine, July 7, 2014, borgenmagazine.com/sulfur-mining-indonesia/; Martha Henriques, "The Men Who Mine the 'Devil's Gold,'" BBC Future, February 21, 2019, bbc.com/future/article/20190109-sulphur-mining-at-kawah-ijen-volcano-in-indonesia; Coburn Dukehart, "The Struggle and Strain of Mining 'Devil's Gold,'" ***National Geographic***, November16,2015,nationalgeographic.com/photography/article/the-struggle-and-strain-of-mining-devils-gold; ***Where Heaven Meets Hell***, directed by Sasha Friedlander (ITVS, 2013), pbs.org/video/global-voices-where-heaven-meets-hell/; Andrew Nunes, "Stark Photos Document the Dangerous Lives of Ijen's Sulfur Miners," ***Vice***, May 21, 2017, vice.com/en/article/vb48y4/stark-photos-document-the-dangerous-lives-of-ijens-sulfur-miners.
36. 原註：Abby Narishkin and Mark Adam Miller, "VIDEO: Why Miners in Indonesia Risk Their Lives to Get Sulfur from Inside an Active Volcano," ***Business Insider***, January 21, 2022, businessinsider.com/sulfur- miners - active volcano indonesia dangerous jobs 2022-1. 這段影片描述伊真的硫磺礦工米斯達（Mistar）一天的工作情況，還展示了礦業公司的硫磺精煉廠。
37. 原註：Caitlin Rosenthal, ***Accounting for Slavery: Masters and Management*** (Cambridge, Mass.: Harvard University Press, 2018）.
38. 原註：Ivan Watson et al., "Volcano Mining: The Toughest Job in the World?" CNN, July 7, 2016.
39. 原註：Allen C. Bluedorn, ***The Human Organization of Time: Temporal Realities and Experience*** (Stanford, Calif.: Stanford University Press, 2002), 147–49; Sarah Sharma, "Speed Traps and the Temporal: Of Taxis, Truck Stops and TaskRabbits," in ***The Sociology of Speed: Digital, Organizational, and Social Temporalities***, eds. Judy Wajcman and Nigel Dodd (Oxford, UK: Oxford University Press, 2017), 133.
40. 編註：兩位共同創立位於俄亥俄州的策略地平線公司（Strategic Horizons LLP），該公司協助企業提升產品與服務的價值，他們的核心概念即為「體驗經濟」。
41. 原註：B. Joseph Pine II and James H. Gilmore, "Welcome to the Experience Economy," ***Harvard Business Review*** (July–August 1998), 97–105.
42. 原註：Jack Morris, "Volcano Adventure in Ijen," Tropicfeel, tropicfeel.com/journeys/volcano-adventure-in-ijen/.
43. 原註：Corentin Caudron et al., "Kawah Ijen Volcanic Activity: A Review," ***Bulletin of Volcanology*** 77, no. 16 (2015) : 15–16, link.springer.com/article/10.1007/s00445-014-0885-8; H. K. Handley et al., "Constraining Fluid and Sediment Contributions to Subduction-Related Magmatism in Indonesia: Ijen Volcanic Complex," ***Journal of Petrology*** 48, no. 6 (2007) : 1155, cademic.oup.com/petrology/article/48/6/1155/1564285; Hobart M. King, "Kawah Ijen Volcano," Geology.

com, geology.com/volcanoes/kawah-ijen/; Brian Clark Howard, "Stunning Electric-Blue Flames Erupt from Volcanoes," *National Geographic*, January 30, 2014,nationalgeographic.com/science/article/140130-kawah-ijen-blue-flame-volcanoes-sulfur-indonesia-pictures.

44. 編註：Bill McKibben，一九六〇～，米德伯瑞學院的學者，《紐約客》雜誌前撰述委員。
45. 原註：William McKibben, "The End of Nature: The Rise of Greenhouse Gases and Our Warming Earth," *The New Yorker*, September 11, 1989, newyorker.com/magazine/1989/09/11/the-end-of-nature.
46. 原註：Natalie Diaz, "The First Water Is the Body," in *New Poets of Native Nations*, ed. Heid E. Erdrich (Minneapolis, Minn.: Graywolf Press, 2018), 101.
47. 編註：蘋果公司旗下軟體，其應用能根據取樣片段識別出對應的歌曲、電影、廣告和電視節目。
48. 編註：專為影片剪輯師所打造的免版稅音樂庫。
49. 原註："Daniel Deuschle," Musicbed.com, musicbed.com/artists/daniel-deuschle/43856.
50. 原註：Charlotte Cowles, "'We Built a House with Our Influencer Money,'" *The Cut*, November 15, 2019, thecut.com/2019/11/travel-influencers-built-a-house-with-their-instagram-money.html; "Travel Blogger Couple Lauren Bullen and Jack Morris Split," News.com.au, April 8, 2021, news.com.au/travel/travel-updates/travel-stories/travel-blogger-couple-lauren-bullen-and-jack-morris-split/news-story/e08140753d5e89612887ca742d442e4a.
51. 原註：Jack Morris (@jackmorris), "Touch down in Egypt!"Instagram, April 7, 2021, instagram.com/p/CNXG7bjhFi5/.
52. 編註：Susan Sontag，一九三三～二〇〇四，美國作家，近代西方最引人注目、最有爭議性的女作家及評論家之一。
53. 原註：Susan Sontag, *On Photography* (New York: Farrar, Straus and Giroux, 2011), 4.
54. 編註：Maui，美國夏威夷州的第二大島。
55. 原註：Bobby Camara, "A Change of Name," *Ka Wai Ola*, October 1, 2021, kawaiola.news/aina/a-change-of-name/.
56. 原註：Anthony Giddens（*The Constitution of Society: Outline of the Theory of Structuration*）和 Margaret Archer（*Realist Social Theory: The Morphogenetic Approach*）等社會理論家探討了主觀能動性與結構的關係。例如，Archer 在 *Realist Social Theory* 中寫道：「沒有人想要以他們所遇到的形式存在的社會，因為它是一個無心插柳的結果，它的構成可以用一個謎語來表達：什麼東西依賴於人類的意圖，卻從未符合他們的意圖？」(165）。
57. Jessica Nordell，美國知名記者，長期關注科學及文化領域。
58. 原註：Jessica Nordell, *The End of Bias: A Beginning* (New York: Metropolitan, 2021), 111, 250.
59. 譯註：也稱「無條件基本收入」，指每個國民可定期領取一定金額，無任何條件限制。
60. 原註：Robert E. Goodin et al., *Discretionary Time: A New Measure of Freedom* (Cambridge, UK: Cambridge University Press, 2008), 390–93.
61. 編註：ExxonMobil，總部位於美國德州的跨國石油、天然氣公司，成立於一九九九年，由埃克森和美孚合併而成。
62. 編註：Mia Birdsong，美國知名作家、社會運動人士，曾以「貧窮不是我們所想的那樣」為題，在 TED 發表演說。
63. 譯註：politics with a lowercase *p*，指非正式或非官方的政治活動或議題，通常與正式的政府政治相對立。

64. 原註：Mia Birdsong, ***How We Show Up: Reclaiming Family, Friendship, and Community*** (New York: Hachette, 2020), chap. 1.
65. 編註：Neo-liberalism，是經濟自由主義在二十世紀末的一種復甦形式，自由的金融市場和自由的資金融通為其核心理念。
66. 原註：安妮·洛瑞在《大西洋月刊》中舉例說明了這種緊張關係，她認為在 Covid-19 大流行病期間的互助可能「指出一種構想社區的更好方式」，然而，瓊娜·維斯特（Joanna Wuest）在《國家雜誌》中則擔心，依賴和浪漫化相助將意味著放棄對更多結構性變革的努力，只會支持維斯特所說的「自由主義幻想，對那些被遺忘者只有原子化的同情行為」。Annie Lowrey, "The Americans Who Knitted Their Own Safety Net," ***The Atlantic***, March 24, 2021, theatlantic.com/ideas/archive/2021/03/americans-who-knitted-their-own-safety-net/618377/; Joanna Wuest, "Mutual Aid Can't Do It Alone," ***The Nation***, December 16, 2020, thenation.com/article/society/mutual-aid-pandemic-covid/.
67. 編註：原書 "***How to Do Nothing: Resisting the Attention Economy***" 由 Melville House 於二〇一九年出版；繁中版《如何「無所事事」》由經濟新潮社於二〇二一年出版。
68. 編註：David Hockney，一九三七～，英國知名畫家、版畫家、舞臺設計師及攝影師。
69. 編註：Orthogonality，線性代數的概念，表示某種不相依賴性。如果兩個或多個事物中的一個發生變化不會影響其他事物，這些事物就是正交的。
70. 編註：Cubism，前衛藝術運動的一個流派，追求的是一種碎裂、解析、重組的藝術形式。
71. 編註：只有一個消失點的圖即為單點透視。
72. 原註：David Hockney, ***That's the Way I See It*** (San Francisco: Chronicle Books, 1993), 112.
73. 原註：Naomi Klein, ***This Changes Everything: Capitalism vs. the Climate*** (New York: Simon and Schuster, 2014), 465.
74. 譯註：George Floyd，一九七三～二〇二〇，非裔美國人，因警方不當執法死亡，其後引發一連串的抗議和騷亂事件。
75. 原註：Herman Gray, "The Fire This Time," at Race at Boiling Point (online event), University of California Humanities Research Institute, June 5, 2020, youtube.com/watch?v=3I22E2Sezi8.
76. 原註：Mia Birdsong, interview with Carrie Fox and Natalie S. Burke, ***Mission Forward***, podcast audio, July 6, 2021, trustory.fm/mission-forward/mf307/.
77. Rebecca Solnit，一九六一～，美國當代最著名的社運家、文化批判家。
78. Barbara Adam，一九五～，英國社會學家和學者，專門研究與時間相關的社會理論特殊性。
79. 原註：Barbara Adam, ***Timewatch: The Social Analysis of Time*** (Cambridge, UK: Polity, 1995), coda.
80. 原註：Karl Marx, ***Capital*** (New York: Penguin, 1990), 1:352.
81. 原註：Quoted in Mario Macrì et al., "Clocking and Scientific Research: The Opinion of the Scientific Community," November 13, 1998, openaccessrepository.it/record/21217?ln=en.
82. 編註：Charlie Chaplin，一八八九～一九七七，英國喜劇演員、導演，好萊塢電影早期與中期最為成功的影星，奠定現代喜劇電影的基礎，與哈洛·羅依德（Harold Lloyd）、巴斯特·基頓（Buster Keaton）被譽為「世界三大喜劇演員」。
83. 原註：***Modern Times***, directed by Charlie Chaplin (United Artists, 1936), criterionchannel.com/modern-times.

84. 原註：Advertisement for International Time Recording Company of New York, ***Factory: The Magazine of Management*** 16–17 (February 1916) : 194.
85. 原註：Advertisement for Calculagraph, ***Industrial Management***, August 1927, 65.
86. 編註：Crowley Iron Works，由安布羅斯・克勞利三世爵士（Sir Ambrose Crowley III，一六五七～一七一三）所創立，十八世紀時曾是歐洲最大的鋼鐵廠。
87. 原註：Quoted in E. P. Thompson, "Time, Work-Discipline, and Industrial Capitalism," ***Past and Present*** 38 (December 1967) : 81.
88. 編註：Emily Guendelsberger，美國記者，曾任職費城城市報、洋蔥新聞的 A.V. Club 影音俱樂部。
89. 原註：Emily Guendelsberger, ***On the Clock: What Low-Wage Work Did to Me and How It Drives America Insane*** (New York: Little, Brown, 2019), 11.
90. 原註：Guendelsberger, ***On the Clock***, 79.
91. 原註：Sara Morrison, "Just Because You're Working from Home Doesn't Mean Your Boss Isn't Watching You," ***Vox***, April 2, 2020, vox.com/recode/2020/4/2/21195584/coronavirus-remote-work-from-home-employee-monitoring; Aaron Holmes, "'Bossware' Companies That Track Workers Say the Tech Is Booming and Here to Stay—but Employees and Privacy Advocates Are Ringing Alarm Bells," ***Business Insider***, June 20, 2021.
92. 原註：Workpuls, "Employee Monitoring Software," Insightful (Workpuls), workpuls.com/employee-monitoring.
93. 原註：Quoted in Morrison, "Just Because You're Working from Home."
94. 原註：Gadjo Sevilla, "The Best Employee Tracking Software for 2020," ***PC Mag***, October 29, 2020 (since updated）. See original at web.archive.org/web/20201103091025/pcmag.com/picks/the-best-employee-monitoring-software.
95. 原註：Workpuls, "Employee Monitoring Software."
96. 原註："Filters," Staffcop Enterprise, 4.10 User Manual, docs.staffcop.ru/en/work_with_data/filters.html; StaffCop, Employee Monitoring Software, "StaffCop Enterprise: Time Tracking Report," YouTube video, February 20, 2019, youtube.com/watch?v=2uh7-wO3D_k&t=61s.
97. 原註：Score Jared Spataro, "Our commitment to privacy in Microsoft Productivity Score," Microsoft 365, December 1, 2020, microsoft.com/en-us/microsoft-365/blog/2020/12/01/our-commitment-to-privacy-in-microsoft-productivity-score/.
98. 原註："The Shitty Tech Adoption Curve" Cory Doctorow, Twitter thread, November 25,2020, twitter.com/doctorow/status/1331633102762831873.
99. 原註：Barnaby Lewis, "Boxing Clever—How Standardization Built a Global Economy," International Organization for Standardization, September 11, 2017, iso.org/news/ref2215.html; Craig Martin, "The Shipping Container," ***The Atlantic***, December 2, 2013, theatlantic.com/technology / archive/2013/12/the-shipping-container/281888/. 如想了解貨櫃標準尺寸在奧克蘭背景下的歷史，請參考 Alexis Madrigal 的二〇一七年播客系列的第一集，***Containers***, podcasts.apple.com/us/podcast/containers /id1209559177.
100. 編註：Allen C. Bluedorn，哥倫比亞大學管理學教授。
101. 原註：Bluedorn, ***The Human Organization of Time***, 28. 布魯多恩將可替換時間 (fungible time）與時代性時間 (epochal time）進行對比：獨特的事件或持續時間。

102. 原註：Marx, *Capital*, 1:352–53.
103. 原註：David Landes, ***Revolution in Time: Clocks and the Making of the Modern World*** (Cambridge, Mass.: Belknap Press/Harvard University Press, 2000), 13.
104. 原註：Landes, ***Revolution in Time***, 39–40. 雖然蘭德斯接著說這「顯然是一個防禦性的聲明」時，這被認為是技術競爭中的一個例子——因為歐洲人同樣對中國鐘錶不屑一顧——但鐘錶的確沒什麼用處，在這段話之前，蘭德斯引用了卡洛・奇波拉（Carlo Cipolla）的話：「外國機器無法得到適當的評價，因為它不是中國針對中國環境造成的問題所作出的回應。」(39)
105. 編註：在基督教的實踐中，按照固定的祈禱時間間隔，規範的時間標誌著一天的劃分。
106. 編註：努西亞的本篤於公元五一六年創作的供修士們遵守的規則，基本精神為平和、祈禱、工作，中世紀的大多數基督教團體採用此準則。
107. 原註：***Revolution in Time***, 54–56.
108. 原註：Columba Stewart, "Prayer Among the Benedictines," in ***A History of Prayer: The First to the Fifteenth Century***, ed. Roy Hammerling (Leiden, Netherlands: Brill, 2008), 210.
109. 原註：Saint Benedict of Nursia, ***Saint Benedict's Rule for Monasteries, or, Rule of Saint Benedict*** (Collegeville, Minn: The Liturgical Press, 1948), chap. 48, Project Gutenberg eBook, gutenberg.org/files/50040/50040-h/50040-h.htm.
110. 原註：Saint Benedict of Nursia, ***Saint Benedict's Rule for Monasteries, or, Rule of Saint Benedict***, chap. 43.
111. 編註：遵守聖本篤會規的一個天主教修會，反對當時的本篤會，屬於修院改革勢力，清規森嚴，平時禁止交談，故俗稱「啞巴會」。
112. 原註：Landes, ***Revolution in Time***, 58, 73.
113. 編註：使用於鐘錶機械的零件。
114. 原註：Landes, ***Revolution in Time***, 74–82. 嚴格來說，早在西元前二世紀，古希臘人就開始在理論計算中使用二十四個等長小時，但普通人繼續使用不等長的小時。Michael A. Lombardi,"Why Is a Minute Divided into 60 Seconds, an Hour into 60 Minutes, Yet There Are Only 24 Hours in a Day?" ***Scientific American***, March 5, 2007, scientificamerican.com/article/experts-time-division-days-hours-minutes.
115. 原註：Landes, ***Revolution in Time***, 82.
116. 編註：John Durham Peters，一九五八～，耶魯大學瑪麗亞・羅莎・梅諾卡爾（MaríaRosa Menocal）的英語教授和電影與媒體研究教授。
117. 原註：John Durham Peters, ***The Marvelous Clouds: Toward a Philosophy of Elemental Media*** (Chicago: University of Chicago Press, 2015), 220.
118. 原註：John Durham Peters, ***The Marvelous Clouds: Toward a Philosophy of Elemental Media*** (Chicago: University of Chicago Press, 2015), 220.
119. 原註：Landes, ***Revolution in Time***, 155–66. 蘭德斯也認為計時器設計的進一步發展與英法兩國的殖民勢力競爭有關，因為當時殖民地貿易正在迅速成長 (167–68）。
120. 原註：Eviatar Zerubavel, "The Standardization of Time: A Sociohistorical Perspective," ***American Journal of Sociology*** 88, no. 1 (July 1982) : 6.
121. 原註：Nanni, ***The Colonisation of Time***, 51–52; see also Jay Griffiths, "The Tyranny of Clocks and Calendars," ***The Guardian***, August 28, 1999, theguardian.com/comment/story/0,,266761,00.html.

122. 原 註：*Travelers Official Railway Guide of the United States and Canada, June 1868: 100th Anniversary Facsimile Edition* (New York: National Railway Publication Company, 1968), 13.
123. 編註：prime meridian，即零度經線，亦稱格林威治子午線或本初經線，它的東西兩邊分別定為東經和西經，於一八〇度相遇。從北極開始，本初子午線會經過英國、法國、西班牙、阿爾及利亞、馬利、布吉納法索、多哥和迦納共八個國家，然後直至南極。
124. 原註：Sandford Fleming, "Time-Reckoning for the Twentieth Century," in the *Annual Report of the Board of Regents of the Smithsonian Institution, Showing the Operations, Expenditures, and Condition of the Institution for the Year Ending June 30, 1886* (Washington, D.C.: Smithsonian Institution Press, 1889), 350–57.
125. 原註：Fleming, "Time-Reckoning for the Twentieth Century," 355n.
126. 原註：W. Ellis, "The Prime Meridian Conference," *Nature* 31 (1884) : 7–10, nature.com/articles/031007c0.
127. 原註：除了本章提到的例子之外，在加州西班牙傳教站也發生過類似的事：「傳教士制定嚴格的一日時間表，由教堂鐘聲宣布，透過懲罰違規者加以強化，完全違反了美洲原住民的傳統。」Fred Glass, *From Mission to Microchip: A History of the California Labor Movement* (Berkeley: University of California Press, 2016), 42.
128. 原註：Nanni, *The Colonisation of Time*, 2.
129. 原註：Quoted in Nanni, *The Colonisation of Time*, 25.
130. 原註：Nanni, *The Colonisation of Time*, 162–65.6
131. 原註：Peters, *The Marvelous Clouds*, 228.
132. 原註：Coranderrk Nanni, *The Colonisation of Time*, 101.
133. 原註：Nanni, *The Colonisation of Time*, 96.
134. 編註：E. P. Thompson，一九二四～一九九三，英國歷史學家、作家、社會主義者和和平活動家。
135. 原註：Thompson, "Time, Work-Discipline, and Industrial Capitalism," 95.
136. 原註：Nanni, *The Colonisation of Time*, 198.
137. 編註：即一條連續曲線由凸轉凹，或由凹轉凸的點。
138. 原註：Gordon H. Chang, "Op-Ed: Remember the Chinese Immigrants Who Built America's First Transcontinental Railroad,"*Los Angeles Times*, May 10, 2019, latimes.com/opinion/op-ed/la-oe-chang-trans continental-railroad-anniversary-chinese-workers-20190510-story.html.
139. 原註："Tunneling in the Sierra Nevada," *American Experience*, PBS, pbs.org/wgbh/americanexperience/features/tcrr-tunneling-sierra-nevada/; Abby Stevens, "Dynamite, Snow Storms, and a Ticking Clock," *Moonshine Ink*, January 14, 2017, moonshineink.com/tahoe-news/dynamite-snow-storms-and-a-ticking-clock/.
140. 編註：Leland Stanford，一八二四～一八九三，美國實業家、政治家，「強盜男爵」（Robber baron）代表人物，這是在十九世紀後半對有錢有勢的美國商人的一種蔑稱。
141. 原註："Workers of the Central and Union Pacific Railroad," *AmericanExperience*, PBS, pbs.org/wgbh/americanexperience/features/tcrr-workers-central-union-pacific-railroad/. 愛爾蘭工人食宿免費。
142. 原註："The Chinese Workers' Strike," *American Experience*, PBS,pbs.org/wgbh/americanexperience/features/tcrr-chinese-workers-strike/; Nadja Sayej, "'Forgotten by Society': How Chinese Migrants Built the Transcontinental Railroad," *The Guardian*, July 18, 2019, theguardian.com/artanddesign/2019/jul/18/forgotten-by-society-how-chinese-migrants-built-the-transcontinental-railroad.

143. 原註："Railroad—Chinese Labor Strike, June 24th, 1867," Museum of Chinese in America (MOCA), June 24, 2019, mocanyc.org/collections/stories/railroad-chinese-labor-strike-june-24th-1867/.
144. 原註：Harry Braverman, ***Labor and Monopoly Capital: The Degradation of Work in the Twentieth Century*** (New York: Monthly Review, 1998), 44–45. 請參考布拉弗曼引用馬克思給恩格斯的一封信的註腳：「整體來說，軍隊對經濟發展很重要，例如，古人在軍隊中首次全面發展了工資制度，單一部門的內部分工也是在軍隊中首次施行。」
145. 原註：Lewis Mumford, ***Technics and Civilization*** (London: G. Routledge, 1934), 41.
146. 編註：十九世紀末期，美國人腓德烈．溫斯羅．泰勒（Frederick Winslow Taylor，一八五六～一九一五）創造的一套標準化作業制度，又稱「泰勒制」，也被視為西方管理學理論的開端。
147. 原註：Caitlin Rosenthal, ***Accounting for Slavery: Masters and Management*** (Cambridge, Mass.: Harvard University Press, 2018), introduction.
148. 原註：Justin Roberts, ***Slavery and the Enlightenment in the British Atlantic, 1750–1807*** (Cambridge, UK: Cambridge University Press, 2013), 74.
149. 編註：George Washington，一七三二～一七九九，美國開國元勳，於一七八九年成為首任美利堅合眾國總統。
150. 原註：Letter from George Washington to John Fairfax, January 1, 1789, founders.archives.gov/documents/Washington/05-01-02 -0160.
151. 編註：Thomas Jefferson，一七四三～一八二六，第三任美國總統，同時也是《美國獨立宣言》主要起草人。
152. 原 註：Quoted in Mark M. Smith, ***Mastered by the Clock: Time, Slavery, and Freedom in the American South*** (Chapel Hill: University of North Carolina Press, 2000), chap. 3 endnotes.
153. 原註：Roberts, ***Slavery and the Enlightenment***, 76.
154. 原註：Roberts, ***Slavery and the Enlightenment***, 125–26.
155. 原註：Smith, ***Mastered by the Clock***, introduction.
156. 編註：又稱英斗，是英制的容量及重量單位，於英國及美國通用，主要用於量度乾貨，尤其是農產品的重量。
157. 原註：Rosenthal, ***Accounting for Slavery***, introduction.
158. 原註：Amy Dru Stanley, ***From Bondage to Contract: Wage Labor, Marriage, and the Market in the Age of Slave Emancipation*** (Cambridge, UK: Cambridge University Press, 1998), 62.
159. 原註：Lawrence B. Glickman, ***A Living Wage: American Workers and the Making of Consumer Society*** (Ithaca, N.Y.: Cornell University Press, 2015), 15.「十九世紀的工人經常談論『工資奴隸』或『賣淫』，這些詞語喚起種族意識強烈、重男輕女的白人男性美國工人能夠想像到的最墮落的狀態。」
160. 原註：Quoted in Glickman, ***A Living Wage***, 22.
161. 原註：Quoted in Glickman, ***A Living Wage***, 43.
162. 原註：Glickman, ***A Living Wage***, 44, 49. 在 ***From Bondage to Contract*** 的〈The Labor Question and the Sale of Self〉篇章中，Amy Dru Stanley 描述將勞動力視為商品購買是否等同於奴役的爭論，有的領袖甚至認為，勞工問題可能會被證明是「奴隸制問題的邏輯順序」(61）。關於這場道德辯論，Stanley 指出，「儘管在以農業為主的南方，勞動和自主權的問題仍與土地所有權問題緊密相關，但在工業化的北方，這個問題主要與時間買賣有關」(62）。
163. 原註：Braverman, ***Labor and Monopoly Capital***, 45–46.

164. 原註：Alex Vitale, ***The End of Policing*** (London: Verso, 2017), 77–80.
165. 原註：Philip Dray, ***There Is Power in a Union: The Epic Story of Labor in America*** (New York: Anchor, 2011), 119.
166. 原註：Dray, ***There Is Power in a Union***, 49.
167. 原註：Dray, ***There Is Power in a Union***, 43, 46.
168. 原 註：Joey La Neve DeFrancesco, "Pawtucket, America's First Factory Strike," ***Jacobin***, June 2018, jacobinmag.com/2018/06/factory-workers -strike-textile-mill-women.
169. 原註：Quoted in Dray, ***There Is Power in a Union***, 26.
170. 原註：John Brown, ***A Memoir of Robert Blincoe, an Orphan Boy, Sent from the Workhouse of St. Pancras, London, at Seven Years of Age, to Endure the Horrors of a Cotton Mill, Through His Infancy and Youth, with a Minute Detail of His Sufferings, Being the First Memoir of the Kind Published*** (Manchester, UK: J. Doherty, 1832), 59.
171. 原註：Thompson, "Time, Work-Discipline, and Industrial Capitalism," 85.
172. 原註：Dray, ***There Is Power in a Union***, 54.
173. 原註：Quoted in Dario Melossi and Massimo Pavarini, ***The Prison and the Factory: Origins of the Penitentiary System***, trans. Glynis Cousin (Totowa, N.J. : Barnes and Noble Books, 1981), 153.
174. 原註：Janet Semple, ***Bentham's Prison: A Study of the Panopticon Penitentiary*** (Oxford, UK: Clarendon, 1993), 123–24.
175. 原註：Marx, ***Capital***, 1:280.
176. 原註：Marx, ***Capital***, 1:389–416.
177. 原註：Marx, ***Capital***, 1:352.
178. 原註：Thompson, "Time, WorkDiscipline, and Industrial Capitalism," 86.
179. 原註：Marx, ***Capital***, 1:534.
180. 原註："Economies of Time: On the Idea of Time in Marx's Political Economy," ***Political Theory*** 19, no. 1 (February 1991) : 16.
181. 原 註：Paul Berger, "Why Container Ships Can't Sail Around the California Ports Bottleneck," ***The Wall Street Journal***, September 21, 2021, wsj.com/articles/why-container-ships-cant-sail-around-the -california-ports-bottleneck-11632216603; Lisa M. Krieger, "As Cargo Waits and Costs Climb, Port of Oakland Seeks Shipping Solutions," ***Mercury News***, July 25, 2021, mercurynews.com/2021/07/25/as-cargo-waits-and-costs-climb-port-of-oakland-seeks-shipping-solutions/.
182. 原註：Hugh Jennings, "Bird of the Month: Longbilled Curlew," Eastside Audubon, April 3, 2018, eastsideaudubon.org/corvid-crier/2019/8/26/long-billed-curlew.
183. 原註：Megan Prelinger, email to author, July 14, 2022; Lia Keener, "Catching Up to Curlews," ***Bay Nature***, January 18, 2022. baynature.org/article/catching-up-to-curlews/.
184. 原註：Michael O'Malley, "Time, Work, and Task Orientation: A Critique of American Historiography," ***Time and Society*** 1, no. 3 (1992) : 346.
185. 原註：O'Malley, "Time, Work, and Task Orientation," 351.
186. 編註：Catharine Beecher，一八〇〇～一八七八，美國教育家，以對女性教育的直言不諱以及對將幼兒園納入兒童教育的諸多好處的大力支持而聞名。

187. 原註：Catharine Beecher, ***Treatise on Domestic Economy*** (Boston, Mass.: Thomas H. Webb, 1843), 258; Ivan Paris, "Between Efficiency and Comfort: The Organization of Domestic Work and Space from Home Economics to Scientific Management, 1841–1913," History and Technology 35, no. 1 (2019) : 81–104.
188. 原註：Marx, ***Capital***, 1:381. "Under free competition, the immanent laws of capitalist production confront the individual capitalist as a coercive force external to him."
189. 原註：Braverman, ***Labor and Monopoly Capital***, 232.
190. 原註：C. Bertrand Thompson, "The Stop Watch as Inventor," ***Factory: The Magazine of Management*** 16–17 (February 1916) : 224.
191. 原註：Braverman, ***Labor and Monopoly Capital***, 63–68.
192. 原註：Braverman, ***Labor and Monopoly Capital***, 58.
193. 編註：Dan Thu Nguyen，一九五八～，多倫多大學博士，學位論文《時間的測量和人的測量》（***The measurement of time and the measure of man.***）。
194. 原註：D. T. Nguyen, "The Spatialization of Metric Time: The Conquest of Land and Labour in Europe and the United States," ***Time and Society*** 1, no. 1 (1992) : 46.
195. 原註：Nina Banks, "Black Women's Labor Market History Reveals Deep-Seated Race and Gender Discrimination," Working Economics Blog, Economic Policy Institute, February 19, 2019, epi.org/blog/black-womens-labor-market-history-reveals-deep-seated-race-and-gender-discrimination/.
196. 原註：Angela Y. Davis, ***Women, Race, and Class*** (New York: Vintage, 1983), 228; Barbara Adam, ***Timewatch*** (Cambridge, UK: Polity, 1995), chap. 4.
197. 原註：Jacqueline Jones, "Black Workers Remember," ***The American Prospect***, November 30, 2000, prospect.org/features/black-workers-remember/.
198. 原註：Claire L. Evans, ***Broad Band: The Untold Story of the Women Who Made the Internet*** (New York: Portfolio/Penguin, 2018), 24.
199. 原註：Jay Greene, "Amazon Far More Diverse at Warehouses Than in Professional Ranks," ***The Seattle Times***, August 14, 2015, seattletimes.com/business/amazon/amazon-more-diverse-at-its-warehouses-than-among-white-collar-ranks/. (The 2015 article refers to data released in 2014.） Katherine Anne Long, "Amazon's Workforce Split Sharply Along the Lines of Race and Gender, New Data Indicates," The Seattle Times, September 22, 2021, seattletimes.com/business/amazon/amazons-workforce-split-sharply-along-the-lines-of-race-gender-and-pay-new-data-indicates/.
200. 原註：Karl Marx, ***Grundrisse: Foundations of the Critique of Political Economy*** (London: Penguin, 1993), 739. 馬克思寫道，勞動的變革「的頂點是**機器**，或者更確切地說，是**機器的自動系統**……由自動機啟動，一種自我運動的運動力量，這個自動機是由眾多的機械和智力器官組成，因此工人本身只是機器有意識的連動裝置」。
201. 原註：Quoted in Emily Reid-Musson, Ellen MacEachen, and Emma Bartel, "'Don't Take a Poo!': Worker Misbehaviour in On-Demand Ride-Hail Carpooling," ***New Technology, Work, and Employment*** 35, no. 2 (July 2020) : 151.
202. 編註：Jessica Bruder，美國記者，撰寫亞文化方面的報導文章，並在哥倫比亞新聞學院教授童話寫作。

203. 原註：Jessica Bruder, "These Workers Have a New Demand: Stop Watching Us," *The Nation*, May 27, 2015, thenation.com/article/these-workers-have-new-demand-stop-watching-us/.
204. 原註：Joseph Carino, "Uber Driver Tracking and Telematics," Geotab, January 15, 2018, geotab.com/blog/uber-driver-tracking/.
205. 原註：*Secrets of the Superfactories*, season 1, episode 2, directed by Paul O'Connor, aired October 14, 2019, on Channel 4.
206. 原註：Andrew Wheeler, "Lights-Out Manufacturing: Future Fantasy or Good Business?" Redshift by Autodesk, December 3, 2015. Accessed December 3, 2020. Archived: web.archive.org/web/20210616205134/redshift.autodesk.com/lights-out-manufacturing/.
207. 原註：Guendelsberger, On the Clock, 54.
208. 編註：Ibuprofen，一種非類固醇消炎止痛藥，常用來止痛、退燒、消炎。
209. 原註：Guendelsberger, *On the Clock*, 77–78.
210. 原註：Peter Reinhardt, "Replacing Middle Management with APIs," personal blog, February 3, 2015, rein.pk/replacing-middle-management-with-apis. 感謝尼克・賓克斯頓（Nick Pinkston）讓我注意到這個用語。
211. 原註："How Bots Will Automate Call Center Jobs," Bloomberg, August 15, 2019, bloomberg.com/news/videos/2019-08-15/how-bots-will-automate-call-center-jobs-video.
212. 原註：Braverman, *Labor and Monopoly Capital*, 223.
213. 原註：Braverman, *Labor and Monopoly Capital*, 220.
214. 原註：後來這篇文章在 Askwonder.com 上被「所有者設限」，但仍然可以透過「Internet Archive's Wayback Machine」閱讀。Ashley N. and Carrie S., "What Is the Average Time Someone Spends Looking at an Instagram Post?" Askwonder.com, April 14, 2017, web.archive.org/web/20200814110334/https://askwonder.com/research/average-time-someone-spends-looking-instagram-post-o1oyu31rb.
215. 原註：Danielle Narveson, review of Wonder Research, Askwonder.com, askwonder.com/.
216. 原註：Richard Seymour, *The Twittering Machine* (London: Verso, 2020), 195.
217. 原註："Good in theory, awful in execution" [employee review of Wonder Research], Glassdoor, April 23, 2018, glass door.com/Reviews/Employee-Review-Wonder-Research-RVW20272240.htm; "Very Difficult but Rewarding" [employee review of Wonder Research], Glassdoor, May 20, 2019, glassdoor.com/Reviews/Employee-Review-Wonder-Research-RVW26220924.htm.
218. 編註：Gavin Mueller，阿姆斯特丹大學新媒體和數位文化助理教授。
219. 譯註：Luddism，反對機器大量取代人力勞動，起源於十九世紀英國工業時期。
220. 編註：Jathan Sadowski，澳洲蒙納許大學的高級研究員，以及 ARC 自動化決策與社會卓越中心的副研究員。
221. 譯註：根據傳說，俄國葉卡捷琳娜二世（Yekaterina Alekseyevna ，一七二九～一七九六）出巡時，寵臣波坦金（Grigory Alexandrovich Potemkin）為討其歡心，沿路搭建繁榮的假村莊。今日「波坦金」一詞用來形容政治門面工程。
222. 編註：美國的一家培訓資料公司，專注於為人工智慧演算法解讀資料，為汽車、導航、擴增實境、虛擬實境、生物技術、農業、製造和電子商務等行業的機器學習演算法，提供影像、影片和感測器資料解讀和驗證。
223. 譯註：informal settlement，在政府管制與法規之外所發展出來的非正式住所，通常缺乏基礎設施。

224. 原註：Quoted in Gavin Mueller, ***Breaking Things at Work: The Luddites Were Right About Why You Hate Your Job*** (London: Verso, 2021), 118.
225. 編註：Casey Newton，一九八〇～，美國科技記者、The Verge 前資深編輯、Platformer 電子報的創辦人兼撰稿人。
226. 譯註：Casey Newton, "Bodies in Seats," The Verge, June 19, 2019, theverge.com/2019/6/19/18681845/facebook-moderator-interviews-video-trauma-ptsd-cognizant-tampa.
227. 編註：Mark Zuckerberg，一九八四～，社群媒體服務 Facebook 及其母公司 Meta Platforms 的聯合創始人。
228. 譯註：Quoted in Drew Harwell, "AI Will Solve Facebook's Most Vexing Problems, Mark Zuckerberg Says. Just Don't Ask When or How," ***The Washington Post***, April 11, 2018, washingtonpost.com/news/the-switch/wp/2018/04/11/ai-will-solve-facebooks-most-vexing-problems-mark-zuckerberg-says-just-dont-ask-when-or-how/.
229. 譯註：Mueller, ***Breaking Things at Work***, 114.
230. 原註："Spinify," spinify.com. 該網站已經改變，與此處引用最接近的版本是「Internet Archive Wayback Machine」二〇二一年六月五日的頁庫存檔：web.archive.org/web/20210605141235/spinify.com/.
231. 編註：Keiichi Matsuda，設計師和電影製片人，他的作品探索了隨著技術改變社會和新現實的誕生，物理與虛擬的碰撞。
232. 原註：***Merger***, directed by Keiichi Matsuda (2019), km.cx/projects/merger.
233. 編註：一種代餐飲料，被宣傳為「主食餐」，有液體和粉末兩種形式。
234. 原註：P. K. Thomajan, "Annual Report to Yourself," ***Good Business***, January 1966, 12.《好生意》是基督教合一派（現簡稱 Unity）的幾種出版物之一，在一九三六年出版的《Prosperity》（二〇〇八年再版的新書名為 ***Prosperity: The Pioneering Guide to Unlocking Your Mental Power***）中，該教派創始人之一 Charles Fillmore 收錄了〈詩篇二十三篇〉的「修訂版」：
    The Lord is my banker; my credit is good.
    He maketh me lie down in the consciousness of omnipresent abundance; He giveth me the key to His strongbox.
    He restoreth my faith in His riches;
    He guideth me in the paths of prosperity for His name's sake. Yea, though I walk in the very shadow of debt,
    I shall fear no evil, for Thou art with me; Thy silver and Thy gold, they secure me.
    Thou preparest a way for me in the presence of the collector;
    Thou fillest my wallet with plenty; my measure runneth over.
    Surely goodness and plenty will follow me all the days of my life,
    And I shall do business in the name of the Lord forever.
    Charles Fillmore, Prosperity: The Pioneering Guide to Unlocking your Mental Power (New York: TarcherPerigree, 2008), 77–78.
235. 原註：Billy Bragg, "To Have and Have Not," on ***Life's a Riot with Spy vs Spy*** (30th Anniversary Edition), Cooking Vinyl, 2013, streaming audio, open.spotify.com/track/5OL8fXk5wyeB7g2eg5B9Xh?si=5ce1b 2fdbdf647fa.
236. 編註：Oliver Burkeman，一九七五～，英國《衛報》專題報導記者，劍橋大學基督學院畢業，曾獲頒外國記者協會「年度青年記者獎」以及「年度最佳科學報導」，並曾入圍英國最權威的政治報導獎「喬治・歐威爾獎」。

237. 原註：Oliver Burkeman, "Why Time Management Is Ruining Our Lives," The Guardian, December 22, 2016, theguardian.com/technology/2016/dec/22/why-time-management-is-ruining-our-lives; see also Burkeman, ***4,000 Weeks: Time Management for Mortals*** (New York: Farrar, Straus and Giroux, 2021）.
238. 原註：***Futurama***, season 4, episode 18, "The Devil's Hands Are Idle Playthings," directed by Bret Halaand, aired August 10, 2003, on Fox; Futurama, season 6, episode 12, "The Mutants Are Revolting," directed by Raymie Muzquiz, aired September 2, 2010, on Comedy Central. Futurama, season 4, episode 8, "Crimes of the Hot," directed by Peter Avanzino, aired November 10, 2002, on Fox.
239. 原 註：Jon D. Wisman and Matthew E. Davis, "Degraded Work, Declining Community, Rising Inequality, and the Transformation of the Protestant Ethic in America: 1870–1930," ***The American Journal of Economics and Sociology*** 72, no. 5 (November 2013)：1078–79. 本書作者：作者引用大衛・蘭德斯的觀點，指出十七世紀日本商人崛起也伴隨著一種「強烈的喀爾文式職業道德」，進一步證明新教工作倫理與商業資產階級之間的密切關係。
240. 原註：Charles Taylor, ***Sources of the Self: The Making of the Modern Identity*** (Cambridge, Mass.: Harvard University Press, 1989), 184.
241. 編註：Margo Todd，一九五〇～，沃爾特・H・安納伯格（Walter H. Annenberg） 歷史學榮譽教授，專門研究早期現代英國和蘇格蘭歷史，以及英國和早期美國的宗教改革（喀爾文主義）新教文化。
242. 原註：Margo Todd, "Puritan Self-Fashioning: The Diary of Samuel Ward," ***Journal of British Studies*** 31, no. 3 (July 1992)：260.
243. 原註：Robert Eisenberger, ***Blue Monday: The Loss of the Work Ethic in America*** (New York: Paragon House, 1989), 10.
244. 原註：Frederick Winslow Taylor, ***Principles of Scientific Management*** (Norwood, Mass.: Plimpton, 1911), 141.
245. 編註：Progressive Era，指一八九〇～一九二〇年間，美國歷史上一個大幅進行社會政治改革現代化的時代。
246. 原註：Donald Laird, ***Increasing Personal Efficiency*** (New York: Harper and Brothers, 1925), front cover.
247. 原註：Laird, ***Increasing Personal Efficiency***, 179.
248. 原註：Laird, ***Increasing Personal Efficiency***, 6.
249. 原註：Laird, ***Increasing Personal Efficiency***, 67.
250. 原註：Laird, ***Increasing Personal Efficiency***, 123.
251. 編註：Samuel Haber，一九二八～二〇一九，加州大學柏克萊分校歷史學榮譽教授。
252. 原註：Samuel Haber, ***Efficiency and Uplift: Scientific Management in the Progressive Era, 1890–1920*** (Chicago: University of Chicago Press, 1964), ix.
253. 原註：Laird, ***Increasing Personal Efficiency***, 136.
254. 原註：Roy Alexander and Michael S. Dobson, ***Real-World Time Management*** (New York: American Management Association, 2009), 4.
255. 原註：Kevin Kruse, ***15 Secrets Successful People Know About Time Management: The Productivity Habits of 7 Billionaires, 13 Olympic Athletes, 29 Straight-A Students, and 293 Entrepreneurs*** (Philadelphia: Kruse Group, 2015), chap. 1.
256. 原註：Kruse, ***15 Secrets Successful People Know About Time Management***, chap. 16.

257. 原註：“Bootstrap (n.),” Online Etymology Dictionary, etymonline.com/word/bootstrap; J. Dorman Steele, ***Popular Physics*** (New York: American Book Company, 1888), 37.

258. 原註：自由工作和零工工作可能是自力創業更加具體的例子，加州 AB-5 法案要求 Uber 等公司將零工工作者視為員工，由這項法案的爭議可以看出，美國國內對於這類工作的剝削程度、民眾從事這種工作的動機以及改善工作條件的最佳方式存在一些分歧。然而，雙方似乎都有共識，自由職業工作比正規全職工作更加不穩定，因為它要求個人承擔風險（包括財務風險與其他風險）。自由工作者平臺 Contently 針對自由職業者反對 AB-5 法案的調查中也提到，調查參與者其實樂見政府在醫療保健、平價保險、欠薪援助和降低自雇稅方面提供幫助。同樣地，在 Rest of World 對十五個國家四千九百名零工工作者進行的調查中，有 60% 的零工工作者表示滿意自己的財務狀況，但也有 62% 的人表示，「他們在工作中經常感到焦慮與恐懼，擔心意外事故、攻擊、疾病，或者只是擔心賺不到足夠的錢來支付開銷。」另一方面，在自主權方面取得的任何有意義的進展，往往都避開或削弱了勞動保護，特別在像菲律賓這樣的地方，其自由工作者經濟增長速度位居世界第六。（為求改進，二〇二一年，菲律賓眾議院通過《自由職業工作者保護法》。）Ruth Berins Collier, Veena Dubal, and Christopher Lee Carter, “Labor Platforms and Gig Work: The Failure to Regulate,” IRLE Working Paper No. 106-17, September 2017, irle.berkeley.edu/files/2017/Labor-Platforms-and-Gig-Work.pdf; Philip Garrity, “We Polled 573 Freelancers About AB5. They're Not Happy,” The Freelance Creative, January 30, 2020, contently.net/2020/01/30/resources/we-polled-573-freelancers-about-ab5-theyre-not-happy/; Peter Guest, “‘We're All Fighting the Giant’: Gig Workers Around the World Are Finally Organizing,” Rest of World, September 21, 2021, restofworld.org/2021/gig-workers-around-the-world-are-finally-organizing/; Seha Yatim, “Unique Gig Economic Situation in PH Calls for Nuanced Approach,” ***The Manila Times***, May 30, 2021, manilatimes.net/2021/05/30/opinion/unique-gig-economic-situation-in-ph-calls-for-nuanced-approach/1801152.

259. 原註：“The American–Western European Values Gap,” Pew Research Center, November 17, 2011, updated February 29, 2012, pewresearch.org/global/2011/11/17/the-american-western-european-values-gap/.

260. 原註：Laura Silver, “Where Americans and Europeans Agree—and Differ—in the Values They See as Important,” Pew Research Center, October 16, 2019, pewresearch.org/fact-tank/2019/10/16/where-americans-and-europeans-agree-and-differ-in-the-values-they-see-as-important/.

261. 原註：Samantha Smith, “Why People Are Rich and Poor: Republicans and Democrats Have Very Different Views,” Pew Research Center, May 2, 2017, pewresearch.org/fact-tank/2017/05/02/why-people-are-rich-and-poor-republicans-and-democrats-have-very-different-views/.

262. 原註：Pierre Bourdieu, ***Practical Reason: On the Theory of Action*** (Stanford, Calif.: Stanford University Press, 1998)；Harry Frankfurt, “Freedom of the Will and the Concept of a Person,” ***The Journal of Philosophy*** 68, no. 1 (January 1971) : 5–20.

263. 編註：流行於中國江浙一帶的紙牌遊戲，規則是玩家要盡快把自己手中的牌打出去，先打完的人則獲得勝利。

264. 原註：John McLeod, “President,” pagat.com/climbing/president.html. 這是英國著名紙牌遊戲研究者 McLeod 的個人網站，David Parlett 在 ***The Penguin Book of Card Games*** 描述這款遊戲時引用了他的研究。日本、澳洲和一些歐洲國家也有類似的遊戲。

265. 原註：Mario D. Molina et al., “It's Not Just How the Game Is Played, It's Whether You Win or Lose,” ***Science Advances*** 5, no. 7 (July 17, 2019).

266. 原註："About *Entrepreneurs on Fire*," eofire.com/about/.

267. 原註："'The Freedom Journal': Accomplish Your #1 Goal in 100 Days," Kickstarter, kickstarter.com/projects/eofire/the-freedom-journal-accomplish-your-1-goal-in-100/posts/1459370; John Lee Dumas, *The Freedom Journal* (self-published, 2016）.

268. 原註："The Mastery Journal by John Lee Dumas," Kickstarter, kickstarter.com/projects/eofire/the-mastery-journal-master-productivity-discipline; "Master Productivity!" themasteryjournal.com/.

269. 原註：Craig Ballantyne, "Time Management Hacks From the World's Most Disciplined Man," YouTube video, July 18, 2022, youtube.com/watch?v=jnCdIYvbcEg; Craig Ballantyne, "This Morning Routine Will Increase Your Productivity and Income," YouTube video, June 3, 2020, youtube.com/watch?v=114Qgvn_wD8&ab_channel=TurbulenceTraining.

270. 原註：Steve Costello, "How to Overcome Entrepreneurial Anxiety, Banish Stress, and Crush Your Goals: 'Unstoppable' author Craig Ballantyne outlines 12 habits that will help you beat anxiety, refocus, and excel," *Entrepreneur*, April 16, 2019, entrepreneur.com/article/332049; JayWongTV, "Dominate Your Competition, Be Unstoppable & Live Your Best Life | Craig Ballantyne Interview," YouTube video, January 24, 2019, youtube.com/watch?v=FYN6dAsY774; Craig Ballantyne, "5 Skills for Crushing It in Sales," YouTube video, April 15, 2020, youtube.com/watch?v=O_HRks1xD6I; JasonCapital, "High Status Summit: Craig Ballantyne Teaches You How to Overcome Shyness & Crush It on Social Media," YouTube video, April 23, 2020, youtube.com/watch?v=x-3ZB2r9GTY; Craig Ballantyne, "How to Dominate Your Life with 4-Quadrants," YouTube video, June 18, 2018, youtube.com/watch?v=hjVut7yzQq4; Optimal Living Daily, "441: Follow Your Own Rules to Crush Life by Craig Ballantyne with Roman Fitness Systems (The Jack LaLanne Story—A Hero)," YouTube video, March 26, 2018, youtube.com/watch?v=g3VY9U-_yD8.

271. 原註：Ari Meisel, *The Art of Less Doing: One Entrepreneur's Formula for a Beautiful Life* (Austin, Tex.: Lioncrest, 2016), back cover.

272. 原註：在二〇二二年初的某個時候，screwtheninetofive.com 開始導向到 wealthycoursecreator.com，由同一群人經營，但現在提供一個收費三十七美元的線上行銷速成課程。web.archive.org/web/20220128034955/www.screwtheninetofive.com/; Wealthy Course Creator, wealthycoursecreator.com/.

273. 原註：XPO Global Union Family, *XPO: Delivering Injustice*, February 2021, xpoexposed.org/the-report.

274. 原註：Richard Schenin, "Bay Area Commuting Nightmares: Jobs in City, Affordable Homes in Exurbia," *Mercury News*, September 30, 2015, mercurynews.com/2015/09/30/bay-area-commuting-nightmares-jobs-in-city-affordable-homes-in-exurbia/. 文章舉例說明了以下的車程：「曼特卡到山景城（往返一百四十英里）；洛斯巴諾斯到舊金山（兩百四十英里）；美國峽谷到聖克拉拉（一百五十英里）；發現灣到南聖荷西（一百三十英里）；派特森到帕羅奧圖（一百七十英里）；特雷西到胡桃溪（九十英里）；莫德斯托到坎貝爾（一百七十英里）；霍利斯特到山景城（一百二十英里）；紐曼到聖荷西市中心（一百九十英里）。」

275. 原註：Arnold Bennett, *How to Live on 24 Hours a Day* (Garden City, N.Y.: Doubleday, Doran & Company, 1933), 23.

276. 原註：John Adair, *Effective Time Management* (London: Pan, 1988), 9.

277. 原註：May Anderson in discussion with the author, August 11, 2021. 56 a "cruel joke" Robert E. Goodin, "Freeing Up Time" *Law, Ethics, and Philoso-phy* 5 (2017) : 37.

278. 原註：Marc Mancini, ***Time Management***, The Business Skills Express Series (New York: Business One Irwin/Mirror, 1994), v.

279. 原註：Alexander and Dobson, ***Real-World Time Management***, 5. 57 zeitgeber Allen C. Bluedorn, ***The Human Organization of Time: Temporal Realities and Experience*** (Stanford, Calif.: Stanford University Press, 2002), 150.

280. 原註：Sarah Sharma, "Speed Traps and the Temporal: Of Taxis, Truck Stops and TaskRabbits," in ***The Sociology of Speed: Digital, Organizational, and Social Temporalities***, eds. Judy Wajcman and Nigel Dodd (Oxford, UK: Oxford University Press, 2017), 132.

281. 原註：Sharma, "Speed Traps and the Temporal," 133. 59 "Say I simplify" Sarah K.'s review of ***Do Less: The Unexpected Strategy for Women to Get More of What They Want in Work and Life***, Goodreads, November 15, 2019, goodreads.com/review/show/3049904518. 同樣地，Elizabeth Spiers 也觀察到，隨著工作變得更加隨意，遠距工作模糊了工作與家庭生活的界限，年輕的遠距工作者被期望能夠更加隨傳隨到。然而，這些工作者反過來發現他們的老闆變得更不易聯絡，而不是更容易聯絡，這證明「全天候待命只適用於上對下的情況」。Elizabeth Spiers, "What We Lose When Work Gets Too Casual," ***The New York Times***, February 7, 2022, nytimes.com/2022/02/07/opinion/culture/casual-workplace-remote-office.html.

282. 譯註：比喻從全職工作（第一輪班）下班後從事家務和育兒的時間。

283. 原註：Linda Babcock et al., "Gender Differences in Accepting and Receiving Requests for Tasks with Low Promotability," ***American Economic Review*** 107, no. 3 (2017) : 724.

284. 原註：Charlotte Palermino, "For Years I Said Yes to Everything. Saying 'No' Finally Got Me Ahead at Work," Elle, February 28, 2018, elle.com/culture/career-politics/a18754342/saying-no-at-work/. 這篇報導也引述了 Katharine O'Brien 的研究，研究提出類似的結論：「女性通常被視為養育者和協助者，因此說『不』有違他人對她們的期望。」此外，又一項研究顯示，不接受工作會損害女性的工作評價，但對男性則沒有影響。M. E. Heilman and J. J. Chen, "Same Behavior, Different Consequences: Reactions to Men's and Women's Altruistic Citizenship Behavior," ***Journal of Applied Psychology*** 90, no. 3 (2005) : 431–41.

285. 譯註：指黑人、原住民、非白人族裔（Black, Indigenous, People of Color）。

286. 原註：Ruchika Tulshyan, "Women of Color Get Asked to Do More 'Office Housework.' Here's How They Can Say No," ***Harvard Business Review***, April 6, 2018,hbr.org/2018/04/women-of-color-get-asked-to-do-more-office-housework-heres-how-they-can-say-no.

287. 原註：具體來說，現行標準碰撞測試假人 Hybrid III 是以一九七〇年代第五十百分位的男性數據為基礎設計，美國國家公路交通安全管理局於二〇〇三年開始使用女式測試假人，但基本上仍然是男式測試假人的縮小版本，有時僅在副駕駛座上進行測試。Riley Beggin, "Female Crash Dummies Need to Be Updated for Accuracy, Rep. Lawrence Tells Feds," ***The Detroit*** News, February 15, 2022, detroitnews.com/story/business/autos/2022/02/15/female-crash-dummies-need-updated-rep-lawrence-tells-feds/6797643001/; Caroline Criado Perez, "The Deadly Truth About a World Built for Men—from Stab Vests to Car Crashes," The Guardian, February 23, 2019, theguardian.com/lifeandstyle/2019/feb/23/truth-world-built-for-men-car-crashes; Alisha Haridasani Gupta, "Crash Test Dummies Made Cars Safer (for Average-Size Men)," ***The New YorkTimes***, December 27, 2021, nytimes.com/2021/12/27/business/car-safety-women.html.

288. 原註：Laura Vanderkam, *168 Hours: You Have More Time Than You Think* (New York: Portfolio/Penguin, 2011), chap. 3.
289. 原註：Vanderkam, *168 Hours*, chap. 6.
290. 原註：Vanderkam, *168 Hours*, chap. 2.
291. 原 註：Review of Laura Vanderkam's book *168 Hours: You Have More Time Than You Think, Publishers Weekly*, March 29, 2010, publishersweekly.com/978-1-59184-331-3.
292. 原註：Kevin K. Birth, *Time Blind: Problems in Perceiving Other Temporalities* (Cham, Switzerland: Palgrave Macmillan, 2017), 99.
293. 原註：Sharma,"Speed Traps and the Temporal,"134. 61"child care should be socialized"Angela Y. Davis, *Women, Race, and Class* (New York: Vintage, 1983), 232.
294. 原註：Stephanie Wykstra,"The Movement to Make Workers'Schedules More Humane,"*Vox*, November 5, 2019, vox.com/future-perfect/2019/10/15/20910297/fair-workweek-laws-unpredictable-scheduling-retail-restaurants.
295. 原註：UBI program "Health and Well-Being," Stockton Economic EmpowermentDemonstration(SEED), stocktondemonstration.org/health-and-wellbeing; "Front and Center: For Tia, Guaranteed Income Provided 'a Little Push,'" *Ms.* magazine, April 15, 2021, msmagazine.com/2021/04/15/front-and-center-1-tia-guaranteed-income-black-mothers-women-ms-magazine-magnolia-mothers-trust/.
296. 原註：Annie Lowrey, "The Time Tax," *The Atlantic*, July 27, 2021, theatlantic.com/politics/archive/2021/07/how-government-learned-waste-your-time-tax/619568/.
297. 原 註：Brittney Cooper, "The Racial Politics of Time," TEDWomen 2016, October 2, 2016, ted.com/talks/brittney_cooper_the_racial_politics_of_time?language=en.
298. 編註：Ta-Nehisi Coates，一九七五～，美國作家、記者，曾獲頒「美國國家圖書獎」最佳非小說類獎、「麥克阿瑟獎」。
299. 編註：Santa Cruz Mountains，加州中部和北部的山脈，為太平洋海岸山脈的一部分。
300. 原註：Hartmut Rosa, "Desynchronization, Dynamic Stabilization, Dispositional Squeeze," *The Sociology of Speed*, eds. Wajcman and Dodd, 27.
301. 原註：Rosa, "De-synchronization, Dynamic Stabilization, Dispositional Squeeze," 29.
302. 原註：Elizabeth Kolbert, "No Time," *The New Yorker*, May 19, 2014, newyorker.com/magazine/2014/05/26/no-time.
303. 原註：Rosa, "De-synchronization, Dynamic Stabilization, Dispositional Squeeze," 30.
304. 原註：R. E. Goodin et al., "The Time-Pressure Illusion: Discretionary Time vs. Free Time," *Social Indicators Research* 73, no. 1 (2005) : 45.
305. 原註：American Federation of Teachers, *An Army of Temps: AFT 2020 Adjunct Faculty Quality of Work/Life Report*, 2020, aft.org/sites/default/files/adjuncts_qualityworklife2020.pdf.
306. 原註：Rosa, "De-synchronization, Dynamic Stabilization, Dispositional Squeeze," 39.
307. 原註：Quoted in *Fixed: The Science/Fiction of Human Enhancement*, directed by Regan Brashear (New Day Films, 2014), fixed.vhx.tv/.
308. 原註：Vanderkam, *168 Hours*, chap. 3.
309. 編註：一九五九～，韓裔德國哲學家，曾任教於卡爾斯魯爾設計學院與柏林藝術大學，研究領域為十八～二十世紀的哲學、倫理學、社會哲學、現象學、文化研究、美學、宗教、媒體研究和跨文化哲學。

310. 原註：Byung-Chul Han, ***The Burnout Society*** (Stanford, Calif.: Stanford University Press, 2015), 9.
311. 原註：Han, ***The Burnout Society***, 8.
312. 原註：Han, ***The Burnout Society***, 42.
313. 原註：Han, ***The Burnout Society***, 11.
314. 原註：Han, ***The Burnout Society***, 9.
315. 原註：Han, ***The Burnout Society***, 47.
316. 原註：Han, ***The Burnout Society***, 46.
317. 原註：Rosa, "De-synchronization, Dynamic Stabilization, Dispositional Squeeze," 34.
318. 原註：J. Schneider and E. Hutt, "Making the Grade: A History of the A–F Marking Scheme," ***Journal of Curriculum Studies*** 46, no. 2 (2013) : 15.
319. 原註：Jonghun Kim, "School Accountability and Standard-Based Education Reform: The Recall of Social Efficiency Movement and Scientific Management," ***International Journal of Educational Development*** 60 (2018) : 81.
320. 原註：Schneider and Hutt, "Making the Grade," 13–14.
321. 原註：Franklin Bobbitt, ***Some General Principles of Management Applied to the Problems of City-School Systems*** (Chicago: University of Chicago Press, 1913), 15; Schneider and Hutt, "Making the Grade," 11–13; Kim, "School Accountability and Standard-Based Education Reform,"82–86.
322. 原註：Francis Galton, ***Hereditary Genius: An Inquiry into Its Laws and Consequences*** (New York: D. Appleton, 1870), 338.
323. 原註：Galton, ***Memories of My Life***, 312. 71 Galton spends more time Galton, ***Memories of My Life***, 154–60.
324. 原註：Galton, ***Memories of My Life***, 248. 72 "a new condition imposed upon men" Galton, ***Hereditary Genius***, 345.
325. 編註：塔斯馬尼亞州（Tasmania, TAS），澳洲唯一的海島州，原名范迪門斯地（Van Diemen's Land），位於澳洲大陸東南角約二百四十公里的外海。
326. 原註：Galton, ***Hereditary Genius***, 347. 72 "No man who only works" Galton, Heredtiary Genius, 347–48. 72 Not even Charles Darwin Galton, ***Memories of My Life***, 290–91.
327. 原註："California Launches Program to Compensate Survivors of State-Sponsored Sterilization," Office of Governor Gavin Newsom, December 31, 2021; Erin McCormick, "Survivors of California's Forced Sterilizations: 'It's Like My Life Wasn't Worth Anything,'" ***The Guardian***, July 19, 2021, theguardian.com/us-news/2021/jul/19/california-forced-sterilization-prison-survivors-reparations.
328. 原註："$1,000.00 for the Most Beautiful Woman— One of Two Personal Beauty Prize Contests, the Other Being for the Most Handsome Man Based upon Perfection of Both Face and Figure—An Announcement," ***Physical Culture*** 45, no. 2 (February 1921) : 54.
329. 原註：Robert Ernst, ***Weakness Is a Crime: The Life of Bernarr Macfadden*** (Syracuse, N.Y.: Syracuse University Press, 1991), 18.
330. 原註：Macfadden's articles Bernarr Macfadden, "Vitalize with the Mono-Diet," ***Physical Culture*** 63, no. 6 (June 1930) : 17; Bernarr Macfadden, "Make Your Vacation Pay Health Dividends," ***Physical Culture*** 59, no. 6 (June 1928) : 27; Bernarr Macfadden, "Mountain Climbing in Your Own Home," ***Physical Culture*** 57, no. 5 (May 1927) : 30; Bernarr Macfadden, "Are You Wasting Your Life?" ***Physical Culture*** 58, no. 3 (September 1927) : 25.

331. 原註：Bernarr Macfadden,"Bernarr Macfadden's Viewpoint,"*Physical Culture* 45, no. 2 (February 1921) : 14.
332. 原 註：Amram Scheinfeld, "What You Can Do to Improve the Human Race," *Physical Culture* 78, no. 4 (October 1937) : 20.
333. 原註：Michelle Shir-Wise, "Disciplined Freedom: The Productive Self and Conspicuous Busyness in 'Free' Time," *Time and Society* 28, no. 4 (2019) : 1686.
334. 原註：Stefano Harney and Fred Moten, *The Undercommons: Fugitive Planning and Black Study* (New York: Minor Compositions, 2013), 140–41.
335. 譯註：創立於一九六五年的美國黑人政黨。
336. 原註：Burkeman, "Why Time Management Is Ruining Our Lives."
337. 原註：*Beavis and Butt-Head*, season 5, episode 15, "Tainted Meat," directed by Mike Judge, aired December 29, 1994, on MTV.
338. 編註：古希臘哲學家，犬儒學派的代表人物，活躍於公元前四世紀。據說他住在一個木桶（據說是裝死人的甕）裡，擁有的所有財產只包括這個木桶、一件斗篷、一支棍子和一個麵包袋。
339. 原註：David Bandurski, "The 'Lying Flat' Movement Standing in the Way of China's Innovation Drive," Brookings Tech Stream, July 8, 2021, brookings.edu/techstream/the-lying-flat-movement-standing-in-the-way-of-chinas-innovation-drive/.
340. 原註：Allison Schrager, "'Lie Flat' If You Want, but Be Ready to Pay the Price," *Bloomberg*, September 13, 2021, bloomberg.com/opinion/articles/2021-09-13/-lie-flat-if-you-want-but-be-ready-to-pay-the-price?sref=2o0rZsF1.
341. 原註：@slowdrawok, Twitter post, September 16, 2021, twitter.com/SlowdrawOK/status/1438568129320325122.
342. 原註：@w3dges, Twitter post, September 16, 2021; twitter.com/w3dges/status/1438556517297496069?s=20.
343. 原 註：@JackJackington, Twitter post, September 16, 2021, twitter.com/JackJackington/status/1438615108402438146.
344. 原註：Michael Dunlop Young and Tom Schuller, *Life After Work: The Arrival of the Ageless Society* (New York: HarperCollins, 1991), 93.
345. 編註：Rod Stewart，一九四五～，出生及成長於英國倫敦，蘇格蘭／英格蘭男歌手，是美國樂壇六十年代中期英國入侵浪潮之後的標誌性人物之一。
346. 原註：Michael Zhang, "Why Photographs of Watches and Clocks Show the Time 10:10," PetaPixel, June 27, 1013, petapixel.com/2013/06/27/why-photographs-of-watches-and-clocks-show-the-time-1010/.
347. 原註：Lauren Bullen (@gypsea_lust), "All we have is now," Instagram, March 23, 2020, instagram.com/p/B-GJWpBJvX0/; Lauren Bullen (@gypsea_lust), "This too shall pass," Instagram, March 28, 2020, instagram.com/p/B-RgsTzJjFo/; Lauren Bullen (@gypsea_lust), "Currently stuck in paradise," Instagram, April 3, 2020, instagram.com/p/B-jH8NTp9hB/; Lauren Bullen (@gypsea_lust), "Face mask on, hair mask on; ready to soak," Instagram, April 4, 2020, instagram.com/p/B-lHUMLp1zM/. Because Instagram adjusts timestamps to your local time zone, viewers on Eastern Daylight Time will see the last two of these posts as having occurred on the same day, whereas they were posted on different days in Bali. 由於 Instagram 會根據用戶當地時區調整時間戳，所以位於東部夏令時間的網友會看到最後兩篇貼文在同一天發布，但在峇里島其實是分別在不同的日子貼出。

348. 原註：Filip Vostal, "Slowing Down Modernity: A Critique," ***Time and Society*** 28, no. 3 (2019) : 1042.
349. 原註：Vostal, "Slowing Down Modernity: a Critique," 1048.
350. 原註：Vostal, "Slowing Down Modernity: A Critique," 1046.
351. 編註：Thorstein Veblen，一八五七～一九二九，美國經濟學家，「制度經濟學」（Institutional economics）的創立者。
352. 原註：B. Joseph Pine II and James H. Gilmore, "Welcome to the Experience Economy," Harvard Business Review, July–August 1998.
353. 編註：B. Joseph Pine II，一九五八～，美國作家，曾擔任 MIT 設計實驗室（MIT Design Lab）的訪問學者、阿姆斯特丹大學的客座教授，也曾擔任 IBM 高級商學院（Advanced Business Institute）兼任教授，並在 IBM 擔任過多項職務。
354. 編註：James H. Gilmore，一九五九～，凱斯西儲大學（Case Western Reserve University）魏德海（Weatherhead）管理學院的創新與設計系副教授，與 B・約瑟夫・派恩共同創辦了「策略地平線公司」（Strategic Horizons LLP），以協助企業創新，並提升其產品與服務的價值。
355. 原註：Susan Sontag, ***On Photography*** (New York: Farrar, Straus and Giroux, 2011), 4.
356. 原註：Aisha Malik, "Instagram ExpandsIts Product Tagging Feature to All US Users," ***TechCrunch***, March 22, 2022, techcrunch.com/2022/03/22/instagram-product-tagging-feature/.
357. 原註：Rachel Hosie, "'Instagrammability': Most Important Factor for Millennials on Choosing Holiday Destination," ***The Independent***, March 24, 2017, independent.co.uk/travel/instagrammability-holiday-factor-millenials-holiday-destination-choosing-travel-social-media-photos-a7648706.html.
358. 編註：Rachel Hosie，《商業內幕》（***Business Insider***）新聞網駐英國的生活健康領域記者、健身作家與廣播員。
359. 編註：Bo Burnham，一九九〇～，美國喜劇演員、音樂家、演員、電影導演、編劇和詩人。
360. 原註：***Inside***, directed by Bo Burnham (Netflix, 2021）.
361. 原 註：Lauren Bullen (@gypsealust), "Fulfilling my lavender field dreams," Instagram, July 3, 2021, instagram.com/p/CQ3k2zOBJea/.
362. 原 註：B. Marder et al., "Vacation Posts on Facebook: A Model for Incidental Vicarious Travel Consumption," ***Journal of Travel Research*** 58, no. 6 (2019) : 1027; H. Liu et al., "Social Media Envy: How Experience Sharing on Social Networking Sites Drives Millennials' Aspirational Tourism Consumption," ***Journal of Travel Research*** 58, no. 3 (2019) : 365. 後一篇論文認為，「自卑人群是一個潛在的巨大市場，但尚未得到充分開發。」
363. 原註：Isabella Steger, "The Japanese Words That Perfectly Sum Up How the Country Felt This Year," Quartz, December 1, 2017, qz.com/1144046/sontaku-japans-word-of-the-year-reflects-its-deep-political-unease/.
364. 原註：Lauren Bullen (@gypsealust), "The one time we got up for sunrise," Instagram, September 15, 2021, instagram.com/p/CT1YY6Zr9Ij/.
365. 原註：Anna Seregina, "Found a prison that has been converted to an influencer hotel," Twitter post, September 20, 2021, twitter.com/touching cheeses/status/1440052093788721155.
366. 原註：Lucy Dodsworth, "A Night Behind Bars: The Malmaison Oxford Hotel Reviewed," On the Luce Travel Blog, March 3, 2021, ontheluce.com/reviewed-a-night-behind-bars-at-the-malmaison-oxford/.

367. 原註："Forestis Dolomites | Boutique Wellness Hotel in Brixen," forestis.it/en.
368. 原註：*The White Lotus*, season 1, episode 1, "Arrivals," directed by Mike White, premiered July 11, 2021, on HBO.
369. 編註：John Philip Sousa，一八五四～一九三二，浪漫主義時代後期的一位美國作曲家及指揮家，主要的作品是美國軍旅及愛國進行曲。
370. 原註：歐風桑塔納街一開始的網站宣稱「靈感來自歐美的林蔭大道」，後來的網站則改口稱它是具有「歐洲風情」的行人徒步街區。"Santana Row [About]," archived February 5, 2004, web.archive.org/web/20040205185023/www.santanarow.com/about.shtml; "Santana Row," archived August 3, 2005, web.archive.org/web/20050803081549/www.santanarow.com/.
371. 編註：Jim Carrey，一九六二～，加拿大裔美國男演員、喜劇演員、編劇、音樂家、製片人及畫家。
372. 原註：Josh Allan Dykstra, "Why Millennials Don't Want to Buy Stuff," *Fast Company*, July 13, 2012.
373. 原註：Tom Perkins, "The Fight to Stop Nestlé from Taking America's Water to Sell in Plastic Bottles," *The Guardian*, October 29, 2019, theguardian.com/environment/2019/oct/29/the-fight-over-water-how-nestle-dries-up-us-creeks-to-sell-water-in-plastic-bottles. 在〈Reproducing the Struggle: A New Feminist Perspective on the Concept of Social Reproduction〉(Viewpoint Magazine, October 31, 2015) 一文中，Fulvia Serra 提出類似觀點，她寫道，公共共享空間的私有圍占行為——此過程始於十二世紀的英國——也適用於社會和資訊領域，「親密關係，連同其他維護我們集體生活所必需的社會和智識實踐，今天正被資本主義機器所占有，在同一活動中，從集體領域轉移到核心單位領域，再從生產領域轉移到市場經濟領域。」
374. 原註："Instagram Stories Ads—Now Available for All Businesses Globally,"Instagram blog, March 1, 2017, business.instagram.com/blog/instagram-stories-available-globally.
375. 原註：補償性消費（compensatory consumption）在一九六〇年代首次提出，被描述為「一個總稱，涵蓋消費者因感知到的缺陷、需求和無法直接滿足的欲望而引發的消費意向和行為反應」。Bernadett Koles, Victoria Wells, and Mark Tadajewski, "Compensatory Consumption and Consumer Compromises: A State-of-the-Art Review," *Journal of Marketing and Management* 34, nos. 1–2 (2018) : 5.
376. 原註：Leo Lewis and Emma Jacobs, "How Business Is Capitalizing on the Millennial Instagram Obsession," *Financial Times*, July 12, 2018, ft.com/content/ad84c9d0-8492-11e8-96dd-fa565ec55929.
377. 編註：Kathi Weeks，一九五八～，杜克大學性別、性和女性主義研究教授。
378. 原註：Kathi Weeks, *The Problem with Work: Feminism, Marxism, Antiwork Politics, and Postwork Imaginaries* (Durham, N.C.: Duke University Press, 2011), 49.
379. 編註：Protestant work ethic，以喀爾文主義為基礎的西方基督教新教的社會和經濟理論概念。
380. 原註：Jon D. Wisman and Matthew E. Davis, "Degraded Work, Declining Community, Rising Inequality, and the Transformation of the Protestant Ethic in America: 1870–1930," *The American Journal of Economics and Sociology* 72, no. 5 (November 2013) : 1088. 作者引用索爾斯坦・范伯倫的《有閒階級論》中的話：「想要讓漠不關心你的日常生活的人對你的財力印象深刻……唯一實際的方法是不斷地展示你花錢的能力。」

381. 編註：Max Weber，一八六四～一九二〇，德國社會學家、歷史學家、經濟學家、哲學家、法學家。與卡爾．馬克思（Karl Marx）和艾彌爾．涂爾幹（Émile Durkheim）一起被公認為現代西方社會學的奠基人。
382. 原註：Quoted in Weeks, ***The Problem with Work***, 50.
383. 編註：Chris Rojek，一九五四～，英國城市大學社會學教授。
384. 原註：Tony Blackshaw,"The Man from Leisure: An Interview with Chris Rojek," ***Cultural Sociology*** 6, no. 3 (2012) : 333.
385. 原註：John Chan, "Larry Ellison's $300m Hawaii Island Will Transform Wellness," ***Billionaire***, May 14, 2020, bllnr.com/travel/larry-ellison-s-us$300m-startup-will-transform-wellness; Avery Hartmans, "See Inside Larry Ellison's Hawaiian Island Wellness Retreat, a $1,200-Per-Night Luxury Spa Where Guests Track Their Health Data and Learn How to Live Longer Lives," ***Business Insider***, February 21, 2021, businessinsider.com/larry-ellison-hawaii-wellness-spa-sensei-lanai-photos-2021-2.
386. 原註：Adam Nagourney, "Tiny Hawaiian Island Will See If New Owner Tilts at Windmills," ***The New York Times***, August 22, 2012, nytimes.com/2012/08/23/us/lanai-a-hawaiian-island-faces-uncertain-future-with-new-owner.html.
387. 原註：Patrick Lucas Austin, "Need Some Help Reaching Your Goals? Try These 5 Habit-Tracking Apps," ***Time***, July 8, 2019, time.com/5621109/best-habit-tracking-apps/.
388. 原註：Rachel Reichenbach, "Why Your Instagram Engagement Kinda Sucks Right Now," Rainylune, December 20, 2020, rainylune.com/blogs/blog/why-your-instagram-engagement-kinda-sucks-right-now.
389. 原註：Amelia Talt, "Why Instagram's Creatives Are Angry About Its Move to Video," The Guardian, August 8, 2021, theguardian.com/technology/2021/aug/08/instagram-artists-leaving-social-media-tiktok-shopping; Rebecca Jennings, "Nobody Wants More Crappy Videos on Instagram. TooBad," ***Vox***, March 29, 2022, vox.com/the-goods/23000352/instagram-algorithm-reels-video-following-favorites.
390. 編註：Rob Thomas，一九七二～，美國歌手、詞曲作者和音樂家，以及搖滾樂團「火柴盒二十」的主唱。
391. 編註：成立於一九七六年，一家總部位於美國紐約的私人股權投資公司。
392. 編註：成立於二〇〇五年，一家總部位於加拿大魁北克省蒙特婁的電子商務軟體供應商。
393. 編註：一家總部位於新加坡的領先統一安全解決方案供應商，於二〇〇四 年由三個輔助警察部隊戰略合併而成。
394. 編註：二〇二〇年成立的空白支票公司，成立目的是與一個或多個業務進行合併，資本證券交易，資產收購，股票購買，重組或類似業務合併。
395. 編註：創立於一九二六年，是世界上最大的油田服務公司。
396. 編註：美國矽谷的一家風險投資公司，於一九七二年創立。
397. 編註：一家專注於科技的全球投資公司，成立於一九八三 年。
398. 編註：指早在六世紀時，便已居住在舊金山灣區的美洲原住民歐隆尼族群（Ohlone）。
399. 原註：Josef Pieper, ***Leisure, the Basis of Culture*** (San Francisco: Ignatius, 2015), 46–47.
400. 原註：Pieper, ***Leisure***, 46.
401. 原註：Jenny Odell, ***How to Do Nothing: Resisting the Attention Economy*** (Brooklyn, N.Y.: Melville House, 2019), 13–14.

402. 編註：又稱經濟大危機、經濟大恐慌，是指一九二九～一九三三年間的全球經濟大衰退，這也是第二次世界大戰前最嚴重的全球經濟衰退現象。
403. 原註："Morcom Amphitheatre of Roses—Oakland CA," The Living New Deal, livingnewdeal.org/projects/morcom-amphitheater-of-roses-oakland-ca/.
404. 原註：Ida Craven, "'Leisure,' According to the Encyclopedia of the Social Sciences," in *Mass Leisure*, eds. Eric Larrabee and Rolf Meyersohn (Glencoe, Ill.: Free Press, 1958), 8. Craven 指出，在討論一九一六年和一九一七年的八小時工作法時，人們開始關注「休閒問題」。
405. 原註：John Maynard Keynes, "Economic Possibilities for our Grandchildren," *Essays in Persuasion* (London: Macmillan, 1933), 368.
406. 原註：*Workers' Rights and Labor Compliance in Global Supply Chains*, eds. Doug Miller, Jennifer Bair, and Marsha Dickson (New York: Routledge, 2014), 9.
407. 原註：Chris Rojek, *The Labour of Leisure: The Culture of Free Time* (London: SAGE, 2010), chap. 4.
408. 原註：Statement quoted in National Recreation Association, *The Leisure Hours of 5,000 People: A Report of a Study of Leisure Time Activities and Desires* (New York: National Recreation Association, 1934）. 這份報告在「研究目的、方法和範圍」一節開頭就指出：「眾所周知，在過去幾年裡，大多數人在工作時間之外的空閒時間快速增加了。」(4)
409. 原註：Gilbert Wrenn and D. L. Harvey, *Time on Their Hands: A Report on Leisure, Recreation, and Young People* (Washington, D.C.: American Council on Education, 1941), xx.
410. 原註：*A Chance to Play* (General Electric Company, in cooperation with the National Recreation Association, 1950), archive.org/details/Chanceto1950.
411. 編註：Nuclear family，又稱核家庭，是地球上人類最廣泛的家庭模式，指的是以異性婚姻或同性婚姻為基礎，其父母與未婚子女共同生活的家庭。
412. 原註：*Better Use of Leisure Time*, directed by Ted Peshak (Coronet Instructional Films, 1950), archive.org/details/0034_Better_Use_of_Leisure_Time_10_22_15_00
413. 原註：本書穿插的記事以二〇二一年夏天為背景，公園無障礙環境的改變發生在二〇二〇年。
414. 編註：一八七六～一九六五年間，美國南部各州以及邊境各州對有色人種（主要針對非洲裔美國人，但同時也包含其他族群）實行種族隔離制度的法律。
415. 原註：George A. Lundberg, Mirra Komarovsky, and Mary Alice McInerny, *Leisure: A Suburban Study* (New York: Columbia University Press, 1934), 118.
416. 編註：Garnette Cadogan，美國散文家、記者，專注於歷史、文化和藝術，目前的研究探討了城市生活的希望和危險、城市的活力和不平等以及多元化的挑戰。
417. 原註：Garnette Cadogan, "Walking While Black," Literary Hub, July 8, 2016, lithub.com/walking-while-black/.
418. 編註：W.E.B. Du Bois，一八六八～一九六三，美國社會學家、歷史學家、民權運動者，也是在哈佛大學第一個取得博士學位的非裔美國人。
419. 原註：W.E.B. Du Bois, *The Souls of Black Folk* (New York: Cosimo Classics, 2007), 2.
420. 編註：Lakota，一個美國原住民族群，為大平原印地安人蘇族的三大族群之一。
421. 編註：拉科塔語，意思是「雷」，可能是「wahka」（神聖）和「kinyan」（翅膀）的組合詞，常被翻作「雷神」、「雷神」或「雷鳥」。
422. 編註：美國南達科他州和懷俄明州交界處的一個山區，曾是美國原住民的聚居地，也是原住民心中的聖山，在十九世紀後期曾在這裡發現金礦。

423. 原註：Barbara May Cameron, "Gee, You Don't Seem Like an Indian from the Reservation," in *This Bridge Called My Back*, 3rd ed., eds. Gloria Anzaldúa and Cherríe Moraga (Berkeley, Calif.: Third Woman Press, 2002), 54.
424. 原註：Nicole Hong et al., "Brutal Attack on Filipino Woman Sparks Outrage: 'Everybody Is on Edge,'" *The New York Times*, March 30, 2021, nytimes.com/2021/03/30/nyregion/asian-attack-nyc.html.
425. 原註：Denzel Tongue, "My Grandparents' Redlining Story Shows Why We Must Do Better," *Yes!* magazine, November 13, 2020, yesmagazine.org/opinion/2020/11/13/redlining-racial-inequity-covid.
426. 原註：Victoria W. Wolcott, *Race, Riots, and Roller Coasters: The Struggle over Segregated Recreation in America* (Philadelphia: University of Pennsylvania Press, 2012), 16.
427. 原註：Wolcott, *Race, Riots, and Roller Coasters*, 16–18, 70–71, 118–19, 122.
428. 編註：Pasadena，美國加州南部洛杉磯縣的一座城市。
429. 原註：Jackie Robinson, *I Never Had It Made: An Autobiography* (New York: HarperCollins, 2013), 7.
430. 原註：這個游泳池是 Brookside Plunge，在一九二九年至一九四五年期間，每星期二下午兩點至五點對非白人開放。一九四七年，美國全國有色人種協進會取得禁制令後，游泳池終於被迫無條件重新開放。Rick Thomas, "Throwback Thursday— Revisiting Our Racist Past," *South Pasadenan*, June 14, 2018, southpasadenan.com/throwback-thursday-revisiting-our-racist-past/.
431. 原註：Wolcott, *Race, Riots, and Roller Coasters*, 14, 232.
432. 編註：Corina Newsome，美國鳥類學家。
433. 編註：Anna Gifty Opoku-Agyeman，一九九六～，美國作家、社會活動家。
434. 原註：Quoted in Jason Bittel, "People Called the Police on This Black Birdwatcher So Many Times That He Posted Custom Signs to Explain His Hobby," *The Washington Post*, June 5, 2020, washingtonpost.com/science/2020/06/05/people-called-police-this-black-birdwatcher-so-many-times-that-he-posted-custom-signs-explain-his-hobby/.
435. 原註：Walter Kitundu (@birdturntable), Twitter post, July 24, 2020, twitter.com/birdturntable/status/1286662401685893123.
436. 原註：Walter Kitundu, email to author, July 18, 2022.
437. 原註：Deborah Wang, "The Tale of the Black Birders and Ruffled Feathers on Facebook," KUOW, July 5, 2020, kuow.org/stories/black-birders-ruffle-feathers-on-facebook; "Seattle Audubon Statement on Facebook Group Censorship and 'No Politics' Policies," Seattle Audubon, July 1, 2020, seattleaudubon.org/2020/07/01/seattle-audubon-statement-on-facebook-group-censorship-and-no-politics-policies/.
438. 原註：Sam Hodder, "Reckoning with the League Founders' Eugenics Past," Save the Redwoods League, September 15, 2020, savetheredwoods.org/blog/reckoning-with-the-league-founders-eugenics-past/.
439. 原註：Mark David Spence, *Dispossessing the Wilderness: Indian Removal and the Making of the National Parks* (Oxford, UK: Oxford University Press, 2000), 5. 在他的著作 *The Metaphysics of Modern Existence* (Golden, Colo.: Fulcrum, 2012），立岩蘇族（Sioux）作家小瓦因・德洛里（Vine Deloria, Jr.）介紹了第二次世界大戰後美國國家公園的社會功能：「對自然環境中休閒活動的興趣，不是一場認識到自然實體本身價值的深刻哲學或宗教運動，但它確實顯示，美國社會的審美價值能夠以自然的作用，以對繪畫、音樂和其他藝術形式的欣賞來表現。」他還說，

保育運動認為自然是「人類宣洩挫折的管道」，但他指出保育主義者奧爾多・利奧波德（Aldo Leopold）則是一個例外，奧爾多・利奧波德強調土地倫理，認為自然不應只被視為財產或一種便利設施(181）。

440. 編註：西班牙人於一七七〇年開始對加州中部的殖民，並發動了征服阿瑪穆特蘇恩的戰役，不僅入侵他們的宗教聖地，改以基督教聖像取代，還強行將阿瑪穆特蘇恩部族帶到聖胡安包蒂斯塔傳教會（Mission San Juan Bautista）和聖克魯斯傳教會（Mission Santa Cruz），甚至還將兒童與父母分開，而在被迫受洗之後，阿瑪穆特蘇恩部族也被視為傳教士們的財產，且不被允許返回他們的土地。

441. 原註：Matt Dolkas, "A Tribal Band Reconnects with Ancestral Lands," Peninsula Open Space Trust, March 3, 2020, openspacetrust.org/blog/amah-mutsun/. 阿瑪穆特蘇恩族團由瓦倫丁・洛佩茲（Valentin Lopez）擔任主席，我會在第五章提到他對火的主張。

442. 原註：Mark Hehir, email to author, March 5, 2021.

443. 原註：舉個同一時代的例子，在公眾休閒風行的時代，菸草業的黑人婦女創造了結合精神、休閒、教育和行動主義於一體的空間。M・黛博拉・比亞萊斯基（M. Deborah Bialeschki）和Kathryn Lynn Walbert（凱瑟琳・林恩・沃爾伯特）在研究一九一〇年至一九四〇年期間新南方工業區的女工時，發現黑人女工比白人女工更願意接受在南方菸草工業發展起來的工會主義，經常自己擔任工會領導角色。當時，大多數休閒設施都不對非白人遊客開放，也根本不會建在黑人社區，全黑人菸草工會大廳參考黑人教堂的做法，也補足了教堂作為社區肯定、教育和行動主義的空間角色。這些女性參加工會活動，打扮得就像去上教堂一樣，她們也組織舞會和表演，努力提供自己被剝奪的休閒活動。M. Deborah Bialeschki and Kathryn Lynn Walbert, "'You Have to Have Some Fun to Go Along with Your Work': The Interplay of Race, Class, Gender, and Leisure in the Industrial New South," ***Journal of Leisure Research*** 30, no. 1 (1998) : 94–96.

444. 原註：Thora Siemsen, "On Working with Archives: An Interview with Saidiya Hartman," The Creative Independent, April 18, 2018, thecreativeindependent.com/people/saidiya-hartman-on-working-with-archives/.

445. 原註：The Nap Ministry (@TheNapMinistry), Twitter post, October 10, 2020, twitter.com/TheNapMinistry/status/1314921775864651777. See also Tricia Hersey's book, forthcoming at the time of writing, ***Rest Is Resistance: A Manifesto*** (New York: Hachette, 2022）.

446. 原註：The Nap Ministry (@TheNapMinistry), Twitter post, September 21, 2021. twitter.com/TheNapMinistry/status/1440296107527979028.

447. 原註：Tricia Hersey, "Our work has a framework: REST IS RESISTANCE!" January 11, 2021, thenapministry.wordpress.com/2021/01/11/our-work-is-has-a-framework/.

448. 原註："Atlanta-Based Organization Advocates for Rest as a Form of Social Justice," ***All Things Considered***, NPR, June 4, 2020, npr.org/2020/06/04/869952476/atlanta-based-organization-advocates-for-rest-as-a-form-of-social-justice.

449. 原註：Rojek, ***Labor of Leisure***, chap. 4.

450. 原註：***Aristotle's Politics, Second Edition, trans. Carnes Lord*** (Chicago: University of Chicago Press, 2013), book 3, chap. 14. 「正因為野蠻人的性格比希臘人更為奴性（亞洲野蠻人比歐洲野蠻人更甚），所以他們能夠忍受主人的統治，不製造麻煩。」在第七卷第七章中，亞里斯多德將這些差異歸因於北歐和亞洲的氣候與希臘不同，雖然這些段落提到的人比雅典大多數奴隸來自更偏遠的地方，但卡內斯・洛德（Carnes Lord）翻譯亞里斯多德關於自然奴隸制的最初討論（第一卷第七章）時，加了一個註腳建議：「請記住，在城邦居住的希臘人，對於由巴爾幹半島和波斯帝國組成的『野蠻人』，普遍存在種族優越感，這些人占希臘奴隸相當大的比例。」

451. 原註：*Aristotle's Politics*, book 1, chap. 4. 「財產……是生活目的的工具，而個人財產就是這些工具的總和；奴隸是一種有生命的財產。此外，每一個下屬都是一件可以使用許多工具的工具，因為如果每一件工具都能根據命令或預期執行其功能，如同他們斷言代達羅斯（Daedalus）的那些工具或赫菲斯托斯（Hephaestus）的三足鼎那樣……這樣，梭子就會自己編織，撬棍會彈奏豎琴，精湛的工匠將不再需要學徒，主人也不再需要奴隸。」*Aristotle's Politics*, book 7, chap. 9. 「既然前面已經說過，幸福離不開美德，從這些事可以清楚地看出，在治理最完善的城市中……公民不該過著工人或商人的生活方式，因為這種生活方式是卑賤的，有悖於美德。同樣，那些打算成為這種政體公民的人也不該是農民，因為無論是為了培養美德還是進行政治活動，都需要有閒暇。」

452. 原註：Zeyad el Nabolsy, "Aristotle on Natural Slavery: An Analysis Using the Marxist Concept of Ideology," *Science and Society* 83, no. 2 (April 2019) : 250.

453. 原註：William Fortenbaugh, *Aristotle's Practical Side: On his Psychology, Ethics, Politics and Rhetoric* (Leiden, Netherlands: Brill, 2006), 249; Malcolm Heath, "Aristotle on Natural Slavery," *Phronesis* 53, no. 3(2008) : 266.

454. 原註：Sylvia Wynter, "Unsettling the Coloniality of Being/Power/Truth/Freedom: Towards the Human, After Man, Its Overrepresentation—An Argument," *The New Centennial Review* 3, no. 3 (Fall 2003) : 265– 67, 296; Simone de Beauvoir, *The Second Sex* (New York: Vintage, 1989), xxii.

455. 原註：*Aristotle's Politics*, book 1, chap. 13; Frederick A. Ross, "Sermon Delivered in the General Assembly, New York, 1856," *Slavery Ordained of God* (Philadelphia: J. B. Lippincott, 1857), 47.

456. 原註：Zeyad el Nabolsy 認為，這種等級制度表現出他所謂的「原種族化」(proto-racialization)，他承認現代種族概念是後來才出現的，但他發現，亞里斯多德的等級制度幾乎比單純的仇外心理（xenophobia）更接近於現代種族主義，因為它可以方便地為奴役非希臘人的制度「提供理由並使其穩定」。El Nabolsy, "Aristotle on Natural Slavery: An Analysis Using the Marxist Concept of Ideology."

457. 編註：十九世紀時以美國總統安德魯・傑克遜為核心人物，由唯農論者、平民主義者、自由主義者、民族主義者所組成的聯盟，積極鼓吹大眾民主的政治運動。

458. 原註：David R. Roediger and Philip S. Foner, *Our Own Time: A History of American Labor and the Working Day* (New York: Verso, 1989), 21.

459. 原註：Joan-Lluís Marfany, "The Invention of Leisure in Early Modern Europe (Debate)," *Past and Present* 156, no. 1 (August 1997) : 190–91. "Draughts" is another name for checkers; Bagà is a medieval town in Catalonia, Spain. 巴加（Bagà）是西班牙加泰隆尼亞的一個中世紀小鎮。

460. 編註：Ira Steward，一八三一～一八八三，十九 世紀末美國勞工運動的關鍵人物，在傑克森時代成長於波士頓，接受過機械師培訓，也是為人所知的「八小時工作制」的主要倡導者。

461. 原註：Robert H. Zieger, *For Jobs and Freedom: Race and Labor in America since 1865* (Lexington: University Press of Kentucky, 2014), 25.

462. 原註：Quoted in Roediger and Foner, *Our Own Time*, 99.

463. 原註：Quoted in David Roediger, "Ira Steward and the Anti-Slavery Origins of American Eight-Hour Theory," ***Labor History*** 27, no. 3 (1986) : 425.
464. 原註：Roediger and Foner, ***Our Own Time***, 95.
465. 編註：Peter Frase，美國左翼刊物《雅各賓》雜誌的創始人和編輯。
466. 原註：Peter Frase, "Beyond the Welfare State," December 10, 2014, peterfrase.com/2014/12/beyond-the-welfare-state/.
467. 編註：Jefferson Cowie，一九六三～，美國歷史學家，范德比爾特大學（Vanderbilt University）經濟與歷史系主任。
468. 編註：Harvey Keitel，一九三九～，美國著名男演員與電影製片，曾獲奧斯卡和金球獎提名。
469. 原註：***Blue Collar***, directed by Paul Schrader (Universal Pictures, 1978）.
470. 編註：Barbara Luck，美國哲學家、教授，哲學和美學為其主要的研究領域。
471. 原註：Barbara Luck, "The Thing That Is Missed," ***Processed World*** 6 (November 1982) : 49.
472. 原註：出自二〇二一年三月十二日妮姬・佛朗哥與作者的討論。
473. 編註：二〇一七年大西洋颶風季第十五個熱帶氣旋，對波多黎各等多個國家造成嚴重災情。
474. 編註：Mojave Desert，位於美國西南部，南加利福尼亞州東南部的沙漠。
475. 原註：Helen Macdonald, "Eclipse," in ***Vesper Flights*** (New York: Grove, 2020), 80.
476. 編註：San Andreas Fault，位於太平洋板塊和北美洲板塊交界處的錯動性板塊，橫跨美國加利福尼亞州西部和南部，以及墨西哥下加利福尼亞州北部和東部的斷層。
477. 譯註：George Costanza，美國情境喜劇《歡樂單身派對》(Seinfeld）角色。
478. 原註：James Holzhauer (@James_Holzhauer), Twitter post, March 17, 2020, twitter.com/James_Holzhauer/status/1239980923526889473; jello (@JelloMariello), Twitter post, March 28, 2020, twitter.com/JelloMariello/status/1244120759162687490 [user no longer on Twitter]; Seinfeld Current Day (@Seinfeld2000), Twitter post, April 7, 2020, twitter.com/Seinfeld2000/status/1247772104520421377; Mauroy (@_mxuroy), Twitter post, April 9, 2020, twitter.com/_mxuroy/status/1248228948686897152.
479. 編註：Sather Tower，加州大學柏克萊分校內的一座鐘樓，造型類似威尼斯的聖馬可鐘樓，是該校最顯著的標誌。
480. 譯註：gestalt 源自德語，意思是「整體」或「組合」，於二十世紀初由德國心理學家提出——用以說明人類大腦如何解釋肉眼所觀察到的事物，並轉化為我們所認知的物件。
481. 編註：三藩市半島上的最重要州際公路，自達利市以南至庫比蒂諾路段取名為「朱尼佩洛・席拉高速公路」。
482. 譯註：原文如此，應指法文「déjà vu」（既視感、似曾相識、幻覺記憶）。
483. 編註：Saratoga，是美國加州聖克拉拉縣下的一個城市。
484. 原註：Henri Bergson, ***Creative Evolution***, trans. Arthur Mitchell (Lanham, Md.: University Press of America, 1983), 156; Henri Bergson, ***Matter and Memory***, trans. N. M. Paul and W. S. Palmer (Brooklyn, N.Y.: Zone, 1991), 210–11.
485. 原註：Henri Bergson, ***Time and Free Will: An Essay on the Immediate Data of Consciousness***, trans. F. L. Pogson (Mineola, N.Y.: Dover Publications, 2001), 97–101.
486. 原註：Bergson, ***Creative Evolution***, 87–97. 作者們將 élan vital 翻譯為「生命力」，柏格森使用萬花筒比喻來自《物質與記憶》（197）。
487. 原註：John Durham Peters, ***The Marvelous Clouds: Toward a Philosophy of Elemental Media*** (Chicago: University of Chicago Press, 2015), 220.

488. 原註：Carol J. Greenhouse, *A Moment's Notice: Time Politics Across Cultures* (Ithaca, N.Y.: Cornell University Press, 2018), 47.
489. 原註：Kevin K. Birth, *Time Blind: Problems in Perceiving Other Temporalities* (Cham, Switzerland: Palgrave Macmillan, 2017), 21.
490. 編註：Synapse，指神經元之間或神經元與肌細胞、腺體之間通信的特異性接頭。
491. 原註：Tyson Yunkaporta, *Sand Talk: How Indigenous Thinking Can Save the World* (New York: HarperCollins, 2020), chap. 1.
492. 原註：Birth, *Time Blind*, 31.
493. 編註：即網格計算（Grid computing）透過利用大量異構計算機（通常為桌上型電腦）的未用資源（CPU 周期和磁碟儲存），將其做為嵌入在分散式電信基礎設施中的一個虛擬的電腦叢集，為解決大規模的計算問題提供一個模型。
494. 原註：Andrew Alden, emails to author on April 6 and 9 and May 29, 2022. 關於這個海灘的大部分地質細節，都來自我與安德魯・奧爾登（Andrew Alden）的通信，以及他為 KQED 所做的報導。 See Andrew Alden, "Geological Outings Around the Bay: Pebble Beach," KQED, March 3, 2011, kqed.org /quest/19198/geological-outings-around-the-bay-pebble-beach.
495. 編註：radiolaria，一種海中的浮游生物，有如球形對稱，帶有矽殼，殼上有美麗的花紋。
496. 編註：Pleistocene，亦稱洪積世，時間自二百五十八萬八千年前至一萬一千七百年前，為地質時代中新生代第四紀的早期。顯著特徵為氣候變冷、有冰期與間冰期的明顯交替。
497. 編註：Aenocyon dirus，已滅絕的犬科動物，也是北美洲著名的史前肉食動物。
498. 原註：Daniel Potter, "The Bay Area During the Ice Age (Think Saber-Tooth Cats and Mammoths)," KQED, September 24, 2020, kqed.org/news/11839198/the-bay-area-during-the-ice-age-think-saber-tooth-cats-and-mammoths.
499. 原註：Marcia Bjornerud, *Timefulness: How Thinking Like a Geologist Can Help Save the World* (Princeton, N.J.: Princeton University Press, 2018), prologue.
500. 編註：科學史上，發條宇宙把宇宙比喻作機械鐘，它就像一臺完美的機器，一直運轉，而其機器受物理定律控制，從而使機器在各個方面都是可預測的。
501. 編註：牛頓力學／物理學將宇宙的物理物質描述為根據一組固定的定律運行，「桌球」假說則是牛頓物理學的產物，其認為宇宙的基本粒子的運作方式就像撞球桌上滾動的球一樣，以可預測的方式相互移動和撞擊，從而產生可預測的結果。
502. 編註：Alfred North Whitehead，一八六一～一九七四，英國數學家、哲學家，也是歷程哲學學派的奠基者。
503. 原註：在《人類的時間組織》中，艾倫・C・布魯多恩引述了懷海德的觀點，認為「絕對時間和絕對空間一樣，都是形而上學的怪物。」 Bluedorn, *The Human Organization of Time*, 28; see also W. Mays, "Whitehead and the Philosophy of Time," in *The Study of Time*, eds. J. T. Fraser, F. C. Haber, and G. H. Müller (Berlin: Springer, 1972), 358.
504. 原註：Vine Deloria, Jr., *The Metaphysics of Modern Existence* (Golden, Colo.: Fulcrum, 2012), 52.
505. 原註：Vine Deloria, Jr., "Relativity, Relatedness and Reality," *Winds of Change*, Autumn 1992.
506. 原註：Giordano Nanni, *The Colonisation of Time:Ritual, Routine and Resistance in the British Empire* (Manchester, UK: Manchester University Press, 2012), 61.
507. 編註：Kulin，在英國殖民澳洲之前，居住於現墨爾本一帶的原住民族。

508. 原註："Season(n.)," Online Etymology Dictionary, etymonline.com/word/season.
509. 原註：Yunkaporta, ***Sand Talk***, chap. 10.
510. 原註：Deloria, "Relativity, Relatedness and Reality."
511. 原註：Vine Deloria, Jr., and Daniel Wildcat, ***Power and Place: Indian Education in America*** (Golden, Colo.: American Indian Graduate Center and Fulcrum Resources, 2001), 23. 「權力和地位造就個性，這個方程式只代表宇宙是活的，但它也包含了一個非常重要的暗示，即宇宙是個人的，因此必須以個人的方式接近它。」
512. 編註：Yuchi，居住在俄克拉荷馬州的美洲原住民部落，「Yuchi」一詞有「在那裡坐著／住」或「位於那邊」之意。
513. 原註：Daniel R. Wildcat, "Indigenizing the Future: Why We Must Think Spatially in the Twenty-first Century," ***American Studies*** 46, nos. 3/4 (Fall/Winter 2005) : 430.
514. 編註：一種在海岸地形較低陷而且充滿岩石和海水的地方。 當這些地方漲潮時，海水會湧進其間，甚或淹沒在潮水之下；退潮時，殘留在岩石間的潮水形成一個又一個封閉的水池。
515. 原註：Georges Perec, ***Species of Spaces and Other Pieces***, trans. John Sturrock (New York: Penguin Classics, 2008), 210.
516. 原註：Georges Perec, ***La Disparition*** (Paris: Éditions Denoël, 1969）.
517. 原註：Georges Perec, ***An Attempt at Exhausting a Place in Paris***, trans.Marc Lowenthal (Cambridge, Mass.: Wakefield Press, 2010), 3.
518. 譯註：皆為法國十七、十八世紀建築師。
519. 編註：Marc Lowenthal，麻省理工學院出版社資深編輯。
520. 原註：Marc Lowenthal, "Translator's Afterword," in Perec, ***An Attempt at Exhausting a Place in Paris***, 49–50.
521. 原註：Quoted in Jacey Fortin, "The Birds Are Not on Lockdown, and More People Are Watching Them," ***The New York Times***, May 29, 2020, nytimes.com/2020/05/29/science/bird-watching-coronavirus.html.
522. 原註："Birdwatching Surges in Popularity During Covid-19 Pandemic,"CBS Pittsburgh, March 3, 2021; Team eBird, "2020 Year in Review: eBird, Macaulay Library, BirdCast, Merlin, and Birds of the World," eBird blog, December 22, 2020, ebird.org/news/2020-year-in-review.
523. 原註：Jacob Swanson, "Backyard Birds See a Popularity Surge During COVID-19 Pandemic," ***The Herald-Independent and McFarland Thistle***, February 12, 2021, hngnews.com/mcfarland_thistle/article_be9d26f9-8d90-58a8-b7c4-087c1579d473.html.
524. 原註：Marc Devokaitis, "Lots of People Are Discovering the Joy of Birding from Home During Lockdown," All About Birds, June 6, 2020, allaboutbirds.org/news/lots-of-people-are-discovering-the-joy-of-birding-from-home-during-lockdown/.
525. 原註：Gillian Flaccus, "Bird-watching Soars amid COVID-19 as Americans Head Outdoors," Associated Press News, May 2, 2020, apnews.com/article/us-news-ap-top-news-ca-state-wire-or-state-wire-virus-outbreak-94a1ea5938943d8a70fe794e9f629b13.
526. 原註：Team eBird, "Pandemic-Related Changes in Birding May Have Consequences for eBird Research," eBird blog, February 19, 2021, ebird.org/news/pandemic-related-changes-in-birding-may-have-consequences-for-ebird-research; Devokaitis, "Lots of People Are Discovering the Joy of Birding."
527. 原註："Brown Creeper," All About Birds, all aboutbirds.org/guide/Brown_Creeper/.

528. 原註：Kat McGowan, "Meet the Bird Brainiacs: American Crow," ***Audubon***, April 2016, audubon.org/magazine/march-april-2016/meet-bird-brainiacs-american-crow.
529. 編註：Jennifer Ackerman，一九五九～，美國屢獲殊榮的科學作家和演講家。
530. 原註："What the Pacific Wren Hears," BirdNote, October 24, 2021, birdnote.org/listen/shows/what-pacific-wren-hears.
531. 原註：Ackerman, ***The Bird Way***, 322.
532. 原註：Megan Prelinger, email to author, May 11, 2022.
533. 編註：Megan Prelinger，一九六七～，美國文化歷史學家、檔案管理員、舊金山普林格圖書館（Prelinger Library）的共同創始人
534. 原註：Megan Prelinger, "Loons, Space, Time, and Aquatic Adaptability," in ***These Birds of Temptation***, eds. Anna-Sophie Springer and Etienne Turpin (Berlin: K. Verlag, 2022), 258.
535. 原註：院子觀察清單是你在自家院內觀察到的物種清單。
536. 原註："Patch and Yard Lists in eBird," eBird Help Center, support.ebird.org/en/support/solutions/articles/48001049078-patch-and-yard-lists-in-ebird.
537. 編註：Margaret Atwood，一九三九～，加拿大詩人、小說家、文學評論家、作家、教師、環境保護倡議者與發明家。
538. 原註：J. Drew Lanham, "The United State of Birding," ***Audu-bon***, December 19, 2017, audubon.org/news/the-united-state-birding.
539. 編註：植物開裂乾果之一種，由數子房相合而成，內含許多種子，成熟則沿腹縫線或背縫線裂開或孔裂、蓋裂。如百合、罌粟、芝麻等的果實。
540. 原註：Laura Lukes, "The Buckeye," The Real Dirt Blog (University of California Agriculture and Natural Resources), March 22, 2019, ucanr.edu/blogs/blogcore/postdetail.cfm?postnum=29729.
541. 編註：Joe Eaton，美國科普作家、博物學家、自由撰稿人。
542. 原註：Joe Eaton, "Fall of the Buckeye Ball," ***Bay Nature***, October 1, 2008, baynature.org/article/fall-of-the-buckeye-ball/.
543. 編註：barnacle，一種成體不能移動，以濾食海洋浮游生物為生的甲殼類生物。
544. 編註：海岸上，永不停息的海浪日夜沖刷海崖，時間一久，海崖逐漸崩落後退，形成一片平坦岩臺，當地殼抬升或海水面下降而露出海水面，成為平緩而略向海洋傾斜的階地，即是海階。
545. 原註：安德魯・奧爾登告訴我，在寒冷階段期間，海洋退去的時間如果夠長，而正在構造抬升的海階在海洋於溫暖階段返回時已超出海浪覆蓋的範圍，就會出現這種情況。（在寒冷階段，水困於冰川中，海平面會下降。）他也說，人類活動是否中斷了自然的冰川週期，這是一個未解之謎。想進一步認識海階的形成，可參考 Doris Sloan, ***Geology of the San Francisco Bay Region*** (Berkeley: University of California Press, 2006), 18–19.
546. 編註：Potawatomi，居住在北美大平原、密西西比河上游和五大湖西部地區的美洲原住民。
547. 原註：Robin Wall Kimmerer, "The Owner," ***Gathering Moss: A Natural and Cultural History of Mosses*** (Corvallis: Oregon State University Press, 2003), 125–40.
548. 原註：Mark William Westmoreland, "Bergson, Colonialism, and Race," in ***Beyond Bergson: Examining Race and Colonialism Through the Writings of Henri Bergson***, eds. Andrea J. Pitts and Mark William Westmoreland, (Albany: State University of New York Press, 2019), 174–78, 192.
549. 編註：Barbara Ehrenreich，一九四一～二〇二二，美國作家、政治活動家、美國民主社會主義者，求學階段曾攻讀過物理、化學與細胞免疫學等領域。
550. 原註：Barbara Ehrenreich, ***Natural Causes: An Epidemic of Wellness, the Certainty of Dying,***

and Killing Ourselves to Live Longer (New York: Twelve, 2018), 159.
551. 編註：Sylvia Wynter，一九二八～，牙買加小說家、戲劇家、評論家、哲學家和散文家。
552. 編註：Nahua，墨西哥中部使用阿茲特克方言「瓦特爾語」的族群，也是墨西哥最大的美洲原住民族群。
553. 原註：Leticia Gallegos Cázares et al., "Models of Living and Non-Living Beings Among Indigenous Community Children," *Review of Science, Mathematics, and ICT Education* 10, no. 2 (2016) : 10, resmicte.library.upatras.gr/index.php/review/article/viewFile/2710/3052.
554. 原註："Are Rocks Dead or Alive?" Quora, quora.com/Are-rocks-dead-or-alive; 有些答案已經被移除。
555. 編註：真菌和綠藻門或藍綠菌的共生體，呈灰白、暗綠、淡黃、鮮紅等多種顏色，長在乾燥的岩石或樹皮上，可依形態分成枝狀地衣、葉狀地衣與殼狀地衣。
556. 編註：Osage，居住在北美大平原原住民部落，是具有千年歷史的北美洲原住民文化的後裔。
557. 原註：George "Tink" Tinker, "The Stones Shall Cry Out: Consciousness, Rocks, and Indians," *Wicazo Sa Review* 19, no. 2 (January 2004) : 106.
558. 原註：Tinker, "The Stones Shall Cry Out," 106–7.
559. 原註：*inert* 一字來自拉丁語，意思為「不熟練」。
560. 編註：neocortical brain，哺乳動物大腦的一部分，在大腦半球的頂層，大約二～四毫米厚，分為六層，為大腦皮質的一部分。其與一些高等功能如知覺、運動皮層的產生、空間推理、意識及人類語言有關係。
561. 編註：Keith H. Basso，一九四〇～二〇一三，美國的文化和語言人類學家，新墨西哥大學人類學榮譽教授，曾在亞利桑那大學和耶魯大學任教。
562. 原註：Keith H. Basso, *Wisdom Sits in Places: Landscape and Language Among the Western Apache* (Albuquerque: University of New Mexico Press, 1996）.
563. 編註：limbic brain，包括杏仁核、海馬迴、下視丘等，為處理情緒、記憶的中樞，因此也被稱為情緒腦或哺乳動物的腦。由於位在腦幹邊緣，有時也被稱為邊緣系統（limbic system）。
564. 編註：J. Drew Lanham，美國作家、詩人和野生動物生物學家。
565. 原註：J. Drew Lanham, interview with Krista Tippett, *On Being*, podcast audio, January 28, 2021, onbeing.org/programs/drew-lanham-pathfinding-through-the-improbable/.
566. 編註：Adam Waytz，西北大學凱洛格管理學院的教授和心理學家。
567. 編註：Juliana Schroeder，美國行為科學家和學者，加州大學伯克萊分校教授。
568. 編註：Nicholas Empley，芝加哥大學布斯商學院行為科學教授。
569. 原註：Juliana Schroeder, Adam Waytz, and Nicholas Epley, "The Lesser Minds Problem," in *Humanness and Dehumanization*, eds. P. G. Bain, Jeroen Vaes, and Jacques-Philippe Leyens (New York: Psychology Press, 2013), 49–67.
570. 原註：Schroeder, Waytz, and Epley, "The Lesser Minds Problem," 61.
571. 原註：Shonda Rhimes, "Creating Memorable Characters: Part 1," MasterClass, masterclass.com/classes/shonda-rhimes-teaches-writing-for-television.
572. 原註：*Winged Migration*, directed by Jacques Perrin, Jacques Cluzaud, and Michel Debats (BAC Films, 2001), tv.apple.com/us/movie/winged-migration/umc.cmc.6rcayre0fg8ioo1todmagrshm.
573. 編註：Nicole R. Pallotta，動物法律辯護基金的高級政策專案經理。
574. 原註：Nicole R. Pallotta, "Winged Migration (2001） Sony Picture Classics," *Journal for Critical Animal Studies* 7, no. 2 (2009) : 143–50; S. Plous, "Psychological Mechanisms in the Human Use of Animals," *Journal of Social Issues* 49, no. 1 (1993) : 36.

575. 原註：鳥類的導航能力讓我想起柏格森的一個觀點：「與其說動物具有特殊的方向感，倒不如說人類有一種特殊能力，能夠感知或構思沒有特質的空間。」Bergson, *Time and Free Will*, 97.

576. 原註：在二〇一三年關於影響蜂窩石形成因素的研究中，地貌學家托馬斯·R·帕拉迪斯（Thomas R. Paradise）說，「儘管鹽分、礦物溶解度、岩性和微氣候因素的影響仍被認為是至關重要的」，但蜂窩石的形成仍然讓研究者「百思不得其解」，他建議「調查已知影響其形成初期和發展的諸多過程之間的階層關係」，認為每個地方的因素組合可能不同。他還指出，在火星的岩石中也觀察到這樣的地層。Thomas R. Paradise, "Tafoni and Other Rock Basins," in *Treatise on Geomorphology, Volume 4*, ed. John F. Shroder (San Diego, Calif.: Academic Press, 2013), 125.

577. 原註：Experience 源於古法語 *esperience*（「試驗、證明、經歷」），更早源自拉丁語 ex（「出於」）＋ *peritus*（「經驗過、試驗過」）。"Experience (n.)," Online Etymology Dictionary, etymonline.com/word/experience.

578. 原註：Mel Baggs, "In My Language," YouTube video, 8:36, January 14, 2007, youtube.com/watch?v=JnylM1hI2jc. 感謝英迪拉·阿萊格拉（Indira Allegra）與我分享這篇文章。

579. 編註：Ted Chiang，一九六七～，華裔美國科幻小說作家。

580. 原註：Ted Chiang, "The Lifecycle of Software Objects," *Exhalation* (New York: Knopf Doubleday, 2019), 62–172. 特別感謝約書亞·巴特森（Joshua Batson）推薦並借給我這本書。

581. 原註：Wildcat, "Indigenizing the Future," 422–23.

582. 原註：Francis Galton, *Memories of My Life* (New York: E. P. Dutton, 1909), 296.

583. 原註：Bergson, *Time and Free Will*, 129–30.

584. 原註：Yunkaporta, *Sand Talk*, chap. 8.

585. 編註：早期人類學家創造的一個術語，用來指代被歸屬於澳大利亞原住民信仰的宗教文化世界觀。

586. 原註：Achille Mbembe, "The Universal Right to Breathe," trans. Carolyn Shread, *Critical Inquiry* 47 (Winter 2021) : S58–S62.

587. 原註：Cornell Barnard, "Pacifica Home on Edge of Cliff Being Demolished," ABC 7 News, January 10, 2018, abc7news.com/pacifica-house-demolition-cliff-home-red-tagged-esplanade-avenue/2925264/.

588. 原 註：Kevin Levey (@DrStorminSF), "Zero solar radiation getting the surface," Twitter post, September 9, 2020, twitter.com/DrStorminSF/status/1303763688310992896; Lori A. Carter (@loricarter), "Just checked my Tesla solar app," Twitter post, September 9, 2020, twitter.com/loriacarter/status/1303768636268527616.

589. 編註：Bernal Heights，位於加州舊金山東南部，可俯瞰舊金山的天際線。

590. 編註：Transamerica Pyramid，舊金山第二高的摩天大樓，為後現代主義建築。

591. 原註：Elliott Almond, "Red Flag Warning in May? Fire Season Arrives Early in Northern California," *The Mercury News*, May 2, 2021, mercurynews.com/2021/05/02/red-f lag-warning-in-may-fire-season-arrives-early-in-northern-california/.

592. 編註：declinism，一種指涉某個社會或機構正在走向衰落的信念，這種思維方式容易使人們習慣性地將過去美化，認為過去總是比現在好，同時對未來持有悲觀的看法。

593. 原註：Chad T. Hanson, *Smokescreen: Debunking Wildfire Myths to Save Our Forests and Our Climate* (Lexington: University Press of Kentucky, 2021), 55–56.

594. 原註：John McPhee, ***The Control of Nature*** (New York: Farrar, Straus and Giroux, 1989), 208. 麥克菲指出，「從某種意義上說，灌木消耗火不亞於火消耗灌木。」
595. 原註：National Park Service, "Wildland Fire in Lodgepole Pine," nps.gov/articles/wildland-fire-lodgepole-pine.htm; Hanson, ***Smokescreen***, 28. 「枯立木」是指自然分解但並未倒下的枯樹，是許多物種重要的築巢棲息地。
596. 編註：Snag，形成於樹木死亡一定時間後，是森林生態系統的重要碳庫，對森林生態系統碳循環具有重要影響。
597. 原註：Berkeley Center for New Media, "A Conversation on Wildfire Ecologies [with Margo Robbins and Valentin Lopez]," April 21, 2021, bcnm.berkeley.edu/news-research/4485/video-now-online-margo-robbins-valentin-lopez.
598. 編註：Yurok Tribe，居住在加州克拉馬斯河沿岸和太平洋沿岸的原住民。
599. 編註：Stephen J. Pyne，一九四九～，亞利桑那州立大學名譽教授，專門研究環境史、勘探史與火災史。
600. 原註：Stephen Pyne, ***Fire in America: A Cultural History of Wildland and Rural Fire*** (Seattle: University of Washington Press, 1997), 79–80. 在寫到「歐洲人走到哪裡，森林就跟到哪裡」之前，派恩認為，「印第安人占領新大陸的總體結果，是用草地或大草原取代了森林，或者在森林依然存在的地方，清除灌木叢，開闢出空地。」
601. 原註：William G. Robbins and Donald W. Wolf, "Landscape and the Intermontane Northwest: An Environmental History," United States Department of Agriculture, Forest Service, Pacific Northwest Research Station, February 1994.
602. 原註：Berkeley Center for New Media, "A Conversation on Wildfire Ecologies."
603. 編註：Fire regime，指某個地區長期流行的叢林大火和野火的模式、頻率以及強度。
604. 原註：Susie Cagle, "'Fire Is Medicine': The Tribes Burning California Forests to Save Them," ***The Guardian***, November 21, 2019, theguardian.com/us-news/2019/nov/21/wildfire-prescribed-burns-california-native-americans.
605. 原註：Kimberly Johnston-Dodds, "Early California Laws and Policies Related to California Indians," CRB-02-014, September 2002, courts.ca.gov/documents/IB.pdf.
606. 原註："An Act for the Government and Protection of Indians," California State Legislature, §10 (1850), calindianhistory.org/wp-content/uploads/2015/09/04_22_1850_Law.pdf.
607. 原註：Pyne, ***Fire in America***, 100–101.
608. 原註：Martha Henderson et al., "Fire and Society: A Comparative Analysis of Wildfire in Greece and the United States," ***Human Ecology Review*** 12, no. 2 (2005) : 175.
609. 原註：Franklin Hough, ***Report upon Forestry*** (Washington, D.C.: Government Printing Office, 1878), 156.
610. 原註：Char Miller, "Amateur Hour: Nathaniel H. Egleston and Professional Forestry in Post–Civil War America," ***Forest History Today*** (Spring/Fall 2005) : 20–26. Miller's piece includes the full text of Egleston's "What We Owe to the Trees," originally published in ***Harper's New Monthly Magazine*** 46, no. 383 (April 1882) : 675.
611. 原註：Rebecca Miller, "Prescribed Burns in California: A Historical Case Study of the Integration of Scientific Research and Policy," ***Fire*** 3, no. 3 (2020) : 44, mdpi.com/2571-6255/3/3/44/htm#B25-fire-03-00044.
612. 原註：Pyne, ***Fire in America***, 102.
613. 譯註：派尤特（Paiute）為北美洲印第安人中的一族。

614. 編註：Uncle Sam，美國的綽號和擬人化形象，一般被描繪成為穿著馬甲禮服，頭戴星條旗紋樣的高禮帽、身材高瘦、留著山羊鬍、帥氣、精神矍鑠的老人形象。
615. 原註：James Montgomery Flagg, "Your Forests—Your Fault—Your Loss!" (Washington, D.C.: U.S. Government Printing Office, 1939), archive.org/details/CAT31359639/page/n1/mode/2up.
616. 原註：U.S. Department of Agriculture, Forest Service, "Forest Fires Aid the Enemy: Use the Ash Tray," U.S. Government Printing Office, 1943.
617. 譯註：Smokey Bear，美國林業局林火預防運動中的吉祥物。
618. 原註："This Shameful Waste Weakens America!" (Washington, D.C.:U.S. Government Printing Office, 1953), commons.wikimedia.org/wiki/File: SmokeyBearShamefulWaste1953.jpg.
619. 原註："California and the Postwar Suburban Home," Calisphere, University of California Press, calisphere.org/exhibitions/40/california-and-the-postwar-suburban-home/#overview.
620. 原註：我父母租的房子建於一九五二年，是建築師 Cliff May 的代表作，他推廣了「奇蹟之屋」組合屋，該社區的房屋落成時的價格只有八千九百五十美元。
621. 原註：Miller, "Prescribed Burns in California."
622. 編註：Jan W. van Wagtendonk，加州優勝美地國家公園國家公園管理局榮譽研究林務員。
623. 原註：Jan W. van Wagtendonk, "The History and Evolution of Wildland Fire Use," Fire Ecology 3 (2007) : 3, fireecology.springeropen.com/articles/10.4996/fireecology.0302003; Bruce M. Kilgore, "Wildland Fire History—The History of National Park Service Fire Policy," *Interpretation*, Spring 1989, nps.gov/articles/the-history-of-national-park-service-fire-policy.htm; Andrew Avitt, "Tribal and Indigenous Fire Tradition," U.S. Forest Service, November 16, 2021, fs.usda.gov/features/tribal-and-indigenous-heritage; Hilary Beaumont, "New California Law Affirms Indigenous Right to Controlled Burns," Al Jazeera, December 3, 2021, aljazeera.com/news/2021/12/3/new-california-law-affirms-indigenous-right-to-controlled-burns.
624. 編註：Amah Mutsun，加州中部地區的原住民族之一。
625. 編註：Amah Mutsun Land Trust，由阿瑪穆特蘇恩族後裔族人所成立的非營利組織，致力於保護和恢復該族的文化和自然資源。
626. 原註：Lauren Sommer, "As California Megafires Burn, Forest Service Ditches 'Good Fire' Under Political Pressure," KQED, August 10, 2021, kqed.org/science/1976195/as-california-megafires-burn-forest-service-ditches-good-fire-under-political-pressure.
627. 原註：Quoted in Sommer, "As California Megafires Burn, Forest Service Ditches 'Good Fire' Under Political Pressure."
628. 原註：Quoted in Sophie Quinton, "To Control Forest Fires, Western States Light More of Their Own," Pew Stateline, May 16, 2019, pewtrusts.org/en/research-and-analysis/blogs/stateline/2019/05/16/to-control-forest-fires-western-states-light-more-of-their-own.
629. 原註：Doris Sloan, *Geology of the San Francisco Bay Region* (Berkeley: University of California Press, 2006), 260–61.
630. 編註：Big Sur，加州中央海岸自卡梅爾高地（Carmel Highlands）至聖西蒙（San Simeon）的一段多山區域，以景色秀麗聞名。
631. 原註：Christopher Reynolds and Erin B. Logan, "23 Miles of Highway 1 near Big Sur Are Closed. Repairs Will Take Months," *Los Angeles Times*, February 1, 2021, latimes.com/travel/story/2021-02-01/23-miles-highway-1-near-big-sur-close-require-repairs.
632. 原註：Lisa M. Krieger, "Is Big Sur's Highway 1 Worth Saving?" *The Mercury News*, June 3, 2017. 大蘇爾的居民 Kathleen Woods Novoa 是當地部落格的管理員，她在二〇一七年告訴 KQED：「我

們唯一的問題就是它將在哪裡封閉，何時封閉，封閉多久。我們從來不懷疑每個冬天都會有某個地方封閉，事實也確實如此。」

633. 編註：John McPhee，一九三一～，普林斯頓大學費里斯新聞學教授普立茲獎得主、美國作家，被譽為是創意非虛構文學的先驅之一。
634. 編註：San Gabriel Mountains，位於洛杉磯縣北部和聖貝納迪諾縣西部，介於洛杉磯盆地和莫哈維沙漠之間。
635. 原註：McPhee, *The Control of Nature*, 184.
636. 原註：在〈Los Angeles Should Be Buried〉一文中，賈斯汀・諾貝爾（Justin Nobel，美國作家、記者，專注於環境、科學和冒險主題的寫作）提到麥克菲的《自然的控制》一書，並補充說，這座城市「不是建立在好萊塢、柑橘園或石油之上，而是建立在泥土、沙子和礫石之上，大約一百萬到兩百萬年的泥石流層層堆疊，形成一座龐然的沉積堆，在群山環繞下支撐這座城市。問題是，山仍在崩塌，城仍在阻擋。」Justin Nobel, "Los Angeles Should Be Buried," *Nautilus*, June 14, 2019, nautil.us/los-angeles-should-be-buried-2-11054/.
637. 編註：Shields Canyon，美國亞利桑那州的一個峽谷，位於科羅拉多高原的北緣，靠近亞利桑那州北部的佩吉市。
638. 原註：McPhee, *The Control of Nature*, 186.
639. 原註：McPhee, *The Control of Nature*, 203.
640. 編註：Frame Rate，用來描述每秒顯示的影像格數。
641. 原註：Quoted in McPhee, *The Control of Nature*, 255.
642. 原註：McPhee, *The Control of Nature*, 189.
643. 原註：McPhee, *The Control of Nature*, 258.
644. 原註：Henderson et al., "Fire and Society," 169–82.
645. 原註：Victor Steffensen, *Fire Country* (Richmond, Victoria: Hardie Grant Explore, 2020), 38–41.
646. 編註：Paula Gunn Allen，一九三九～二〇〇八，美國詩人、文學評論家、活動家、教授和小說家，寫過大量以美洲原住民和女性主義為主題的散文、故事和詩歌。
647. 原註：Paula Gunn Allen, "IYANI: It Goes This Way," in *The Remembered Earth: An Anthology of Contemporary Native American Literature*, ed. Geary Hobson (Albuquerque: University of New Mexico Press, 1989), 191.
648. 原註：James C. Scott, *Seeing Like a State* (1998; repr. New Haven, Conn.: Yale University Press, 2020), 11–21.
649. 編註：一種有計畫地、週期性地伐木方法。
650. 編註：一種人工製作的鳥類或其他野生動物的棲息地。
651. 編註：Métis，主要分布在草原省（亞伯達省、薩斯喀徹溫省以及曼尼托巴省）、安大略省、英屬哥倫比亞省、西北領地和美國部分區域的一個原住民族群，具有原住民和法裔加拿大人的混合血統。
652. 原註：Zoe Todd, "Indigenizing the Anthropocene," in *Art in the Anthropocene: Encounters Among Aesthetics, Politics, Environments, and Epistemologies*, eds. Heather Davis and Etienne Turpin (London: Open Humanities Press, 2015), 246. 陶德還提到了其他一些進行相關批評的學者，像是胡安妮塔・桑德伯格（Juanita Sundberg）、莎拉・杭特（Sarah Hunt）、扎基亞・伊曼・傑克遜（Zakkiyah Iman Jackson）和凡妮莎・沃茨（Vanessa Watts）。
653. 編註：Daniel Hartley，英國杜倫大學副教授，研究領域是文學風格、「世界文學」和現代性歷史社會學。

654. 原註：Daniel Hartley, "Anthropocene, Capitalocene, and the Problem of Culture," in ***Anthropocene or Capitalocene? Nature, History, and the Crisis of Capitalism***, ed. Jason W. Moore (Oakland, Calif.: PM Press, 2016), 156.

655. 編註：Great Acceleration，指自一九五〇年代中期以來，地球系統中多個關鍵指標顯著加速變化的現象。這些指標包括全球人口增長、經濟活動擴張、城市化進程加快、資源消耗增加、化學物質釋放等，這些變化對地球系統的影響日益顯著，並對生態環境和人類社會產生了深遠的影響。

656. 原註：Hartley, "Anthropocene, Capitalocene, and the Problem of Culture," 157.

657. 編註：Tim Robinson，一九八一～，美國知名喜劇演員，曾獲艾美獎短篇喜劇類最佳男主角獎。

658. 編註：Wiener Hall，劇中的一個橋段，也是熱狗（wiener）的雙關語。

659. 原註：***I Think You Should Leave***, season 1, episode 5, "I'm Wearing One of Their Belts Right Now," directed by Alice Mathias and Akiva Schaffer, released April 23, 2019, on Netflix.

660. 編註：Donald Trump，一九四六～，美國企業家、媒體名人，第四十五任美國總統。

661. 原註："Unsettling the Coloniality of Being/Power/Truth/Freedom: Towards the Human, After Man, Its Overrepresentation—An Argument," ***The New Centennial Review*** 3, no. 3 (Fall 2003) : 265–67.

662. 編註：irrational（非理性）：這指的是完全違背邏輯和理性的思維或行為。subrational（亞理性）：這是一個較為少見的術語，通常用來描述低於理性水平的思維或行為。

663. 編註：Adam Smith，一七二三～一七九〇，十八世紀蘇格蘭哲學家和經濟學家，被認爲是現代經濟學的奠基人之一。

664. 原註："Real Human Being," ***The New Inquiry***, March 12, 2015, thenewinquiry.com/real-human-being/. 瑟琳娜達所指的觀點，可以被描述為社會達爾文主義，儘管帶有「達爾文」，但這個詞常常用來指達爾文之前的思想家，例如一七九八年寫了 ***An Essay on the Principle of Population*** 的 Thomas Malthus。Malthus、亞當·史密斯等人反過來影響了達爾文，尤其在強調競爭方面。Loren Eiseley 研究達爾文的歷史環境時，觀察到「達爾文在《物種起源》中融入了當時代功利主義哲學的強力措辭。」 Loren Eiseley, ***Darwin's Century*** (Garden City, N.Y.: Anchor Books, 1961), 348.

665. 原註：Naomi Klein, ***This Changes Everything: Capitalism vs. The Climate*** (New York: Simon and Schuster, 2014), 169.

666. 原註：Summary: City of Pacifica Beach Blvd. Infrastructure Resiliency Project Public Workshop," Beach Boulevard Infrastructure Resiliency Project, December 3, 2020. Archived: web.archive.org/web/20211111141854/cityofpacifica.org/civicax/filebank/blobdload.aspx?t=66412.89&BlobID=18000.

667. 原註：Pyne, ***Fire in America***, 101.

668. 編註：Kate Aronoff，美國政治經濟學者和記者，專注於環境政策、氣候變遷以及社會經濟公平等領域。

669. 編註：Hudson Institute，美國一所非牟利智庫，全美五大保守派智庫之一。

670. 原註：Kate Aronoff, ***Overheated: How Capitalism Broke the Planet——and How We Fight Back*** (New York: Bold Type, 2021), 133.

671. 編註：Pierre Wack，一九二二～一九九七，著名的企業策略專家，在一九七〇年代初期預見了石油危機的到來，並制定了相應的策略，使得殼牌石油公司能在市場動盪中保持競爭力。

672. 編註：Hank Scorpio，劇中的性格特徵是，表面上是個友善和熱情的人，實際上卻有一些陰暗的計畫和意圖，但如此的反差也為角色增添了不少喜劇效果。

673. 原註：Aronoff, Overheated, 135.
674. 譯註：「全球南方」一詞與地理位置無關，係指那些受到資本主義全球化負面影響的（北方）國家。
675. 原註：Aronoff, *Overheated*, 136.
676. 原註：Aronoff, *Overheated*, 140.
677. 原註：Aronoff, *Overheated*, 136–37; Rebecca Leber, “ExxonMobil Wants You to Feel Responsible for Climate Change so It Doesn’t HaveTo,” *Vox*, May13,2021,vox.com/22429551/climate-change-crisis-exxonmobil-harvard-study.
678. 編註：ExxonMobil，總部位於美國德克薩斯州斯普林的跨國石油、天然氣公司。
679. 原註：Naomi Oreskes and Geoffrey Supran, “Rhetoric and Frame Analysis of ExxonMobil’s Climate Change Communications,” *One Earth* 4, no. 5 (May 2021) : 706–8.
680. 編註：BP plc，前稱英國石油（British Petroleum），世界六大石油公司之一，也是世界前十大私營企業集團之一。
681. 原註：Rebecca Solnit, “Big Oil Coined ‘Carbon Footprints’ to Blame Us for Their Greed. Keep Them on the Hook,” *The Guardian*, August 23, 2021, theguardian.com/commentisfree/2021/aug/23/big-oil-coined-carbon-footprints-to-blame-us-for-their-greed-keep-them-on-the-hook.
682. 原註：Klein, This Changes Everything, 91.
683. 原註：Aronoff, *Overheated*, 8; Douglas Rushkoff, ***Survival of the Richest: Escape Fantasies of the Tech Billionaires*** (New York: W. W. Norton, 2022), chap. 10.
684. 原註：Oreskes and Supran, “Rhetoric and Frame Analysis of ExxonMobil’s Climate Change Communications.”
685. 編註：Jimmy Carter，一九二四～，第三十九任美國總統。
686. 編註：Butt-head，美國動畫《癟四與大頭蛋》（*Beavis and Butt-head*）中的主角「大頭蛋」，是一個愚蠢、喜歡取笑別人的青少年，通常與他的朋友「癟四」（Beavis，比維斯）一起出現。
687. 編註：Wells Fargo，一八五二年成立於美國紐約，是一家多元化金融集團，與摩根大通、美國銀行、花旗集團併同為美國四大銀行之一。
688. 編註：Paris Agreement，由聯合國一百九十五個成員國於二〇一五年十二月十二日在聯合國氣候峰會中通過的氣候協議，藉此取代「京都議定書」，期望能共同遏阻全球暖化趨勢。
689. 原註：*Banking on Climate Change: Fossil Fuel Finance Report 2020*, bankingon climatechaos.org/bankingonclimatechange2020/.
690. 編註：Green New Deal, GND，是美國涉及解決全球暖化和貧富差距等問題的一系列立法方案。
691. 原註：*This Changes Everything*, 119.
692. 原註：Aronoff, *Overheated*, 141.
693. 編註：Hieronymus Bosch，一四五三～一五一六，荷蘭十五至十六世紀作品豐富的畫家，他的多數畫作描繪罪惡與人類道德的沉淪。
694. 編註：vector，又稱歐幾里得向量（Euclidean vector），是同時具有大小和方向，且滿足平行四邊形法則的幾何對象。
695. 編註：shader，一種電腦程式，原本用於進行圖像的濃淡處理，近來也被用於很多不同領域的工作，比如 CG 特效、影片後製等等。
696. 編註：指的是一切事物都處於不斷變化和流動之中，沒有任何東西是固定不變的，而觀一切萬物變化無常，以熄滅自己的貪念，便是「無常觀」。
697. 編註：Thom Davies，英國心理學家、作家，主要從事心理學、哲學以及意識的研究。

698. 原註：Thom Davies, “Slow Violence and Toxic Geographies: ‘Out of Sight’ to Whom?” ***Environment and Planning C: Politics and Space*** 40, no. 2 (April 2019) : 409–27.

699. 譯註：指一八六五年至一八七七年這段期間，當時南北戰爭結束，美國開始處理戰後的社會和建設問題。

700. 編註：指一九八六年四月二十六日，於蘇聯烏克蘭普里比亞特市車諾比核電廠發生的核子反應爐破裂事故。

701. 編註：指二〇一一年三月十一日，由日本東北地方太平洋近海地震和伴隨而來的海嘯，所引發的福島第一核電廠的核事故。

702. 原註：William N. Holden and Shawn J. Marshall, “Climate Change and Typhoons in the Philippines: Extreme Weather Events in the Anthropocene,” in ***Integrating Disaster Science and Management: Global Case Studies in Mitigation and Recovery***, ed. Pijush Samui, Dookie Kim, and Chandan Ghosh (Amsterdam, Netherlands: Elsevier, 2018), 413.「從一九七七年到二〇一四年，登陸南亞的熱帶氣旋強度增加了 12%，另一方面，四級和五級颱風的數量增加了一倍。」作者指出，隨著氣候變化，颱風也夾帶更多的水氣，走不同的軌跡。

703. 原註：Desmond Ng, “Why Manila Is at Risk of Becoming an Underwater City,” Channel News Asia, March 14, 2020, channelnewsasia.com/cnainsider/why-manila-risks-becoming-underwater-city-climate-change-772141.

704. 原註：Farhad Manjoo, “Lovely Weather Defined California. What Happens When It’s Gone?” ***The New York Times***, August 11, 2021,nytimes.com/2021/08/11/opinion/california-climate-change-fires-heat.html.

705. 原註：Martha Fuentes Brian Osgood, “‘What Choice Do We Have?’ US Farm Workers Battle Deadly Heatwave,” Al Jazeera, July 15, 2021, aljazeera.com/economy/2021/7/15/what-choice-do-we-have-us-farm-workers-battle-deadly-heat-wave.

706. 編註：Kathryn Yusoff，英國地理學家，主要研究領域包括人文地理學、環境學，以及氣候變化的社會影響。

707. 原註：Kathryn Yusoff, ***A Billion Black Anthropocenes or None*** (Minneapolis: University of Minnesota Press, 2019), 53.

708. 原註：Quoted in Nadine Anne Hura, “How to Centre Indigenous People in Climate Conversations,” ***The Spinoff***, November 1, 2019, thespinoff.co.nz/atea/01-11-2019/how-to-centre-indigenous-people-in-climate-conversations.

709. 編註：Elissa Washuta，美國原住民作家，作品涵蓋小說、回憶錄以及散文，主題涉及自我探索、族裔身分，以及個人的心理和情感經歷。

710. 原註：Elissa Washuta, “Apocalypse Logic,” ***The Offing***, November 21, 2016, theoffingmag.com/insight/apocalypse-logic/.

711. 編註：Brig Rolph，十九世紀中期的一艘著名商船，專門從事貿易和航行。

712. 編註：San Pedro Point，位於舊金山灣南端的海岸突出部，面向金門海峽和大西洋。

713. 編註：Sea Lions Club，美國的一個社會性和服務性組織，主要集中於社區服務和慈善活動。

714. 編註：Pacifica，加州的城市，位於舊金山半島的西側，面向太平洋，以壯麗的海岸線和自然景觀而聞名。

715. 原註：“Channel Islands National Marine Sanctuary Shipwreck Database” (archived), web.archive.org/web/20090120163755/channelislands.noaa.gov/shipwreck/dbase/mbnms/jamesrolph.html.

716. 原註：Imani Altemus-Williams and Marie Eriel Hobro, "Hawai'i Is Not the Multicultural Paradise Some Say It Is," ***National Geographic***, May 17, 2021, nationalgeographic.com/culture/article/hawaii-not-multicultural-paradise-some-say-it-is.
719. 編註：Ronald T. Takaki，一九三九～二〇〇九，一位著名的美國歷史學家，以其對多元文化和亞洲美國人歷史的研究而聞名。
718. 原註：Ronald T. Takaki, in ***Pau Hana: Plantation Life and Labor in Hawaii, 1835–1920*** (Honolulu: University of Hawai'i Press, 1984), 11–12.
719. 原註：Takaki, ***Pau Hana***, 22.
720. 原註：Takaki, ***Pau Hana***, 21.
721. 原註：Takaki, ***Pau Hana***, 129.
722. 原註：Noel J. Kent, ***Hawaii: Islands Under the Influence*** (Honolulu: University of Hawai'i Press), 80.
723. "He ali'i ka 'āina, he kauwā ke kanaka," hookuaaina.org/he-alii-ka-aina-he-kauwa-ke-kanak. 在附帶的說明影片中，夏威夷族教育人士丹尼爾・埃斯皮里圖（Danielle Espiritu）討論這句話與責任和共同健康的關係：「在我們現在生活的社區中，我們知道我們溪流的健康狀況嗎？它們是否欣欣向榮？……它們是否已被整治和水泥化？我們是否真的與我們的溪流，或我們的高地，或我們的山谷有著積極的關係？還是它們被水泥覆蓋，水連地下都進不去了？」
724. 原註：Deborah Woodcock, "To Restore the Watersheds: Early Twentieth-Century Tree Planting in Hawai'i," ***Annals of the Association of American Geographers*** 93, no. 3 (2003) : 624–26; The Nature Conservancy, ***The Last Stand: The Vanishing Hawaiian Forest***, nature.org/media/hawaii/the-last-stand-hawaiian-forest.pdf. 「雨隨著森林而來」也是一句夏威夷諺語。
725. 原註："Channel Islands National Marine Sanctuary Shipwreck Database"; Paul Slavin, "A Reminder of the Schooner of James Rolph," ***Pacifica***, April 2016, 6.
726. 原註：McPhee, ***The Control of Nature***, 208.
727. 編註：Achafalaya，位於美國路易斯安那州的中南部，密西西比河與紅河的一條支流。
728. 原註：McPhee, ***The Control of Nature***, 24.
729. 原註：Lewis Mumford, ***Technics and Civilization*** (New York: Harcourt, Brace and Company, 1934), 157.
730. 原註：Mumford, ***Technics and Civilization***, 59.
731. 原註：Paul Meier, ***The Changing Energy Mix: A Systematic Comparison of Renewable and Nonrenewable Energy*** (New York: Oxford University Press, 2020), 102.
732. 編註：Mt. Taranaki，位於紐西蘭北島西部塔拉納基地區的一座休火山，最高點海拔二千五百一十八公尺。
733. 原註：Elizabeth Kolbert, "A Lake in Florida Suing to Protect Itself," ***The New Yorker***, April 11, 2022, newyorker.com/magazine/2022/04/18/a-lake-in-florida-suing-to-protect-itself. See also Ashley Westerman, "Should Rivers Have Same Legal Rights as Humans? A Growing Number of Voices Say Yes," NPR, August 3, 2019, npr.org/2019/08/03/740604142/should-rivers-have-same-legal-rights-as-humans-a-growing-number-of-voices-say-yes.
734. 原註：Vine Deloria, Jr., ***The Metaphysics of Modern Existence*** (Golden, Colo.: Fulcrum 2012), 180–81; Tiffany Challe, "The Rights of Nature— Can an Ecosystem Bear Legal Rights?" State of the Planet, Columbia Climate School, April 22, 2021, news.climate.columbia.edu/2021/04/22/

rights-of-nature-lawsuits/; "Tribe Gives Personhood to Klamath River" (interview), ***Weekend Edition***, NPR, September 29, 2019,npr.org/2019/09/29/765480451/tribe-gives-personhood-to-klamath-river.

735. 編註：Klamath River，加州平均流量第二大的河流，流經俄勒岡州和加州北部，最終注入太平洋。
736. 譯註：毛利文化中的大地之母。
737. 原註：Nadine Anne Hura, "Those Riding Shotgun," ***PEN Transmissions***, May 6, 2021, pentransmissions.com/2021/05/06/those-riding-shotgun/.
738. 原 註：Seth Heald, "Climate Silence, Moral Disengagement, and Self-Efficacy: How Albert Bandura's Theories Inform Our Climate-Change Predicament," ***Science and Policy for Sustainable Development*** 59, no. 6 (October 18, 2017) : 4–15.
739. 原註：Ed Yong, ***An Immense World: How Animal Senses Reveal the Hidden Realms Around Us*** (New York: Random House, 2022), 5–6.
740. 編註：Henry Lascelles，一七六七～一八四一，英國國會議員，在一八三三年廢除奴隸制度時，曾因失去二千多位奴隸，而收到來自政府的巨額補償。
741. 原註：S. D. Smith, ***Slavery, Family, and Gentry Capitalism in the British Atlantic: The World of the Lascelles, 1648–1834*** (Cambridge, UK: Cambridge University Press, 2006) , 315.
742. 原註：Washuta, "Apocalypse Logic."
743. 原註：Hélène Cixous, ***Three Steps on the Ladder of Writing*** (New York: Columbia University Press, 1990), 10.
744. 編註：當代華裔美籍詩人，德克薩斯理工大學博士，曾任教於新罕布夏州的新英格蘭學院，目前與其伴侶及一隻巴哥犬居住在紐約的羅徹斯特。
745. 原註：Chen Chen, "When I Grow Up I Want to Be a List of Further Possibilities," from ***When I Grow Up I Want to Be a List of Further Possibilities*** (Rochester, N.Y.: BOA Editions, 2017).
746. 原註："SPN Bookworthy: 'How to Do Nothing: Resisting the Attention Economy' by Jenny Odell," ***Silicon Prairie News***, August 19, 2021, siliconprairienews.com/2021/08/spn-bookworthy-how-to-do-nothing-resisting-the-attention-economy-by-jenny-odell/.
747. 原註："Spain Considers Time Zone Change to Boost Productivity," BBC, September 27, 2013, bbc.com/news/world-europe-24294157. 這位女士名叫洛拉・伊達爾戈・卡勒（Lola Hidalgo Calle），是一位讀者，這是她回答「西班牙應該改變時區嗎？」的答案。
748. 編註：Cynicism，犬儒認為人是理性動物，可以通過嚴格訓練並按照自然來幸福地生活，同時應該屏棄財富、權力、名利等傳統欲望，甚至可以在公共場合公然蔑視傳統規範，轉而追求一種沒有任何財產的簡單生活。
749. 編註：Nihilism，虛無主義拒絕承認某個人事物的存在意義，並且認為想證明它有意義的舉動全是徒勞的，例如人類對客觀、真理、知識、道德、價值觀等概念的看法。
750. 編註：temporal landscapes，一個多學科概念，主要用於描述時間如何在不同層面上塑造空間和經驗。
751. 原註：Allen C. Bluedorn, ***The Human Organization of Time: Temporal Realities and Experience*** (Stanford, Calif.: Stanford University Press, 2002), 255.
752. 原註：Bluedorn, ***The Human Organization of Time***, 249.
753. 編註：Leslie Perlow，哈佛商學院組織行為學系的松下幸之助領導學教授。
754. 原註：Bluedorn, ***The Human Organization of Time***, 232–34.
755. 原註：Bluedorn, ***The Human Organization of Time***, 234.

756. 原註：Bluedorn, *The Human Organization of Time*, 150.
757. 原註：Naomi Klein, *This Changes Everything: Capitalism vs. The Climate* (New York: Simon and Schuster, 2014), 71.
758. 編註：fracking，一種利用加壓液體把基岩地層壓裂的油氣井激勵技術。
759. 編註：Cosmic Day，桑福德・弗萊明致力於為全世界制定一個統一的時間標準，並將其稱之為陸地時間、世界時間或宇宙時間。
760. 編註：Doomsday Clock，一個虛構的時鐘，由美國芝加哥大學的《原子科學家公報》雜誌於一九四七年設立，隱喻不受限制的科學技術發展對人類的威脅。
761. 編註：Banco Santander, S.A.，亦稱西班牙國際銀行，創立於一八五七年，是西班牙最大銀行，歐洲第四大銀行。
762. 原註："BP 3Q 2020 Results Webcast: Q&A Transcript," bp.com, 17, bp.com/content/dam/bp/business-sites/en/global/corporate/pdfs/investors/bp-third-quarter-2020-results-qa-transcript.pdf.
763. 原註：Karl Marx, *Capital* (New York: Penguin, 1990), 1:376.
764. 編註：Dewey Decimal Classification, DDC; Dewey Decimal System，一八七六年由美國圖書館專家麥爾威・杜威（Melvil Dewey）撰寫並出版的圖書分類法。
765. 編註：Lionel Strongfort，一八七八～一九六七，德國健美運動員、摔角手。
766. 原註：William Grossin,"Evolution Technologique, Temps de Travail et Rémunérations [Technological Evolution, Working Time, and Remuneration]," *Information sur les Sciences Sociales* 29 (June 1990) : 357, quoted and trans. in Gabriella Paolucci, "The Changing Dynamics of Working Time," *Time and Society* 5, no. 2 (1996) : 150.
767. 編註：Kathryn Hymes，國際知名的學者和科學家，主要專注於環境科學、地球系統科學以及全球變化。她的研究涵蓋了氣候變化、生態系統服務和人類活動對自然環境的影響等領域。
768. 原註：Kathryn Hymes, "Why We Speak More Weirdly at Home," *The Atlantic*, May 13, 2021, theatlantic.com/family/archive/2021/05/family-secret-language-familect/618871/. 謝謝海倫・謝沃爾夫・曾（Helen Shewolfe Tseng）向我提起這一點。
769. 原註：George R. Knight, *A Brief History of Seventh-day Adventists* (Hagerstown, Md.: Review and Herald Association, 1999), 14–19.
770. 原註：也還有其他基督教派遵守第七日安息日，但基督復臨安息日會是比較著名的例子。
771. 原註：Michael W. Campbell, "Adventist Growth and Change in Asia," *AdventistReview*, March 1, 2018,adventistreview.org/magazine-article/adventist-growth-and-change-in-asia/.
772. 原註：Eviatar Zerubavel, "The Standardization of Time: A Sociohistorical Perspective," *American Journal of Sociology* 88, no. 1 (July 1982) : 18.
773. 編註：Eviatar Zerubavel，一九四八～，羅格斯大學（Rutgers University）社會學教授，認知與日常生活（包括時間、界限和分類）領域的專家。
774. 原註：John R. Hall, *The Ways Out: Utopian Communal Groups in an Age of Babylon* (London: Routledge, 1978), 55.
775. 原註：Michael O'Malley, *Keeping Watch: A History of American Time* (New York: Viking, 1990) , 109.
776. 原註：Chairman Mao Zedong Matt Schiavenza, "China Only Has One Time Zone— And That's a Problem," *The Atlantic*, November 5, 2013 theatlantic.com/china/archive/2013/11/china-only-has-one-time-zone-and-thats-a-problem/281136/.

777. 原註：Ralf Bosen, "Opinion: Hitler Changed the Clocks—Let's Change Them Back," Deutsche Welle, October 27, 2018, dw.com/en/opinion-hitler-changed-the-clocks-lets-change-them-back/a-46060185.
778. 原註：Hitler Lauren Frayer, "Spain Has Been in the 'Wrong' Time Zone for 7 Decades," ***Weekend Edition***, NPR, November 24, 2013, npr.org/sections/parallels/2013/11/30/244995264/spains-been-in-the-wrong-time-zone-for-seven-decades.
779. 原註：Feargus O'Sullivan, "Why Europe Couldn't Stop Daylight Saving Time," ***BloombergCityLab***, March 10, 2021, bloomberg.com/news/articles/2021-03-11/will-daylight-saving-time-ever-end; Zoe Chevalier, "Debate over Daylight Saving Time Drags on in Europe," ABC News, November 6, 2021,abcnews.go.com/International/debate-daylight-saving-time-drags-europe/story?id=80925773.
780. 編註：Michael Downing，一九五八～二〇二一，美國的作家、學者，塔夫茨大學（Tufts University）創意寫作教授。
781. 原註：Michael Downing, ***Spring Forward: The Annual Madness of Daylight Saving*** (Berkeley, Calif.: Counterpoint, 2005), 10–11.
782. 原註：Downing, ***Spring Forward***, 13.
783. 原註：Quoted in Scott Craven and Weldon B. Johnson, "Exchange: Arizonans Have No Use for Daylight Saving Time," ***U.S. News & World Report***, March 13, 2021, usnews.com/news/best-states/arizona/articles/2021-03-13/exchange-arizonans-have-no-use-for-daylight-saving-time.
784. 編註：Navajo，美國西南部的一支原住民族，為北美洲地區現存最大的美洲原住民族群。
785. 原註：例如，請在 Google 地圖或納瓦霍土地局的納瓦霍國邊界地圖（nnld.org/Home/Maps）查看四十號州際公路穿過亞利桑那州的路段。
786. 原註：Barbara Demick, "Clocks Square Off in China's Far West," ***Los Angeles Times***, March 31, 2009, latimes.com/archives/la-xpm-2009-mar-31-fg-china-timezone31-story.html; Gardner Bovingdon, "The Not-So-Silent Majority: Uyghur Resistance to Han Rule in Xinjiang," ***Modern China*** 28, no. 10 (2002) : 58.
787. 原註：Javier C. Hernández, "Rise at 11? China's Single Time Zone Means Keeping Odd Hours," ***The New York Times***, June 16, 2016, nytimes.com/2016/06/17/world/asia/china-single-time-zone.html.
788. 原註：Gary Mao, personal communication, April 4, 2022.
789. 原註："Who Are the Uyghurs and Why Is China Being Accused of Genocide?" BBC News, June 21, 2021, bbc.com/news/world-asia-china-22278037.
790. 原註：Downing, ***Spring Forward***, xviii.
791. 原註：Maya Wang, "'Eradicating Ideological Viruses': China's Campaign of Repression Against Xinjiang's Muslims," Human Rights Watch, September 9, 2018, hrw.org/report/2018/09/09/eradicating-ideological-viruses/chinas-campaign-repression-against-xinjiangs.
792. 原註：Scott, ***Seeing Like a State***, 25.
793. 原註：Scott, ***Seeing Like a State***, 72.
794. 編註：Giordano Nanni，墨爾本大學社會與政治科學學院的榮譽院士。
795. 編註：Richard Elphick，衛斯理大學的歷史學教授。

796. 原註：Quoted in Giordano Nanni, *The Colonisation of Time: Ritual, Routine and Resistance in the British Empire* (Manchester, UK: Manchester University Press, 2012), 179.

797. 編註：Xhosa，主要聚居在南非開普省東部特蘭斯凱與西斯凱的民族。

798. 原註：Robert Godlonton, *A Narrative of the Irruption of the Kafir Hordes into the Eastern Province of the Cape of Good Hope, 1834–35, Compiled from Official Documents and Other Authentic Sources* (Grahamstown, South Africa: 1836), 140.

799. 原註：*The Colonisation of Time*, 174–77.

800. 編註：Bureau of Indian Affairs，簡稱 BIA，為美國內政部下屬的聯邦政府機構，主要管理由美國所信託給美國原住民、部落與阿拉斯加原住民的二十二萬五千平方公里的土地。

801. 原註：John W. Troutman, *Indian Blues: American Indians and the Politics of Music, 1879–1934* (Norman: University of Oklahoma Press, 2009), 51–53.

802. 編註：John Troutman，美國知名策展人和學者，研究專長涵蓋十九世紀末至二十世紀美國流行音樂和鄉土音樂的文化歷史和政治。

803. 編註：Severt Young Bear，一九三一～二〇一六，美國一位著名的波尼部落（Apsáalooke/Crow）詩人和作家。

804. 原註：See the section "Emergence of New Linguistic Forms" in *The Routledge Encyclopedia of the Chinese Language*, ed. Sin-Wai Chan (London: Routledge, 2016), 126–27.

805. 原註：Xiao Qiang, "The Grass-Mud Horse, Online Censorship, and China's National Identity," Berkeley School of Information, December 5, 2012, ischool.berkeley.edu/news/2012/grass-mud-horse-online-censorship-and-chinas-national-identity.

806. 編註：一種特殊的哨子，大部分的人類無法聽見狗哨發出的聲音，但狗和貓能夠聽得見。

807. 原註：James C. Scott, *Domination and the Arts of Resistance* (New Haven, Conn.: Yale University Press, 2008), 27.

808. 編註：「ledger」在會計中指帳簿，是一種用來記錄和跟蹤公司或個人的財務交易的文件或電子系統，此處的「ledger lines」或可表示奴役者在被交易的帳目之間，所衍生的行動與狀態。

809. 編註：J. T. Roane，羅格斯－紐布倫瑞克學院藝術與科學學院地理系助理教授。

810. 原註：J. T. Roane, "Plotting the Black Commons," *Souls* 20, no. 3 (2018) : 242–44. 感謝 J・T・羅恩回應我詢問 BIPOC 作者在共享空間和共用資源的推特貼文。

811. 原註：Roane, "Plotting the Black Commons," 252.

812. 原註：Roane, "Plotting the Black Commons," 244.

813. 編註：Pine Ridge Indian Reservation，美國南達科他州西南部的一處拉科塔奧格拉拉族群（Oglala）的保留地。

814. 編註：Kathleen Pickering，科羅拉多州立大學人類學副教授。

815. 原註：Kathleen Pickering, "Decolonizing Time Regimes: Lakota Conceptions of Work, Economy, and Society," *American Anthropologist* 106, no. 1 (March 2004) : 87.

816. 原註：Pickering, "Decolonizing Time Regimes," 93.

817. 原註：Pickering, "Decolonizing Time Regimes," 92.

818. 原註：Fred Moten, "Come On, Get It!" *The New Inquiry*, February 19, 2018, thenewinquiry.com/come_on_get_it/.

819. 原註：Nanni, *The Colonisation of Time*, 226.

820. 編註：Pitjantjatjara，居住在澳大利亞中部沙漠的原住民。

821. 原註：Miguel A. Bernad,"Filipino Time,"***Budhi: A Journal of Ideas and Culture*** 3, nos. 2–3 (2002) : 211–12. Bernad 不喜歡菲律賓時間，但觀察到「一些菲律賓人實際上以不守時為榮，興高采烈地提起『菲律賓時間』，彷彿這是一件值得吹噓的事」。

822. 原註：Brian Tan, "Why Filipinos Follow Filipino Time," Medium, March 23, 2016, medium.com/@btantheman/why-filipinos-follow-filipino-time-d38e2c162927.

823. 編註：intersubjective world，一個哲學和心理學上的概念，指的是一個由不同個體共同認識和共享的世界。

824. 編註：Meg Onli，一九八三～，非裔美國藝術策展人和作家，現為賓州費城當代藝術學院安德里亞・B・拉波特（Andrea B. Laporte）的副策展人。

825. 原註：***Colored People Time: Mundane Futures, Quotidian Pasts, Banal Presents*** (curatorial text), Institute of Contemporary Art University of Pennsylvania, 2019, icaphila.org/wp-content/uploads/2018/10/Mundane-Futures-No-Bleed.pdf; John Hopkins, "A Look at Indian Time," ***Indian Country Today***, September 13, 2018, indiancountrytoday.com/archive/a-look-at-indian-time.

826. 譯註：美國第一本在全美發行的黑人雜誌，創刊於一九四五年。

827. 原註：Stefano Harney and Fred Moten, ***The Undercommons: Fugitive Planning and Black Study*** (New York: Minor Compositions, 2013), 110.

828. 編註：「零工」（gig）是英語中的的一個俚語，意思是「特定時間的工作」，常用於音樂表演或舞臺表演，在一般的產業中，零工經濟的例子包括自由職業者、獨立承包商、派遣工以及臨時或兼職的企業僱員。

829. 編註：一九三四年西岸碼頭工人罷工事件（1934 West Coast waterfront strike），勞資雙方最終達成和解，而罷工的結果是美國西海岸所有港口都成立了工會。

830. 原註：Mehmet Bayram at "The Gig Economy, AI, Robotics, Workers, and Dystopia San Francisco," ILWU Local 24 Hall, San Francisco, July 10, 2019.

831. 編註：Federal Reserve System，簡稱 FRS，依據美國國會通過的一九一三年《聯邦準備法案》而創設的美國中央銀行體系。

832. 編註：Crocker National Bank ，加州一間知名的銀行，於一八七〇年由威廉・克羅克（William Crocker）和其他幾位企業家創立，但在一九八六年被富國銀行（Wells Fargo Bank）收購合併。

833. 原註：Chris Carlsson (former editor of ***Processed World***), emails to author, February 4 and July 2, 2022. 有興趣的人可以在 Internet Archive 的網站上找到《加工世界》的全部庫存頁面，網址為 archive.org/details/processedworld。

834. 原註："BFB: Can Modern Technology Improve the Human Brain?" ***Processed World*** 6 (November 1982) : 34.

835. 原註："Not Just Words, Disinformation," ***Processed World*** 5 (July 1982) : 34.

836. 原註："Awarded to Gidgit Digit for Outstanding Service to the Bank—1982," ***Processed Word*** 5 (July 1982) : 18. 在這期雜誌的其他地方，這個名字被拼為 Gidget Digit。兩種拼法都是 Stephanie Klein 的化名。

837. 原註："Labor Theory of Value?" ***Processed World*** 2 (July 1981) : 34.

838. 原註：***Bad Attitude: The Processed World Anthology***, eds. Chris Carlsson and Mark Leger (New York: Verso, 1990), 7.

839. 編註：一種指數化的計數器，最早由美國的工程師和發明家霍華・休斯（Howard Hughes）和他的團隊於一九五〇年代開發，這種裝置的主要功能是用來精確地計數和記錄數字。其名稱「Gidgit Digit」源於「gadget」（小裝置）和「digit」（數字）的組合，反映了其功能和設計的特點。

840. 原註：Gidgit Digit, "Sabotage! The Ultimate Video Game," ***Processed World*** 5 (July 1982) : 25.

841. 原註：一位讀者特別懇求《加工世界》注意，「不要把你們的關注集中在『少數族群』，只關注年輕人、白人和『時髦人士』。」***Processed World*** 6 (November 1982) : 6.

842. 譯註：Jehoshaphat，古代西亞國家猶大王國的君主。

843. 原註：Letter to the editor, ***Processed World*** 2 (July 1981) : 5.

844. 原註：Letter to the editor, ***Processed World*** 6 (November 1982) : 10.

845. 編註：Printed Circuit Board，用一塊基板＋絕緣＋銅箔構成的電路基板，然後用印刷與蝕刻的製程製造成電路，因此又稱它為「印刷電路板」或「電路板」。

846. 原註：Letter to the editor, ***Processed World*** 11 (August 1984) : 6–7.

847. 原註：Arianna Tassinari and Vincenzo Maccarrone, "Riders on the Storm: Workplace Solidarity Among Gig Economy Couriers in Italy and the UK," ***Work, Employment and Society*** 34, no. 1 (February 2020) : 45.

848. 原註：Emily Reid-Musson, Ellen MacEachen, and Emma Bartel, "'Don't Take a Poo!': Worker Misbehaviour in On-Demand Ride-Hail Carpooling," ***New Technology, Work and Employment*** 35, no. 2 (July 2020) : 153, 156.

849. 原註：Russell Brandom, "The Human Cost of Instacart's Grocery Delivery," The Verge, May 26, 2020, theverge.com/21267669/instacart-shoppers-sick-extended-pay-quarantine-leave-coronavirus.

850. 原註：A. J. Wood, V. Lehdonvirta, and M. Graham, "Workers of the Internet Unite? Online Freelancer Organisation Among Remote Gig Economy Workers in Six Asian and African Countries," ***New Technology, Work and Employment*** 33 (2018) : 105.

851. 原註："Gig Workers of the World Are Uniting," ***The Nation***, June 1, 2021, thenation.com/article/activism/global-gig-worker-organizing/.

852. 編註：將一個整體或系統分解成更小、基本的單位或部分的過程。

853. 編註：Oli Mold，英國倫敦大學皇家霍洛威學院人文地理學教授，研究與寫作重心是關注城市創造力、行動主義和政治的作用。

854. 原註：Oli Mould, ***Against Creativity*** (London: Verso, 2018), 50.

855. 原註：Harry Braverman, ***Labor and Monopoly Capital: The Degradation of Work in the Twentieth Century*** (New York: Monthly Review, 1998), 188–96.

856. 原註：Louron Pratt, "Awin to Introduce Four-Day Working Week," Employee Benefits, December 15, 2020, employeebenefits.co.uk/awin-four-day-working-week/. See also Perpetual Guardian, "We Are Taking the 4 Day Week Global," 4dayweek.com/; and Carolyn Fairbairn quoted in Larry Elliott, "John McDonnell Pledges Shorter Working Week and No Loss of Pay," ***The Guardian***,September 23, 2019, theguardian.com/politics/2019/sep/23/john-mcdonnell-pledges-shorter-working-week-and-no-loss-of-pay.

857. 原註：Braverman, ***Labor and Monopoly Capital***, 26–27.

858. 編註：Mr. Burns，一位虛構的反派角色，經營核電廠，並經常壓榨員工。
859. 編註：the language of the bottom line，意指以經濟效益、盈利或成本效益為核心的直白溝通方式。
860. 原註：Digit, "Sabotage! The Ultimate Video Game," 25.
861. 原註：Harney and Moten, *The Undercommons*, 52.
862. 編註：Carole McGranahan ，科羅拉多大學博爾德分校（University of Colorado Boulder）人類學系教授。
863. 原註：Carole McGranahan, "Theorizing Refusal: An Intro-duction," *Cultural Anthropology* 31, no. 3 (2016) : 319.
864. 編註：Gene Sharp，一九二八～二〇一八，美國哲學、政治學和社會學學者，在西方國家享有「非暴力抵抗的教父」和「非暴力戰爭的克勞塞維茨」之名，又有「非暴力抗爭理論大師」之稱。
865. 編註：Michelle Caswell，加州大學洛杉磯分校資訊研究系檔案研究副教授。
866. 編註：Marilyn Waring，一九五二～，紐西蘭公共政策學者、國際發展顧問、前政治家、環保主義者、女性主義者和女性主義經濟學的主要創始人。
867. 原註：這本書也以 *Counting for Nothing: What Men Value and What Women Are Worth* 的標題出版。
868. 編註：Terre Nash，一九四九～，加拿大電影導演，曾經榮獲奧斯卡最佳紀錄片獎（短片）。
869. 編註：Margaret Prescod，作家、記者和電臺主持人，也是反擊連環謀殺案的黑人聯盟（The Black Alliance）的創始人。
870. 編註：Wilmette Brown，加拿大的紀錄片導演和製片人。
871. 編註：Silvia Federici，一九四二～，義大利裔美國學者，紐約州霍夫斯特拉大學的榮譽教授和助教，並曾擔任該大學的社會科學教授。
872. 編註：Selma James，一九三〇～，美國作家、女性主義者和社會活動家。
873. 原註：Camila Valle and Selma James, "Real Theory Is in What You Do and How You Do It," Verso Blog, January 11, 2021, versobooks.com/blogs/4962-real-theory-is-in-what-you-do-and-how-you-do-it.
874. 原註：Johnnie Tillmon, "Welfare as a Women's Issue," in *Major Problems in American Urban History*, ed. Howard P. Chudacoff, (Lexington, Mass.: D.C. Heath, 1994), 426–29. 原註：Tillmon 在一九七二年撰寫這篇文章時，是美國全國福利權利組織的主席。
875. 原註：Mariarosa Dalla Costa and Selma James, *The Power of Women and Subversion of the Community* (London: Falling Wall Press, 1972), 41.
876. 原註：Dalla Costa and James, *The Power of Women and Subversion of the Community*, 28.
877. 原註："Video: 'Sex, Race and Class'—Extended Interview with Selma James on Her Six Decades of Activism," Democracy Now!, April 18, 2012, democracynow.org/2012/4/18/video_sex_race_and_class_extended_interview_with_selma_james_on_her_six_decades_of_activism.
878. 原註：Dalla Costa and James, *The Power of Women and Subversion of the Community*, 11; 強調語氣為原文所添加。
879. 原註：在一九七二年，在曼徹斯特舉行的全國婦女解放運動大會上，詹姆斯提出了「家務有給」的概念，並提出保障收入的要求，「無論男女、工作或不工作、結婚或未婚」。Selma James, *Women, the Unions, and Work—Or . . . What Is Not to Be Done, and the Perspective of Winning* (London: Falling Wall Press, 1976), 67–69.

880. 原註：Dalla Costa and James, *The Power of Women and Subversion of the Community*, 40.
881. 原註：Kathi Weeks, *The Problem with Work: Feminism, Marxism, Antiwork Politics, and Postwork Imaginaries* (Durham, N.C.: Duke University Press, 2011), 131–36.
882. 原註：Dalla Costa and James, *The Power of Women and Subversion of the Community*, 40.
883. 原註：Weeks, *The Problem with Work*, 145.
884. 原註：Selma James, "I Founded the Wages for Housework Campaign in 1972—and Women Are Still Working for Free," *The Independent*, March 8, 2020, independent.co.uk/voices/international-womens-day-wages-housework-care-selma-james-a9385351.html.
885. 原註：Chris Carlsson, "What Do San Franciscans Do All Day? Information Work," FoundSF, foundsf.org/index.php?title=WHAT_DO_SAN_FRANCISCANS_DO_ALL_DAY%3F_Information_Work; Chris Carlsson and Mark Leger, eds., *Bad Attitude: The Processed World Anthology*, 8.
886. 原註："Another Day at the Office: What Have We Lost?" *Processed World* 6 (November 1982) : 32–33.
887. 原註：J. C., letter to the editor, *Processed World* 7 (Spring 1983) : 10.
888. 原註："*Dear PW*" J. Gulesian, letter to the editor, *Processed World* 5 (July 1982) : 8.
889. 原註：Walter E. Wallis, letter to the editor, *Processed World* 5 (July 1982) : 5–8. 麥克森（Michaelson）對這封信的回覆是我在序言和本章中使用的「齊步走向深淵」這句話的來源。
890. 原註：GWS 近期活動包括支持「護理收入」提議（歐洲綠色新政的一部分），在二〇二〇年美國大選期間，發起「護理人員選舉行動」（Election Action for Caregivers），並與「窮人運動」（Poor People's Campaign）合作。
891. 原註："Video: 'Sex, Race and Class.'"
892. 原註：Ivan Illich, *The Right to Useful Unemployment and Its Professional Enemies* (London: Marion Boyars, 1978), 26.
893. 編註：Rebecca Solnit，一九六一～，美國作家，撰寫過女性主義、環境、政治、地方和藝術等主題。
894. 編註：Hank Williams，一九二三～一九五三，美國知名鄉村音樂、藍調、酒吧爵士樂創作歌手。
895. 原註：A. J. Ravenelle, K. C. Kowalski, and E. Janko, "The Side Hustle Safety Net: Precarious Workers and Gig Work During Covid-19," *Sociological Perspectives* (June 2021) : 10.
896. 原註：Richard Sennett, *The Corrosion of Character: The Personal Consequences of Work in the New Capitalism* (New York: W. W. Norton, 1998), 43.
897. 編註：猶太人中精通《塔納赫》、《塔木德》的精神領袖、宗教導師。
898. 編註：Abraham Joshua Heschel，一九〇七～一九七二，二十世紀最著名的猶太拉比，美國猶太神學院的猶太神秘主義教授，撰寫了許多廣為流傳的猶太哲學書籍，也是民權運動的領導者。
899. 原註：Abraham Joshua Heschel, *The Sabbath: Its Meaning for Modern Man* (New York: Farrar, Straus and Giroux, 2005), 14–15.
900. 原註：Barbara Adam, *Timewatch* (Cambridge, UK: Polity, 1995), chap. 1.
901. 原註：Hartmut Rosa, *Resonance: A Sociology of Our Relationship to the World*, trans. James C. Wagner (Cambridge, UK: Polity, 2019), chap. 6.
902. 編註："Signed, Sealed, Delivered"，美國盲人歌手史提夫・汪達（Stevie Wonder，一九五〇～）的音樂專輯。

903. 編註：Pilates，一種整合有氧、柔軟度與肌肉伸展的運動。

904. 原註："The Magic Thread," in ***Magic Fairy Stories from Many Lands***, ed. Susan Taylor (New York: Gallery, 1974), 123–38. 特別感謝我的母親把這本書挖出來。

905. 原註：Kevin Kruse, ***15 Secrets Successful People Know About Time Management: The Productivity Habits of 7 Billionaires, 13 Olympic Athletes, 29 Straight-A Students, and 293 Entrepreneurs*** (Philadelphia: Kruse Group, 2015), chap. 1.

906. 原註：Oliver Burkeman, "Why Time Management Is Ruining Our Lives," ***The Guardian***, December 22, 2016, theguardian.com/technology/2016/dec/22/why-time-management-is-ruining-our-lives.

907. 原註："When Will I Die?—Calculator," apps.apple.com/us/app/when-will-i-die-calculator/id1236569653.

908. 原註：Alex Galley, "Your Auto Insurer Wants to Ride Shotgun With You. Are the Savings Worth It?" ***Time***, April 26, 2021, time.com/nextadvisor/insurance/car/telematics-monitor-driving-insurance-discount/; "Beam Dental Blog: Group-Life-Benefits," blog.beam.dental/tag/group-life-benefits.「Beam Perks」在頁面底部以小號字體說明。

909. 原註：Barbara Ehrenreich, ***Natural Causes: An Epidemic of Wellness, The Certainty of Dying, and Killing Ourselves to Live Longer*** (New York: Twelve, 2019), 111.

910. 原註：Ehrenreich, ***Natural*** Causes, 164–65.

911. 編註：Preliminary SAT，即美國廣泛用於大學入學的標準化考試「SAT」的模擬考試。

912. 原註：Alison Kafer, ***Feminist, Queer, Crip*** (Bloomington: Indiana University Press, 2013), 26–27. See also Ellen Samuels's "Six Ways of Looking at Crip Time," in ***Disability Visibility*** (New York: Vintage, 2020), 189–96.

913. 原註：Sara Hendren, ***What Can a Body Do? How We Meet the Built Environment*** (New York: Riverhead, 2020), 117.

914. 編註：Down syndrome，也稱為「21 三體症候群」，是由於存在額外的第三條 21 號染色體（正常為兩條）或其一部分而引起的一種遺傳性疾病，通常會伴隨身體發育遲緩、輕度至中度智力障礙和典型的面部特徵。患有唐氏症的年輕人的平均智商為 50，相當於八～九歲兒童的心智能力，但具體情況差異很大。

915. 原註：Hendren, ***What Can a Body Do?***, 173.

916. 原註：Hendren, ***What Can a Body Do?***, 181.

917. 原註：Hendren, ***What Can a Body Do?***, 180.

918. 原註：Hendren, ***What Can a Body Do?***, 180.

919. 原註：Hendren, ***What Can a Body Do?***, 172.

920. 原註：Hendren, ***What Can a Body Do?***, 167.

921. 編註：transhumanists，或譯超人類主義，一個國際性的文化智力運動，支持使用科學技術來增強精神、體力、能力和資質，並用來克服人類不需要或不必要的狀態，比如殘疾、疾病、痛苦、老化和偶然死亡。

922. 編註：futurists，發端於二十世紀的藝術流派，以對未來、工業、科技等意象的狂熱激情著稱。

923. 原註：***Fixed: The Science/Fiction of Human Enhancement, directed by Regan Brashear*** (New Day Films, 2014), fixed.vhx.tv/.

924. 原註：Ed Yong, "Our Pandemic Summer," ***The Atlantic***, April 14, 2020, theatlantic.com/health/archive/2020/04/pandemic-summer-coronavirus-reopening-back-normal/609940/.

925. 原註：身心障礙組織者、作家和社工 K・阿格貝比伊（K. Agbebiyi）呼籲為身心障礙工作者提供無限制的有薪假。See prismreports.org/2022/02/08/unlimited-paid-time-off-is-a-disability-justice-issue-that-needs-to-be-taken-seriously/.
926. 原註：感謝史蒂芬允許我分享這個故事。
927. 編註：Peter Handke，一九四二～，奧地利作家，二〇一九年獲得諾貝爾文學獎。
928. 原註：Byung-Chul Han, *The Burnout Society* (Stanford, Calif.: Stanford University Press, 2015), 31–33.
929. 原註："Cedar Waxwing," All About Birds, allabout birds.org/guide/Cedar_Waxwing/overview.
930. 原註：Quoted in Hendren, *What Can a Body Do?*, 127.
931. 原註：Mia Birdsong, *How We Show Up* (New York: Hachette, 2020), chap. 1.
932. 原註：B. J. Miller, "What Is Death?" *The New York Times*, December 18, 2020, nytimes.com/2020/12/18/opinion/sunday/coronavirus-death.html.
933. 原註："The Chinese Workers' Strike," *American Experience*, PBS, pbs.org/wgbh/americanexperience/features/tcrr-chinese-workers-strike/.
934. 原註：Carolyn Jones, "Oakland Strangers' Plot Full of Mysteries," SFGate, January 24, 2011,sfgate.com/bayarea/article/Oakland-Strangers-Plot-full-of-mysteries-2478631.php. 這篇文章指出，其中二十二具屍體來自一八八〇年柏克萊一家炸藥廠（Giant Powder）的爆炸事故，該工廠以「礦工之友」推銷其生產的炸藥，還推薦用於爆破鐵路隧道。Andrew Mangravite, "Meeting the Miner's Friend," Science History Institute, May 1, 2013, sciencehistory.org/distillations/meeting-the-miners-friend.
935. 編註：Orlando Patterson，一九四〇～，牙買加裔美國歷史學家和社會學家，哈佛大學約翰・考爾斯社會學教授。
936. 編註：Sharon P. Holland，杜克大學美國文學與文化研究教授。
937. 原註：Sharon P. Holland, *Raising the Dead: Readings of Death and (Black) Subjectivity* (Durham, N.C.: Duke University Press, 2000), 18.
938. 譯註：bell hooks，一九五二～二〇二一，本名「格洛麗亞・簡・沃特金斯」（Gloria Jean Watkins），美國女權活動者、作家，「Bell Hooks」原為她的外曾祖母的名字，她將筆名用作小寫作為區分，也藉此希望人們把注意力放在作品而不是她個人身上。
939. 原註：Quoted in Holland, *Raising the Dead*, 28.
940. 原註："Trends in U.S. Corrections," The Sentencing Project, May 2021, sentencingproject.org/wp-content/uploads/2021/07/Trends-in-US-Corrections.pdf.
941. 編註：Angela Y. Davis，一九四四～，美國政治活動家、學者和作家。
942. 原註：Angela Y. Davis, *Are Prisons Obsolete?* (New York: Seven Stories Press, 2011), 38–39.
943. 原註：Lilah Burke, "After the Pell Ban," *Inside Higher Ed, January* 27, 2021, insidehighered.com/news/2021/01/27/pell-grants-restored-people-prison-eyes-turn-assuring-quality. 在這篇文章中，監獄高等教育聯盟（Alliance for Higher Education in Prison）理事瑪麗・吉爾德（Mary Gould）提到了確保監獄高等教育品質的挑戰、確保囚犯不會被機構單純當作收入來源加以利用的難題，她還警告說，不應將監獄教育當成單純的矯正措施，這麼做有一些缺點，包括機會僅限於有獲釋機會的人。
944. 編註：Marist College，美國紐約的一所私立文理學院，成立於一九二九年，以其在學術卓越、學生支援和社區參與方面的優勢而聞名。

945. 原註：Angela Y. Davis, A*re Prisons Obsolete?*, 84–104.
946. 編註：Jonathan Simon，美國學者，蘭斯・羅賓斯（Lance Robbins）刑事司法法學教授。
947. 原註：Jonathan Simon, ***Governing Through Crime: How the War on Crime Transformed American Democracy and Created a Culture of Fear*** (Oxford, UK: Oxford University Press, 2007), 142.
948. 原註：Nina Totenberg, "High Court Rules Calif. Must Cut Prison Population," ***All Things Considered***, NPR, May 23, 2011, npr.org/2011/05/23/136579580/california-is-ordered-to-cut-its-prison-population; Jazmin Ulloa, "Despite an Emphasis on Inmate Rehab, California Recidivism Rate Is 'Stubbornly High,'" ***Los Angeles Times***, January 31, 2019, latimes.com/politics/la-pol-ca-prison-rehabilitation-programs-audit-20190131-story.html.
949. 原註：Simon, ***Governing Through Crime***, 141–76.
950. 原註：Ashley Nellis, "No End in Sight: America's Enduring Reliance on Life Imprisonment," The Sentencing Project, February 17, 2021, sentencingproject.org/publications/no-end-in-sight-americas-enduring-reliance-on-life-imprisonment/.
951. 編註：Ashley Nellis，「美國刑罰學會」（The Sentencing Project）的高級研究員。她的研究專注於刑事司法系統中的種族和社會不平等，特別是關於終身監禁和刑事司法改革的議題。
952. 原註：Ashley Nellis, "A New Lease on Life," The Sentencing Project, June 30, 2021, sentencingproject.org/publications/a-new-lease-on-life/.
953. 編註：Pendarvis Harshaw，美國作家、記者和社會評論員。
954. 編註：Brandon Tauszik，美國攝影師和記者，以對社會和文化問題的深入報導而聞名。
955. 原註：Pendarvis Harshaw and Brandon Tauszik, "Lynn Acosta," in ***Facing Life: Eight Stories of Life After Life in California's Prisons***, facing.life.
956. 原註：Maurice Chammah, "Do You Age Fasterin Prison?" The Marshall Project, August 24, 2015, themarshallproject.org/2015/08/24/do-you-age-faster-in-prison.
957. 編註：Jackie Wang，美國作家、詩人、學者，以其在刑事司法改革、社會理論和政治經濟學方面的研究而聞名。
958. 原註：Jackie Wang, ***Carceral Capitalism*** (South Pasadena, Calif.: Semiotext(e), 2018), 218.
959. 編註：Garrett Bradley，一九八六～，美國電影製片人、導演。
960. 原註：***Time***, directed by Garrett Bradley (Amazon Studios, 2020), amazon.com/Time-Fox-Rich/dp/B08J7DDGJY.
961. 編註：Ismail Muhammad，美國作家、評論人，擔任《The Believer》的評論編輯和《*ZYZZYVA*》的特約編輯，作品散見《紐約時報》、《*Slate*》、《圖書論壇》和《洛杉磯書評》等媒體。
962. 原註：Ismail Muhammad, "A Filmmaker Who Sees Prison Life with Love and Complexity," ***The New York Times***, October 6, 2020, nytimes.com/2020/10/06/magazine/time-prison-documentary-garrett-bradley.html. 246 "Never think or believe" Joshua M. Price, Prison and Social Death (New Bruns-wick, N.J.: Rutgers University Press, 2015), chap. 8.
963. 編註：Joshua Price，多倫多城市大學犯罪學教授。
964. 原註：Price, ***Prison and Social Death***, chap. 8.
965. 原註：Romina Ruiz-Goiriena, "Exclusive: HUD Unveils Plan to Help People with a Criminal Record Find a Place to Live," ***USA Today***, April 12, 2022, usatoday.com/story/news/nation/2022/04/12/can-get-housing-felony-hud-says-yes/9510564002/; "Federal Financial Aid for College Students with Criminal Convictions: A Timeline," Center for American Progress, December 17, 2020,

americanprogress.org/article/federal-financial-aid-college-students-criminal-convictions/; Claire Child and Stephanie Clark, "Op-ed: End the Lifetime Ban on SNAP for Felony Drug Convictions," Civil Eats, March 18, 2022, civileats.com/2022/03/18/op-ed-end-the-lifetime-ban-on-snap-for-felony-drug-convictions/.

966. 編註：Patricia Williams，哥倫比亞法學院詹姆斯・L・多爾（James L. Dohr）榮譽法學教授。

967. 原註：Patricia Williams, ***The Alchemy of Race and Rights: Diary of a Law Professor*** (Cambridge, Mass.: Harvard University Press, 1991), 73.

968. 原註：Price, ***Prison and Social Death***, chap. 8.

969. 原註：Rikers Island Richard Schiffman, "The Secret Jailhouse Garden of Rikers Island," ***The New York Times***, October 4, 2019, nytimes.com/2019/10/04/nyregion/garden-rikers-island.html.

970. 編註：Viktor Frankl，一九〇五～一九九七，奧地利神經學家、精神病學家。

971. 原註：Viktor Frankl, "Self-Transcendence as a Human Phenomenon," ***Journal of Humanistic Psychology*** 6, no. 2 (1966) : 97.

972. 原註：Comment by "The Dodger" on Tom Jackman, "Study: 1 in 7 U.S. Prisoners Is Serving Life, and Two-thirds of Those Are People of Color," ***The Washington Post***, March 2, 2021, washingtonpost.com/nation/2021/03/02/life-sentences-growing/.

973. 原註：Ta-Nehisi Coates, ***Between the World and Me*** (New York: Spiegel and Grau, 2015), 91.

974. 編註：in group，指個體認為自己是其一員的社會群體，類似概念如「小圈子」或「自己人」。

975. 編註：out group，指個人所屬團體以外的其他社會群體。

976. 編註：Divine Light Mission，由印度宗教領袖漢斯・拉姆・辛格・拉瓦特（Hans Ji Maharaj）於一九六〇年為其在印度北部的追隨者創立的組織。

977. 原註：Marc Galanter, ***Cults: Faith, Healing, and Coercion*** (Oxford, UK: Oxford University Press, 1999), 25–26.

978. 原註：Michael Kranish and Marc Fisher, ***Trump Revealed: The Definitive Biography of the 45th President*** (New York: Scribner, 2017), 181.

979. 原註：Hendren, ***What Can a Body Do?***, 245.

980. 編註：Black Panther Party，簡稱 BPP，存在於一九六六～一九八二年間，由非裔美國人組成的黑人民族主義和共產主義政黨。

981. 原註：Albert Woodfox, ***Solitary: Unbroken by Four Decades in Solitary Confinement, My Story of Transformation and Hope*** (New York: Grove Atlantic, 2019), 408.

982. 原註：Woodfox, ***Solitary***, 409.

983. 編註：Frantz Fanon，一九二五～一九六一，法國作家、散文家、心理分析學家、革命家，也是二十世紀研究「非殖民化」和「殖民主義的精神病理學」最有影響力的思想家之一。

984. 原註：Quoted in Woodfox, ***Solitary***, 407.

985. 原註：Juliana Schroeder, Adam Waytz, and Nicholas Epley, "The Lesser Minds Problem," in ***Humanness and Dehumanization***, eds. P. G. Bain, J. Vaes and J.-P. Leyens (New York: Psychology Press, 2014), 59–60.

986. 原註：***Seven Up!*** directed by Paul Almond (ITV [Granada Television], 1964) ; ***7 Plus Seven***, directed by Michael Apted (ITV [Granada Television], 1970) ; ***21 Up***, directed by Michael Apted (ITV [Granada Television], 1977) ; ***28 Up***, directed by Michael Apted (ITV [Granada Television], 1984) ; ***35 Up***, directed by Michael Apted (ITV [Granada Television], 1991) ; ***42 Up***, directed by Michael Apted (BBC, 1998) ; ***49 Up***, directed by Michael Apted (ITV, 2005) ; ***56 Up***, directed by Michael Apted (ITV, 2012) ; ***63 Up***, directed by Michael Apted (ITV, 2019).

987. 編註：Michael David Apted，一九四一～二〇二一，英國導演、製片人、編劇和演員。
988. 原註：Gideon Lewis-Kraus, "Does Who You Are at 7 Determine Who You Are at 63?" *The New York Times*, November 27, 2019, nytimes.com/2019/11/27/magazine/63-up-michael-apted.html.
989. 原註：Joe Coscarelli, "What Happens Now to Michael Apted's Lifelong Project 'Up'?" *The New York Times*, January 14, 2021, nytimes.com/2021/01/14/movies/michael-apted-up-series-future.html.
990. 原註：Roger Ebert, "Ebert's Walk of Fame Remarks," June 24, 2005, rogerebert.com/roger-ebert/eberts-walk-of-fame-remarks.
991. 編註：Newton's cradle，由法國物理學家埃德姆．馬略特（Edme Mariotte）於一六七六年提出，當擺動最右側的球並在回擺時碰撞緊密排列的另外四個球，最左邊的球將被彈出，並僅有最左邊的球被彈出。
992. 編註：Wim Wenders，一九四五～，德國電影導演、攝影師，曾獲法國坎城影展及德國柏林影展最佳影片導演，德國當代電影大師之一，也是德國新浪潮的重要成員之一，影片風格以清新抒情、運鏡優美著稱。
993. 編註：Upwelling，一種海洋學現象，是由風力驅動溫度較低、密度較大、通常富含營養的海水流向海表面，取代溫度較高、通常缺乏營養的表層海水。
994. 原註：Henri Bergson, *Time and Free Will: An Essay on the Immediate Data of Consciousness*, trans. F. L. Pogson (Mineola, N.Y.: Dover Publications, 2001),125. 柏格森描述「有一種深層的自我，會思考，會決定，會發熱，會燃燒……一個狀態和變化相互滲透的自我」。
995. 原註：Seth Kugel, "In Indonesia, a Region Where Death Is a Lure," *The New York Times*, July 30, 2015, nytimes.com/2015/07/30/ travel/frugal-traveler-indonesia-death-rituals.html.
996. 原註：*Vultures of Tibet*, directed by Russell O. Bush (New Day Films, 2013）.
997. 原註：Miller, "What Is Death?"
998. 編註：Yuri Kochiyama，一九二一～二〇一四，日裔美國人權活動者。一九四一 年日本轟炸珍珠港事件後，聯邦調查局衝進她家，以威脅國安的嫌疑人為由，逮捕她的父親。而後，美國政府又強制驅逐太平洋沿岸具有日本血統的人，百合與家人被迫撤離到集中營。
999. 原 註：Yuri Kochiyama, *Passing It On: A Memoir* (Los Angeles: UCLA Asian American Studies Center, 2004), xx.
1000. 原註：Ehrenreich, *Natural Causes*, 208.
1001. 原註：Han, *The Burnout Society*, 32.
1002. 原註：Jiddu Krishnamurti, *Freedom from the Known* (New York: HarperOne, 2009), 102.
1003. 原註：Krishnamurti, *Freedom from the Known*, 90.
1004. 原註：Krishnamurti, *Freedom from the Known*, 87.
1005. 原註：Doris Sloan, *Geology of the San Francisco Bay Area* (Berkeley: University of California Press, 2006), 55–56; Andrew Alden, "The Big Set of Knockers, Mountain View Cemetery," Oakland Geology, June4,2008,oaklandgeology.com/2008/06/04/the-big-set-of-knockers-mountain-view-cemetery/.
1006. 原註：*Southland Tales*, directed by Richard Kelly (Universal Pictures, 2007）.
1007. 原註：Michel Foucault, "Nietzsche, Genealogy, History," in *Language, Counter-Memory, Practice: Selected Essays and Interviews*, ed. D. F. Bouchard (Ithaca, N.Y.: Cornell University Press, 1977), 150.

1008. 原註："About the King Tides Project," California Coastal Commission, coastal.ca.gov/kingtides/learn.html.

1009. 編註：Ajahn Chah，一九一八～一九九二，南傳佛教大師，泰國現代最具影響力的佛教僧侶，建立巴蓬寺。

1010. 原註：Quoted in Mark Epstein, ***Thoughts Without a Thinker: Psychotherapy from a Buddhist Perspective*** (New York: Basic Books, 2013), 80. 我在 Tara Brach 的演講中聽到這則軼事。See Tara Brach, "Part 2: Impermanence—Awakening Through Insecurity," September 26, 2018, tarabrach.com/pt-2-impermanence-awakening-insecurity/.

1011. 原註：Henri Bergson, ***Time and Free Will: An Essay on the Immediate Data of Consciousness***, trans. F. L. Pogson (Mineola, N.Y.: Dover Publications, 2001), 198.

1012. 原註：Jenny Odell, ***How to Do Nothing*** (Brooklyn, N.Y.: Melville House, 2019), 149–51.

1013. 原註：未發表但經過授權分享的作品，from an email with John Shoptaw, July 13, 2021.

1014. 原註：Catherine Brahic, "Sudden Growth Spurt Pushed the Andes Up Like a Popsicle," ***New Scientist***, June 6, 2008, newscientist.com/article/dn14073-sudden-growth-spurt-pushed-the-andes-up-like-a-popsicle/.

1015. 編註：Mount Rainier，位於美國華盛頓州的一座活火山，被認為是世界上最危險的火山之一。

1016. 編註：Nisqually Native American，美國華盛頓州的一個印第安部落，他們的傳統領土位於普吉特海灣地區的南部，主要集中在現在的尼斯夸利河（Nisqually River）流域。

1017. 原註：Joe D. Dragovich, Patrick T. Pringle, and Timothy J. Walsh, "Extent and Geometry of the Mid-Holocene Osceola Mudflow in the Puget Lowland—Implications for Holocene Sedimentation and Paleogeography," ***Washington Geology*** 22, no. 3 (September 1994) : 3.

1018. 原註：Patrick Nunn, ***The Edge of Memory: Ancient Stories, Oral Tradition and the Post-Glacial World*** (New York: Bloomsbury, 2018), chap. 6;Vine Deloria, Jr., ***Red Earth, White Lies: Native Americans and the Myth of Scientific Fact*** (Golden, Colo.: Fulcrum, 1997), chap. 8.

1019. 原註："How Earthquakes Break the Speed Limit," UC Berkeley Seismology Lab, March 8, 2019, seismo.berkeley.edu/blog/2019/03/08/how-earthquakes-break-the-speed-limit.html.

1020. 編註：Joe Biden，一九四二～，第四十六任美國總統。

1021. 原註：Michael D. Shear, "Cicadas Took On Biden's Press Plane. They Won," ***The New YorkTimes***, June 9, 2021, nytimes.com/2021/06/09/us/politics/cicadas-biden.html.

1022. 原註：Frank Witsil, "Trees Across Metro Detroit Suddenly Dropping Tons of Acorns: Here's Why," ***Detroit Free Press***, September 30, 2021.

1023. 原註：Robin Wall Kimmerer, ***Braiding Sweetgrass: Indigenous Wisdom, Scientific Knowledge, and the Teachings of Plants*** (Minneapolis, Minn.: Milkweed Editions, 2013), 19–20.

1024. 原註：Alex Ross, "The Past and the Future of the Earth's Oldest Trees," ***The New Yorker***, January 13, 2020, https://www.newyorker.com/magazine/2020/01/20/the-past-and-the-future-of-the-earths-oldest-trees.

1025. 原註：Hugh Morris, "How a Powerful Earthquake Created Oregon's Eerie Seaside Ghost Forest," ***The Telegraph***, July 31, 2018, telegraph.co.uk/travel/destinations/north-america/united-states/articles/neskowin-ghost-forest-oregon/; Justin Sharick, comment on "Neskowin Ghost Forest," Google Maps, goo.gl/maps/81EV3ng3H4Lqnwou9; Trypp Adams, comment on "Neskowin Ghost Forest," Google Maps, goo.gl/maps/wh2maRZ8SVCRYFpw5.

1026. 原註：Carolyn J. Strange, "Serpentine Splendor," ***Bay Nature***, April 1, 2004, baynature.org/article/serpentine-splendor/. 蛇紋石也是加州的州石。

1027. 編註：Iain Stewart，一九六四～，蘇格蘭地質學家。
1028. 原註：*Rise of the Continents*, season 1, episode 3, "The Americas," directed by Arif Nurmohamed, aired April 3, 2013, on BBC Two; Helen Quinn, "How Ancient Collision Shaped the New York Skyline," BBC News, June 7, 2013, bbc.com/news/science-environment-22798563.
1029. 原註：Anne Casselman, "Strange but True: The Largest Organism on Earth Is a Fungus," *Scientific American*, October 4, 2007, scientificamerican.com/article/strange-but-true-largest-organism-is-fungus/.
1030. 原註：Christopher Ketcham, "The Life and Death of Pando," *Discover Magazine*, October 18, 2018, discovermagazine.com/planet-earth/the-life-and-death-of-pando.
1031. 原註：John McPhee, *The Control of Nature* (New York: Farrar, Straus and Giroux, 1989), 216–17.
1032. 原註：Stephanie Pappas, "The Longest Known Earthquake Lasted 32 Years," *Scientific American*, May 26, 2021, scientificamerican.com/article/the-longest-known-earthquake-lasted-32-years/.
1033. 原註：Bergson, *Time and Free Will*, 176.
1034. 原註：Henri Bergson, *Creative Evolution*, trans. Arthur Mitchell (Lanham, Md.: University Press of America, 1983), 13.
1035. 原註：Tyson Yunkaporta, *Sand Talk: How Indigenous Thinking Can Save the World* (New York: HarperCollins, 2020), chap. 3.
1036. 編註：Jim Henson，一九三六～一九九〇，美國著名木偶師，也是著名木偶劇《布偶歷險記》系列之父。
1037. 編註：Jennifer Lynn Connelly，一九七〇～，美國女演員，曾獲奧斯卡最佳女配角獎。
1038. 編註：David Bowie，一九四七～二〇一六，英國搖滾音樂家、詞曲創作人、唱片製作人和演員。
1039. 原註：*Labyrinth*, directed by Jim Henson (Tri-Star Pictures, 1986). 你可以在 YouTube 上看到這一幕：The Jim Henson Company, "Worm—Labyrinth—The Jim Henson Company," YouTube video, January 6, 2011, youtube.com/watch?v=l0K5T0AqVlY.
1040. 原註：Yunkaporta, *Sand Talk*, chap. 1.
1041. 編註：Astra Taylor，一九七九～，加拿大裔美國紀錄片導演、作家、活動家和音樂家。
1042. 原註：Astra Taylor, "Out of Time," *Lapham's Quarterly*, September 16, 2019, laphamsquarterly.org/climate/out-time.
1043. 原註："Doubt (n.)," Online Etymology Dictionary, etymonline.com/word/doubt.
1044. 原註：Bergson, *Time and Free Will*, 169.
1045. 原註：Sofía Córdova, email to author, February 12, 2022.
1046. 原註：Fei Lu, "Zuo Yuezi: Recovering from Gender Affirmation Surgery, Chinese American Style," *Atmos*, June 30, 2021, atmos.earth/zuo-yuezi-gender-affirmation-surgery-chinese-american/.
1047. 編註：Third Republic，一八七〇年法蘭西第二帝國在普法戰爭中崩潰後建立的政體，直到一九四〇年七月十日法國在第二次世界大戰中被納粹德國擊敗，隨後維琪法國成立。
1048. 原註：Arendt, *Between Past and Future*, 3–4.
1049. 原註：Mariarosa Dalla Costa and Selma James, *The Power of Women and Subversion of the Community* (London: Falling Wall Press, 1972), 37.
1050. 原註：Arendt, *Between Past and Future*, 14.

1051. 原註：Vine Deloria, Jr., ***The Metaphysics of Modern Existence*** (Golden, Colo.: Fulcrum, 2012), 18.

1052. 原註：“Earth tide,” ***Encyclopedia Britannica***, britannica.com/science/Earth-tide.

1053. 原註：Marina Koren, “The Moon Is Leaving Us,” ***The Atlantic***, September30,2021,theatlantic.com/science/archive/2021/09/moon-moving-away-earth/620254/.

1054. 原註：Bruce Haulman, “Raab’s Lagoon: 16,000 Years Young,” ***Vashon-Maury Island Beachcomber***, December 26, 2018, vashon beachcomber.com/news/raabs-lagoon-16000-years-young/.

1055. 原註：“Raab’s Lagoon Beach,” Multi-Agency Rocky Intertidal Network (MARINe) Sea Star Site Observation History, marinedb.ucsc.edu/seastar/observations.html?site=Raabs%20Lagoon%20Beach. 這裡於二〇一四年、二〇一六年和二〇一七年觀察到海星虛弱綜合症影響到赭海星。

1056. 原註：Paul Rowley, “A Hope for Sea Stars, Healthy Oceans,” ***Vashon-Maury Island Beachcomber***, June 19, 2019, vashonbeachcomber.com/news/a-hope-for-sea-stars-healthy-oceans/.

1057. 原註：“Starfish Make Comeback After Mysterious Melting Disease,” EcoWatch, June 26, 2018, ecowatch.com/starfish-population-disease-climate-resilience-2581473075.html.

1058. 原註：“SSWS Updates | MARINe” (September 28, 2021 update),” Multi-Agency Rocky Intertidal Network (MARINe), marine.ucsc.edu/data-products/sea-star-wasting/updates.html#SEPT28_2021.

1059. 原註：Ted Chiang, “What’s Expected of Us,” ***Exhalation*** (New York: Knopf Doubleday, 2019), 58–61.

1060. 原註：Robert T. Paine Ed Yong, “The Man Whose Dynasty Changed Ecology,” ***Scientific American***, January 16, 2013, scientificamerican.com/article/the-man-whose-dynasty-changed-ecology/.

1061. 原註：Aaron W. Hunter, “Rare Starfish Fossil Answers the Mystery of How They Evolved Arms,” EcoWatch, January 21, 2021, ecowatch.com/starfish-evolution-mystery-2650057909.html.

1062. 編註：Fezouata Formation，摩洛哥的一個地質構造，其歷史可追溯至早奧陶世（Ordovician）。

1063. 編註：Ordovician，地球地質歷史上顯生宙古生代的第二個紀，約開始於四・八五億年前，結束於四・四三億年前，上承寒武紀（Cambrian），下啟志留紀（Silurian）。

1064. 原註：Laura Geggel, “Starfish Can See You . . . with Their ArmEyes,” Live Science, February 7, 2018, livescience.com/61682-starfish-eyes.html.

1065. 原註：Haulman, “Raab’s Lagoon: 16,000 Years Young.” The author uses an alternate version of the name, “sHebabS,” which is also sometimes spelled “Sqababsh.” 作者使用了一個替代版本的名稱，「sHebabS」，有時也拼為「Sqababsh」。

1066. 原註：Emily Sohn, “How the COVID-19 Pandemic Might Age Us,” ***Nature***, January 19, 2022, nature.com/articles/d41586-022-00071-0.

1067. 編註：Ohlone，北加州海岸的美洲原住民。

1068. 譯註：成立於二〇一二年，旨在將舊金山灣區原為原住民的傳統土地還給原住民管理。

國家圖書館出版品預行編目資料

解放時間：打破金錢主宰的時間觀，走向內在幸福的智慧思考／珍妮．奧德爾著；呂玉嬋譯 -- 初版. -- 臺北市：平安文化, 2024.10　面；公分. -- (平安叢書；第814種)(我思；24)
譯自：Saving Time: Discovering a Life Beyond Productivity Culture

ISBN 978-626-7397-74-9 (平裝)

1.CST: 時間 2.CST: 時間管理

168.2　　113013558

平安叢書第0814種

我思 24

解放時間

打破金錢主宰的時間觀，走向內在幸福的智慧思考

Saving Time: Discovering a Life Beyond Productivity Culture

作　　者—珍妮．奧德爾
譯　　者—呂玉嬋
發 行 人—平　雲
出版發行—平安文化有限公司
台北市敦化北路120巷50號
電話◎02-27168888
郵撥帳號◎18420815號
皇冠出版社(香港)有限公司
香港銅鑼灣道180號百樂商業中心
19字樓1903室
電話◎2529-1778　傳真◎2527-0904
總 編 輯—許婷婷
執行主編—平　靜
責任編輯—蔡維鋼
美術設計—Dinner Illustration、李偉涵
行銷企劃—鄭雅方
著作完成日期—2023年
初版一刷日期—2024年10月

法律顧問—王惠光律師

讀者服務傳真專線◎02-27150507
電腦編號◎576024
ISBN◎978-626-7397-74-9
Printed in Taiwan
本書定價◎新台幣520元/港幣173元